*FÄLSCHER UND GELEHRTE*

.

Copyright © 2002 bei
Jochen Kopp Verlag, Graf-Wolfegg-Str. 71, D-72108 Rottenburg

Alle Rechte vorbehalten

Lektorat: Thomas Mehner
Umschlaggestaltung: ARTELIER/Peter Hofstätter
Satz und Layout: Agentur Pegasus, Zella-Mehlis
Druck und Bindung: Wiener Verlag, Himberg

ISBN 3-930219-48-4

*Gerne senden wir Ihnen unser Verlagsverzeichnis*
Kopp Verlag
Graf-Wolfegg-Str. 71
D-72108 Rottenburg
Email: info@kopp-verlag.de
Tel.: (0 74 72) 98 06-0
Fax: (0 74 72) 98 06-11

*Unser Buchprogramm finden Sie auch im Internet unter:*
http://www.kopp-verlag.de

ERDOGAN ERCIVAN

# FÄLSCHER UND GELEHRTE

## Auf der Suche nach dem Ursprung der Menschheit

JOCHEN KOPP VERLAG

Dieses Buch ist dem »Vater der Paläo-SETI«, meinem Schweizer Forscherkollegen Dr. h. c. Erich von Däniken, und seiner vorbildlichen Arbeit auf diesem Forschungsgebiet gewidmet. Ohne seine hervorragenden Arbeiten hätte dieser Forschungszweig zu keiner Zeit die heute zu verzeichnende Popularität erreicht, um auch von der etablierten Wissenschaft international ernst genommen zu werden.

# INHALTSVERZEICHNIS

»Die Schicksalsfrage der Menschenart scheint mir zu sein, ob und in welchem Maße es ihrer Kulturentwicklung gelingen wird, der Störung des Zusammenlebens durch den menschlichen Aggressions- und Selbstvernichtungstrieb Herr zu werden.«

*Siegmund Freud,*
*österreichischer Psychoanalytiker (1856–1939)*

# VORWORT

Zahlreiche Menschen sind der Versuchung erlegen, durch eine Fälschung in Wirtschaft, Kunst oder Wissenschaft zu Ruhm, Ehre und Geld zu gelangen. Wird eine solche Fälschung entlarvt, erleidet der Fälscher im schlimmsten Fall einen materiellen Verlust oder eine persönliche Schande. Eine *unentdeckte* Fälschung aber kann die Geschichtsschreibung verändern! So schrieb der britische Genetiker Charles H. Waddington über die »Mutation« und die angeblich erst daraus erfolgte Einzigartigkeit des Menschen:

»Das entspricht ungefähr der Theorie: Wenn man beliebige vierzehn Zeilen eines zusammenhängenden englischen Textes nimmt und ihn verändert und nur die Teile davon zurückbehält, die einen Sinn ergeben, endet man schließlich mit einem Sonett von Shakespeare.«

Ein Dreiviertel dessen, was wir Menschen als die »Wahrheit« zu wissen glauben, haben wir in aller Regel selbst niemals »gesehen«, »angefaßt« oder sonst irgendwie persönlich »erfahren«. Wir reagieren meist auf die Summe der »Gerüchteküchen« aus Unterrichtsstunden, Büchern, Zeitungen, Rundfunk und Fernsehen. Wir akzeptieren das meiste dieser unkontrollierbaren Informationen als die Wahrheit und finden uns mit dem bewährten System ab, obwohl wir in der Regel die Wahrheit selbst niemals persönlich haben überprüfen können.

*Verläuft die Forschung aber tatsächlich immer so geradlinig, wie das heute allgemein behauptet wird?*

In diesem Buch wird der Versuch unternommen, das Wissen der »Gerüchteküchen« zu prüfen und bestimmte Wissenschaftszweige ein wenig genauer zu hinterfragen, insbesondere jene, die sich mit der menschlichen Vergangenheit befassen.

Meines Erachtens hat es eine hochentwickelte, vorzeitliche Weltkultur gegeben, die z. B. erstaunliche und imposante Bauten zurückließ. Diese weltumspannende Zivilisation wird jedoch von der modernen Forschung ignoriert, obwohl in den vergangenen Jahrzehnten genügend Artefakte und schriftliche Zeugnisse zutage gefördert worden sind, die nach Durchsicht der einzelnen Puzzleteile ein unserer Geschichtswissenschaft widersprechendes Bild ergeben.

Der Mensch steht heute, dank des hohen Niveaus der von ihm entwickelten Wissenschaften, nicht zufällig an der Schwelle der Erforschung des Weltraums, um bemannte Expeditionen zu den Planeten in unserem Sonnensystem zu starten. Diesen ins All führenden »Expansionsdrang« tragen wir seltsamerweise in unseren Genen! Dabei mußte sich die uns bekannte Menschheit noch vor etwas mehr als dreißig Jahren der Gravitationskraft der Erde unterordnen. Den Astronauten, die auf dem Mond landeten, war es scheinbar als den Ersten (?) gelungen, sich aus den Fesseln der Erde zu befreien.

Waren die neuzeitlichen Astronauten aber wirklich die Ersten, denen es gelang, die Erde zu verlassen?

Wer waren die vielgenannten Götter, die seit grauer Vorzeit scheinbar unter den Menschen weilten?

Wer errichtete die weltlichen Bauwunder tatsächlich, die mathematisch und astronomisch exakt ausgerichtet sind?

Wie konnte der Mensch ohne jede Hilfe zu solch enormem Fortschritt gelangen?

Verrät uns die Religionsgeschichte vielleicht mehr als die moderne Wissenschaft?

Ist die Erde für uns gemacht oder wir für die Erde?

Lassen Sie uns die Antworten auf diese Fragen gemeinsam suchen und noch einmal den Weg gehen – den Weg zurück zum Ursprung der Menschheit.

# KAPITEL 1

# DIE URSPRUNGSSUCHE

Einen Fehler, den wir Heutigen immer wieder mit Vorliebe begehen, ist der, zu glauben, es sei alles schon entdeckt, was es auf dieser Welt zu entdecken gibt. Doch nicht nur der Schulsektor, sondern auch der gesamte Bereich der Naturwissenschaften sowie die Gebiete der Geschichte und Philosophie sind im Grunde genommen nur vom evolutionistischen Gedankengut des 19. Jahrhundert durchdrungen. Denn in Büchern, Zeitschriftartikeln, Filmen und Fernsehprogrammen wird die Evolution immer als eine erwiesene Tatsache dargestellt. Aber je mehr wir von der Welt um uns erleben und erfahren, desto mehr Fragen stellen sich auch, die nicht mit der Evolution erklärt werden können. All das »Ungelöste« fordert geradezu nach plausibleren Antworten, als sie die Evolutionshypothese zu geben in der Lage ist.

*Was ist uns überhaupt bekannt von der Welt, dem Weltraum oder Weltall, das man auch Kosmos oder Universum nennt?*

Lange Zeit glaubte man bei der Ursprungsforschung, die Erde sei von immenser Bedeutung, liege exakt in der Mitte des Universums, und alles drehe sich ausschließlich um sie. Inzwischen wissen wir jedoch, daß die Erde und die Sonne, ja selbst unsere Galaxie, eher unbedeutend sind, wenn wir das Universum als Ganzes betrachten. Deshalb wird niemand erwarten können, daß man das Alter des Universums auf den Tag genau bestimmen kann. Daher schwanken die von den Astronomen errechneten Angaben des Alters des Universums zwischen 10 und 20 Milliarden Jahren. Auf der Suche nach dem Ursprung hat man bisher mehrere tausend Galaxien (Milchstraßensysteme) vermessen. Dabei wurden auch Untersuchungen über die Entfernung und die Geschwindigkeit seit einem mutmaßlichen »Urknall« der auseinanderdriftenden Galaxien sowie Messungen der Wärmestrahlung vorgenommen. Diese Wärmestrahlung ist im gesamten Universum gleichmäßig anzutreffen und gilt als der stark abgekühlte Rest der heißen Strahlung des Urknalls, dessen Temperatur ursprünglich 10 Milliarden Grad Celsius betragen haben soll. Über den Ursprung selbst sind allerdings in der Forschung wieder ganz neue Debatten ausgebrochen, welche die anfängliche Theorie vom Urknall in Frage stellen und uns somit verschiedene Betrachtungsmöglichkeiten vom Beginn allen Seins offenlassen.

Bisher gab es zum Ursprung des Universums drei von der Wissenschaft anerkannte Theorien: Vor seiner Entstehung, so nahmen die Vertreter der »Expansionstheorie« an, sei die gesamte Materie aller Galaxien einmal im Zentrum des Weltalls konzentriert gewesen, um dann durch eine Riesenexplosion auseinandergeschleudert zu werden. Aus der Materie, die ursprünglich in einem Körper von übergroßer Dichte vereint war, hätten sich Galaxien gebildet, die jetzt samt der restlichen Materie in alle Richtungen des Weltraums rasen.

Gegenspieler der »Expansionstheorie« ist die »Steady-State-Theorie«, die einen langsamen kontinuierlichen Prozeß annimmt, bei dem gerade soviel Materie neugebildet wird, daß deren mittlere Dichte im Raum erhalten bleibt. Das würde die offenkundige Expansion des Weltalls erklären, setzt aber voraus, daß in dem durch die Expansion freiwerdenden Raum ständig neue galaktische Materie entsteht. Mit anderen Worten: Das Universum hat immer bestanden und wird auch für immer existieren, auch wenn ganze Milchstraßensysteme verschwinden, denn sie werden immer wieder neu gebildet.

Dann gibt es noch eine Gruppe von Astronomen, die der Ansicht sind, wir lebten in einer unendlichen und unwandelbaren Welt – diese Gruppe vertritt die sogenannte »Pulsationstheorie«. Sie sieht das Universum in einem ständigen Prozeß abwechselnder Zusammenziehung und Ausdehnung. Das heißt, die gesamte Masse des Weltalls verdichtet sich etwa alle 80 Milliarden Jahre, um dann mit einer neuerlichen Explosion den nächsten Expansionszyklus einzuleiten.

Alle Theorien vom Urknall basieren auf der Grundlage der erst im Jahre 1905 entwickelten »Relativitätstheorie«.

Für seine Entdeckung der Beziehung $E = mc^2$, welche die Äquivalenz von Energie (E) und Masse (m) zum Ausdruck bringt, wobei »c« die Lichtgeschwindigkeit darstellt, erhielt der deutsch-amerikanische Mathematiker und Physiker Albert Einstein (1879–1955) bereits 1921 den Nobelpreis für Physik. Aufgrund der vielen inter-

*Abb. 1: Albert Einstein.*

nationalen Ehrungen für seine insgesamt 29 Feldtheorien, in denen Einstein die Vereinigung der Mechanik und Elektrodynamik anstrebte, könnte man Einstein als den bislang bedeutendsten Physiker des 20. Jahrhunderts bezeichnen. Doch der britische Astrophysiker Stephen Hawking von der Universität Cambridge ist in bezug auf seine Arbeiten mindestens genauso bedeutungsvoll wie Einstein.

Hawking leidet zwar an einer Nervenkrankheit, amyotropher Lateralsklerose, die Muskelschwund auslöst und den Körper des Sechzigjährigen völlig gelähmt hat. Doch der Geist des laukasischen Professors für Angewandte Mathematik und Theoretische Physik ist von bewundernswerter Beweglichkeit. Hawking hat ein völlig neuartiges Weltbild errechnet, das er in seiner revolutionär wirkenden »M-Theorie« zusammenfaßt.

*Was ist »M«?*

»M« kann wahlweise für »Magisch«, »Mysteriös« oder für die »Mutter aller Theorien« stehen. Diese Theorie sieht den Kosmos als ein mehrdimensionales Labyrinth von Universen, in denen nach Hawking allerlei »Schattenmenschen« agieren sollen. Derartige Hypothesen in bezug auf unerklärliche Phänomene erwartete die Wissenschaft bislang nur aus der Ecke der Esoteriker, weshalb sich ihre Vertreter mit Kommentaren über diese neue Theorie immer noch bedeckt halten, um nicht in den Ruf der Unseriösität zu geraten. Doch Stephen Hawking entgegnet:

»Nichts in unserem Gehirn geschieht, ohne einen Bezug zum Großen und Ganzen zu besitzen. Meine Theorie hat ein hohes Maß an physikalischer Wahrscheinlichkeit und läßt sich überdies auf das Genaueste berechnen!«

Demnach ist die Welt, in der wir leben, in Wahrheit nur ein winziger Ausschnitt aus einem unermeßlichen Universum, in dem viele Welten ineinandergeschoben parallel existieren, sich durchwirken und vielleicht sogar miteinander kommunizieren. Hawking bringt das Ganze auf den Punkt:

»Ich könnte in eine Nußschale eingesperrt sein und mich dennoch für einen König von unermeßlichem Gebiete halten.«

Diese Bereiche der »Duplizität« bezeichnet der Forscher in seinem Buch »Das Universum in der Nußschale« als »Koboldwelten«. Das bedeutet, daß es neben unserem sichtbaren Kosmos noch unzählige, für uns unsichtbare Universen gibt, die mit unserem verwoben sind und in denen wir als Doppelgänger existieren. So gesehen, sollen sich in diesen Welten unsere irdischen Verwandten aufhalten, die allerdings nicht alle etwas von unserer Existenz wissen würden. Was auf den ersten Blick an Spinnerei und Science-fiction-Phantasie erinnern mag, beruht – bei all seiner phantasievollen Wirkung – auf knallharter Mathematik! Wenn Hawking tatsächlich recht hat, dann lassen sich mit den Parallel- und Doppelgängerwelten mit Sicherheit auch viele irdische Phänomene erklären.

*Welche Auswirkungen hätte das auf uns?*

In den 1920er Jahren entdeckte der amerikanische Astrophysiker Edwin Powell Hubble (1889–1953), daß sich alle Galaxien von uns entfernen, und zwar um so schneller, je weiter sie von uns entfernt sind. Die Fluchtgeschwindigkeit war für seine Astronomiekollegen der Beweis, daß das Universum seit einem Urknall expandiert. Aus dem Kehrwert der Hubble-Konstanten berechnen die Astronomen zum Beispiel das Alter des Universums.

Zwar lassen sich die Folgen des Urknalls gut erklären (weil sich die Galaxien entfernen), doch beim Phänomen des Urknalls versagen die physikalischen Gesetze. Jede Art von Materie und Strahlung müßte demnach in einem Nullpunkt zu Anbeginn der Zeit konzentriert gewesen sein. Diesen Nullpunkt von Raum und Zeit können unsere mathematischen Gleichungen (z. B. die Weltformel) allerdings noch nicht restlos lösen. Solch einen Punkt nennen die Mathematiker »Singularität«, doch die Vielzahl der Astronomen schließt Derartiges aus ihren Betrachtungen aus. Dem entgegengesetzt eröffnet uns die »M-Theorie« Hawkings nun völlig neue Möglichkeiten. Wie alle, die das Universum in eine einzige Gleichung packen wollen, setzt auch Hawking beim Urknall an.

Nach Ansicht des Astrophysikers ist die Singularität kein Phantasieprodukt, wie es Schwarze Löcher beweisen. Sie entstehen, wenn ein Stern mit genügend großer Masse am Ende seines Lebens unter dem Sog seiner eigenen Gravitation in sich zusammenbricht. Die

*Abb. 2: Ein Blick ins All.*

Schwerkraft krümmt den umgebenden Raum so stark, daß sich die Materie extrem verdichtet: Nachbarsterne werden angesaugt, und Abertausende von Sonnen stürzen schließlich in diesen mit 200.000 km/s rotierenden kosmischen Strudel. Danach entsteht eine gigantische Massenkonzentration, in der die Physiker auch das Modell für die Singularität des Urknalls sehen.

Zum Zeitpunkt des »Big Bang« muß die Konzentration natürlich sehr viel größer gewesen sein – immerhin war dort nach Ansicht der Forscher die Gesamtmasse des Universums konzentriert. Als der Urknall zum erstenmal zündete, entfalteten sich eine unvorstellbare Urenergie aus unzählbaren Elementarteilchen und die Auswirkung der vier Naturkräfte, die dann das Schicksal der gesamten universalen Materie bestimmten. Mit der Zuordnung dieser sogenannten »vier Kräfte« haben die Astrophysiker allerdings so ihre Schwierigkeiten. Eine Weltformel müßte ja für das universale Geschehen zu allen Zeiten gelten und somit sämtliche wirkenden Kräfte im Mikrokosmos und im Makrokosmos in einer nachvollziehbaren schlüssigen Gleichung erfassen. Das gelang allerdings in sämtlichen mathematischen Berechnungen bislang nur mit drei Kräften:

1) mit der »elektromagnetischer Kraft«, womit alle Atome gebunden und zusammengehalten werden,

2) mit der sogenannten »starken Kraft«, die den Atomkern zusammenhält, und

3) mit der »schwachen Kraft«, die den radioaktiven Zerfall bewirkt.

Die vierte Kraft dagegen, die Gravitation, entzieht sich allen Versuchen, sie in eine Weltformel zu integrieren. Denn die Schwerkraft setzt materielle Objekte voraus – im Urknall aber war die Masse in einem immateriellen Punkt konzentriert, in einem Quantum, das »Nichts« war.

Weil die Physiker dieses Rätsel bisher nicht lösen konnten, wie Schwerkraft in der Welt der kleinsten Quanten vorstellbar ist, existieren statt einer einheitlichen »Weltformel« zwei sich ergänzende Theorien: Die Relativitätstheorie Albert Einsteins beschreibt den Makrokosmos. Danach hat das Universum drei Raumdimensionen und eine Zeitdimension – und hier gibt es Schwerkraft! Daneben gibt es die von Max Planck (1858–1947) begründete Quantentheorie, für die er 1918 ebenfalls den Nobelpreis für Physik erhielt, und welche die Vorgänge im Mikrokosmos beschreibt. Doch gerade bei der Quantentheorie spielt die Gravitation überhaupt keine Rolle! Stephen Hawking versucht nun mit seiner aktuellen Kosmologie einen neuen Anlauf zu einer einheitlichen Weltformel, die aber nur funktionieren kann, wenn es ihm gelingt, die Gravitation in die Mikrowelt der Quanten zu integrieren, was er wie folgt zusammenfaßt:
»Um den Ursprung des Universums zu verstehen, brauchen wir eine Quantentheorie der Gravitation.«

Hawking greift zunächst auf schon bekannte Theorien zurück und erweitert sie: die »Stringtheorien«. Danach sind nicht die punktförmigen Atomteilchen die Bausteine der Materie, sondern »Fäden« (»Strings«). Zwar hat noch niemand Strings beobachtet, aber mathematisch lassen sich ihre Existenz sowie ihre Größe ohne weiteres errechnen. Ein String verhält sich zur Größe eines Atoms wie dieses Atom zum ganzen Sonnensystem. Errechnen läßt sich auch, daß bestimmte »Strings« eine Gravitation besitzen: Und da sie Quanten sind, sind sie einer »Quantentheorie der Gravitation« durchaus zugänglich! Das wiederum ist die von Stephen Hawking postulierte Voraussetzung für die Aufstellung einer Weltformel. Doch da die Ergebnisse seiner Berechnungen mit den Strings nur eingeschränkt einsetzbar waren, weil sie nur in eine vierdimensionale Welt paßten, suchte der Professor nach einer erweiterten Lösung in Räumen mit mehr Dimensionen. So errechnete er ein höherdimensionales Quant, das er »Membran« oder abgekürzt »Bran« nennt. Diese »Brane«, so Hawking, dehnen sich in mehr als nur einer Dimension aus – insgesamt soll das Universum demnach aus elf Dimensionen bestehen.
*Und warum merken wir nichts davon?*

Hawking schreibt:
»Weil sich nach dem Urknall nur vier Dimensionen, Raum und Zeit, zu einer kosmischen Größe entfaltet haben und die übrigen Sieben, auf einem Raum von der Größe eines Strings, noch wie Blütenknospen eingerollt in ihrem Urzustand verharren!«

Ein solches siebendimensionales Knäuel ist dem Professor zufolge in jedem Punkt des Universums vorhanden – also im gesamten Raum! Somit bevölkern den Kosmos der »M-Theorie« unter anderem auch zweidimensionale Membrane, für welche die dritte Dimension ein »Hyperraum« wäre, in dem sie wie Frisbee-Scheiben umherfliegen, ohne je aufeinander zu treffen. Des weiteren würden »3-D-Klümpchen« unbemerkt durch einen vierdimensionalen Raum driften und so weiter. Diese Ideen hat Hawking weiter fortgesetzt, wobei er letztendlich zu dem Schluß gelangte, daß auch unser sichtbares All nichts weiter ist als eine große »3-D-Bran«, die in einem vierdimensionalen Hyperraum schwebt, worin ständige Quantenfluktuationen stattfinden. Hawking beschreibt es wie folgt:   »Eine solche Quantenschöpfung gleicht der Bildung von Dampfblasen in kochendem Wasser. Manche dieser Blasen fallen wieder in sich zusammen, andere wiederum dehnen sich aus und expandieren, wie es bei unserem Universum der Fall war.«

Um die schwindelerregende Vorstellung von Branen, die in höherdimensionale Räume hineinragen, zu veranschaulichen, verwendet Hawking das Bild des Hologramms: Hier erscheint, wenn wir im richtigen Winkel darauf schauen, in der zweidimensionalen Oberfläche das dreidimensionale Bild eines beliebigen Objekts. Mit anderen Worten: Informationen aus einer höheren Dimension sind im Gebilde niedriger Dimensionen kodiert.

*Ist es also denkbar, daß wir in der Tat nur der Schatten einer Parallelwelt sind?*
Professor Hawking sagt nicht nur »Ja« zu dieser Hypothese, sondern geht sogar noch einen Schritt weiter, wenn er uns wissen läßt: »Unser Leben könnte durchaus ein Computerspiel sein, das von Außerirdischen gespielt wird – und zwar mit uns als computergenerierten Spielfiguren. Vielleicht sind wir nur deren Hologramme, mit denen sie herumspielen.«

Dieser revolutionäre Gedanke führt somit wieder zu einer uralten philosophischen Frage zurück, die ebenfalls die Möglichkeit formuliert, daß wir das Produkt von etwas anderem sind! So kommen wir mit der neuen Theorie von Hawking nicht nur »übersinnlichen Phänomenen« wie Hellseherei und Telepathie näher, sondern auch der »Paläo-SETI-Hypothese«. Diese beschreibt die Annahme näher, daß einst außerirdische Besucher in einer fernen Zeit die Erde aufsuchten, um das zu zeugen, was wir heute sind: die Menschheit.
*Was bedeutet das alles für die Welt, in der wir leben?*
Seit die Menschheit in der Nacht vom 24. zum 25. April 1990 ein neues und vielversprechendes Fenster ins Weltall aufgestoßen hat, kommen wir dem Ursprung unserer eigenen Vergangenheit immer näher. Die amerikanische Raumfähre »Discovery« setzte ein nach dem Astronomen Edwin P. Hubble benanntes Weltraumteleskop im Magnetfeld der Erde aus, das von dort bis ans Ende des Universums blicken kann. Damit wird nunmehr seit über zehn Jahren versucht, die uralte Frage der Menschheit aufzuklären, ob es auch außerhalb unseres Planeten Leben gibt, wo die »M-Theorie« ebenfalls greifen könnte?
Mit dem »Hubble-Teleskop« wurden bislang tatsächlich die größten astronomischen Entdeckungen gemacht, seit vor etwa 400 Jahren der italienische Astronom Galileo Galilei (1564–1642) an der Universität von Padua zum angeblich erstenmal in der Geschichte der Menschheit mit einem Fernrohr den Sternenhimmel erforschte. Denn das »Hubble-Teleskop« sieht zehnmal weiter als alle Sternwarten der Erde.
So gaben amerikanische Astronomen Ende November 2001 bekannt, daß sie zum erstenmal einen Planeten mit Atmosphäre außerhalb unseres Sonnensystems nachweisen konnten. Da Planeten selbst nicht strahlen, sondern nur das Licht ihrer Sonne widerspiegeln, können sie bei den großen Entfernungen selbst mit den schärfsten

*Abb. 3: Hubble-Teleskop.*

Fernrohren von der Erde aus nicht gesehen werden – das »Hubble-Teleskop« hingegen kann es.

Der bereits seit 1999 bekannte Planet ist rund 220-mal massereicher als die Erde und umkreist den sonnenähnlichen Stern »HD 209458« im Sternbild Pegasus. Nur durch einen astronomischen Zufall konnten die Wissenschaftler von der Erde mit dem »Hubble-Teleskop« beobachten, wie das Licht der rund 150 Lichtjahre entfernten Sonne durch die Atmosphäre des Planeten gefiltert wurde. Eine spätere Spektralanalyse zeigte Spuren von Natrium in seiner Atmosphäre. Sollten sich auf dem Planeten nach weiteren Untersuchungen auch Methan, Kalium und Wasserdampf nachweisen lassen, wären das nach Ansicht von Dr. Allan Boss vom *Carnegie-Institut* deutliche Hinweise dafür, daß dieser Planet bewohnbar ist. Dr. David Charbonneau vom *California Institute of Technology* in Pasadena kommentierte die Entdeckung wie folgt:

»Dies eröffnet eine aufregende neue Phase der Erforschung extrasolarer Planeten.«

*Mit welchen Überraschungen, verursacht durch das »Hubble-Teleskop«, ist für die nahe Zukunft noch zu rechnen?*

Seitdem wir wissen, daß die Gesamtzahl aller Milchstraßensysteme im Universum mehrere hundert Milliarden beträgt, ist auch die Wahrscheinlichkeit, auf kosmische »Nachbarn« zu stoßen, viel größer geworden. Die Galaxien »jagen« in fast alle Richtungen des Weltalls umher. Die Wega zum Beispiel nähert sich unserer Galaxis mit einer Geschwindigkeit von 13 km/s, der Aldebaran wiederum entfernt sich mit 53 km/s, und der Arktur reist mit 135 km/s zum äußersten Rand des Weltalls.

Heutzutage bezeichnet der Begriff »Milchstraße« lediglich das »Sternenband« am Himmel. Jeder einzelne kleine Lichtfleck, der auf ihm sichtbar ist, stellt eine Sonne dar – eine Tatsache, die wir beim Beobachten oft vergessen. Das Problem, die Form unseres Milchstraßensystems zu bestimmen, besteht darin, daß wir darin leben. Nach den Untersuchungen, die mit Hilfe des »Hubble-Teleskops« geführt wurden, können wir uns aber mittlerweile ein verläßliches Bild von der Form und Struktur unserer Galaxie machen. Unser Milchstraßensystem besteht aus einer Ansammlung von rund 100 Milliarden Sternen, von denen einer unsere Sonne ist. Sie

liegen alle in etwa der selben Ebene und bilden ei-
nen dickeren Kern, von
dem flache Spiralarme ausgehen. Das ganze System
hat einen Durchmesser
von ca. 100.000 Lichtjah-
ren und rotiert um die eigene Achse. Unser Son-
nensystem liegt ungefähr
30.000 Lichtjahre vom
Mittelpunkt entfernt auf
einem der Spiralarme.

*Abb. 4: Die Nachbar-Milchstraße:
der Andromeda-Nebel.*

Über die Entstehung unseres Sonnensystems gibt es ebenfalls viele
Theorien, aber auch sie beantworten alle Fragen nicht restlos und
überzeugend.

Als das Sonnensystem vor rund fünf Milliarden Jahren entstand,
verdichtete sich unsere Sonne aus einer Wolke heißen, elektrisch
geladenen Gases zu einem riesigen Gasball, wobei sie am Anfang
fünfzigmal so groß war wie heute. Riesige Gravitationskräfte er-
hitzten sie, bis sie fünfhundertmal so hell leuchtete wie derzeit. Ein
Massenverlust infolge schneller Rotation und starker Abstrahlung
verminderte ihre Drehgeschwindigkeit und ließ sie auf ihre jetzige
Größe schrumpfen. Ausgeschleuderte Teile, die teils noch heute mit
vielen 1.000 km/s durch das Weltall rasen, verdichteten und ver-
formten sich gleichzeitig zu Planeten. Seitdem sind sie im Schwere-
feld der Sonne gefangen und bilden unser Sonnensystem.

Die Sonne wandert dabei mit einer Geschwindigkeit von 19 km/s
auf ihrer kosmischen Bahn innerhalb der Milchstraße und reißt die
Erde und ihre Nachbarn mit sich. Die Nachbarplaneten Merkur,
Venus, Mars, Jupiter, Saturn, Uranus, Neptun und Pluto, bewegen
sich in elliptischen Bahnen um die Sonne, wobei sich die Bahnen
von Neptun und Pluto bis 1999 überschnitten haben, so daß der
Neptun während dieser Phase den äußersten Planeten bildete. In
Sonnennähe nehmen die Bahngeschwindigkeiten der Planeten zu;
deshalb nimmt die Tageslänge im Laufe des Jahres ein wenig ab, so
daß die Sonnenuhren nicht mehr mit der mittleren Sonnenzeit über-
einstimmen. Spätestens seit dem Flug der Raumsonde »Voyager 2«

*Abb. 5: Ein Teil der Planeten unseres Planetensystems.*

wissen wir, wie vergleichweise winzig unser Sonnensystem ist. Zwar benötigte die Sonde von der Erde bis zum äußersten ihrer Nachbarplaneten (bei einer Geschwindigkeit von 30.000 km/h) zehn Jahre, von da ab jedoch, bis zum nächsten Stern »Ross 248« in unserer Galaxie, wird sie noch 42.000 Jahre unterwegs sein! Wie nah sind uns dagegen unsere acht Nachbarplaneten, die mit der Erde um die Sonne kreisen. Weil sie deshalb nicht wie Fixsterne (Sonnen) scheinbar für das menschliche Auge an ihrem Platz bleiben, nannten sie die alten Griechen »Planeten« (»die Umherschweifenden«).

Die Wissenschaft kann das Alter der Erde heute zwar mit ziemlich großer Genauigkeit bestimmen, doch der Entstehungsprozeß selbst gibt ihr noch immer Rätsel auf. Alles begann mit dem fast leeren Weltraum: Materiebrocken, die sich zusammenballten und dadurch weitere Materie anzogen, verdichteten sich und zogen daraufhin noch mehr Materie an. Das nicht aufhören wollende Materie-Bombardement erzeugte so viel Wärmeenergie, daß sich die junge Erde in eine glühendflüssige Kugel verwandelte. Als die Temperatur des glühenden Erdballs schließlich nach Äonen sank, erstarrte sie und kühlte ab. Die ersten, mit einer festen Kruste überzogenen Gebiete wurden durch vulkanische Kräfte gestaltet. Die aus dem Inneren ausströmenden Gase hüllten die Erde ein, und bildeten die Vorstufe der Erdatmosphäre, in der es allerdings noch keinen Sauerstoff gab. Die Ur-Gas-Atmosphäre kondensierte und erzeugte Wolken, denn Wasserstoff und Sauerstoff waren schon in einer früheren Phase die Verbindung zu Wasser eingegangen. Es regnete Jahrtausende. Die Regenfluten begannen sich durch die Oberflächen der Felsen zu nagen, Mineralsalze wurden aus den Erdschichten gewaschen, und die Wasserströme sammelten sich zu gewaltigen Ozeanen. Dann geschah etwas entscheidendes: Die Sonne brach durch die Wolken, und das bis dahin öde Land sowie die Ozeane, die den Planeten in seiner Jugend bedeckten, erhielten Licht und Wärmestrahlung.

In dieser Phase entstand im Wasser das Leben, zuerst ohne Sauerstoff. Dann bildeten sich Organismen, die Sauerstoff abgaben, so daß sich die erste Naturkatastrophe auf der Erde anbahnte. Damals war das Gas Sauerstoff nämlich noch Gift für die Umwelt! Erst durch die DNS-Moleküle (Desoxyribonukleinsäure) wurden die Erbinformationen weitergegeben und eine Evolution möglich gemacht. Sauerstoff wurde zur Lebensgrundregel, so daß sich mit ihm verschiedenste Arten von Leben im Wasser und auf dem Land entwickeln konnten.

Wasser war die Grundlage für die Entstehung von Leben, denn in der Morgendämmerung der Erde, so meinen die Wissenschaftler, sei das Leben auf dem Land nicht möglich gewesen. Die gefährliche UV-Strahlung konnte nicht wie heute absorbiert werden, da die junge Erde zwar über eine Atmosphäre verfügte, aber die schützende Ozonschicht noch nicht besaß. Ohne Ozon gab es also kein Leben auf dem Festland, da eine vergleichsweise zehn Meter dicke Schicht Wasser vonnöten war, um die gefährliche UV-Strahlung zu absorbieren. Nur in den Ozeanen konnten sich somit Lebensformen ausbilden – und Sauerstoff abgeben. Als die Meere durch eine Überproduktion mit Sauerstoff gesättigt waren, konnte dieser an die Atmosphäre der Ur-Erde abgegeben werden, die sich daraufhin mit ihm anreicherte. In der Stratosphäre wandelten sich zweiatomige Sauerstoff-Moleküle dann in dreiatomige Ozon-Moleküle um. Es entstand in langen Zeiträumen dann jener Ozon-Schutzgürtel, der das schädliche UV-Licht absorbierte. Erst von da an war es den Lebensformen im Wasser möglich, sich aus dem nassen Element kommend auf der festen Erdoberfläche auszubreiten.

Zunächst bildeten sich die unterschiedlichsten Pflanzenformen, und dann zogen auch die Tier-Stämme nach.

Die Ozonschicht absorbiert aber nicht alle UV-Strahlen, wie es uns der Sonnenbrand beweist.

In der Entwicklungsgeschichte unserer Erde gab es nicht nur Fortschritte: Irdische und kosmische Katastrophen verursachten Rückschläge, in deren Folge ganze Tier- und Pflanzenarten ausstarben. Alte Pflanzen- und Tierstämme verschwanden, um schließlich für neue Platz zu schaffen.

Besonders verheerend wirkten kosmisch verursachte Katastrophen. Unser Sonnensystem enthält viele Milliarden Gesteinsbrocken, von der Größe eines Staubkorns bis zum Ausmaß von Planetoiden. Die Umlaufbahn eines jeden Körpers wird ständig von der Anziehungskraft der großen Körper in unserem Sonnensystem (ganz besonders Sonne und Jupiter) beeinflußt. Jedes Jahr fallen Tausende von Tonnen des Weltraummaterials zur Erde. Zum Großteil verglüht das kosmische Material in der Atmosphäre der Erde, aber gelegentlich gelangen auch Teile davon bis auf die Oberfläche unseres Planeten.

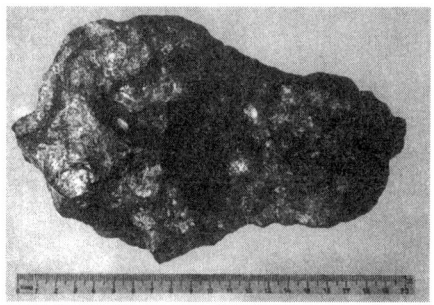

Abb. 6: Solche »Weltraumbrocken« landen von Zeit zu Zeit auf der Erde.

Zu Tode erschrak beispielsweise ein Brite, als er am Abend des 15. Februar 1830 einen glühenden Weltraumstein direkt auf sich zustürzen sah. Nachdem er die leuchtende Bahn verfolgt hatte, fand er in einem frisch umgegrabenen Ackerland in 30 Zentimeter Tiefe einen schwarzen, rund ein Kilogramm schweren Stein mit glatten Flächen und scharfen Kanten. Unter dem Namen »Launton-Meteorit« wird er seit 1895 im Britischen Museum von London aufbewahrt.

Das Sonnensystem durchstreifen auch Kometen und Asteroiden, die bis zu 100 Megatonnen auf die Waage bringen. Der bekannteste dieser Art ist der »Halleysche Komet«, der nach Edmond Halley (1656–1742), seinem Entdecker im Jahre 1682, benannt ist. Schon chinesische Chroniken aus dem Jahre 240 v. Chr. berichten über

solche »leuchtenden Sterne« am Himmel. Die Überlieferungen erzählen beispielsweise von »zwei Monden«, die am Himmel standen. Die älteste dieser aufgezeichneten Beobachtungen stammt aus
dem Jahr 1059 v. Chr. und ist noch heute erhalten.
Am 20. April 1910 sollte der »Halleysche Komet« sogar mit der
Erde zusammenstoßen: Dieses hatte jedenfalls der deutsche Astronom Max Wolf in Heidelberg vorausberechnet und damit die Welt
in Angst und Schrecken versetzt. Wie wir heute wissen, ist dieses
Ereignis glücklicherweise nicht eingetreten. Auch über den Asteroiden »Hermes« existieren Prophezeiungen: Danach könnte er sich
in naher Zukunft der Erde bis auf 100.000 Kilometer nähern und
sie mit einer Druckwelle streifen. Welche Folgen solche Begegnungen hätten, zeigt überdeutlich das Gebiet der 1908 von einer kosmischen Katastrophe betroffenen »Steinigen Tunguska« in Sibiri-
en. Hier schlug 1908 ein Meteorit mit einem Gewicht von 30 Megatonnen ein. Die dortigen Zerstörungen, von denen in erster Linie ausgedehnte Waldgebiete betroffen waren, sind heute noch sichtbar. Gegen solche Giganten bietet unsere Erdatmosphäre nur einen
geringen Schutz. Objekte dieser Art würden die Schutzhülle der
Erde in nur einem Bruchteil von Sekunden durchqueren und, egal
ob sie auf dem Festland oder im Ozean einschlagen, einen Schaden
verursachen, der dem Ende der Erde nahekommen könnte. Da
70 Prozent der Erde von Wasser bedeckt sind, wäre die Wahrscheinlichkeit am größten, daß sich gerade hier ein Einschlag ereignet. In
einem solchen Falle würden riesige Mengen von Wasser verdamp-
fen und sich zu dichten Wolken umwandeln – wie das schon bei
der Ur-Erde der Fall war. Da die Wolkendichte längere Zeit bestehen bliebe, könnten die Sonnenstrahlen nicht mehr bis zur Erdoberfläche durchdringen, was zur Entstehung von Kälteperioden
mit Temperaturen weit unter null Grad führen müßte. Viele Pflan-
zen- und Tierarten würden in den betroffenen Regionen aussterben, aber auch das menschliche Leben könnte sich wohl nur noch
in den wenigen verbleibenden Wärmeregionen halten. Wenn eine
»kosmische Bombe« groß genug wäre, könnte es gar geschehen,
daß alles höherstehende Leben auf der Erde komplett ausstirbt. Es
stünde dann wieder am Anfang seiner Entwicklung.
*Wie war das mit dem Menschen im Stammbaum der Natur?*
Als Charles Robert Darwin (1809–1882) nach einer fünf Jahre an-

dauernden Expedition (1831–1836) die »Selektionstheorie« begründete und danach 1859 sein Buch über »Die Entstehung der Arten« veröffentlichte, schien für die allgemeine Lehrmeinung alles klar zu sein. Denn der »Darwinismus« (»Abstammungslehre«) eroberte rasant die weltlichen Fakultäten und fand schnell seine Anerkennung. Doch weder zu Darwins Zeit noch heute bezeugen die Gesteinsfunde, die bisher analysiert wurden, eine abgestufte und langsam fortgeschrittene Entwicklung in der Evolutionsgeschichte. Es ist überdies eine Tatsache, daß heute weniger Fossilienfunde mit Aussagekraft für evolutive Übergänge existieren, als das noch zu Zeiten Darwins der Fall war. Deshalb beschäftigt eine kleine Gruppe von Menschen von der *Forschungsgesellschaft für Archäologie, Astronautik und SETI (AAS)* von allen Fragen, die bisher aufgekommen sind, die vielleicht Fesselndste: ob es nämlich, wie von Stephen Hawking postuliert, auf anderen Welten kontaktfähige Zivilisationen und Lebewesen gibt oder ob wir alleine im Universum sind.

Die allgemeine Wissenschaft lehrt uns, daß Leben auf Kohlenstoffen basiert – sollte diese Annahme falsch sein, so wäre unsere gesamte Wissenschaft falsch! Die Forscher meinen damit, daß Lebensformen in anderen Welten zwar nicht wie wir aussehen müßten, jedoch alle aus den »gleichen Zutaten« bestünden. Gleichzeitig gestehen unsere »Wissenden« ein, daß das Bindeglied zwischen dem Menschen und einer Giraffe schwer vorstellbar ist.

Die neueste Theorie zur Entstehung (und Ausbreitung) des Lebens im Universum, die so genannte »Panspermie«, wird wohl für die internationale Forschung noch schwieriger zu behandeln sein. Die Überlegungen der Vertreter dieser Theorie gehen dahin, daß Leben gar nicht in der »Ursuppe« der Erde entstanden ist, sondern, einer Expansionsstrategie folgend, durch Meteoriten oder Kometen auf die Erde gelangt sein könnte, also einen kosmischen Ursprung hat.

### Wie hat das Leben des Menschen begonnen?

Als vor etwa 400 Millionen Jahren die Lebewesen damit begannen, das Land zu erobern, war an den Menschen noch lange nicht zu denken. Doch schon frühzeitig war die paläanthropologische Forschung davon überzeugt, daß die Wurzeln der Menschwerdung im Affenstamm zu suchen seien. Wann aus diesem gemeinsamen

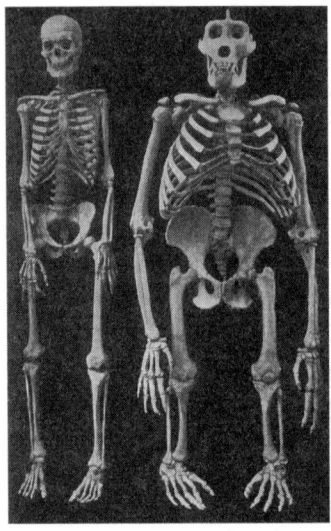

*Abb. 7: Skelett des Menschen und des Gorillas.*

Stammbaum heraus die Gabelung in die Zweige der Menschenaffen (»Pongiden«) und der Menschen (»Hominiden«) erfolgte, wird auch heute noch lediglich vermutet.

Die ersten Menschen hinterließen uns einige Spuren in Form von Skeletten bzw. einzelnen Knochen, an denen wir die menschliche Entwicklung verfolgen können. Doch die Forscher sind sich über den Gesamt-Werdegang des Menschengeschlechts immer noch nicht einig. Denn die heutige Wissenschaft hat bis jetzt keinen konkreten Beweis dafür vorlegen können, daß der Mensch »nicht« das Ergebnis eines Schöpfungsaktes sein könnte!

Nachdem der »Java-« und der »Peking-Mensch« entdeckt worden waren, hielt man im Jahre 1932 noch Asien für den Ort, an dem die Wiege der Menschheit stand. Erschwert wurden viele Aussagen in bezug auf einen verbindlichen Stammbaum noch dadurch, daß viele von ihnen in der Vergangenheit durch einen rassistischen Unterton begleitet wurden. So konnte z. B. ein europäischer weißer Anthropologe behaupten, daß die schwarzen Einwohner Afrikas enger mit dem Affen verwandt seien als weiße Europäer. Selbst der Erfinder der »Zuchtwahl-Theorie« und Mitstreiter von Darwin, Alfred Russel Wallace (1823–1913), gab diesbezügliche Äußerungen von sich. Wallace schrieb hinsichtlich der riesigen Kluft, die zwischen Menschen besteht, an Darwin:

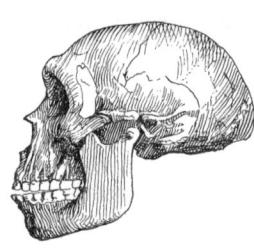

»Die natürliche Zuchtwahl hätte den Wilden nur mit einem Hirn ausstatten können, das dem des Affen ein wenig überlegen gewesen wäre, während er ein Hirn besitzt, das dem eines durchschnittlichen Mitglieds unserer gebildeten Gesellschaft nur wenig nachsteht.«

*Abb. 8: Fossiler Schädel.*

Darauf erwiderte Charles R. Darwin ein wenig aufgebracht:
»Ich hoffe, Sie haben unser gemeinschaftliches Kind nicht endgültig umgebracht!«

In Wirklichkeit wissen wir weder etwas über die Hautbeschaffenheit des prähistorischen Menschen noch etwas über seine Behaarung. Auch seine Hautfarbe und sein Gesichtsausdruck sind uns genaugenommen fremd. Nur der altbewährte »Glaube« und das »Vertrauen« auf die Wissenschaft spiegelt uns das Bild des Ur-Menschen wider. Denn nur den Phantasien der Rekonstrukteure, die sich in ihren Arbeiten stets bemühen, unseren Vorfahren einen möglichen Ausdruck zwischen Affe und Mensch zu verleihen, verdanken wir das Bild unserer Vorfahren. Der australische Anthropologe Allan Thoun meint jedoch:
»Wenn wir die Schädelformen von Neandertalern mit anderen Schädeln vergleichen, erkennt man zwar leichte Unterschiede – wenn sie aber noch leben würden und somit an ihnen noch das Fleisch vorhanden wäre, würden sie unter uns kaum auffallen!«

*Abb. 9: Urmensch-Familie als Rekonstruktion.*

Mit der Entdeckung des »Gigantopithecus« im Jahre 1946 hatten die Wissenschaftler in der Tat angenommen, das »missing link« (das fehlende Glied) der Entwicklungskette endlich entdeckt zu haben. Dieser hätte der direkte Vorfahre des Menschen sein können. Aber wie schon den »Ramapicthecus« betrachtet man inzwischen auch diesen Primaten zwar als einen Zeitgenossen des Menschen, jedoch keineswegs als einen seiner Urahnen.

Zu den Primaten, den Herrentieren, zählen Affen, Menschenaffen und der Mensch. Der früheste Affe »Plesiadapis« sah wohl eher wie ein langschwänziger Lemur von heute aus. Doch er besaß damals schon ein großes Gehirn. Vor etwa 50 Millionen Jahren, während des Eozäns, erschien dann der erste wirkliche Affe.

Heute leben nur noch vier verschiedene Arten von Menschenaffen auf der Erde: Gibbons, Orang-Utans, Gorillas und der Schimpanse. Da sie alle keinen Schwanz mehr haben, schwingen sie sich an ihren langen Armen mit ihren zu Greiforganen umfunktionierten Händen von Baum zu Baum. Die direkten Vorfahren des Menschen indes tauchten vermutlich erstmals vor etwa sieben Millionen Jahren auf.

Im Jahre 1974 entdeckte der Amerikaner Donald Johanson ein bemerkenswert gut erhaltenes Skelett in Äthiopien (Afrika), das ein Alter von etwa 3,6 Millionen Jahre aufweist. Da es der Körper einer jungen Frau ist, erhielt diese den Kosenamen »Lucy«. Und da sie lange Beine hat, ging sie demzufolge aufrecht. Allerdings war Lucys Gehirn nicht größer als das eines Affen, und auch ihre Zähne sehen noch sehr affenähnlich aus. Wahrscheinlich war sie nur einen Meter groß und gehörte zur Art des »Australopithecus afaransis« (»Südaffe aus Afar in Äthiopien«). Andere Australopithecinen, die vor etwa einer Million Jahren lebten, waren schon um einiges größer als Lucy. Louis Leakey, einer der großen Entdecker früher menschlicher Knochenfunde, hat die ältesten Steinwerkzeuge in Ostafrika gefunden, die vom Australopithecus oder einer früheren Art des »Homo« vor ungefähr 2,6 Millionen Jahren hergestellt wurden. 1986 wurden 295 zweieinhalb Millionen

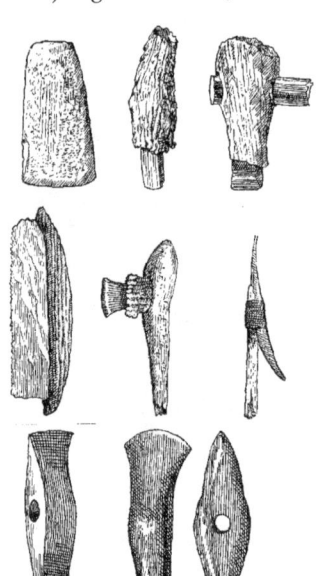

*Abb. 10: Werkzeuge aus der Steinzeit.*

Jahre alte Werkzeugteile zu Tage gefördert, die offensichtlich vom »Homo habilis«, einem sehr engen Verwandten des »Homo sapiens«, hergestellt wurden. Auch menschenähnliche Gehirnmuster, die von Professor Dean Falk von der staatlichen Universität in Puerto Rico, in ostafrikanischen Schädeln gefunden wurden, lassen sich auf derart weit zurückliegende Zeiträume datieren. Sie werden mit einem Alter von zwei Millionen Jahren beziffert, während parallele südafrikanische Funde sogar auf drei Millionen Jahre zurückdatiert werden. Angesichts des hohen Alters dieser Funde läßt sich die Millionen Jahre alte Verbindung des Menschen zu den Primaten beweisen.

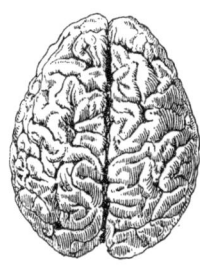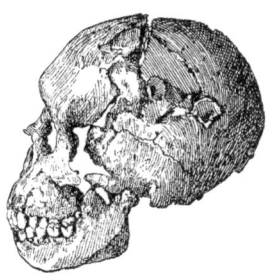

*Abb. 11: Hirnmuster des Menschen und seiner Vorfahren.*

Führende Anthropologen sagen sogar, daß die eigentliche Geschichte des Menschen bereits vor wenigstens 15 Millionen Jahren begonnen haben muß. Zwar stellt der Mensch innerhalb der Ordnung der Primaten eine selbständige Familie dar, entwicklungsmäßig und morphologisch gesehen ist er jedoch in der stammesgeschichtlichen Entwicklung die große Ausnahme! Nur er kann sich auf unterschiedlichste Art ernähren, nimmt die verschiedensten Lebensbedingungen an, kann laufen, kriechen und schwimmen. Der Mensch allein beherrscht die Sprache und das Denken!

*Ist der Mensch tatsächlich nur ein Naturprodukt?*

Im Stammbaum des Menschen (»Homo sapiens«) ergibt sich unter Berücksichtigung der Fossilienformen eine Unterteilung in drei Unterfamilien:
1) Vormenschen (»Ramapicthecus«)
2) Urmenschen (»Australopithecus«)
3) Echtmenschen (»Hominiden«)

Doch gerade in bezug auf diese Gruppen vertrat bereits R. Leakey die Ansicht:
»Diejenigen, die auf diesem Gebiet arbeiten, haben so wenig Be-

weise, auf die sie ihre Schlußfolgerungen stützen können, daß sie häufig ihre Folgerungen revidieren müssen.«

Gemeint sind die Unterfamilien des Ramapicthecus und Australopithecus, die Leakey folgenderweise bewertet:
»Unsere Funde lassen kaum einen Zweifel offen, daß der Ramapicthecus und Australopithecus nicht dem Homo sapiens ähnelten, sondern den Affen und Menschenaffen der Gegenwart.«

Trotz dieser klaren Aussage wird die Evolutionstheorie von den Anthropologen verbissen verteidigt! Dabei versuchten Gelehrte der jüngeren Vergangenheit, die Evolutionstheorie unbeirrt selbst mit vorsätzlich vorgenommenen Fälschungen zu beweisen!
Im Jahre 1912 präsentierten beispielsweise die Briten Arthur Smith-Woodward und Charles Dawson mit der Entdeckung des »Piltdown-Schädel« der Öffentlichkeit einen der wichtigsten Beweise für die Gültigkeit der Evolutionstheorie. Darin erkannte die Lehrmeinung über 40 Jahre das besagte »missing link« zwischen den Menschen und den Menschenaffen. Dieser Schädel bestand aus einem Teilgebiß eines Orang-Utans, einem Bruchstück eines menschlichen Schädels und einer restlichen Masse von modelliertem Gips – es war eine Fälschung! Der Anatom Le Gros Clark von der Universität Oxford deckte diesen Weltbetrug erst mit modernsten Untersuchungsverfahren des 20. Jahrhunderts auf:
»Jemand hat die beiden Piltdown-Funde bewußt gefälscht.«

Ein anderer Fälscher war der deutsche Zoologe Ernst Haeckel (1834–1919), der, auf der Arbeit Darwins aufbauend, im Jahr 1866 seine Theorie über das »biogenetische Grundgesetz« aufstellte. Erst 1997 konnte dieser vorsätzliche Betrug durch den amerikanischen Biologen Michael Richardson entlarvt werden:
»Die Zeichnungen, mit denen Ernst Haeckel seine Theorie gestützt hatte, sind frei von menschlichen Embryos abgeleitet. Ein biogenetisches Grundgesetz zur Unterstützung der Evolutionstheorie wurde von Haeckel einfach erfunden.«

*Sollten wir die Evolutionstheorie nicht gänzlich in Frage stellen?*
Auch die Echtmenschen werden von den modernen Gelehrten in drei Gruppen gegliedert:

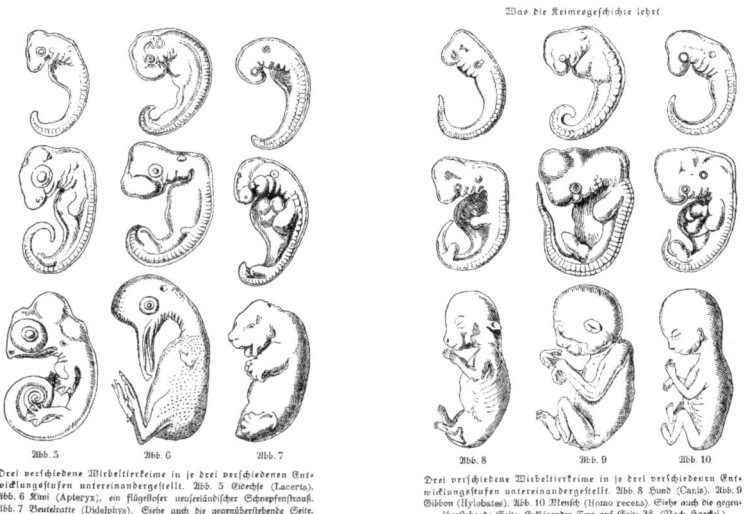

Abb. 5     Abb. 6     Abb. 7

Drei verschiedene Wirbeltierkeime in je drei verschiedenen Entwicklungsstufen untereinandergestellt. Abb. 5 Eidechse (Lacerta). Abb. 6 Kiwi (Apteryx), ein flügelloser neuseeländischer Schnepfenstrauß. Abb. 7 Beutelratte (Didelphys). - Siehe auch die gegenüberstehende Seite.

Abb. 8     Abb. 9     Abb. 10

Drei verschiedene Wirbeltierkeime in je drei verschiedenen Entwicklungsstufen untereinandergestellt. Abb. 8 Hund (Canis). Abb. 9 Gibbon (Hylobates). Abb. 10 Mensch (Homo recens). Siehe auch die gegenüberstehende Seite. Erklärender Text auf Seite 38. (Nach Haeckel.)

*Abb. 12: Das biogenetische Grundgesetz (nach Haeckel)*
*ist eine Fälschung!*

1) Frühmenschen (»Pithecanthropus«)
2) Altmenschen (»Neandertalensis«)
3) Jetztmenschen (»Homo sapiens sapiens«)

Die Gattung »Homo« wurde durch die Wissenschaft erneut in zwei Arten, »erectus« und »sapiens«, eingeteilt, womit sie immer noch an der Evolutionstheorie festhält! Zur ersten Art zählen die Frühmenschen, die im mittleren Pleistozän – vor etwa 1,1 Millionen Jahren – lebten und schon deutlich erkennbare Rassen ausbildeten. Der »Homo erectus Pekinensis«, der vor 750.000 Jahren lebte, kontrollierte mit Sicherheit bereits das Feuer. Doch das einzig Auffällige in der Stammesgeschichte der Menschen und Menschenaffen ist die Veränderung des menschlichen Gehirnvolumens während des Pleistozäns. Während das Gehirn des Menschen auf 1.500 Kubikzentimeter wuchs, blieb es beim Affen bei 600 Kubikzentimetern stehen! Die einleitende Phase bei der Entwicklung zum Echtmenschen, so meinen die Wissenschaftler, setzte ein, als der aufrechte Gang des Körpers eintrat. Hier muß die Gemeinsamkeit in der Entwicklung von Orang-Utan, Gorilla, Schimpansen und dem Menschen geendet haben. Dabei ist der genetische Unterschied der Arten nur sehr gering. Der Mensch besitzt als »Krone der Schöpfung« zu 99 Prozent die gleichen Erbinformationen wie die Menschenaffen. Nur das eine Prozent neuerworbener Körper- und Gehirnstrukturen erhebt uns aus dem Reich des Dschungels!

*Warum unterscheiden wir uns dann so stark vom Orang-Utan, Schimpansen und Gorilla, obwohl unsere Erbinformationen zu 99 Prozent identisch sind?*

In der Wissenschaft wird der Mensch erst mit dem Beginn der Umfunktionierung der Hand zum reinen Greiforgan in diese erdgeschichtliche Periode eingestuft. Nach Verlassen des »Tier-Mensch-Übergangsfeldes«, was vor etwa sieben Millionen Jahren der Fall gewesen sein soll, trat als neuer Faktor der Geist ins Ursachengefüge der menschlichen Evolution ein. Demgegenüber blieb beim Tier durch Beibehaltung des dominierenden Instinkts die Handlungsfähigkeit begrenzt.

Werkzeuge zu verwenden, das Großhirn zu benutzen, künstlerische Fähigkeiten und Gefühle zu entwickeln, aufrecht zu gehen – all diese Eigenschaften soll der Mensch in den Savannengebieten der Erde erlernt haben.

Nach den neuesten Ergebnissen, die wir den Forschungen der

Astrophysik verdanken, wird das Alter der Erde auf etwa 4,3 Milliarden Jahre geschätzt. Die Erdoberfläche ist seit ihrer Entstehung stets in Bewegung, und die Kontinentalplatten aufgrund der Kontinentaldrift ständig

*Abb. 13: Vorzeitliche Kunstfertigkeiten.*

enormen Reibungen ausgesetzt. Dabei stoßen ganze Gebirgsplatten aufeinander, wachsen zu Gebirgen empor und zerfallen wieder durch Erosion. Dies bringt einen neuen Aspekt ins Spiel: Nichts beeinflußt die genetischen Veränderungen der Arten so sehr wie ein Klimawechsel.

Im Pliozän herrschte eine langandauernde Dürre- und Trocken-
periode – die Trockenheit hielt zwölf Millionen Jahre an und zerstörte dabei die großen Wälder Afrikas. Sie vernichtete Tausende
von Pflanzen- und Tierarten, aber gleichzeitig entstanden auch die
Savannen, die neuen Lebensraum boten. Für die großen Weidetiere,
und Raubtiere, die von ihnen lebten, begann ein »Goldenes Zeitalter«. Im gleichen Maße, wie die Wälder schrumpften, wurden
schwächere Menschenaffen in die Savannenfelder verdrängt, wo es
wenig Nahrung und keinen Schutz gab. Die wissenschaftliche Lehrmeinung geht nun davon aus, daß unsere Vorfahren hier in den
Savannengebieten, die aufgrund des offenen Geländes wenig Schutz
boten, den aufrechten Gang erlernten, was dazu führte, daß sie all
ihre Glieder im Überlebenskampf gebrauchten, um künftig bestehen zu können. Danach verloren sie zum Großteil ihre Körper-
behaarung, und ihr Verhaltensmuster änderte sich gänzlich. Diese
Vorstellung findet als sogenannte Savannentheorie die Anerkennung
der Wissenschaft.
Außer der Savannentheorie existiert aber auch noch eine andere
Hypothese, die davon ausgeht, daß der Auslöser der menschlichen
Evolution eine amphibische Phase war, denn unsere Urahnen könnten auch im Wasser gelebt haben. Das ist im Grunde genommen
gar nicht so abwegig, wie es sich vielleicht im ersten Moment anhö-
ren mag. Denn Vertreter aller Arten der Landsäuger haben sich später wieder an das Leben im Wasser angepaßt. Beispiele sind die Wale,
deren stammesgeschichtliche Vorläufer vor etwa 70 Millionen Jahren in die Ozeane zurückgingen, und einige frühe Formen der Huf-
tiere, die vor 50 Millionen Jahren das gleiche taten und deren Nachfahren heute die Seekühe, der Manatee und der Dugong sind. Sie
alle waren Vegetarier und ernährten sich von Seegräsern. Später er-
oberten auch bärenähnliche Raubtiere die Meere, aus denen sich
Walrosse und Seelöwen entwickelt haben. Auch Nager, aus denen
die eigentümlichen Schnabeltiere hervorgingen, beschritten den gleichen Weg – alle genannten Arten sind Nachfahren von Landtieren!
Daß auch die Vorfahren des Menschen die Küstenbereiche der Meere
besiedelten und dem Wasser angepaßt waren, behauptet die im vorigen Absatz erwähnte neue Theorie: Danach verloren die Menschen erst im Meerwasser ihr Fell, entwickelten den aufrechten Gang
und wurden das, was wir heute sind. Diese, gegen jede Schulweis-

heit stehende Theorie ist die »Wasseraffentheorie«. Sie ist das geistige Kind des Oxfordprofessors Alaster Hardey.

Beim Menschen ist eine Schicht Unterhautfettgewebe mit der Haut verwachsen – bei Hunden, Katzen oder dem Menschenaffen hingegen kann man die Haut einfach anheben. Unsere Haut weist damit eine Eigenschaft auf, wie sie sonst nur bei Walen oder anderen Meeressäugern vorkommt. Sie läßt sich vielleicht nur durch eine amphibische Phase in der Entwicklungsgeschichte des Menschen erklären. Denn alle Meeressäuger haben solch ein Unterhautfettgewebe: Sie läßt den Körper stromlinienförmiger werden, speichert Energie und bietet Schutz. Der Mensch als »Krone der Schöpfung« besitzt diese »Speckschicht« auch – wie bei den Meeressäugern hat sie eine Schutzfunktion. Wenn wir mehr Gewicht zulegen, bekommen wir einen dicken Bauch, dicke Finger und Pausbacken, Affen hingegen werden nicht dick!

Bei uns Menschen ist das Unterhautfettgewebe am stärksten beim Embryo ausgebildet, der sich durchschnittlich neun Monate im salzhaltigen Fruchtwasser im Mutterleib befindet.

*Stammt der Mensch wirklich vom Affen ab?*

Die Entwicklungsgeschichte der menschlichen Rasse war Hunderte von Jahren durch Mythen und Religionen verklärt; wehe dem, der an der Verwandtschaft zu den Göttern zweifelte! Erst Charles R. Darwin und Alfred R. Wallce räumten mit den alten Vorstellungen auf. Sie erklärten, daß der Mensch eine spezialisierte Form des Menschenaffen sei – und entfachten im 19. Jahrhundert damit viele hitzig geführte, öffentliche Debatten. Sie verletzten die religiösen Empfindungen der Menschen des viktorianischen Zeitalters derart, daß ein offener Kampf mit der Kirche entbrannte. Darwin wurde geschmäht und erntete viel Spott, doch der Wissenschaftler verteidigte seine »Evolutionstheorie« unbeirrt weiter. Heute gilt seine »Selektionstheorie« von der Abstammung der Arten laut Gelehrtenmeinung als unbestritten und findet allgemeine Anerkennung. Doch Kritik regt sich, oft versteckt, überall. So schrieb die bekannte US-Tageszeitung *New York Times* folgendes:

»Die bekanntesten fossilen Überreste der Vorfahren der Menschen hätten auf einem Billardtisch Platz. Für einen Blick hinter den Schleier der letzten paar Millionen Jahre sind sie eine ungünstige Plattform.«

Dieser Hinweis läßt uns noch einmal auf die Erkenntnisse der Wissenschaft eingehen und uns fragen:

*Erliegt unsere Lehrmeinung möglicherweise einem Irrtum?*

Darwin bezeichnete seine Theorie als »Entstehung einer Art, mit einer natürlichen Züchtung«. Er glaubte, für das Überleben der Lebewesen sei nur die Natur verantwortlich, und sie wähle die »Tüchtigsten« aus, damit die Lebewesen sich langsam vom Niederen zum Höheren entwickeln könnten. Wir müssen jedoch beachten, daß das, was mit uns Menschen vor etwa sieben Millionen Jahren auch geschehen sein mag, die Schimpansen und Gorillas seltsamerweise kaum betraf. Sie veränderten sich weniger dramatisch! Viele Zoologen glauben daher, daß es einen anderen Grund für die Entwicklung des Menschen geben muß. So sind Neugeborene bei Menschenaffen menschenähnlicher als Erwachsenentiere – und das in ihren ganzen Proportionen!

*Ist der Mensch also ein Affe, der in seiner Entwicklung im Jungstadium stehengeblieben ist?*

Im Gegensatz zur »geistigen« Unbeweglichkeit der Tiere, die sich im instinktiven Verhalten zeigt, verfügt der Mensch über eine gewisse Flexibilität im Gebrauch des Gehirns. Denn obwohl das Gehirn mit keiner speziellen »Sprache« ausgestattet ist, besitzt es die angeborene Fähigkeit und das strategische Programm, jede Sprache zu erlernen. Werden im Elternhaus zwei Sprachen gesprochen, vermag ein Kind beide zu erlernen. Kommt es mit einer dritten Sprache in Berührung, so kann es diese ebenfalls beherrschen. Ein fünfjähriges Kind konnte z. B. acht Sprachen fließend sprechen. Angesichts solcher in den Genen verankerten Fähigkeiten überrascht es nicht, wenn der bekannte Neurochirurg und Sprachforscher R. M. Restak über die Experimente mit Zeichensprache bei Schimpansen sagte, sie würden tatsächlich beweisen, »daß diese auch zu den rudimentärsten Formen der menschlichen Sprache außerstande sind«.

Das menschliche Gehirn ist aus Elementarteilchen aufgebaut und wird in seinen Fähigkeiten vermutlich nur zu zehn Prozent genutzt. Nach einer Schätzung enthält das menschliche Gehirn ungefähr 100 Milliarden Nervenzellen, die miteinander durch faserige Ausläufer (»Axone« und »Dendriten«) verästelt sind. Die Hauptzellen

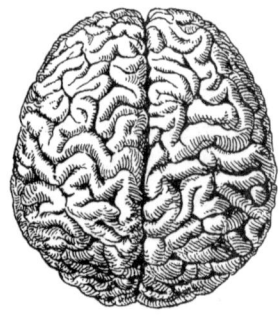

*Abb. 14: Das menschliche Gehirn.*

bestehen aus »Neuronen«, die sich nicht einmal berühren, weil sie durch »Synapsen« voneinander abgegrenzt werden. Das sind winzige Zwischenräume, die kleiner als ein Zehntausendstel Millimeter sind und von chemischen Überträgerstoffen, den sogenannten Neurotransmittern, überbrückt werden. Die Gesamtlänge der verbundenen Fasern, die ähnlich unserem Telefonnetz zur Übertragung von Informationen dienen, erreicht beinahe kosmische Dimensionen. Sie entspricht ungefähr der Entfernung zwischen Erde und Mond!

Menschen und Tiere haben einige Gemeinsamkeiten: Nahrungsaufnahme, Verdauung, Fortpflanzung und Bewegungsabläufe vollziehen sich in ähnlicher Weise. Unser menschlicher Körper hat sich in vielen Etappen wie jener der Tiere entwickelt, nur daß wir ein ganzes Stück weitergekommen sind als sie. Das uns von der Tierwelt abhebende Denken ermöglicht uns eine gewisse Kreativität im Überlebenskampf. Der Reichtum unserer Äußerungen beruht auf unserem Erinnerungsvermögen, der Intelligenz und der menschlichen Sprache. Dabei arbeiten die Hirnzellen der Menschen in Wirklichkeit wie die der Tiere.

*Aber warum sind wir viel klüger als sie?*

Die Antwort muß im Aufbau des menschlichen Gehirns liegen. Das Hirn unserer tierischen Vorgänger war fast nur auf den Geschmacks- und Geruchssinn ausgerichtet: Mit der Weiterentwicklung des Lebens bildeten sich weitere Schichten für das Hören und Sehen. Bei der weiteren Entwicklung wurde das Gehirn um neue Fähigkeiten erweitert, wobei die Größe für die Funktion nicht wesentlich war. Warum gerade das menschliche Gehirn besser als die größeren Tiergehirne arbeitet, müssen wir genau analysieren.

Wenn wir tierische und menschliche Gehirne in ihrer Funktion testen, stellen wir fest, daß die Hirne von Tieren im größeren Umfang genutzt werden als die der Menschen. Millionen von ungenutzten Gehirnzellen bilden beim Menschen ein ungelöstes Geheimnis, da diese offensichtlich keine bestimmte Aufgabe haben. Die Zonen, die wir kennen, liegen in der nur drei Millimeter großen Hirnrinde, der Oberflächenschicht des Gehirns. Sie sind zuständig für das Sehen, Tasten und die Befehle für die Bewegungsabläufe unserer Muskeln. Unter der Oberflächenschicht befinden sich die noch unbekannten Areale von Höhlen und Furchen, mit einer eher unregelmäßig geformten Zellenansammlung, deren Bedeutung wir kaum kennen und verstehen. Man hat schon oft versucht, die anatomische Aufgliederung des menschlichen Gehirns zu begreifen, allerdings mit nur wenig Erfolg.

Tief im Innersten des menschlichen Gehirns liegen unsere einfachsten Empfindungsäußerungen wie Durst, Hunger, Geschlechtstrieb, Angst und Aggression. Diese haben allen Lebewesen der Erde beim Überlebenskampf geholfen, aber viele menschliche Leistungen haben mit deren mittelbarer Überlebensfunktion nichts zu tun. Der Schaltplan des Gehirns nimmt viele Arten von »Kommunikation« wahr und unterscheidet somit Gut von Schlecht: Lesen, Hören, Schmecken, Abtasten und Gefühle. Überraschenderweise sind solche Dinge sehr schwierig für Tiere. Sie »funktionieren« nur nach ihren Instinkten, was besonders im Falle von Durst und Hunger sichtbar wird. Wenn Tiere lernen, bezieht sich das immer auf den Überlebenskampf, der Bildungsvorgang beim Menschen hingegen hat mit dem Überleben nichts zu tun.

Unsere Grundbedürfnisse sind mit denen der Tiere gleichgestellt, aber lediglich in bezug auf die Nahrungssuche und -aufnahme. Unser Leben ist auch mit vielen anderen Tätigkeiten ausgefüllt, weil wir ein Erinnerungsvermögen (Langzeit- und Kurzzeitgedächtnis) haben. Wissenschaftler nehmen an, daß das Langzeitspeichern von Erinnerungen durch eine Veränderung durch Zellen bewirkt wird. Ein Gedächtnisvorgang muß eine Zelleneinwirkung haben, um lange gespeichert werden zu können.

*Wie kann ein gerade 1,3 Kilogramm schweres Gewebe die Erinnerungen eines ganzen Lebens bewahren?*
Wir erinnern uns an Dinge, die wir jahrelang nicht gesehen haben – sie alle sind im Gehirn verschlüsselt gespeichert. Das Gehirn muß unsere Erinnerungen systematisch und geordnet, *wie* in einer Bibliothek, aufbewahren. Wären in einer Bibliothek die Bücher durcheinander gestapelt, wäre es zwar interessant, einige Bücher zu lesen, aber als Informationsspeicher wäre die Bibliothek völlig sinnlos. Wir müssen wissen, wie wir Informationen erhalten, wenn wir

diese benötigen. In der »Encyclopaedia Britannica« heißt es darüber hinaus, daß das Gehirn des Menschen »mit einer beträchtlich größeren Kapazität ausgestattet ist, als jemand zu seinen Lebzeiten verwerten kann«.

*Warum aber sollte durch die Evolution eine solche »Überkapazität« erzeugt worden sein?*
Nach Ansicht des Astrophysikers Carl Sagan würden die Informationen, die das Gehirn aufnehmen könnte, »gut 20 Millionen Bände füllen und mithin eine der größten Bibliotheken der Welt darstellen«. Erstaunlicherweise benötigt das Gehirn für seine Arbeit aber nur eine Leistung von 25 Watt, während ein Computer für dieselbe Arbeit eine wesentlich höhere Energiemenge braucht. Natürlich weiß kein Mensch, wie groß die Speicherkraft des Gehirns wirklich ist. Der amerikanische Neurochirurg und Sprachforscher Richard M. Restak schreibt in seinem Buch »Geist, Gehirn und Psyche«:
»Das Gehirn ist tatsächlich das einzige Beispiel dafür, daß eine Spezies mit einem Organ ausgestattet wurde, von dem sie bis auf den heutigen Tag nicht weiß, was sie damit anfangen soll. Das Wachstum des menschlichen Gehirns bleibt der unerklärlichste Aspekt der Evolution.«

Ein Kollege von Restak, Robert J. White, erkennt hinter dieser Entwicklung des menschlichen Gehirns sogar eine planvolle Konstruktion durch höhere Intelligenzen:
»Mir bleibt gar nichts anderes übrig, als die Existenz einer höheren Intelligenz anzuerkennen, die den immer aufs neue verblüffenden Zusammenhang zwischen Hirn und Geist geplant und entwickelt hat. Das muß einen planvollen Anfang haben, den jemand in Gang gesetzt hat.«

*War es also die Evolution alleine, die den Menschen hervorbrachte? Oder unterlagen wir möglicherweise schon in unserer Entwicklungsgeschichte einer Manipulation?*

# KAPITEL 2

# DIE BIBELSCHRIFTEN

Halten wir nach den ältesten Überlieferungen Ausschau, die in unserer modernen und zivilisierten Gesellschaft die Ordnung bis einschließlich heute mitbestimmt haben, so finden wir einige Fakten zur Menschheitsgeschichte im Alten Testament. Die darin enthaltenen Bücher »Genesis«, »Exodus«, »Levitikus«, »Numeri« und »Deuterionomium« bilden bei den Juden eine Einheit, die sie »Thora« nennen. Wegen des großen Umfangs teilten schon die Juden die »Thora« in fünf Bücher. Die fünf Buchrollen verwahrte man in den Synagogen in einem Behälter. Darum nannten bereits die Kirchenväter die Sammlung dieser fünf Buchrollen »Pentateuch«, was zu deutsch »Fünfrollenbehälter« bedeutet.

Die Zeugnisse der Generationsfolgen der Urvölker hatten alle etwas gemeinsam, sie wurden als erstes durch Mythen, Epen, Legenden und Ritualformeln mündlich überliefert und in jüngerer Vergangenheit durch das jeweilige Priestertum oder andere Gelehrte schriftlich in Versen niedergeschrieben. Das Alte Testament ist eine derartige Sammlung von vielen vorausgegangenen Überlieferungen. Die einzelnen Teile sind nacheinander im Verlauf vieler Jahrhunderte entstanden und ab der ersten Niederschrift wiederholt erweitert worden.

Man pflegt heute drei Hauptsichten zu unterscheiden, die sich über die ersten vier Bücher erstrecken:

1) die »jawistische« – niedergeschrieben um 900 v. Chr.,
2) die »elohistische« – niedergeschrieben um 720 v. Chr. und
3) die »Priesterschrift« – niedergeschrieben um 550 v. Chr.

Die griechischsprechenden jüdischen Theologen der Diaspora in Ägypten haben im ersten Jahrhundert n. Chr. 39 hebräische und aramäische Schriften ausgewählt, denen sie den Rang »heiliger«, das heißt, für Glauben und Leben verbindlicher Schriften zubilligten. Einige der Schriften, die in die jüdische Bibel nicht aufgenommen wurden, sind uns somit in der griechischen Übersetzung, der »Septuaginta« (»Buch der 70 Übersetzer«), erhalten geblieben. In den christlichen Bibelausgaben wurden diese Bücher danach neu geordnet und eingeteilt, und zwar in Geschichts-, Lehr- und Prophetenbücher. Das Wort »Bibel« wurde ebenfalls vom Griechischen (»Byblos«) übernommen, das ganz einfach »Buch« bedeutet und sich vermutlich von der ägyptischen Bezeichnung für die Papyrusstaude ableitet.

Der Gelehrte Hieronymus, der im vierten nachchristlichem Jahrhundert sein größtes literarisches Werk, die »Vulgata«, verfaßte, kann als derjenige lateinische Kirchenlehrer angesehen werden, der unwissentlich den Grundstein für die Spaltung der Christenheit im Mittelalter legte. Hieronymus, der am 20. September 420 n. Chr. im Alter von 73 Jahren verstarb, übersetzte die Bibelschriften aus der griechischen Version ins Lateinische. Doch welcher gläubige Christ, der heute aus der Bibel liest und den religiösen Anforderungen seiner Kirche nachkommt, ahnt, daß die Schriften der heutigen Bibel unvollständige Werke des Auswahlverfahrens mittelalterlicher Theologen sind? Denn das Christentum war jahrhundertelang einer Glaubensspaltung ausgesetzt, bevor in Trient (Südtirol) von katholischen Geistlichen im Jahre 1545 ein allgemeines Konzil anberaumt wurde, um die anwährende Glaubensspaltung zu verhindern. Eine Reihe von Dekreten wurde daraufhin verabschiedet, die wesentlich zu einer Erneuerung des Katholizmus beitrugen. Unter anderem gab es eine Grundsatzentscheidung der Kirche, die jede Übereinstimmung zwischen einem biblischen Gesetz und einem heidnischen Brauch verbot und einen solchen Vorgang als ein Werk des Teufels einstufte. Zudem richtete der Vatikan in Rom eine neue Inquisitionsbehörde und einen Index ein, was eine effizientere Überwachung verbotener Bücher und der Bevölkerung ermöglichte. Man wollte stets sichergehen, daß Klerus und Laien die neuen Regeln der Rechtgläubigen so befolgten, wie es von ihnen erwartet wurde. Die Kir-

*Abb. 15: Denkmal des Hieronymus.*

**DIE BIBEL**

DIE GANZE HEILIGE SCHRIFT

DES ALTEN UND NEUEN

TESTAMENTS

NACH DER DEUTSCHEN ÜBERSETZUNG

D. MARTIN LUTHERS

MIT DEN KUPFERSTICHEN

VON

MATTHAEUS MERIAN

*Abb. 16: Die Bibel.*

che unterdrückte währenddessen auch viele neue wissenschaftliche Erkenntnisse, weil sie glaubte, sie könnten den Glauben an Gott erschüttern.

Das »Tridentinum« für die Reformation und die Festigung des Katholizismus dauerte schließlich ganze 18 Jahre, wonach man auch viele der Bibelschriften aus der christlichen Glaubenslehre entfernte, weil sie für »nicht heilig« erklärt wurden. Die Bibelschriften, die nicht in die Bibel aufgenommen worden sind, nennt man »Apokryphen«, was sich aus dem griechischen Wort »apokrypos« ableitet und »verborgen« bedeutet. Die Apokryphen beinhalten wiederum Schriftwerke, die man »Apokalypsen« nennt. Auch hierfür stand ein griechisches Verb, »apokalyptein«, Pate, was »entschleiern«, also etwas Verborgenes aufdecken, bedeutet.

**Was enthalten diese Texte überhaupt?**

Die Apokryphen beinhalten unverstandene Wissenschaften, Geschichten und die Vervollständigungen der biblischen Propheten-Erzählungen aus dem Neuen und Alten Testament.

Das Erstaunliche an den alttestamentarischen Apokryphen ist, daß auch hier, wie schon im Alten Testament selbst, die Lehre von der Vergeltung im Jenseits keinen Platz findet. Erst in der nachchristlichen Zeit trat diese Lehre immer mehr in den Vordergrund.

Das erste der fünf Mose-Bücher heißt in der griechischen und in der lateinischen Bibel »Genesis« (»Ursprung« oder »Entstehung«), weil es von der Entstehung der Welt und der Menschheit handelt. Es behandelt den Zeitraum von der Erschaffung des Menschen an bis zum Tod Josephs im Jahre 1657 v. Chr. und die dazwischen liegendenden »Geschlechter von Himmel–Erde« (»tôle-dhôth«). Die Juden selbst nennen das erste Mose-Buch nach ihrem Anfangswort »Bere'schith«, das »Im Anfang« bedeutet. Aus den Apokryphen erfahren wir auch mehr über Moses, der mehr erlebt zu haben scheint, als es uns die Bibel zugesteht. Die jüdischen Theologen weisen lediglich auf den Namen »Mosche« oder »Mascha« hin, was »aus dem Wasser ziehen« bedeutet, und leiten daraus Moses hebräische Abstammung ab. Hierzu sollte man aber wissen, daß in der altägyptischen Symbolik der »aus dem Wasser Gerettete« immer denjenigen darstellte, der bereits die Unsterblichkeit erlangt hatte, einen Zustand also, nach dem die Pharaonen trachteten. Darüber hinaus existiert das hebräische Wort »Moschel«, das man auf die Handlungsweisen des Moses während des »Exodus« (»Herausgehen« oder »Auszug«) übertrug und das »der, der verwaltet« bedeutet. Nach den Überlieferungen im Alten Testament führte Moses genau solch ein Amt aus, nachdem er ein Bündnis mit der Gottheit »Jahwe« eingegangen war. Des weiteren schrieb man Moses nach jüdischer Auffassung eine Kindheit zu, deren Werdegang mit dem der ihm vorangegangener Propheten, wie Abraham und Noah, vergleichbar ist. Bei jedem war ein himmlisches Licht zugegen, als sie die Erde erblickten. Das Alte Testament schreibt über Moses: »Als Gott ihn zum König ernannte, erhielt Moses einen heiligen Namen; er wurde von Licht gekrönt und streifte ein Gewand von Helligkeit über.«

Diese Umschreibung soll zwar über die göttliche Abstammung des Moses Aufschluß geben, doch vermutlich wurde diese Idee aus altägyptischen Quellen des »Ra-Kultes« entnommen. Wie sollte man die symbolische Krönung eines Pharao wohl besser beschreiben als in diesem Zitat? Wie ich aber noch aufzeigen werde, war Moses tatsächlich kein Hebräer, wie viele annehmen, sondern in Wahrheit ein Ägypter!

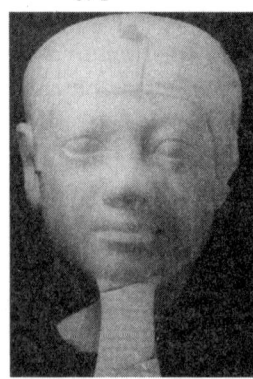

*Abb. 17: Moses war Ägypter!*

### Welche Beweise sprechen für Moses' ägyptische Herkunft?

Der ägyptische Priester Manetho von Sebennytos (325–245 v. Chr.), der seine Geschichte Ägyptens unter Ptolemäos II. (285–246 v. Chr.) in der ersten Hälfte des 3. Jahrhunderts v. Chr. schrieb, berichtet in seinen Exzerpten und Zitaten, die von seiner »Aigyptiaka« noch übriggeblieben waren, von ägyptischen Aussätzigen unter Führung eines ägyptischen Priesters mit Namen Osarsiph, die zudem mit einer monotheistischen Religion in Zusammenhang stehen. Dieser war ein »Priester des Osiris« und galt als Sohn der ägyptischen Prinzessin Thremutis. Der Ägyptologe Jan Assmann meint dazu:

»Diese Geschichte muß wesentlich älter sein als die erste mögliche Begegnung eines ägyptischen Schreibers mit der hebräischen Bibel.«

Tatsächlich existiert eine weitere Exodus-Schrift von Hekataios von Abdera, die in Alexandria entworfen wurde. Die Erzählung beginnt mit dem Bericht über eine Seuche, die in Ägypten wütete und

*Abb. 18: Mit dieser Schrift schrieb man die Geschichte auf.*

die Nilbevölkerung in eine schlimme Lage brachte. Aus diesen Umständen heraus beschließt die ägyptische Priesterschaft, daß die Götter über die vielen Fremden erzürnt seien, die ihre Sitten und Kulte ins Pharaonenland eingeführt haben. Daraufhin beginnen die Ägypter, die Fremden zu vertreiben und das Land der Pharaonen zu reinigen.

Die Vertriebenen gründen danach ihre neuen Kolonien, teils in Griechenland und teilweise in Palästina. Anführer der einen nach Griechenland emigrierten Gruppe sind Danos und Kadmos, die anderen indes führt ein gewisser Moses an, der Gründer und Gesetzgeber der Jerusalemer Kolonie. Nach Hekataios verbietet er die Götterbilder, weil:

»Gott keine menschliche Gestalt besitzt; der Himmel allein, der die Erde umfaßt, sei Gott und Herr des Ganzen.«

Ein anderer Schriftgelehrter, Lissimachos, der seinen Bericht um 200 v. Chr. verfaßt haben muß, erzählt von einer Hungersnot als Ausgangssituation für die Vertreibung der »Unreinen« und »Unfrommen«, so daß er ebenfalls die wirtschaftlich schlechte Lage bestätigt. König Bokchoris tätigt darauf einen Aufruf an das Volk und beauftragt die Priesterschaft, die ägyptischen Tempel und das Land von den »Unreinen« und »Unfrommen« zu reinigen. Gemeint sind auch hier die Juden, die in dieser Zeit, von Aussatz und anderen Krankheiten befallen, in den Tempeln der Pharaonen Zuflucht gesucht hatten. Die Maßnahmen des Königs gingen sogar so weit, einen Teil der Aussätzigen zu ertränken und die anderen in die Wüste zu treiben.

*Sind das nicht unwiderlegbare Beweise für die ägyptische Herkunft des Moses?*

Bereits Siegmund Freud stellte 1923 in seinem Artikel »Moses, ein Ägypter« in der Zeitschrift *Imago* die ägyptische Abstammung des Namen »Mose« zur Diskussion, der »Sohn« oder »Kind« bedeutet. Es handelt sich um die Kurzform eines theophoren Namens wie »Thut-Mose«, »Ah-Mose«, »Ra-Mose«, »Ptah-Mose«, »Amun-Mose« und so weiter. Freud stellt die naheliegende Frage, warum keiner von den zeitgenössischen Ägyptologen, welche die ägyptische Etymologie des Namens durchaus klarstellen konnten, je die Möglichkeit in Erwägung gezogen habe, daß Moses in Wahrheit ein Ägypter war.

Am 17. November 1714 besuchte der Jesuitenpater Claude Sicard (1677–1727) als erster Geistlicher die mittelägyptische Ortschaft Tuna el-Gebel, welche die heutigen Ägypter Tell el-Amarna nennen. Ohne deren Bedeutung zu verstehen, entdeckte der Reisende zufällig die Grenzstelen mit Sonnenanbetungszeremonien einer antiken Stadt. Erst durch die Grabungsarbeiten von Sir William M. Flinders Petrie (1853–1942) im Jahre 1891 kamen die ersten Hinweise zutage, mit denen sich die rätselhafte Stadt identifizieren ließ: Es war Achet-Aton, die Stadt des Ketzerkönigs Echnaton. Nach gründlicher Prüfung bemerkte auch Petrie zwischen den Bibelschriften und der altägyptischen Kultur Parallelen. Die gewonnenen neuen Erkenntnisse erinnerten ihn an die Geschichte des biblischen Moses, der – wie Echnaton – ebenfalls ein Verbündeter einer einzelnen Gottheit war. Wie Moses beim Betreten der Stiftshütte war auch Echnaton der einzige, der den persönlichen Kontakt zum monotheistischen Gott »Aton« pflegte. Nur der Pharao selbst hatte Zugang zum

Abb. 19: Echnaton

»Naos« (Tempelkappelle), wo er allmorgendlich die Gottheit erweckte und die Gesetze für sein Volk erhielt, damit die Welt der Menschen weiterexistierte. Auf ähnliche Weise war es in der Bibel Moses, der die »Zehn Gebote« beziehungsweise die »Worte Gottes« empfing. Auch war es immer wieder nur Moses, der den persönlichen Kontakt zu »Jahwe« haben durfte. In Anbetracht der Tatsache, daß die biblischen Psalme wortwörtlich der »Aton-Hymne« entnommen wurden, erscheint auch die Verknüpfung der hebräischen Tradition mit der Vorlage des Echnaton als realistisch. Überdies hatte Echnaton in der Tat zwei Wesire, die »Nacht« und »Ra-Mose« hießen!

*Warum werden diese Fakten der Allgemeinheit vorenthalten?*
Somit ist auch die Bildung, die Moses während seiner ägyptischen Erziehung zuteil wurde, für die Entfaltung seiner Persönlichkeit bei den Juden verantwortlich zu machen. Er verfügte über Wissen in bezug auf die Lesekunst, das Schreiben, das ägyptische Priestertum und das geheime Wissen der Magier. Bereits im 18. Jahrhundert beschrieb der Naturforscher Emanuel Swedenborg dieses Wissen auf folgende Weise:
»Die Alten besaßen ein Wissen der Korrespondenzen, das wesentliche Wissen der Weisen. Dieses wurde besonders in Ägypten gepflegt, und von ihm waren ihre Hieroglyphen hergeleitet. Durch dieses Wissen kannten sie die Bedeutung eines jeden Lebewesens jeglicher Spezies sowie aller Arten von Bäumen, Pflanzen, Berge, Hügel, Flüsse und Quellen, Sonne, Mond und Sterne.«

Aus den Büchern des Moses rekonstruierte der deutsche Forscher Silvio Gesell bereits 1945 den Umstand, daß in den Bibelschriften Informationen über »Hochtechnologien« enthalten seien. Er »beweist« mit außergewöhnlichem Scharfsinn, daß Moses am Hofe des Pharaos mit Hilfe des Schwiegervaters Jethro (der als Priester ebenfalls über geheimes Wissen verfügte) die »Lade des Bundes« als Laboratorium mit explosivem Inhalt zum Einsatz brachte. Nach Ansicht des Forschers enthält das 2. Mose 30:23–38 sogar ein antikes Sprengstoffrezept, das in die Bibel aufgenommen worden ist.
Des weiteren führt Gesell aus, daß der brennende Dornbusch, die ägyptischen Kriegswagen, die umstürzen und deren Räder durch geheimnisvolle Kräfte abgerissen werden, der Fels, der durch einen

44

*Abb. 20: Lade des Bundes.*

Schlag gesprengt wird, die Rote Korah, die von der berstenden Erde verschlungen wird, die Mauern Jerichos, die auf ein Signal hin einstürzen, die Ergebnisse einer vergessenen alchemistischen Wissenschaft seien, die in der »Lade des Bundes« ihren Ausgangspunkt hatte. Danach fragt Gesell, um seine Hinweise zu untermauern, ob nicht Moses unter Böllerschüssen und Rauchentwicklung die Gesetzestafeln empfing, oder ob der ungeschickte Laborant nicht vierzig Tage brauchte, um seine Brandwunden zu heilen? Schließlich soll der hebräische Ausdruck »ki'mijah« das Wort für »Chemie« bezeichnen, was wörtlich »weil sie von Gott ist« bedeutet.

### Wissenschaft in der Bibel?

Im apokryphen »Buch Henoch« heißt es über die Gefolgschaft »Jahwes« tatsächlich:

»Asasel lehrte die Menschen Schlachtmesser, Waffen, Schilde und Brustpanzer verfertigen und zeigte ihnen die Metalle samt ihrer Verarbeitung und die Armspangen und Schmucksachen, (...) und das Verschönern der Augenlieder, die kostbarsten und erlesensten Steine und allerlei Farbmittel.«

Asasel gehörte der Gruppe von Engeln an, die sich von »Jahwe« abwandten und im Alten Testament als »Nephilim« bezeichnet werden. Offensichtlich leitet sich »Nephilim« aus dem hebräischen Verb »naphál« her, das »fallen« bedeutet. Und tatsächlich wird auch der Plural »Nephilim« von den Theologen mit »die zu Fall Gebrachten« übersetzt. Es handelt sich dabei um die Gefolgschaft von »Jahwe«, die ungehorsam wurde, indem sie mit den Menschen ein eigenes kleines Reich gründete. Einer dieser gefallenen Engel trug vor der Bestrafung durch die Sintflut, nach den Schriftgelehrten Olympiodor und Zosimos, den Namen Chemes, Chimes oder Chymes, wobei es sich wohl um die Person handelte, die den Menschen die Chemie gebracht hat. Zwar ist die Quelle dieses Namens nicht bekannt, aber im ägyptischen Letopolis wurde die Gottheit Min »Chem« genannt.

Silvio Gesells Meinung erhielt noch zu seinen Zeiten Unterstützung aus naturwissenschaftlicher Sicht von Johannes Lang. Doch weil Lang der unentwegte Verfechter der Hohlwelt-Theorie war, wurden die beiden Forscher immer wieder nur belächelt. Selbst heute kommentieren Physiker wie Kurt Mendelssohn, ohne sich wirklich mit den Schriften der Bibel auseinandergesetzt zu haben, die Ansichten von Gesell und Lang in überheblicher Form: »Nicht immer haben wir eine so klare Selbstbezichtigung einer Spekulation.«

Dabei ist gerade die von Mendelssohn bereits 1971 in Oxford postulierte Theorie, daß die ägyptischen Pyramiden nur erbaut worden seien, um die vielen überschüssigen Arbeitskräfte während der jedes Jahr für drei Monate andauernden Nilflut zu beschäftigen, eine Spekulation höchsten Grades! Wenn wir solchen Standpunkten folgen wollten, könnten wir genauso gut behaupten, daß der Auszug der Stämme Israels aus Ägypten auf einen »Arbeitskampf« wegen der in den Ziegeln verwendeten Strohmenge zurückzuführen sei!

### Worüber berichten die Bibelschriften tatsächlich?

Zwar schreibt Moses in seinem ersten Buch über den Ursprung des Lebens, doch gab es von Seiten der Bibelgegner schon immer Einwände gegen die Richtigkeit dieser Überlieferungen, weil sie Ereignisse beschreiben, die vor der Geburt des Propheten stattfanden. Nach der Theorie einiger Bibelkritiker soll die »Genesis« zudem nicht das Werk eines einzigen Schreibers, sondern von mehreren Verfassern (man geht von 14 aus) zusammengestellt worden sein. Doch im Vergleich zu anderen antiken Überlieferungen ist die »Genesis« die einzige erhaltene historische Quelle, die einen vernünftigen, zusammenhängenden Geschichtsbericht liefert, der in der Tat bis zu den Anfängen zurückreicht. Wenn wir den Anfang aus der Sicht von Moses betrachten, beginnt die Geschichte naturwissenschaftlich mit der Erschaffung von Himmel und Erde. Die Erde erwies sich als ein formloser und öder Planet, auf dem »im Anfang« das »Nichts« vorherrschte. Im Alten Testament werden das hebräische Wort »bará'« und das griechische Wort »ktizô«, die »schaffen« sowie »erschaffen« bedeuten, ausschließlich mit Bezug auf die göttliche Schöpfung gebraucht. So heißt es weiter, daß

46

*Abb. 21: Im Anfang.*

erst »die Wasser« und dann das Licht zur Erde kamen. Das hebräische Wort, das dort für »Licht« gebraucht wird, ist »ʽÔr« und meinte Licht im allgemeinen. Im Bericht über den vierten Tag wird jedoch das hebräische »maʽÔr« verwendet, das die »Quelle des Lichts« bezeichnet, also die Sonne meint! Das bedeutet, daß am ersten Tag die Lufthülle der jungen Erde zwar von diffusem Licht durchdrungen wurde, aber die Lichtquelle selbst von der Erdoberfläche aus nicht beobachtet werden konnte, bevor am vierten Tag offenbar ein Wechsel eintrat.

Es ist auch beachtenswert, daß im 1. Mose 1:16 nicht das hebräische Wort »baráʽ«, Verwendung findet, sondern das Verb »ʽaßáh«, das »machen« bedeutet. Da Sonne, Mond und Sterne im 1. Mose 1:1 erwähnten Begriff »schamájim« (»Himmel« oder »Weltall«) – naturwissenschaftlich richtig überliefert – eingeschlossen sind, müssen sie somit bereits lange vor dem vierten Schöpfungstag existiert haben. Am vierten Tag ging Gott nämlich daran, diese Himmelskörper zu »machen«, indem er sie in ein neues Verhältnis zur Erdoberfläche und zu der darüber befindlichen »Ausdehnung« (»raqiaʽ«) brachte. Diese »Ausdehnung« führte eine Scheidung der Wasser, die unterhalb und oberhalb des himmlischen Trennungsbereiches lagen, herbei. Später heißt es in dem Bericht, daß »in der Ausdehnung der Himmel« Lichter erschienen, und noch später ist von »fliegenden Geschöpfen« die Rede, die »an der Vorderseite der Ausdehnung der Himmel« über die Erde flogen (1. Mose 1:14, 15, 17, 20).

Die »Septuaginta« gibt das hebräische Wort »raqia'« mit dem griechischen Wort »steréôma« (das »fester Körper«, »Festgemachtes« bedeutet) wieder, und die »Vulgata« verwendet den lateinischen Begriff »firmamentum«, der ebenfalls an etwas »Festes« oder »Dauerhaftes« denken läßt.

Nachdem die Erdatmosphäre vorhanden war, traten am fünften Schöpfungstag die Landmassen hervor, und die Pflanzenwelt fing an, den blauen Planeten zu besiedeln. Im Gegensatz zur Evolutionstheorie vom »einzelligen Geschöpf«, aus dem sich alle anderen Lebensformen entwickelten, heißt es im Alten Testament:
»Die Wasser sollen ein ›Gewimmel‹ lebender Tiere enthalten und fliegende Geschöpfe mögen an der Ausdehnung der Himmel über der Erde fliegen.«

Demnach soll in der Ursuppe der jungen Erde bereits ein »Gewimmel« von Lebewesen existiert haben, was auf eine unbestimmbare Vielzahl von Lebensformen schließen läßt. Der amerikanische Geologe Wallace Pratt meint:
»Würde ich als Geologe aufgefordert, unsere neuzeitlichen Vorstellungen über die Erde und die Entwicklung des Lebens darauf einem einfachen Hirtenvolk, wie es die Stämme waren, an die sich das Buch Genesis richtet, kurz zu erklären, könnte ich es kaum besser tun, als mich zu einem großen Teil eng an den Wortlaut des ersten Kapitels der Genesis zu halten.«

Zudem muß man berücksichtigen, daß, wenn die Bibel von »Schöpfungstagen« spricht, damit ein ganz anderer Zeitablauf gemeint ist. Das, was wir einen »Tag« nennen und in 24 Stunden (1.440 Minuten) einteilen, ist letztlich nur eine willkürliche Unterteilung der Bewegung der Erde um die Sonne in kleine, abstrakte Zeiteinheiten – eine Unterteilung, die wir einerseits brauchen, um uns in der Wirklichkeit zurechtzufinden, die aber andererseits für das Funktionieren des Universums keinerlei Bedeutung hat. Das hebräische

48

Wort »jom« übersetzen die Bibelforscher daher zwar auch mit
»Tag«, doch kann dieses Wort verschieden lange Zeitabschnitte be-
deuten. Auch wenn viele unter dem Begriff »Tag« den 24-Stunden-
Tag verstehen, sollten wir berücksichtigen, daß auch wir heute zum
Beispiel die Begriffe »Lebtag« und »Lebensabend« benutzen und
damit ebenfalls größere Zeitabschnitte angeben.

*Meinte die Bibel somit einen Zeitabschnitt, den auch heutige Astro-
physiker gebrauchen?*

Wir teilen zwar das Leben und die Zeit in Vergangenheit, Gegenwart und Zukunft ein, doch bei genauer Betrachtung ist lediglich
die Gegenwart eine Realität, innerhalb der wir das »unmittelbare
Jetzt« erfahren können. Die Vergangenheit indes existiert nur in
unserer Erinnerung und die Zukunft nur in unserer Erwartung. Da
beide eigentlich nicht wirklich existent sind, könnte man genaugenommen spekulieren, daß es überhaupt keine Zeit gibt!

Nachdem die Erde erschaffen worden war, beschlossen die Götter,
auch den Menschen zu formen und ihn in einem Garten auszuset-
zen, der »Eden« heißt. Aus diesem Garten entsprangen vier Flüsse,
deren Namen Pischon, Gihon, Euphrat und Tigris lauten. Die Antwort, die uns die Bibel in bezug auf die Entstehungsgeschichte des
Menschen gibt, ist im Vergleich zu den Erkenntnissen der Evo-

*Abb. 22: Adam und Eva im Garten Eden mit der Schlange.*

lutionsgeschichte erstaunlich. Der Beginn der Menschwerdung wird in den Überlieferungen mit den Darstellungen über »Adam« und »Eva« beschrieben, aber nicht etwa dergestalt, daß sie von Menschenaffen abstammende, durch die Jahrmillionen andauernde Evolution entstandene Wesen sind, sondern daß sie ihren Ursprung dem allervollkommensten Wesen »Gott« verdanken, also gentechnologisch erschaffene, seinem Ebenbild entsprechende, individuelle Vertreter einer künstlich geformten Spezies sind! Adam und Eva wurden durch die Gottheit »Jahwe« erschaffen, um im Garten Eden mit den Göttern (es gab nicht nur einen Gott) zu leben. Aufgrund der Machenschaften einer klugen »Schlange«, so heißt es, die Adam und Eva trotz der Warnung der Götter dazu überredete, von ihrem »Baum der Erkenntnis« zu essen, sah sich Gott »Jahwe« gezwungen, die Menschen aus dem Garten Eden zu vertreiben. Die Apokryphen Bücher »Das Leben Adam und Evas«, »Apokalypse des Moses« und »Schatzhöhle« deuten allerdings an, daß der Grund für die Vertreibung aus dem Paradies durch einen Ehebruch Evas verursacht wurde, die mit einem der Göttersöhne, dessen Zeichen das Schlangensymbol war, geschlechtliche Beziehungen unterhielt und zweimal verführt wurde:
»Semael, der Göttersohn, der Schlange Reiter, ging zu Eva ein, und sie ward schwanger und gebar den Kain. Sie blickte in sein Angesicht, und siehe, er glich nicht den Irdischen, sondern den Himmlischen; [...].«

So mußten Adam und Eva den herrlichen Garten, den die Götter gepflanzt hatten, verlassen und sich von da an dem harten Überlebenskampf in der Natur stellen. Hier liegt auch der Ursprung jener in der Bibel beschriebenen vorsintflutlichen Zivilisation, die sich in zwei Menschheitslinien fortsetzte. Sie beginnt mit den Nachkommen Kains: Nachdem dieser seinen Bruder Abel umgebracht hatte, wurde er nach Osten vertrieben, wo ihm sein erster Sohn Enoch geboren wurde. Kain baute dann eine Stadt, die er nach seinem Sohn Enoch nannte. Enoch lag östlich des Gartens Eden im Lande Nod, doch die genauen Koordinaten konnten von den Forschern bis heute nicht ermittelt werden. Sie könnte aber durchaus in der Nähe Indiens gelegen haben.
Die Kainiten setzten sich danach mit Irad, Mehujael, Metuschala

*Abb. 23: Die Vertreibung aus dem Paradies.*

und Lamech fort. Lamechs Erstgeborener war Jubal, ein Musik-künstler, der später auch entsprechende Musikinstrumente entwarf und herstellte. Der von Kains zweiter Frau gezeugte Sohn hieß Tubal-Kain, was »Erz-« oder »Eisenschmied« bedeutet. Er wurde als Stammvater der allgemeinen Metallverarbeitung verehrt und lebte ebenso in der Stadt Enoch.

Die Chronisten des Alten Testaments verloren dann aber das Inter-esse, diesen Stammbaum weiterzuverfolgen. Statt dessen kehrt die Schöpfungsgeschichte zu Set, Adams dritten Sohn, den er im Alter von 130 Jahren zeugte, zurück. Adam lebte nach diesem Ereignis noch weitere 800 Jahre, nach deren Ablauf er in einem Alter von 930 Jahren nicht etwa an Altersschwäche, sondern, so berichtet je-denfalls die »Kaabala«, aufgrund einer unheilbaren Krankheit ver-starb. Sein Tod, der in der Bibel nicht genau geschildert wird, soll sich laut »Kabbala« wie folgt zugetragen haben: Als Adam erkrank-te, versuchte sein Sohn Set, ihm eine »heilende Pflanze« vom Le-bensbaum aus dem Garten Eden zukommen zu lassen. Der Legen-de nach sollte Set Adam die Heilung versprechende Pflanze durch einen »Vogel« überbringen. Dies gelang jedoch nicht, und als Set das Heilmittel persönlich brachte, war Adam bereits verstorben.

Adam war nicht der einzige Mensch, der über eine für uns so unglaublich lange Lebensspanne verfügte: Set, der im Alter von 105 Jahren Enosch zeugte, wurde 912 Jahre alt. Enosch starb mit 905 Jahren. Kenan wiederum, Enoschs Erstgeborener, verschied mit 910 Jahren, dessen Sohn Mahalel mit 895 Jahren und sein Sohn Jered mit 962 Jahren.

Der Stammbaum von langlebigen, vorsintflutlichen Menschen läßt sich bis in die Zeit nach der Sintflut verfolgen. Die Geschichte der Sintflut schildert die Überschwemmung der Erde durch Gott, weil die Menschentöchter mit den Söhnen der Götter geschlechtliche Beziehungen unterhielten und daraus eine neue Art des Homo sapiens entstand. Diesen Frevel bestrafte Gott mit der Ertränkung aller Lebewesen, nur Noah und seine Familienangehörigen waren auserwählt, von der Sintflut verschont zu werden. Nach der Sintflut ließ die Langlebigkeit der Menschen von Generation zu Generation erheblich nach. Terach, der mit 70 Jahren Abraham, Nahohr und Haran zeugte, wurde nur noch 205 Jahre alt. Zwischen Adam und den Söhnen des Terach lagen gerade einmal 2.085 Jahre, und das von den Göttern in das Menschengeschlecht eingehauchte Leben hatte sich schon um 80 Prozent verringert.

**Doch warum?**

Der Evolutionsmediziner Hubert Markl von der *Max-Planck-Gesellschaft zur Förderung der Wissenschaften* sagt:

»Es gibt keine unsterblichen Lebewesen, denn um Platz für neue Generationen zu schaffen, sind in den Körper ›Sollbruchstellen‹ eingebaut, die zu Alterserkrankungen führen. In den Millionen von Jahren hat sich offenbar erwiesen, daß bestimmte gesundheitliche Störungen ein Überlebensvorteil sind, damit das Leben überhaupt bestehen bleiben konnte. Dazu paßt, daß Menschen, die durch einen Gen-Defekt keine Schmerzen empfinden, selten älter als 35 Jahre werden.«

Was der Markl damit sagen will, ist, daß vorzeitige Schmerzreizungen den Menschen zu einem Rückzug von gewissen Handlungen veranlassen. Bückt man sich beispielsweise falsch, so daß Teile der Bandscheiben überlastet werden, verhindert der Schmerz ernstere Schäden, die zu Lähmungen führen könnten. Ein Urmensch mit Lähmungen wäre verhungert. Die Erinnerung an den Schmerz

lehrt den Menschen, vergleichbare Situationen zu vermeiden. Als weiteres Beispiel führt Markl den Zahnschmerz auf:
»Ist ein Zahn mit Bakterien entzündet, sorgt das für unangenehme Schmerzen. Die Folge: Man schont die betroffene Seite des Kiefers beim Kauen. Würde die Entzündung nicht wehtun und man normal weiterkauen, würden Bakterien durch das Bindegewebe in die Blutbahn gelangen – dann droht eine lebensgefährliche Blutvergiftung. Als es noch keine Antibiotika gab, war das häufig ein Todesurteil.«

Kehren wir wieder zu den Langlebigen der Bibel zurück: Der Letzte war Noah, er wurde 950 Jahre alt, bevor er starb. Zwischen Noah und Jered vervollkommnet sich der Stammbaum der Langlebigen mit Lamech (777 Jahre), Metuschelach (969 Jahre) und Henoch (365 Jahre). Dabei ist festzustellen, daß Henoch, Noahs Großvater, als einziger nicht verstarb, sondern »mit Gott wandelte« und ihm zu seinem Reich folgte. Noah wiederum war derjenige, der von den Göttern auserwählt wurde, die nachsintflutliche Zivilisation und damit eine bessere Menschheitslinie einzuleiten.
Noah baute ein Schiff und nahm außer seinen Familienangehörigen von allen reinen Tieren je sieben Paare mit auf die Arche und je sieben von den unreinen Tieren. Diese Geschichte kann man im 1. Mose 6:1–10:32 nachlesen.

*Abb. 24: Vor der Sintflut – Bund Gottes mit Noah.*

*Wo hat diese Geschichte ihren Ursprung?*
Als der englische Archäologe Leonard Woolley am 17. April 1880 geboren wurde, ahnte noch niemand, daß er es sein würde, der die Anlehnung der Bibelschriften an ältere Vorlagen und Texte bestätigen sollte.
Im Jahre 1911 empfing die Gattin des britischen Konsuls in Mesopotamien, Winifred Fonatana, drei junge Archäologen als Gäste. Die drei Archäologen waren David Hogarth, Edward Lawrence und Leonard Woolley. Kurze Zeit nach dem Ersten Weltkrieg (1914–1918) waren wieder Finanzmittel für archäologische Arbeiten freigestellt worden. Jahrzehnte nach einem Sensationsbericht im Londoner *Daily Telegraph*, gestützt auf die Arbeiten eines Autodidakten und Keilschrift-Experten mit Namen Georg Smith (1840–1876), hatten sich Archäologen aufgemacht, die Beweise für die biblische Sintflut-Legende zu erbringen. Smith hatte im Jahre 1872 herausgefunden, daß die Geschichte von Noah auf einen mesopotamischen Sintflut-Kapitän mit Namen Utnapischtim zurückzuführen sei. Unter der Leitung von Leonard Woolley begannen die Forscher dann 1922 mit Ausgrabungsarbeiten im chaldäischen Ur in Mesopotamien.
Nichts konnte den Woolley dabei so leicht aus der Fassung bringen, es sei denn, man zweifelte an seinen Theorien. Sieben Jahre später, während der Ausgrabungsarbeiten unter dem königlichen Friedhof in Ur, kam es zu Verständigungsschwierigkeiten. Der Gehilfe von Woolley hatte sich durch eine Schicht aus gebrannten Ziegeln, Asche und Scherben gearbeitet, die unter den Königsgräbern lag. Er sagte Woolley:
»Wir sind auf eine jungfräuliche Schicht gestoßen, hier gibt es nicht mehr zu entdecken!«

Woolley stieg in einem Wutanfall in den Graben hinunter, um sich selbst von diesem völlig unerwarteten Resultat zu überzeugen. Seinen Berechnungen zufolge konnte sich in dieser Tiefe noch keine »jungfräuliche Schicht« befinden, da die Stadt Ur ursprünglich nicht auf einem Hügel, sondern auf einer Anhöhe errichtet worden war. Woolley war entsetzt und erkannte die jungfräuliche Schicht ebenfalls – er ließ sich aber nichts anmerken, denn er war ein Dickkopf und von der Richtigkeit seiner Theorie überzeugt. Kurz entschlos-

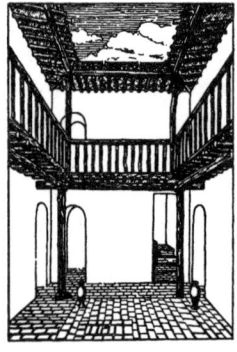

*Abb. 25: Haus in Ur.*

sen befahl er seinem Gehilfen weiterzu-
graben. Nach ein paar Stunden war der Graben schon zweieinhalb Meter tiefer geworden, den Gelehrten plagten nun schon die ersten Gefühle des Selbstzweifels. Gerade als
Woolley das Handtuch werfen und die
Grabungsarbeiten einstellen lassen wollte,
wurden in der letzten Schaufel voller Erde
einige Steinwerkzeuge und Gefäßscherben
zutage gefördert. Woolley stieg wieder in den
Graben hinunter und untersuchte den feuch-
ten Boden. Seltsamerweise waren die
Zivilisationsschichten wieder da!

*Wieso aber waren sie durch eine so hohe Lehmschicht unterbro-
chen worden?*

Woolley hatte es begriffen und lächelte seinen Gehilfen an: Er wußte,
daß ihm eine der größten archäologischen Entdeckungen aller Zeiten gelungen war. Trotzdem wollte er sich vergewissern, daß auch
seine Mitarbeiter zu dem gleichen Resultat gelangten wie er. Er rief
sie zusammen und legte ihnen das Problem dar. Jetzt forderte
Woolley die Mitarbeiter auf, sich zu diesem Phänomen zu äußern.
Keiner seiner Leute fand aber eine Erklärung, bis seine Ehefrau
Katharine die richtige Eingebung hatte:
»Aber na klar, es ist der Beweis für die Sintflut!«

So war es auch, denn diese zweieinhalb Meter starke Lehmschicht,
die zwei Kulturen voneinander trennte, war der unwiderlegbare
Beweis für die Sintflut-Geschichte. Um noch einmal ganz sicher zu
gehen, ließ Woolley in einem Umkreis von 100 Metern noch weitere Ausgrabungen durchführen. Auch diese bestätigten den Archäologen in vollem Umfang. Woolley überprüfte und ergänzte nochmals seine Schlußfolgerungen, die er aus dieser Entdeckung gezogen hatte:
»Das, was wir in Ur entdeckt haben, beweist, daß um das Jahr 4000
v. Chr. eine ungeheure Naturkatastrophe über die Bevölkerung des
Zweistromlandes hereingebrochen ist. Bei dieser Sintflut handelt
es sich aber nicht um eine weltumfassende Sintflut, sondern eine
auf 140.000 Quadratkilometer ausgedehnte Überschwemmung, die

das Tal des Euphrat und Tigris zwischen dem Gebirge und der Wüste
unter Wasser setzte. Für die Bevölkerung dieses Gebietes war es
die ganze ihnen bekannte Welt. Kleineren Gruppierungen von
Menschen ist es wahrscheinlich gelungen, halb verhungert und ge-
schockt, diese Katastrophe zu überleben. Nach langem Warten auf
den Stadtmauern oder anderen Erhöhungen hätten die damaligen
Bewohner das Zurückgehen der Fluten durchaus beobachten können, bevor sie ihre schützenden Stellungen verließen. Es darf uns
nicht verwundern, daß das Volk dieses Unglück als Strafe Gottes
für einen lasterhaften Lebenswandel auslegte und daß es auch als
solche in die religiöse Dichtung eingegangen ist. Wenn es wirklich
einer Familie glückte, in einer Arche ihrem Untergang zu entgehen, wäre ihr Familienoberhaupt zwangsläufig zu einem Helden
geworden und hätte durchaus Platz in einer Sage haben können.«

Leonard Woolley hatte anhand der Lehmschicht auch die Wassertiefe der mesopotamischen Sintflut berechnet. Er gelangte zu einer
durchschnittlichen Wassertiefe von neun Metern.
Die Zeitungen in aller Welt berichteten in Schlagzeilen über die
Entdeckung. Die biblische Sintflut war damit eine geschichtlich und
wissenschaftlich erwiesene Tatsache geworden.
*Wer ist aber nun unser wahrer Großvater, Noah oder Utnapisch-
tim?*
Das Alte Testament befaßt sich in der Überlieferung der Sintflut-
geschichte nur mit Noahs Stammbaum und erwähnt sonst keine
Passagiere, die auch in der Arche reisten. In den mesopotamischen
Berichten hingegen werden außer Utnapischtim und seinen Familienangehörigen auch Freunde, Helfer und deren Kinder erwähnt,
die an der Reise in der Arche während der Sintflut teilnahmen. Selbst
von einem Navigator ist die Rede, der ausschließlich für das Steuern des Schiffes zuständig war. Der Berg Nisir, an dem Utnapischtim strandete, ist mit dem Berg Ararat identisch, den auch die
Bibelschriften als Ort für Noahs Strandung nennen.
Das unmittelbare Problem nach der Strandung, vor dem Noah/
Utnapischtim und ihre Gefolgschaft nach der Sintflutkatastrophe
standen, war die Nahrungsbeschaffung. Im Buch 1. Mose 9 bekommt Noah vom Gott der Bibel weitere Anweisungen:
»Seid fruchtbar, und werdet viele, und füllt die Erde. Jedes sich re-

*Abb. 26: Hier begann die neue nachsintflutliche Zivilisation.*

gende Tier, das am Leben ist, möge euch zur Speise dienen. Wie im
Fall der grünen Pflanzen gebe ich euch gewiß das alles.«

Aus diesem Abschnitt der Bibel läßt sich der Hinweis herauslesen,
daß die Landwirtschaft nach der Sintflut ihren Ursprung am Ararat fand. Auch unsere Wissenschaftler sind sich dahingehend einig,
daß der Ackerbau im Gebiet von Syrien begonnen hat. Sie können
sich jedoch nicht erklären, weshalb gerade das gebirgige Land be-
arbeitet wurde, wo doch Bodenbestellung in den tieferen Gebieten
weitaus leichter gewesen wäre. Im »Timaios«, 22, berichtet der ägyptische Priester Sonki über die hierzu führenden Gründe:
»Von Zeit zu Zeit kommt es zu einer Abweichung der Körper, die
im Himmel um die Erde kreisen. Und manchmal, in langen Zeitab-
schnitten, stirbt alles auf der Erde wegen des vielen Feuers. Dann
sterben alle, die auf den Bergen leben oder in erhöhten und trock-
nen Gegenden, während diejenigen, die an Flüssen und Meeren
wohnen, überleben.«

*Sprach Sonki in übertragener Form von Kometeneinschlägen?*
Auf den Hängen der syrischen Berggebiete begann jedenfalls auch

die Kultivierung von Weizen und Gerste. Diese Getreidearten waren geradezu ideal, denn ihre Nährwerte waren hervorragend. Zudem besaßen sie die Fähigkeit, fast überall zu wachsen, um dann zweimal im Jahr geerntet zu werden. Eine Keilschriftübersetzung, die als »Mythos über die Landwirtschaft« im Berliner *Archiv für Keilschriftforschung* vorhanden ist und die Zeit vor der Sintflut beschreibt, als über die Erde noch die Götter herrschten, sagt aus: »In der Frühzeit aßen die Menschen Pflanzen und lebten vom Gras, wie Schafe. Da ließ der Himmelsgott AN an einem vorher bestimmten Tag die Göttin der Gerste vom Himmelsgefilde auf das Menschenland hinabsteigen. Sie brachte die Gerste. [...] Nun wuchs auf den Feldern der Menschen die Gerste. Doch der Gott EN.LIL nahm die Gerste in den Tälern und brachte sie auch auf die Berge, so daß sie auch dort wachsen konnte.«

### Aufbauhilfe von Göttern?

Wahrscheinlich ja! Denn auch die Plötzlichkeit, mit der im selben Gebiet Obst und Gemüse erschienen, sowie die Domestizierung von Schafen und Ziegen, die Milch, Fleisch und Wolle lieferten, bleibt aus der Sicht unserer Wissenschaftler rätselhaft. Und auch in dieser Beziehung sind die Keilschrifttexte wesentlich ergiebiger als die Bibelschriften: »Es gab hier noch kein Gemüse und kein Getreide, es gab keinen Hammel, noch kein Lamm war geboren, es gab keine Ziegen, noch kein Zicklein war geboren, Weben war noch nicht üblich, es war noch nicht erfunden. [...] In jenen Tagen, in der Schöpfungskammer der Götter, wurden Lahar und Anschan geschaffen. Von

*Abb. 27: Kunstfertigkeiten der Altsteinzeit.*

Lahar und Anschan, die sich vermehrten, aßen die Götter, aber sie wurden nicht satt. Die gute Milch der Schafe und Ziegen tranken die Götter, aber sie wurden nicht satt.«

Wenn wir unsere Evolutionsbiologen danach fragen, wo denn der evolutionäre Platz von »Schafen« in unserer Erdgeschichte angesiedelt ist, erhalten wir als Antwort, daß Schafe auf einmal da waren und ihr Nutzen als Wollieferant nur dem Menschen zugute kommt. Ein Bruderschaf in freier Wildnis kann nicht ausfindig gemacht werden. Auch bei uns Menschen stellen wir fest, daß, wenn wir unseren Platz in der Naturgeschichte der Erde wiederfinden wollen, wir vermutlich zwar mit den Menschenaffen verwandt sind, aber die Affen sich selbst weniger dramatisch veränderten als wir!

Selbst in Hinblick auf die Schöpfung der Lebewesen in ihrer Gesamtheit erscheinen die Keilschrifttexte detailliert, so daß man ein recht gutes Bild über die damaligen Vorgänge erhält:
»Nachdem die Götter die ›Schwarzköpfigen‹ (Menschen) geschaffen hatten, vervielfältigten sie das üppige Grün im Lande. Vierbeinige Tiere brachten sie kunstvoll zur Welt und setzten sie in den Eden.«

Obwohl aus diesem Vers ganz klar hervorgeht, daß hier offensichtlich hebräische Schriften mit den mesopotamischen verschmolzen, sind auch Gegner dieser Gleichstellung mit der biblischen Sintflut zu Genüge vorhanden. Denn die Bibel geht ja, wie wir alle wissen, von einer umfassenderen Sintflut aus, von der die ganze Erde betroffen wurde.

*Gab es tatsächlich eine weltumfassende Katastrophe?*
Bevor die jüdische Religion entstand und den Grundstein für die Folgereligionen Christentum und Islam legte, verehrte jedes Volk ursprünglich seine eigenen Götter. Auch das Alte Testament kennt neben dem Gott Israels andere Götter, die bereits Jahrtausende vorher existierten und deren Existenz nicht geleugnet wird. Die Religion Israels findet, wie wir noch sehen werden, ihren Ursprung einerseits bei den Ägyptern, vermischt sich aber andererseits mit jener der Kanaaniter.
Bereits im Jahre 1685 versuchte der britische Gelehrte John Spencer

(1630–1693) in seinem Werk »De Legobus Hebraeorum Ritualobus et Earum Rationimbus Libri Tres«, den ägyptischen Ursprung der Hebräischen Ritualgesetze nachzuweisen. Vor dem Exodus hatten die unterdrückten »Aussätzigen« (Israeliten) in Ägypten angefangen, Gegenreligionen zu entwickeln. Professor Jan Assmann schreibt in einem Buch »Moses der Ägypter«:
»[Die Aussätzige erreichen zunächst die verlassene Hyksos-Hauptstadt Avaris.] Dort wählen sie sich einen heliopolitanischen Priester namens Osarsiph zum Führer. Dieser gibt ihnen Gesetze, die alles vorschreiben, was in Ägypten verboten, und alles verbieten, was in Ägypten vorgeschrieben ist. Das erste und wichtigste Verbot gilt den Göttern: Sie dürfen angebetet, ihre Tiere dürfen nicht geschont und ihre Nahrungstabus dürfen nicht beachtet werden.«

Nach Assmanns Recherchen fand dieses Ereignis während der Regentschaft von König Amenophis (»Sohn des Hanpu«) im 14. Jahrhundert v. Chr. statt. Danach hatte Amenophis festgestellt, daß die Götter »unsichtbar geworden« sind. Der König ließ dann etwa 80.000 »Aussätzige« zusammentreiben und in den Steinbrüchen der Ostwüste Zwangsarbeit verrichten. Assmann weiter:
»Amenophis fürchtet sich vor dem Zorn der Götter und sieht voraus, daß die Aussätzigen Hilfe von auswärts bekommen und für dreizehn Jahre in Ägypten herrschen würden.«

Tatsächlich gelingt es den »Aussätzigen«, die 200 Jahre zuvor vertriebenen Hyksos wieder ins Land der Pharaonen zu holen, dreizehn Jahre zu herrschen und den König nach Äthiopien zu vertreiben. Nach Assmann, der sich bei seinen Hinweisen auf Manetho stützt, änderte Osarsiph seinen Namen und agierte nunmehr unter dem Namen Moses. Assmann sieht in dieser Überlieferung jedoch lediglich eine »Gegengeschichte« und meint dazu folgendes:
»Das ist die außerordentliche Geschichte, in der Echnaton in der Maske des Osarsiph alias Moses in die schriftliche Überlieferung Ägyptens zurückkehrt.«

*Und was war mit den kanaanitischen Einflüssen?*
Kanaan bildete eine Landbrücke, die Ägypten mit Asien, besonders mit Mesopotamien verband, wo auch Handel betrieben wur-

de. Kunstvolle Darstellungen, die um 1900 v. Chr. auf einer ägyptischen Mauer angebracht wurden, zeigen kanaanitische Würdenträger bei einer Visite des Pharao. Diese Bilder geben uns eine Vorstellung vom Aussehen der Kanaaniter: Sie hatten scharf geschnittene Gesichtszüge und dunkles Haar, das die Frauen zu langen Zöpfen flochten und die Männer auf dem Kopf zu pilzförmigen Büscheln banden. Beide Geschlechter trugen leuchtend rote und gelbe Gewänder – die Frauen lange Kleider, die Männer kurze Rökke. Aus den sogenannten »Ächtungs-Texten« der 12. Dynastie (1991–1848 v. Chr.) ist allerdings ein gestörtes Verhältnis der Beziehungen des Pharao zu den Kanaanitern zu entnehmen, worin er »drei Könige von Askalon verflucht«.

Bereits 1815 suchte die Engländerin Lady Hester Stanhope in der kanaanitischen Umgebung einen Schatz, der auf der Karte eines Mönchs aus dem Mittelalter eingezeichnet war, und stieß bei ihren Grabungen auf eine römische Basilika.

In den Zwanzigern des letzten Jahrhunderts betätigte sich schließlich der britische Archäologe John Garstang in dieser Gegend, um die Heimat der Kanaaniter nachzuweisen und einiges über ihre geheimnisvolle Erscheinung in Erfahrung zu bringen. Sein Team fand zwar einige Artefakte aus deren Zeit, doch das Projekt wurde wieder fallengelassen, weil sich in der Schichtung einfach zu viele spätere Kulturen fanden, durch die man hätte graben müssen. Erst dem amerikanischen Archäologen Lawrence Stager gelang 1985 die Entdeckung der Stadt Askalon, die nach Ansicht des Forschers um 1850 v. Chr. mehr als 15.000 Einwohner hatte. Stager weiß zwar auch nicht, woher genau die Kanaaniter in die Umgebung des heutigen Israel kamen, doch fanden sich in den 1997 entdeckten Grabbeigaben Skarabäen und Amulette, die eindeutig aus Ägypten stammten. Daraus und aus ergänzenden Funden folgert Stager, daß die Kanaaniter und Hyksos identisch waren:

»Ausgrabungen in Avaris, der ägyptischen Hauptstadt der Hyksos, haben in der letzten Zeit Artefakte hervorgebracht, die mit denen in Askalon identisch sind. Ich und einige meiner Kollegen sind uns einig, daß die Hyksos eigentlich Kanaaniter waren und viele von ihnen aus der Umgebung von Askalon stammten.«

Obwohl aus den Bibelschriften deutlich hervorgeht, daß die Kanaaniter von Ham abstammen, sollen sie gemäß den meisten Nachschlagewerken semitischen Ursprungs sein. Diese Klassifizierung stützt sich auf die Tatsache, daß die Kanaaniter eine semitische Sprache gesprochen haben. Als Beweis führt man am häufigsten die große Anzahl von Tontafeln an, die man in »Ras Schamra« (Ugarit) gefunden hat – und die aus dem 14. Jahrhundert v. Chr. stammen. Dem dreibändigen Werk »Mythen der Völker« ist sogar zu entnehmen:
»Die archäologischen Ausgrabungen von Ugarit seit 1929 zeigen, daß diese Kultur bis 4000 v. Chr. zurückverfolgt werden kann.«

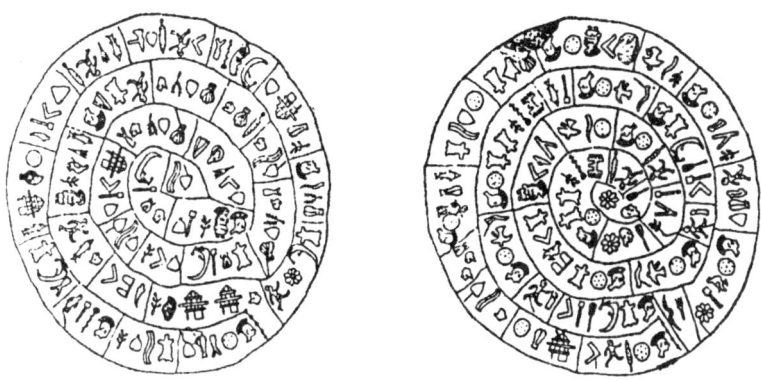

*Abb. 28: Auch der Diskos von Phaistos erinnert an einen der Orakelsteine.*

Kanaan war laut Bibelschriften der Sohn des Ham und der Enkel Noahs. Das Buch 1. Mose 9:24 hat festgehalten, daß Kanaan aufgrund der Trunkenheit Noahs sich »einer perversen Lust hingegeben hat«, worauf im Anschluß Noah einen prophetischen Fluch gegen Kanaan schleuderte.
Israel hatte von seiner kanaanitischen Umgebung anfänglich den Ritus übernommen, »heilige Steine« anzubeten. Dabei handelte es sich um Steine, die entweder in Form von Obelisken aufgestellt wurden, um eingesalbt zu werden, oder um Gesteine, die vom Himmel fielen und als göttliches Zeichen ihre Anhänger fanden.
Der Gründer des kanaanitischen Volkes war ein Enkel des bibli-

schen Noah. Nachdem Noah im Alter von 500 Jahren seine Söhne Sem, Ham und Jafet gezeugt hatte, vergingen weitere einhundert Jahre, nach denen dann die Sintflut ausbrach. Nach dieser Katastrophe lebte Noah noch weitere 350 Jahre, bevor er im Alter von 950 Jahren verstarb und damit die Geschichte der biblischen »zehn Urväter« seit Adam beschloß.

Nach der Bestrafung der Menschheit durch die Gottheit Jahwe verlangte diese, so daß Buch 1. Mose 6:3, daß die Menschheit nach Noah nur noch 120 Jahre leben dürfe. Die Menschen scherten sich jedoch nicht wenig um den göttlichen Willen, wie wir eingehend aus dem nachsintflutlichen Stammbaum bis Terach erfahren haben. Auch in anderen Kulturen wurden die Menschen kurze Zeit nach der Sintflut immer noch weitaus älter als 120 Jahre, worauf wir später noch eingehen werden.

Hams vierter Sohn Kanaan war es dann schließlich, der das Reich der Kanaaniter gründete und unter die Götterherrschaft der Gottheit Baal stellte. Auch bei der kanaanitischen Götterlehre werden die Stadtgottheiten als überirdische Wesen in personaler Gestalt beschrieben, die sich ähnlich wie die biblischen »Engel«, zwischen einem Hauptgott und dem Menschen bewegten. »Bel-El« war das Haus des Hauptgottes, der sich dort lange Zeit aufhielt und den Menschen den richtigen Lebensweg ebnete, bevor es von den Religionsanhängern Israels als Ort des »Satans« mißinterpretiert wurde. Nach kanaanitischen Texten sah man in der Gottheit Baal nicht den vollkommenen allmächtigen Gott, vielmehr wird der Gottheit in den Epen eine Sterblichkeit bescheinigt. Denn Baal war einer von vielen Göttern!

Die heiligen Steine, die von den Kanaanitern angebetet wurden, so

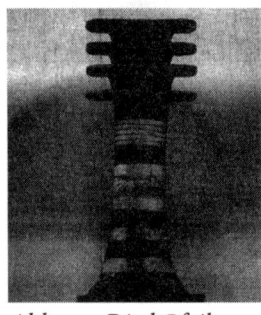

*Abb. 29: Djed-Pfeiler*

erzählen zumindest ihre Überlieferungen, waren »flüsternde Steine«, die in ihren Eigenschaften an den »Stein der Weisen« erinnern. Als Baal auf dem Gipfel von Zapon einen »flüsternden Stein« installieren wollte, um mit den anderen Göttern des Himmels kommunizieren zu können, übersandte er auch seiner menschlichen Begleiterin Anat, die zu späterer Zeit ebenfalls zur Göttin erhoben wurde, eine Geheim-

*Abb. 30: Telegrafenmast*

botschaft. Der Tatbestand, daß auch Menschen mit den Gegenständen der Götter vertraut gemacht werden, gefiel einem anderen Gott, der Mot heißt, ganz und gar nicht, worauf er Baal zu einem Zweikampf aufforderte. Im Himmel entbrannte dann eine donnernde Auseinandersetzung mit den göttlichen Himmelskammern. Die Vorteile lagen auf Seiten von Mot, er besiegte Baal. Der tote Körper von Baal stürzte schließlich wie ein Stein vom Himmel zu Boden, was Anat und Sepesch beobachten konnten. Anat und Sepesch bargen die tote Gottheit und sahen nun, daß auch ein Gott sterblich ist – wie die Menschen!

*Was war das für ein Stein, der ein Götterleben forderte?*
Es könnte ein unverstandener Kommunikationsgegenstand gewesen sein, mit dem man Nachrichten übermitteln konnte. Selbst heute ist die moderne Nachrichtentechnik für viele eine unverständliche Angelegenheit, von der sie nur wissen, daß täglich eine Vielzahl von Nachrichten über die Köpfe der Menschen hinweg übermitteln werden, ohne daß man sie mit der menschlichen Sensorik wahrnehmen kann. Und wenn wir Europäer uns in Afrika befinden und die Buschtrommeln hören, wissen wir zwar, daß da möglicherweise Nachrichten übermittelt werden, worüber berichtet wird, bleibt für uns jedoch ein Geheimnis.
Die kanaanitischen Texte erzählen auch über die Funktion der »flüsternden Steine«:
»Es ist ein Stein, der flüstert, die Menschen werden seine Botschaft nicht wissen, die Massen auf Erden sie nicht verstehen.«

*Was hatte es mit den Göttern auf sich? Handelte es sich hierbei tatsächlich um allervollkommenste Wesen?*
Beginnen wir bei der Beantwortung dieser Fragen mit dem biblischen Gott und analysieren hierbei seine Begegnungen mit den Menschen nach der Sintflut. Die aufschlußreichsten Informationen er-

halten wir dazu aus den fünf Büchern des Moses. Zur Gefolgschaft von Jahwe gehörten außer anderen Göttern auch »Engel«, die »Seraphim« und die »Cherubyen«. Durch die Überlieferungen im »Schabbat« erfahren wir, daß der biblische Gott aus Mazzal stammt. Daher wird heute in der hebräischen Sprache der Begriff »Mazzal Tov« für »Viel Glück« verwendet, doch die tatsächliche Bedeutung von Mazzal bedeutet »Planet«. Auch die Engel sind dem hebräischen Wort »Malach« entlehnt worden, das »Bote« oder »Gesandter« bedeutet. Anfangs wurden gerade Gottheiten bei den verschiedensten Völkern immer mit ihren Namen angesprochen. Sie hatten Arme, Beine, konnten sprechen und standen dem Menschen während ihren Begegnungen immer von Angesicht zu Angesicht gegenüber, wenn sie mit Rat und Tat um Hilfe gebeten wurden. Erst aufgrund der dominierenden Wirkung des Monotheismus trat die Verfremdung ein, in dem der eine allmächtige Gott der Alleinige war. Auch bei »Jahwe« wird die Personalgestalt deutlich, als er beim Schöpfungsakt des Menschen zu seinem Hofstaat spricht. Selbst menschliche Züge wie Vergeßlichkeit, Gedächtnislücken oder sogar seine Schwäche werden deutlich, als er beispielsweise den Auftrag für die Festlegung der Kleiderordnung zum Betreten der Stiftshütte bestimmt.

Bei dem Auszug der Hebräer aus Ägypten, unter der Führung von Moses, werden sie von »Jahwe« am Tag und auch in der Nacht begleitet. Dabei weist »Jahwe« dem Volk der Aussätzigen am Tage durch eine »Wolkensäule« und bei Nacht durch eine »Feuersäule« den Weg:

»Und der Herr zog vor ihnen her, am Tage in einer Wolkensäule, um sie den rechten Weg zu führen, und bei Nacht in einer Feuersäule, um ihnen zu leuchten, damit sie Tag und Nacht wandern konnten.«

Als die Gottheit »Jahwe« Moses anwies, die Stiftshütte zu bauen, gab er ihm als erstes den Bauplan für die Bundeslade, denn sie sollte der Mittelpunkt und der wichtigste Gegenstand der Stiftshütte und des ganzen Lagers Israels sein. Dieser kastenförmige Gegenstand war für die Israelis gleichzeitig die Bestätigung für den besiegelten Bund (»chavár« wörtlich »zusammengefügt«) zwischen ihnen und »Jahwe«. In dem »Kasten« verwahrten sie nicht nur die ausgehändigten Gesetzestafeln, einen goldenen Krug mit Manna und den aus dem Garten Eden stammenden Stab Aarons; sie konnten diesen Kasten sogar zu ihrer Verteidigung gegen feindlich gesinnte Eroberer benutzen.

*Wie sollte man mit einem Kasten Heerscharen von Angreifern bezwingen können, die zudem sehr gut bewaffnet waren?*

Vermutlich ging das nur deshalb, weil von der »Lade des Bundes« eine besondere »Kraft« ausging und sie einige technisch interpretierbare Aspekte aufzuweisen hatte.

Die Lade bestand aus Akazienholz und war innen und außen mit purem Gold überzogen. Darüber hinaus war sie mit einem kunstvollen (kranzähnlichen) »goldenen Rand« verziert, der den gesamten Kasten umschloß. Der zweite Teil der Bundeslade, ihr Deckel, bestand nicht nur aus mit Gold überzogenem Holz, sondern aus massivem Gold und war gleich lang und gleich breit wie die Lade. Auf diesem Deckel waren an jedem Ende zwei goldene Cherubyen in getriebener Arbeit angebracht, die einander zugekehrt, mit gesenktem Haupt und erhobenen Flügeln die Bundeslade beschirmten. Einerseits dienten sie als »Darstellung des Wagens« (1 Chroniken 28:18) der Gottheit und andererseits als Antenne: »Ich will mich dort bei dir einfinden und mit dir reden von der Stelle aus über dem Deckel, von der Stelle zwischen den beiden Cheruben, die auf der Lade des Bundes sind.« (Buch 2 Mose 25:22).

Tatsächlich berichtet das Buch 4 Moses 7:89:
»Wann immer nun Moses in das Zelt der Zusammenkunft (Stiftshütte) hineinging, um mit ihm zu reden, hörte er dann jeweils eine Stimme, die mit ihm von oberhalb des Deckels aus redete, der auf der Lade des Bundes war, von der Stelle zwischen den beiden Cheruben aus; und er redete jeweils zu ihm.«

Des weiteren heißt es in Josua 7.6–10 und Richter 20:27, 28, daß auch Josua und der Hohepriester Pinehas die Gottheit durch den Einsatz der Bundeslade befragen konnten. Zum Tragen der Bundeslade dienten lange Stangen, die ebenfalls aus mit Gold überzogenem Akazienholz bestanden und durch die zwei Ringe gesteckt wurden, die an jeder Seite der Lade angebracht waren. Die Stangen durften nicht aus den Ringen genommen werden, und so brauch-

ten die Träger die Lade nie zu berühren. Die Israeliten hatten nämlich immer eine große Erfurcht vor der »Kraft« der Lade, weil eine
direkte Berührung jeden Menschen töten konnte. Unter anderem
berichtet das Alte Testament von Usa, Sohn des Ammonadab, wie
er durch einen direkten Kontakt mit dem Kasten durch einen Kraft-
einfluß ums Leben kam. Auch das Buch 1 Samuel 6:19 erwähnt,
wie mit der »Kraft« der Lade ein Heer von bis zu 50.000 Mann
dahingestreckt wurde.

Nach Ansicht des französischen Forschers Maurice D. Papin soll
die Lade eine Art elektrischer Kondensator gewesen sein, der bei
seiner elektrischen Entladung Spannungen von 500 bis 700 Volt
erzeugen konnte. Überdies soll der Erdmagnetismus nach der Berührung mit der Lade und dem Fußboden eine Vertikalintensität
von etwa 600 Volt pro Meter erreicht haben. Wahrscheinlich ver-
mieden die Träger der Lade deshalb eine Bodenberührung des »Ka-
stens«, um den Einwirkungen dieser Kräfte zu entgehen. In dem
Buch »Davids Anfänge«, Kapitel 8, ist festgehalten, daß die Lade in
ihrem Neuzustand sogar von allein schweben konnte:
»Also nahmen sie die Lade und taten sie auf einen Wagen, aber die
Lade blieb schweben zwischen Himmel und Erde, sie stieg nicht
zu Boden.«

***Was verbirgt sich hinter diesen technischen Eigenschaften der Bun-
deslade?***

Da Moses nachweislich Ägypter war, ist es durchaus möglich, daß
die Israeliten die technischen Eigenschaften ihrer Lade von den Pharaonen übernahmen. Tatsächlich war ein »Kasten-Kult« in der ägyptischen Mythologie weit verbreitet: Entweder wurden in diesen
Kästen – wie bei den Israeliten – nur Gegenstände wie Gesetzestafeln (Papyrus Harris 46,8) verwahrt oder in Form des »hen« Kommunikation mit den Göttern durchgeführt. Der »Magische Papyrus«
XI, 14–15, berichtet sogar von »göttlichen« und »todbringenden
Kräften«, die den Kästen innewohnen konnten. Tatsächlich befindet sich im Grab Ramses IX. eine auch auf Papyri dargestellte Toten-
kult-Szenerie, in der vier Paviane an einem kastenähnlichen (von
Ägyptologen als »quadratisches Becken« interpretierten) Gegenstand mit einer magischen Kraftquelle angebunden sind und ein
schöpferisches Feuer bewachen, das zudem von himmlischem Was-

ser umgeben ist. Christian Jacq schreibt in seinem Buch »Das verborgene Wissen der Magier«:
»Die Paviane stehen um ein quadratisches Becken, in dem sich die Energie des Feuers befindet. Es ist ein wahrhaftiges ›Kraftwerk‹, dessen Komponenten von Spezialisten gehandhabt werden müssen. Und zwar mit der größtmöglichen Vorsicht, damit sich das unabläßlich schöpferische Feuer nicht in ein zerstörerisches verwandelt.«

*Ist das vielleicht als Hinweis auf ein Mini-Kernkraftwerk zu werten?*
Tatsache ist, daß auch die moderne Wissenschaft ihre Brennstäbe von Atomkraftwerken in einer Flüssigkeit aufbewahren muß, um einer möglicherweise entweichenden zerstörerischen Wirkung dieser Energie vorzubeugen und das Risiko einer solchen technischen Anwendung kalkulierbar zu halten. Wie die für »Weisheit« symbolisch abgebildeten Paviane (Thot), sind auch unsere Spezialisten darüber informiert, wie sie mit einem Kernreaktor umzugehen haben. Vielleicht wird das Erscheinen eines ägyptischen Gottes oft deshalb von Flammen begleitet, die Feinde und schadenbringende Wesen zerstören (Sargtexte IV.):
»O Rebell, sprich nur eine Formel, Amuns Feuer ist gegen dich, und es wird nie erlöschen. Jener, der in seinem Bild versteckt ist, der sich in seiner Form verbirgt, [er] verflucht dich [und] wirft Flammen gegen euch, die euch zu Asche machen werden.«

Erneut Eigenschaften, die das Alte Testament auch »Jahwe« zuspricht!
*Und was war mit der Stiftshütte?*
Bei der Reise ins Gelobte Land bekam Moses den Auftrag, die bereits erwähnte Stiftshütte zu bauen, die während des Exodus immer die Mitte des Lagers bildete. Es war ein transportables Zelt der Anbetung, der von den Hebräern »Mischkán« oder auch »Miqdásch« (»Heiligtum«) genannt wurde. Die Höhe dieser »Tempelanlage zum Mitnehmen«, die aus Teppichen, Holz und Stoff bestand, betrug 4,5 Meter (zehn Ellen). Hierin hielt sich »Jahwe« gelegentlich auf. Die Nord- und Südwand war durchgehend mit Brettern verschlossen, wobei ihre Länge 13,4 Meter (30 Ellen), ihre

Breite 4,5 Meter (10 Ellen) betrug. Die Ausrichtung der Stiftshütte erfolgte nach den vier Himmelsrichtungen, wobei der Eingang im Osten lag. Dieses Heiligtum enthielt laut den Bibelschriften einen goldenen Leuchter, den goldenen Räucheraltar, den Schaubrottisch und andere undefinierbaren »Goldgeräte«. Im innersten Abteil der Tempelanlage befand sich die »Lade des Bundes«, die von zwei goldenen Cherubyen überdeckt war. In einer respektvollen Entfernung von der Stiftshütte, vermutlich 890 Meter (2.000 Ellen), lagerten die Familien des Stammes Levi, die Verwalter des Bauwerks. Im Osten befand sich die Priesterfamilie Aarons, und im Süden lagerten die Kehathiter, aus denen die Familie Aarons für das Priesteramt auserwählt worden war. Dann waren dort noch die Gerschoniter im Westen und die Merariter im Norden, die vor dem Zentrum des Heiligtums lagerten. Etwas weiter entfernt befanden sich die anderen zwölf Stämme: Juda, Issachar und Sebulon im Osten, Ruben, Simeon und Gad im Süden, Ephraim, Manasse und Benjamin im Westen sowie Dan, Ascher und Naphtali im Norden. Wegen der Wolke bei Tag und des Feuers bei Nacht, die stets über dem Allerheiligsten standen, konnte man die Stiftshütte von jedem Teil des Lagers aus leicht ausfindig machen.

Der Umstand, der mich hierbei in Verwunderung versetzte, ist nicht etwa das Bauwerk selbst, sondern die Kleiderordnung, die festlegte, wie die Stiftshütte zu betreten war. Jeder Priester, der sie aufsuchen wollte, mußte am Saum seiner Kleidung Glöckchen anbringen und an seiner Brust seinen Namen tragen.

*Aber wozu?*

Während meiner religiösen Erziehung wurde mir beigebracht, daß der allmächtige Gott jeden Menschen genauestes kennt und über alles Bescheid weiß! Als ich aber die Beschreibung im Buch 2. Mose 28 las, fiel mir sofort meine Referentenarbeit ein. Immer, wenn ich Seminare abhalte, muß jeder Teilnehmer seinen Namen auf das vor ihm liegende Kärtchen schreiben und sich anschließend vorstellen, damit die Teilnehmer und ich so schnell wie möglich Vertrauen zueinander fassen und sich somit eine für die Kommunikation günstige Atmosphäre entwickeln kann.

*Was geschah, wenn Moses selbst die Stiftshütte betreten wollte?*

Moses klingelte – wie die Schafe eines Hirten – bereits von der Ferne und kündigte seine Absicht gegenüber seiner Gottheit an, daß er die Stiftshütte zu betreten wünsche. Nach dem Vernehmen der Klingeltöne sprang »Jahwe« mit einem Satz erst einmal zur Seite und verschwand hinter dem Vorhang, um seine göttliche Verkleidung anzulegen, die ihn von den Menschen unterschied. Dann trat er wieder aus seinem göttlichen Versteck hervor und las auf der Brust des Menschen das Wort »Moses« – womit er sogleich wußte, welches der Menschenkinder vor ihm stand! Als »Jahwe« diesen Besucher im Heiligtum dann auch noch mit dem richtigen Namen ansprach, wurde die »göttliche Kraft« des »Überwesen« bestätigt – nur der »Allmächtige« konnte so etwas zustande bringen. Doch die Söhne Aarons, Abihus und Nadabs brachte »Jahwe« mit einem göttlichen Feuerstrahl um, weil sie sich nicht an die Ordnung und Weisung für das Betreten der Stiftshütte hielten. Vermutlich überraschten sie die Gottheit in einer unpäßlichen Situation und mußten dafür mit dem Leben bezahlen.

*Was hatten die beiden entdeckt?*

Könnte es nicht sein, daß die Person, die von den Juden als »Jahwe« angesprochen wurde, nur ein ganz normaler Mensch war? Möglicherweise einer, den eine Gruppe von Missionaren aus einer höher zivilisierten Weltgegend begleitete? Dieser Gedanke ist nicht neu und wurde auf der Suche nach dem Ursprung der Menschheit schon des öfteren vorgebracht. Die Forschung bezeichnet derartige Begegnungen von unterschiedlich hoch entwickelten Kulturen nämlich als einen – »Götterschock«!

# KAPITEL 3

# DER GÖTTERSCHOCK

Die menschliche Eigenschaft der Neugierde hat uns überhaupt erst in die Lage versetzt, Kontinente wie Amerika oder Australien zu entdecken, weil wir uns immer auf der Suche nach der Wahrheit befinden, die in Epen, Märchen und innerhalb der Mythologien in ihrem Kern enthalten zu sein scheint. Der Glaube an die eigene Religion hat den Menschen immer in seiner Absicht bestärkt, fremde Kulturen zu bekehren und die damit verbundenen Schwierigkeiten zu meistern. Im Verlaufe der Jahrhunderte sind auch »Cargo-Kulte« entstanden, die von den höher entwickelten Eroberern verursacht und beeinflußt worden sind.

Das Wort »Cargo« stammt aus dem Englischen und bedeutet »Ware«. Als z. B. die Missionare der Christenheit unberührte Weltgegenden betraten und mit der eingeborenen Bevölkerung den ersten Kontakt eingingen, wurde das Vertrauen durch einen ausgiebigen Tauschhandel aufgebaut. Waren wie Edelmetalle, Perlen und Schmuck hatten nicht dieselbe Bedeutung für die »Wilden« wie die neuen, mitgeführten Gegenstände der Besucher. Die niemals zuvor gesehenen Gewehre, Kleidungsstücke oder Fernrohre, um nur einige Beispiele zu nennen, besaßen allesamt eine höhere mythologische Bedeutung für die eingeborenen Bevölkerung als jene Dinge, die den weißen Eroberern wertvoll erschienen. All das waren nämlich Gegenstände der Götter! Da die »Wilden« mit der Technologie nichts anzufangen wußten, erhofften sie sich, daß der Besitz dieser Gegenstände sie mit den Göttern schneller in Verbindung bringen werde.

*Ist so etwas wirklich möglich?*

Der in der Schweiz lebende Forscher Erich von Däniken hat bereits 1992 in seinem Buch »Der Götterschock« eine Fülle derartiger Begegnungen von Eingeborenen und Eroberern zusammengetragen. Insbesondere beschreibt von Däniken das erste Zusammentreffen von Christoph Kolumbus mit den amerikanischen Eingeborenen und das pompöse Auftreten der Spanier, die für Götter gehalten wurden:

»In der einen Hand trug er einen Degen, in der anderen das königliche Banner. Auch die Begleitoffiziere schleppten Flaggen mit den Buchstaben ›F‹ und ›I‹ – für König ›Fernando‹ und Königin ›Isabella‹ von Spanien – an Land und steckten sie gebieterisch in den Boden der Neuen Welt. Als nächstes trampelten zwei bärtige Mönche in braunen Kutten über die Planken, auf ihren Schultern ein Kreuz, das gleich neben den königlichen Bannern in die Erde gestanzt wurde. [...] Verständlicherweise waren die Eingeborenen von diesen Fremden fasziniert. Zudem verteilten Kolumbus und seine Offiziere großzügige Geschenke ...«

Nur kurze Zeit später, im Dezember 1492, bildeten Kolumbus und seine Mannen auf einem haitianischen Inselfest bei Häuptling Guacanagari erneut aufgrund ihres göttlichen Erscheinungsbildes die Hauptattraktion. Einfache Matrosen aus dem Europa des 15. Jahrhunderts, die »lediglich« auf einer weltumfassenden Entdeckungsreise waren, wurden später tatsächlich zu Göttern erhoben!

Auch die Inselgruppen Melanesiens und Mikronesiens im Stillen Ozean haben uns in junger Vergangenheit gezeigt, wie »Cargo-Kulte« entstehen können. Unter den Eingeborenen der Vanuata-Inseln, auf der 11.000-Einwohner-Insel Tanna, hatten sich Missionare aus England und Holland eingefunden und angefangen, die Ureinwohner nach dem westlichen Weltbild zu erziehen. Doch plötzlich, im Mai des Jahres 1941, verließen die Eingeborenen ihre Dörfer und zogen sich in den Regenwald zurück. Sie ließen sich nicht mehr nach der westlichen Weltvorstellung steuern.

*Was war geschehen?*

Irgend jemand auf der Insel hatte das Gerücht in die Welt gesetzt, daß am südlichen Inselende, dem Green Point, der Prophet John Frum erschienen sei und ein neues Reich verkündet habe. Hierdurch wurde das Sozialgefüge der Inselbewohner dermaßen durcheinander gebracht, daß sie letztlich wieder in ihre Naturvorstellungen verfielen. Sie verschenkten Sachen, die sie besaßen, und tanzten nächtelang verheißungsvoll in wilder Ekstase, in der Erwartung auf das große Glück, das ihnen John Frum bringen würde. Dann, als die Eingeborenen noch das Starten und Landen australischer »Catalina-Flugboote« und das Auftauchen eines ameri-

72

Abb. 31: Cargo-Kult: Begegnungen mit
dem Unbekannten wurden kopiert.

kanischen Flugzeugträgers beobachten konnten, kannte die Verwunderung der Insulaner keine Grenzen mehr. Drei Tannaer kleideten sich mit langen Gewändern, deren Brust jeweils ein rotes Kreuz zierte – und zogen als die »Priester des John Frum« umher. Sie verkündeten die Botschaft über die Gaben, die sie bald erhalten würden. Auch ein Gerücht über drei Söhne von John Frum – Isaak, Jakob und Lastun – war aufgekommen. Dabei handelte es sich um die biblischen Figuren Isaak und Jakob, die innerhalb der Gerüchteküche mit dem Inselpropheten in Verbindung gebracht wurden. Bei Lastun hingegen war in jedem Fall ein englisch sprechender Besucher gemeint, denn Lastun wurde vermutlich aus der englischen Bezeichnung »last one« für »der Letzte (eine)« hergeleitet. Später landeten dann noch die Amerikaner auf Tanna und bekräftigten unwissentlich diesen neu entstandenen »Cargo-Kult«. Denn die Eingeborenen sahen amerikanische Marineoffiziere, die, wie sie selbst, von dunkler Hautfarbe waren. Dieser Tatbestand war der unwiderlegbare Beweis, daß »Cargo« auch für den dunkelhäutigen Menschen bestimmt war und nicht nur für den Weißen. Die US-Soldaten verschenkten obendrein an die Eingeborenen Konserven, Schokolade, Taschenmesser, Taschenlampen und machten den »Götterschock« vollkommen. Für die Insulaner waren diese Geschenke eine Selbstverständlichkeit, denn der Erhalt dieser Waren war ihnen ja prophezeit worden. Dennoch waren die Insulaner unzufrieden und bauten eigens eine Flugpiste für die Götter, damit das für sie bestimmte »Cargo« direkt vom Himmel komme. Die Eingeborenen gingen sogar so weit, daß sie sich die Buchstaben »USA« eintätowierten, weil sie diese als ein »Zauberzeichen« für die Verbindung zwischen Himmel und Erde ansahen.
Die Situation fing an sich zuzuspitzen, als ein Eingeborener die Wiedergeburt von John Frum verkündete. Er hieß Neloiag und be-

hauptete, die Wiedergeburt des Inselpropheten zu sein. Neloiag verkündete zudem, daß er der vorbestimmte König der USA und von Tanna sei. Er fand in kürzester Zeit seine Anhängerschaft. Dieser nur durch einen »Götter(kultur)schock« entstandene Kult wurde später auf Bitten der Missionare von den Amerikanern bekämpft und aufgelöst, bevor ein Schaden entstehen konnte und die ganze Sache unübersichtlich geworden wäre. Nach all den Jahren existiert bei den Eingeborenen aber noch heute die Hoffnung auf die Rückkehr des John Frum. Das Rote Kreuz wurde zum Symbol einer Bewegung, die bis heute unter der Inselbevölkerung von Tanna immer noch viele Anhänger hat. Unbeirrt legen die Inselbewohner Pisten für Flugzeuge an, die irgendwann die versprochenen Güter der Götter für sie bringen sollen, wobei sie allzuoft vergessen, die für sie lebenswichtige Nahrung selbst anzubauen.

*Was waren das für Techniken, mit denen »Jahwe« ebenfalls ein ganzes Volk beeindrucken konnte?*
Jeder, der die Bibel gelesen hat, kennt sicherlich die Geschichte über die wundersame Teilung der Wassermassen in der Meerenge, als die Ägypter die Israeliten verfolgten und Moses mit Hilfe von »Jahwe« das Meer teilte, um sein Volk trockenen Fußes dort hindurchzubringen. Die Israeliten gelangten an dieser Stelle tatsächlich durch das Meer, das sich nach ihnen wieder schloß und ihre Verfolger in den Fluten ertrinken ließ. Genau für dieses Ereignis existiert im Buch 2 Mose 15 eine Lobpreisung für die Gottheit, die das Geschehene noch einmal in den Bibelversen schildert:
»[...] Ross und Mann hat er ins Meer gestürzt. Durch dein Schnauben türmten sich die Wasser auf, die Fluten standen wie ein Wall [...] Da ließest du deinen Wind blasen und das Meer bedeckte sie, und sie sanken unter wie Blei im mächtigen Wasser [...] Aber die Israeliten gingen trocken mitten durchs Meer.«

Abgesehen davon, daß »Jahwes« Taten an das Können der ägyptischen Gottheit Seth erinnern, geht der jüdische Gott bereits vier Kapitel später (2. Mose 19:3) selbst auf das Geschehen ein und spricht dabei zu seinem Volk:
»Ihr habt gesehen, was ich mit den Ägyptern getan habe und wie ich euch auf ›Adlerflügeln‹ getragen habe und euch zu mir brachte.«

Bei der Analyse der Texte wird durchaus deutlich, daß die erfolgreiche Bekämpfung der Ägypter nur durch eine technische Überlegenheit möglich wurde. Aus den Versen läßt sich sehr gut herauslesen, daß die Windstärke, die Jahwe mit seinem Flugapparat erzeugte, sich nach Belieben regulieren ließ. Auch die Aussage Jahwes, er habe das jüdische Volk auf »Adlerflügeln« fortgetragen, läßt sich vermutlich nur mit dem Hinweis auf einen Flugapparat interpretieren. Tatsächlich leitet sich das hebräische Wort »Nécher« für »Adlerflügel« aus dem Wurzelwort des Wortstamms für »zerrupfen« oder »zerfleischen« her. Einige Sprachforscher betrachten »Nécher« als lautmalend und glauben somit in dem Wort ein »brausendes Geräusch« oder die Bezeichnung für »Blitz« zu erkennen. Die Linguisten meinen damit den schnellen Sturzflug eines Adlers aus großer Höhe, wobei seine ausgebreiteten Flügelspitzen durch die sausende Luft ein brausendes Geräusch erzeugen.

*Beschrieben die Schriftgelehrten tatsächlich eine nicht mehr bekannte frühe Flugzeugart?*
Wahrscheinlich ja! Denn eine andere kriegerische Handlung dieses Flugapparats ist uns im Buch 2 Samuel 22:9–15 überliefert worden. Die Geschichte beschreibt die erste Begegnung des David mit dem Gott »Jahwe«:
»Rauch stieg von seiner Nase und verzehrend Feuer aus seinem Munde, Flammen sprühten von ihm aus. Er neigte den Himmel und fuhr herab, und Dunkel war unter seinen Füßen. Er machte Finsternis ringsum zu seinem Zelt, und schwarze dicke Wolken. Aus dem Glanz vor ihm brach flammendes Feuer hervor. Der Herr donnerte vom Himmel, und der Höchste ließ seine Stimme erschallen. Er schoß seine Pfeile und streute sie aus, er sandte Blitze und jagte sie dahin.«

Bei dieser Art der Begegnung ist leicht nachvollziehbar, daß auch das primitive jüdische Volk einen »Götterschock« erleben mußte! Denn hier werden exakt die gleichen Effekte umschrieben, die z. B. ein Space Shuttle bei einem Start verursacht. Doch laut unseren Historikern gab es zu dem Zeitpunkt, als die Bibelschriften entstanden, noch keinen Space Shuttle!
Auch das »Ägyptische Totenbuch« berichtet in Kapitel 149 über identische Erscheinungen wie die Bibelschriften, und zwar über ei-

*Abb. 32: Start eines Space Shuttle.*

nen Flugapparat des Ra, den sie »Ikesi« nennen und unsere Philologen als »Ei des Ra« übersetzen. Über seine Eigenschaften heißt es:

»[...] seine Öffnung ist Feuer, sein Lufthauch ist Vernichtung für die Nasen.«

Das ist eine Beschreibung, die durchaus an einen Raketenantrieb erinnert, mit dem die Luft verpestet wurde.

Stellen wir uns vor, wir würden einem technisch unversierten Volk die Funktion eines Space Shuttles oder eines Helikopters erklären wollen: *Was sollte solch ein Volk mit den Hinweisen auf aerodynamische Eigenschaften dieser Flugkörper schon anfangen können?* Lediglich mit dem Hinweis auf eine Vogel ließe sich hier eine Übereinstimmung erzielen, ohne auf die technischen Einzelheiten eingehen zu müssen!

Es gab jedoch tatsächlich in unserer Vergangenheit auch Völker, denen die aerodynamischen Eigenschaften von Flugapparaten durchaus bekannt waren. Außer deutlichen Hinweisen in Form der Existenz von aerodynamisch ausgeformten »Horus-Flugzeug-Modellen« bei den alten Ägyptern bestätigt uns beispielsweise auch die alte Kultur der Hindus das ehemalige Vorhandensein von verschiedenen Flugapparaten, denen ebenfalls unterschiedliche aerodynamische Eigenschaften zugesprochen wurden. In der Universität von Kalkutta (Indien) sind in alten Schriften detaillierte Beschreibungen dieser eigentümlichen Flugobjekte festgehalten: Die Hindus nannten sie »Vimanas«, was sich mit »Himmeldurchstoßer« übersetzen läßt. Die Vimanas waren schnell fliegende und bis zu einer Größe unserer Passagierflugzeuge reichende Flugmaschinen. Laut den Überlieferungen gab es aber auch Typen, die so langsam fliegen konnten, daß sie eine Armee von Bodentruppen im Schritt-Tempo begleiten konnten oder nachts bei ihren Lagern standen.

Ihre Formen werden wie die von heutigen Raketen oder allgemein als dreieckig beschrieben. Die aus den Veden und Puranen stammenden Berichte reichen weit in die menschliche Geschichte zurück und schildern ein Goldenes Zeitalter, als die Menschen noch mit ihren Göttern kommunizierten.

Zu diesen geheimnisvollen Flugapparaten gesellen sich noch mächtige Waffen, die aus den »stärksten« Metallen bestanden und nur auserwählten Menschen zugänglich waren. Vermutlich finden wir diese Art von Metall in der Nähe von Neu-Delhi, wo die sogenannte »Cuthubsäule« steht, die nach den Überlieferungen aus dem neunten Jahrhundert v. Chr. stammen soll. Sie wiegt 17 Tonnen, ist 16 Meter hoch, wovon nur sieben Meter oberirdisch sichtbar sind, und besteht aus chemisch reinem Eisen. Angeblich soll sie aus vielen kleineren Eisenblöcken zusammengeschweißt worden sein. Doch es existiert nicht eine einzige Schweißnaht an dem Artefakt. Erstaunlich ist auch noch, daß die Eisensäule nach 2.880 Jahren noch immer keine Anzeichen einer Korrosion aufweist. Das Effekt des Nichtrostens wurde von den Gelehrten auf das Vorhandensein einer Fettschicht zurückgeführt, doch hält eine Fettschicht keine Jahrtausende! Zumindest Dr. Albert Neuburger führt die Nichtoxidation auf die hohe Reinheit des Eisens zurück. Als Beweis führt er die Nägel eines Wikingerschiffs an, die aufgrund ihrer hohen Reinheit vollkommen blank und rostfrei waren.

*Woher hatte man das nichtrostende Eisen?*

Die Ureinwohner Australiens, die Aborigines, malten bereits vor mehr als 25.000 Jahren Flugzeugen und Raketen ähnliche Objekte an die Felsen, die von ihren Göttern aus der sogenannten »Traumzeit« (»Tjukurrtjana«) stammen sollen. Das war jene Zeit, in der die Götter über die Menschen herrschten und den Uraustraliern die Kultur brachten. Der Begriff der »Traumzeit« ist jedoch kein historisch verbindliches Datum, sondern nur ein Behelfswort für die Erinnerung, das lediglich die »Zeit der großen Macht« der Welten-Schöpfung und der Aborigines vorgibt. Überhaupt hält sich das australische Volk der Aborigines, die dem Neandertaler nicht unähnlich sind, für das älteste Volk der »wahrnehmbaren Welt« (»Yuti«)! In einer Sendung, die von ABC Radio Sydney im Jahre 1990 ausgestrahlt wurde, erklärte eine Maori-Frau diese Gegebenheit wie folgt:

»Die Weißen mögen sich vielleicht aus den Affen entwickelt haben
– wir aber nicht. Wir stammen direkt von den ursprünglichen, all-
umfassenden Schöpferischen ›Gubbas‹ (Göttern) ab.«

Heute vermuten viele Forscher, daß die Aborigines schon seit 50.000
oder gar 70.000 Jahren in Australien leben, und einige Wissenschaftler gehen sogar von über 100.000 Jahren aus. Der Archäologe Gurdip
Singh unternahm Ende der siebziger Jahre des 20. Jahrhunderts eine
Tiefenbohrung am Lake George in Südaustralien und stellte dabei
fest, daß in einer Sedimentschicht, die einem Alter von etwa 120.000
Jahren entspricht, die Menge von verbranntem Holz sprunghaft
anstieg. Dafür kann es nach Ansicht des Archäologen nur eine Erklärung geben:
»Die Aborigines lebten bereits zu dieser Zeit in Australien und begannen, das Feuer zur Jagd zu benutzen. Sie steckten den Busch in
Brand, um das Wild herauszutreiben.«

*Sind das nicht unzählige Hinweise dafür, daß unsere Vergangen-
heit ganz anders war?*
Heute wissen wir, daß der erste »Götterschock« der Ureinwohner
Australiens mit dem Zusammentreffen der Europäer im 17. Jahrhundert eingeleitet wurde. Der englische Kapitän William Dampier
hatte im Winter 1687 einen kurzen Kontakt mit den Australiern
und berichtete später, daß es sich bei der Urbevölkerung dieses Kontinents »um das elendste Volk handelte, die jemals eine Gestalt in
der Welt besaß«. Schon zu Beginn des 18. Jahrhundert gab es eine
zweite Begegnung der Aborigines mit den Holländern an der australischen Nordwestküste, die jedoch wie bei Dampier nur von
kurzer Dauer war und keinen großen Einfluß auf die Eingeborenen ausübte. Überdies wußten die Aborigines bereits, daß es sich
bei diesen weißen Männern in ihren riesigen Kanus nicht um
»Gubbas« handelte. Deshalb wurde auch der berühmte James Cook
am 29. April 1770 an der Botany Bay (heute Sydney) nicht als Gott
empfangen, sondern als Vertreter »einer Rasse weißer Menschen«!
Der »Schock« trat erst ein, als 18 Jahre später viele Schiffe kamen,
die 1.400 Weiße an Bord hatten. Über die Hälfte waren Strafgefan-
gene, davon etwa 180 Frauen und 13 Kinder, die von etwa 200 Soldaten bewacht wurden. Dazu kamen noch 440 Seeleute sowie

27 Soldatenfrauen mit 19 Kindern. Das Kommando hatte Kapitän Arthur Phillip, der später vom britischen Königshaus auch zum Gouverneur der neu zu gründenden Kolonie New South Wales ernannt wurde. Der deutsche Naturforscher und Schriftsteller Georg Forster (1754–1794), der an James Cooks zweiter Weltumsegelung teilnahm, hat in seinem Reisebericht »Neuholland und die britische Kolonie in Botany Bay« das wesentliche der königlichen Instruktion an Kapitän Phillip festgehalten:
»Sie haben mit jedem möglichen Mittel zu versuchen, mit den Eingeborenen einen Verkehr anzuknüpfen und ihre Zuneigung zu gewinnen, wobei sie allen Untertanen einschärfen sollten, mit ihnen in Freundschaft und Güte zu leben. Und wenn einer unserer Untertanen sie mutwillig töten oder unnötigerweise in die Ausübung ihrer verschiedenen Besitzrechte eingreifen sollte, so ist es unser Wille und unser Wohlgefallen, daß Sie solche Verbrecher ihrer Strafe nach der Schwere des Vergehens zuführen lassen.«

In den Augen der Aborigines sah dieses Zusammentreffen aber anders aus: Zwar wurden von den Ureinwohnern Australiens etwa 1.000 Siedler getötet, doch umgekehrt brachten die Weißen etwa 20.000 Aborigines um! Nachdem zwischen 1832 bis 1850 auch noch 200.000 freiwillige Auswanderer das Land besetzten, war es mit der alten Kultur der Eingeborenen gänzlich vorbei. Zur Zeit dieser Invasion gab es an die 500 Aboriginal-Sprachen und bis zu 700 Dialekte, die ein altes Wissen über den Ursprung der Einwohner Australiens bewahrt hatten. Nunmehr begann aber ein rasches Aussterben der australischen Ursprungsgeschichte, und die Weißen gingen dabei sogar so weit, daß sie mit den Frauen der Aborigines »Kinder zeugten«, die den Müttern sofort wieder weggenommen wurden. Denn man wollte mit ihnen lediglich ausprobieren, ob die Mischlinge, die durch den Anteil »weißen Blutes« um eine Stufe »aufgewertet« werden würden, als zwar zweitrangige, sich aber vielleicht doch nützliche Mitglieder in die weiße australische Gesellschaft integrieren ließen. Auf diese Weise schuf das weiße Australien eine neue Kaste von Entwurzelten, die man »Generationslose« nannte. Vor allem aber versuchten die Weißen, die Sprache und damit natürlich auch das »andere Denken« der Aboringes und ihre kulturelle Identität zu vernichten. Es wurde ihnen in vielen Teilen

Australiens verboten, in ihrem Idiom (Mundart) zu reden. Des weiteren wurde den Eingeborenen verboten, ihre zeremoniellen Lieder zu singen oder überhaupt irgendwelche Rituale zu vollziehen. Dadurch gingen sehr viele Sprachen und mit ihnen viele Geschichten aus der »Traumzeit« verloren.

*Welches verlorene Wissen war das?*

Keine unserer Wissenschaften kann bis heute wirklich zweifelsfrei erklären, »wie« oder »warum« die Welt, in der wir leben, entstanden ist. Die Urknalltheorie scheint zwar nach allem, was wir über das Universum feststellen konnten, plausibel, aber weder die klassische Physik noch die Quantenphysik kann eine akzeptable Antwort auf die Frage geben, warum es überhaupt zu einer Urexplosion gekommen ist. Alle wissenschaftlichen Spekulationen, die sich auf die »Ursache« des Urknalls beziehen, sind im Grunde nichts anderes als moderne, mit dem Mantel der Wissenschaft unterlegte »Mythen«! Dabei sind die Erklärungen, die sich in den ältesten Mythen der Menschheit finden lassen, vom Inhalt her verblüffend ähnlich. Die wissenschaftliche Vermutung zum Beispiel, daß vor der Entstehung des physikalischen Universums gewisse Energiefelder existiert haben müssen, finden wir auch in den uralten Überlieferungen. Nur werden diese Urenergien sowie naturwissenschaftlichen Erkenntnisse von den »Steinzeitphilosophen« in den Geschichten als Wesen personifiziert, und keines dieser Urwesen hat den Namen »Quantenfeld« bekommen. Die Bewahrer dieser Mythen haben eigentlich nur folgendes gemacht: Sie packten abstrakte Botschaften in Geschichten, in denen heldenhafte Gestalten Dinge erleben und tun. Manches von dem, was später in Europa von namhaften Philosophen verschiedener Epochen vorgetragen wurde, oder manches von dem, was in den Mythen der ägyptischen, sumerischen und hinduistischen Religionen aufgezeichnet ist, findet sich schon in der um Zehntausende von Jahren älteren Mythologie der Aborigines, die bis zum heutigen Tag von Generation zu Generation mündlich weitergegeben wird.

Einer der australischen Schöpfergötter nennt sich »Mammon«, der vom Klang des Namens her an die altägyptische Gottheit »Amon« oder »Amun« erinnert. Überhaupt war die »Traumzeit« der Aborigines von Wesenheiten bevölkert, die sich in Form von Landtieren, Vögeln, Flußfischen, Meerestieren und manchmal auch in

Menschen manifestierten. Auch das ist von der Ideologie dem altägyptischen Weltbild sehr ähnlich. Das könnte auf eine frühe Begegnung der Pharaonen mit den Aborigines zurückzuführen sein,
die vor 4.500 Jahren nachweislich stattgefunden hat. Nach Ansicht
der Eingeborenen verfügten ihre Götter über Kräfte und Mächte,
womit sie ihre Gestalt nach Belieben ändern konnten. Überhaupt
führen die australischen Ureinwohner ihr Dasein auf jene Fremd-
einwirkung der »Traumzeit-Götter« zurück, die nicht nur alles Leben schufen, sondern auch alles Erdenkliche mit Namen versahen.
*Wurde das Wissen der Aborigines tatsächlich von pharaonischen
Ägyptern beeinflußt?*
Im sogenannten »Arnhemland« des »Clans des Wilden Honigs«,
das im Norden Australiens liegt, läßt sich ein derartiger Einfluß
und »Götterschock« in der Tat nachweisen. Die Menschen, die diesem Stamm angehören, sagen von sich selbst, daß sie von einem
»Wesen des Wilden Honigs« abstammen, das in der »Traumzeit«
durch das Land zog. Dieses Wesen, das die Aborigines »Djareware«
nennen, kam mit dem allerersten Sonnenaufgang aus dem Osten
und wanderte nicht allein durch das Land, sondern hatte eine ganze Anzahl weiterer mythischer Wesen im Gefolge. Dazu zählte zum
Beispiel eine Unzahl von Bienen, die auf der Suche nach Nektar
waren. Auf seiner Reise verfertigte Djareware auch ein Bildnis von
sich, das ein weißer »Kegel« ist und der »Weißen Krone« Oberägyptens auf verblüffendste Weise entspricht. Zudem war das weitere Hieroglyphenzeichen Oberägyptens eine wilde Honigbiene!

Dieses Kegelzeichen malen die
Stammesmitglieder noch heute bei
wichtigen Ritualen auf ihren Körper,
und bei Begräbnissen formen sie eine
kegelförmige Skulptur auf dem Boden.
Nach den Legenden der Aborigines
hatte Djareware vielerlei Dinge mit sich
geführt und brachte dem Clan des Wilden Honigs unter anderem den »hoh-
len Baumstamm« (einen Sarkophag?),
den er ihnen als letzte Ruhestätte für
ihre Verstorbenen zurückließ. Vermutlich könnte bei diesem Zusammentref-

*Abb. 33: Ägyptische Krone?*

fen auch der Bumerang einen Eingang in die australische Kultur gefunden haben. Daß es sich bei dieser Begegnung um einen Kontakt mit Ägyptern gehandelt haben muß, bestätigen auch unzählige aus dem Land der Pharaonen stammende Gegenstände und Felsabbildungen, die seit 1869 in Australien entdeckt werden konnten. Wie sich ein derartiger »Götterschock« ereignete, wurde anhand einer Notlandung des deutschen Forschungsfliegers Hans Bertram Anfang des 20. Jahrhundert in Australien deutlich: Er wurde von den Aborigines nur deshalb nicht umgebracht, weil er eine lederne Fliegerbrille trug. Denn die »Waugeluk-Schwestern«, die in der Mythologie der Eingeborenen die Töchter der Großen Mutter der Fruchtbarkeit Kunapipi waren, wurden stets mit einer ähnlichen Brille dargestellt. Nach einer anderen Legende waren sie es auch, die der Urbevölkerung den Wurfstock für die Jagd brachten, nachdem sie bei den Aborigines mehrere Generationen lebten und viele Kinder gezeugt hatten. Laut den uraustralischen Überlieferungen finden sich in den Geschichten Elemente, die durchaus auf die ägyptischen Göttinnen Isis und Nehphtys zurückführen könnten.

*Welcher Einfluß lag hier tatsächlich vor?*

Wenn wir hierzu noch einmal das Alte Testament heranziehen, stellen wir fest, daß im 2. Mose 24 über die Begegnungen mit den Göttern Israels seltsames berichtet wird, das uns vielleicht das vertraute Verhältnis der Aborigines zu den Pilotenbrillen erklären könnte: »[...] danach stiegen Moses und Aaron, Nadab, Abihu und siebzig von den Ältesten Israels den Berg hinauf. Sie sahen den Gott Israels. Der Boden zu seinen Füßen war wie mit Saphirplatten ausgelegt, leuchtend blau wie der Himmel. Die ausgewählten Israeliten durften Gott sehen, ohne daß seine Nähe sie tötete.«

Hier wird wie im Falle der Uraustralier deutlich, daß die 74 Personen auf dem heiligen Berg keine Begegnung mit dem Allmächtigen hatten, sondern vermutlich ebenfalls nur Gestalten antrafen, die mit ihrem technischen »Know how« der jüdischen Bevölkerung etwas »Überirdisches« präsentieren konnten. Auch Jakob berichtet im 1. Mose 28 über einen Flugapparat und dessen Besatzung. Jakob war der Enkel Abrahams, und Abraham wiederum ist in dem Jahr geboren, als Noah verstarb. Als Jakob auf dem Weg in die Stadt Haran war, hatte er folgende Begegnung:

82

»[...] eine Leiter stand auf Erden, die rührte mit der Spitze an den Himmel, und siehe, die Wächterengel Gottes stiegen daran auf und nieder.«

Daß es sich bei den beobachteten Objekten tatsächlich um Flugapparate handelte, unterstreicht noch einmal ein Bibelvers aus Jesaja 40:3–5, in dem die Hebräer eine Bauanweisung für die Anlage einer Landebahn erhalten:
»Eine Stimme ruft: Bahnt dem Herrn einen Weg durch die Wüste! Baut in der Steppe eine ebene Straße für unseren Gott! Alle Täler sollen erhöht werden, und alle Berge und Hügel sollen erniedrigt werden, und was uneben ist, soll gerade, und was hügelig ist, soll eben werden. Dann offenbart sich die Herrlichkeit des Herrn, alle Sterblichen werden sie sehen.«

Aus diesem Text ist die eindeutige Bauanweisung für eine Flugzeugpiste zu entnehmen, die eigens für die Ankunft der Gottheit angelegt werden mußte! Das erinnert sehr an die Eingeborenen von Tanna, die nach ihrem »Götterschock« noch heute derartige Flugpisten und die dazugehörigen Flugzeugmodelle herstellen.
Auch die Beobachtung, über die Jakob berichtet, bestätigt uns, daß an Bord dieser Maschine mehrere Personen waren. Er nennt die Besatzungsmitglieder »Wächterengel Gottes«, was lediglich »Jahwes Gesandte« bedeutet. Denn sowohl das griechische Wort »ággelos« als auch das hebräische Wort »mal'ách« bedeuten wörtlich »Gesandte« oder »Boten«. Wenn wir uns die Erklärung über »Engel« oder »Götter Söhne«, wie sie sonst genannt werden, genauer anschauen, steht dort ebenfalls als Erklärung, daß es sich bei ihnen um »Zwischenwesen« handelte, die zwischen Gott und den Menschen wandelten. Auch wenn es sich bei der Bezeichnung

*Abb. 34: Pharaonen-Verehrung.*

»Engel« um ein deutsches Wort handelt, entlehnt es sich ethnologisch aus dem Griechischen.

Zu den Westgermanen gelangte das Wort vermutlich durch gotische Vermittlung im Zuge der Arianischen Mission, während es die Nordgermanen wohl unmittelbar durch angelsächsische oder deutsche Missionare erreichte. Wenn wir das Wort in Silben aufteilen, bedeuten das Hebräische »En« sinngemäß »Quelle«, und »Gel« könnte mit »Gold« identisch sein. Dabei wird allerdings in keiner der 400 Bibelstellen das Aussehen eines »Engels« beschrieben. Das mag daran gelegen haben, daß für die damalige Bevölkerung das Aussehen eines Engels keinen näheren Erklärungsbedarf benötigte, weil für jeden Menschen die Engel in ihrem Aussehen genauestens bekannt waren. Einen ganz guten Vergleich sehe ich zum Beispiel bei einem Piloten oder einem Kapitän. Wenn ich als Kind gefragt wurde, was ich denn später einmal werden wolle, kam meinerseits die Antwort wie aus der Pistole geschossen: »Pilot«!

Heute weiß ich, daß dieser Berufswunsch nicht nur meiner Vorstellung entsprang, sondern ein Generationswunsch war! Als Achtjähriger kannte ich weder das Anforderungsprofil noch die Qualifikationsmerkmale eines Piloten – ich wußte aber ganz genau, wer oder was ein Pilot ist. Ähnlich verhält es sich meiner Ansicht nach auch bei Engeln, die zwar jeder kannte und die vermutlich mit einer seltsamen »Goldquelle« in Verbindung standen, aber nicht mehr erklärt werden mußten.

*Was waren das für Wesen, und von welchem Ort kamen sie tatsächlich?*

Das jüdische Buch »Kabbala«, was zu deutsch »empfangen« bedeutet, ist eine traditionelle mystische Schrift, deren Inhalte bereits in der »Sepherha-Zohar« im 2. Jahrhundert n. Chr. vorhanden waren und von Rabbi Simon Bar Joachi (130–170) niedergeschrieben worden sind. Im 12. Jahrhundert verfaßte der spanische Rabbi Moses ben Schemtob de Leon dann eine handschriftliche und umfangreichere Fassung der »Kabbala«-Texte, die dann 1558 im italienischen Cremona zum erstenmal gedruckt wurden. Aus dieser Quelle stammen auch die lateinische »Kabbala Denudata« aus dem Jahre 1644 und die englische »Kabbala Unveiled« aus dem Jahr 1892. Schließlich präsentierte Professor Lambert Mayer eine französische Übersetzung.

Erich von Däniken zeigt nach eigenen Untersuchungen auf, daß die Schriften der »Kabbala« unter anderem auch auf fremde Planeten und auf deren natürliche Beschaffenheiten hinweisen:

»[...] - Die Bewohner der Welt von ›Geh‹ säen und pflanzen Bäume. Sie essen alles vom Baum, kennen aber keinen Weizen und keinerlei Getreide. Ihre Welt ist schattig, und es gibt dort viele große Tiere.

- Die Bewohner der Welt ›Nesziah‹ essen Sträucher und Pflanzen, die sie nicht säen müssen. Sie sind von kleinem Wuchs und haben anstelle der Nasen nur zwei Löcher im Kopf, durch welche sie atmen. Sie sind sehr vergeßlich und wissen bei einer Arbeit oft nicht, weshalb sie diese begonnen haben. Auf ihrer Welt sieht man eine rote Sonne.

- Die Bewohner der Welt ›Tziah‹ müssen nicht essen, was andere Wesen essen. Sie suchen immer nach Wasseradern. Sie sind schön von Angesicht und haben mehr Glauben als alle anderen Wesen. Auf ihrer Welt gibt es große Reichtümer und viele schöne Bauwerke. Der Boden ist trocken, und man sieht zwei Sonnen.

- Die Bewohner der Welt von ›Thebel‹ essen alles aus dem Wasser. Sie sind allen anderen Wesen überlegen, und ihre Welt ist in Zonen aufgeteilt, in denen sich die Bewohner durch Farbe und Gesichter unterscheiden. Sie machen ihre Toten wieder lebendig. Die Welt ist weit von der Sonne entfernt.

- Die Bewohner der Welt ›Erez‹ sind Nachfahren von Adam.

- Die Bewohner von ›Adamah‹ sind auch Nachfahren von Adam, weil Adam sich über die Trostlosigkeit auf ›Erez‹ beklagte. Sie bebauen die Erde und essen Pflanzen, Tiere und Brot. Sie sind meist traurig und bekriegen sich oft. Es gibt auf dieser Welt Tage, und die Gruppierungen der Gestirne sind sichtbar. Früher wurden sie oft von den Bewohnern der Welt von ›Thebel‹ besucht, doch die Besucher wurden auf ›Adamah‹ von Gedächtnisschwäche befallen und wußten nicht mehr, woher sie kamen.

- Die Bewohner der Welt von ›Arqa‹ säen und ernten. Ihre Gesichter sind verschieden von unseren Gesichtern. Sie besuchen alle Welten und sprechen alle Sprachen. [...]«

*Gibt es diese außerirdischen Lebensformen der Kabbala tatsächlich?*

Zumindest die im westafrikanischen Mali beheimateten Dogon, die einen »Götterschock« besonderer Art erlebten, bestätigen die Kabbala – und meinen »Ja«!

Das Volk der Dogon, dessen ethnischer Ursprung nach wie vor ungewiß ist, siedelte sich nach seinen eigenen Chroniken im 12. Jahrhundert von Nordosten kommend auf dem Bandiagara-Plateau an, das ein ausgedörrtes, felsiges Ödland darstellt.
Alle Gesellschaftsschichten der Dogon werden von dem »hogon« zusammengehalten, der gleichzeitig das religiöse Oberhaupt dar-

*Abb. 35: Das Bandiagara-Plateau.*

stellt. Er ist Richter bei Unrechtmäßigkeiten und führt alle kultischen Zeremonien durch. Bei der Ausführung seines Amtes trägt er einen Stab, einen Stein und eine Kette um den Hals. Zu seinen wichtigsten Aufgaben gehört es, daß die Mythologie der Dogon über die Generationsfolgen nicht verloren geht und bewahrt wird. Dieses geheimnisvolle »Wissen« der Dogon, das nur Eingeweihten bekannt gemacht werden darf, enthält die Geschichte eines ihrer frühen Könige, der von »außerirdischen Intelligenzen« entführt wurde, die von »po tolo« (Sirius B) auf die Erde kamen. Sirius B ist die zweite Sonne eines Dreifachsystems, dessen natürliche Beschaf-

fenheit ohne moderne Teleskope gar nicht festgestellt werden kann!
Die Dogon behaupten nämlich, daß es noch eine dritte Sonne im
Sirius-System gibt, die sie »emme ya« nennen. Sie konnten das aber
unmöglich wissen, da wir Sirius B rein mathematisch erst seit 1844
kennen und ihn durch den Amerikaner Alvan Graham Clark erst
18 Jahre später astronomisch
nachgewiesen bekamen.
Die erste Annäherung für die
mögliche Existenz von Sirius C
wurde sogar erst 1991 von
Jean-Marc Bonnet-Bidaud von
der *Service of Astrophysics Pa-*
*ris* vermutet und dann 1995 von
Daniel Benest sowie Jean L.

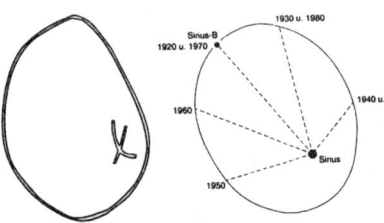

*Abb. 36: Das Sirius-System.*

Duvent von der *ESO (Europäisches-Süd-Observatorium)* bestätigt.
Vermutlich ist es ein »Weißer Zwerg«, der alle sechs Jahre um Sirius A eine ellipsenförmige Bahn vollzieht.

*Wie gelangte ein primitiver Buschstamm an dieses hochstehende*
*Wissen?*

Nach der Schöpfungslegende der Dogon mußte die Welt alle sieben Jahre erneuert werden, und das geschah auf äußerst merkwürdige Art und Weise: Nach der siebenten Ernte opferte das Volk
jeweils seinen obersten Stammesführer für die Welterneuerung. Diese Tradition hatte allerdings keinen langen Bestand, denn nur die
ersten sieben Häuptlinge konnten geopfert werden. Der achte König wurde zwar ebenfalls den Göttern geopfert, aber er überlebte
das Ritual und erschien nach sechs Monaten vor dem neunten König und berichtete über seine »Erneuerung«: Er behauptete, daß er
inzwischen mit einem »tazu« (»Fliegender Korb«) auf dem Stern
»po tolo« gewesen sei und jetzt dessen Geheimnis kenne. Die
»nommo« (Götter) hätten ihn entführt und ihn mit einer neuen
Weisheit ausgestattet. Für die Zukunft galte eine neue Legislatur-
periode bei den Häuptlingen oder religiösen Stammesführern: Sie
müssen nun 60 Jahre regieren, bevor sie von einem Nachfolger ab-
gelöst werden können.

*Sollen wir diesen Bericht tatsächlich ernst nehmen?*

Die Dogon berichten von mehreren Kontakten zu ihren Göttern,
woraus sich schließlich ihre Mythologie entwickelte. Dabei erzäh-

len sie ziemlich detailliert, daß der »tazu« ein pyramidenähnlicher Flugkörper war, der bei jeder seiner Landungen so viel Lärm verursachte, »als würden die Steine der großen Berge aufeinander krachen.« Das Äußere des Flugkörpers war von einem »göttlichen Feuer« umhüllt, und immer, wenn der »tazu« die Erde berührte, erlosch das Feuer. Außer diesem gab es noch andere Flugapparate der »nommo«, die in Form von Obelisken dargestellt werden und abstrakt mit »Zeichen« bemalt sind.

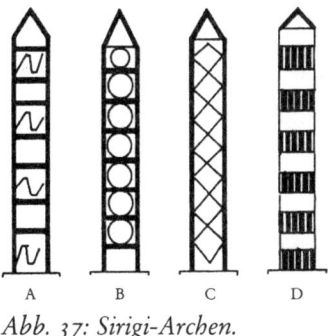

A    B    C    D

*Abb. 37: Sirigi-Archen.*

Was hier auf den ersten Blick auf den Beobachter wie sinnloses Gekritzel wirkt, ist in Wirklichkeit eine Symbolschrift, die insgesamt aus 11.616 Zeichen besteht und die jeder »hogon« kennen mußte. Die Symbole wurden in drei Kategorien unterteilt:

1. »bummo« ist das eigentliche Symbol, die abstrakte Sache,
2. »yala« gibt die kardinalen Punkte einer Sache an,
3. »toy« ist das maximale Ähnlichkeit anstrebende Bild.

Wenn wir also vor einer Dogon-Zeichnung stehen, ist es wichtig zu wissen, welcher Art die Darstellung ist. Die Symbole auf den obeliskenförmigen Archen B und C (siehe Abb. 37) verweisen auf die »Irrfahrten vom Weltei« sowie auf die Landung auf der Erde des »nommo«, der »ogo« hieß. Die Arche D wird als ein »hohes Haus« beschrieben, und A verweist auf »den Anfang« beziehungsweise »die Schaffung der Welt« durch die Arbeit des Göttervaters »amma«.

Im nubischen Kush (Südägypten) existiert in einem Tempel eine Darstellung eines ebenfalls raketenähnlichen Objekts, neben dem zwei Gestalten stehen. Deutlich sind die aerodynamisch ausgeformten Raketengleitflügel zu erkennen. Das Ganze erinnert stark an die obeliskenförmigen Archen der Dogon und spiegelt den Abstieg von »ogo« wider. In diesem Zusammenhang ist es vielleicht gut zu wissen, daß bei den Griechen der »Nómos« einen »Richter« bezeichnet und die alten Ägypter ihre Priester »nomoj« nannten. *Gab es eventuell eine Verbindung der Dogon zu den Ägyptern?*

88

*Abb. 38: Die Wand des Tempels in Kush (Nubien) mit der Darstellung eines raketenförmigen Gegenstandes.*

*Abb. 39: Die Rakete mit den rechts davon befindlichen menschlichen Gestalten in der Vergrößerung.*

In der Mythologie der Dogon sind Tiere, ähnlich wie bei den Ägyptern, oft mit menschlichen Eigenschaften versehen. Das wird damit erklärt, daß sich die Form der Lebewesen verändern kann. Auch »ogo« verwandelt sich in einen »yurugu«, der ein Schakal, Großohrfuchs oder Hund war. Der oberste Gott »amma« hatte ihn bestraft, weil er seine Schwester »yasigi« auf der Erde suchte und durch das Aufwühlen des Erdbodens – der Ackerbau entstand. Als »ogo« seine Schwester nicht fand, kehrte er zurück, um sie aus dem »Weltei« zu rauben. Aber »amma« verbarg »yasigi« sorgsam, und als »ogo« seine Schwester nicht fand, stahl er die von »amma« geschaffenen »acht Samenkörner« der Getreidearten und stieg wieder zur Erde hinunter, um sie dort keimen zu lassen. Um diese Freveltat zu büßen und die Schöpfung zu verbessern, zerstückelte »amma« den anderen »nommo« und zerstreute die Stücke in die Welt, um diese zu reinigen. Später sammelte er die Stücke wieder zusammen, vereinigte und belebte sie wieder. Dann schickte »amma« vier »nommo-Paare«, die Urahnen der Menschen, und alle Arten von Tieren, Pflanzen und Mineralien auf die Erde. Unter der Führung des reinen »nommo« landete die Arche erneut. Die Aufgabe der »nommo« bestand nun darin, die Ordnung wiederherzustellen. Die Erde wurde mit allem versehen und bevölkert, nur die Werkzeuge fehlten noch. Während eines Regens stieg schließlich ein »Schmied-nommo« von oben herab, mit Werkzeugen und mit 16 Pflanzenkeimlingen, die im Stiele seines Hammers verborgen waren. So erhielten die Menschen die fehlenden Pflanzen, das Feuer, Pfeil und Bogen, Hackspaten, Messer und andere Utensilien. Dieser »Schmied-nommo« war der Urahn der Dogon.

Als die Erde danach bewohnt war, schloß »amma« die »Schlüsselbeine« und setzte sich in die Mitte der Welt (Sternbild Orion), wo er im »Kreuzpunkt der Windrichtungen« seine Augen auf die Welt richtete und über alles wachte.

Eine interessante Form der nommo-Archen wird im Spiel »I« dargestellt, das scharfe Logik und Kombinationsfähigkeit verlangt. Das an das ägyptische Brettspiel erinnernde Spiel wird immer in Ost-West-Richtung aufgestellt. Auf ihm befinden sich 22 Aushöhlungen. In diese Höhlungen, die an die Schlüsselbeinhöhlen von »amma« erinnern, werden kleine Steinkugel gelegt, die Getreidekörner darstellen. Die Bewegung der Steine symbolisieren wiederum die Sterne, die »amma« am Himmel bewegt. Tatsächlich kannten die Dogon nicht nur die physikalischen Eigenschaften von Sirius A (»sigi tolo«), Sirius B (»po tolo«) und Sirius C (»emme ya«)

Abb. 40: Das Spiel »I«.

sehr genau, sondern waren auch über die Milchstraße (»yalu ulu«), den Polarstern (»aduno giru«), das Kreuz des Südens (»amuno ley«), die Plejaden (»tolo duno«) und die spezielle Hervorhebung des Oriongürtel (»atanu«) als Wegweiser allerbestens informiert. Selbst die Theorie vom Urknall ist von den Dogon nachvollziehbar bewahrt worden.

*Wie konnten die Dogon als einfaches Bauernvolk ohne jede Un-*
*terstützung über dieses Wissen verfügen?*
Der ungarische Astronom István Guman vom *Konkoly Observa-*
*torium* meint die Antwort zu kennen:
»Zusammenfassend können wir über die astronomischen Kenntnisse der Dogon folgendes sagen: Sie kamen im XII. Jahrhundert
aus dem Gebiet der Mande, östlich von Bamako. Ihre Mythologie,
ähnlich derjenigen der Nachbarvölker, hat einen speziellen Charakter, der nur hier in der Gegend zwischen der Sahara und dem
atlantischen Ozean zu finden ist. Obwohl vom Mittelalter an hier
ein entwickeltes islamisches Kulturgebiet war, behielten diese Völker ihren eigenen Glauben. Nach dem islamischen Einfluß folgte
am Ende des vorigen Jahrhunderts die europäische Kolonisation.
In den Städten finden wir schon seit 1907 Schulen europäischer
Art. Der Einfluß französischer Missionare erreichte in den 1920er
Jahren das ganze Gebiet.«

Was Guman damit sagen will, ist, daß die Dogon ihre Kenntnisse
über den Sirius von europäischen Astronomen erhalten haben müssen. Für die Bestätigung seiner Ansicht hat er eine am 16. April
1893 in Westafrika (Senegal) von dem rumänischen Astronomen
N. Coculescu beobachtete Sonnenfinsternis herangezogen. Wie in
den »Analele Academici Romane, II., Bucuresci 1894« festgehalten
ist, hatten die rumänischen Astronomen in der Tat mit sechs Schwarzen eine Begegnung. Doch die Dogon berichten, daß die Gestalten,
die ihnen dieses astronomische Wissen zukommen ließen, »amphibische Wesenheiten« waren. Auch die Chinesen behaupten, daß ihre
Zivilisation um 3322 v. Chr. im »Zeichen des Fuchses« ebenfalls
von »amphibischen Wesen« begründet wurde, die mit dem Sirius
in Verbindung standen. Selbst dem Gründer von Athen, Cecrops,
werden amphibische Eigenschaften nachgesagt. Das muß aber nicht
unbedingt daran gelegen haben, daß die Kulturbringer äußerlich
wie Fische aussahen, sondern wie Fische für längere Zeit unter
Wasser tauchen konnten, da ihre Fahrzeuge über die Fähigkeit eines Unterwasserbootes (»Oanes«) verfügten. Überdies könnte das
Fischsymbol einen astronomischen Aspekt charakterisieren: Die
ägyptische Gottheit Ptah begann vor 22.972 Jahren, im Zeichen der
Fische und des Wassermanns (25.882,60 bis 21.578,17 v. Chr.), sei-

ne für 9.000 Jahre andauernde Herrschafts-Dynastie. Wie eine im Jahre 1820 von Giovanni Battista Belzoni in Sakkara entdeckte Statue aufzeigt, waren die Ptah-Gestalten mit einer Körpergröße von 140 Zentimetern von eher zwergenhafter Statur. Darüber hinaus

trugen sie mit einem Mundstück versehene Helme, die in gewisser Hinsicht den Panzern von Wasserschildkröten ähnelten.

Somit ist der Einwand von Guman haltlos! Ein weiteres Argument gegen seinen Einwand ist, daß die Dogon 1.000 Kilometer von der Küste entfernt leben und sicher mit den sechs Schwarzen, denen Coculescu begegnete, nicht unbedingt in Verbindung stehen müssen. Des weiteren kannten die Dogon alle Planeten des Sonnensystems, über die Coculescu aber nicht Bescheid wußte:

*Abb. 41: Gestalt mit Helm und Mundstück.*

- Merkur – »dana tolo«,
- Venus – »dono tolo« (»obya«),
- Mars – »yapunun tolo«
- Jupiter – »yu tolo«
- Saturn – »yalu ulu tolo«
- Uranus – »illu zu«
- Neptun – »illi monu«
- Pluto – »sene tolo«

Zu diesem Zeitpunkt waren diese Himmelskörper aber nicht einmal den westlichen Astronomen bekannt. Der Pluto ist erst seit 1930 nachgewiesen!

*Wie sollten die Dogon von Europäern Informationen erhalten können, wenn diese nicht einmal selbst darüber verfügten?*

Auch wenn István Guman den hohen Kenntnisstand der Dogon immer noch nicht wahrhaben will, widerspricht er sich in dem nachfolgenden Zitat selbst und bestätigt damit, daß es bei den Dogon gar keinen fremden Einfluß seitens europäischer Astronomen gegeben haben kann:

»Interessant ist zu bemerken, daß, im Gegensatz zu anderen Mythologien, der Mars hier nicht mit männlicher Kampflust und Krieg in Verbindung steht, sondern der Stern der Frauen ist. Auch die Einteilung der Sterne in Gruppen und Bilder zeigt keine fremden Einflüsse (kein Tierkreis). Der Gott AMMA sitzt im großen Viereck des Orion und erteilt seine Befehle und Gaben durch Vermittlung des Sirius zur Erde. Letzterer gehorcht auch dem Zwillingsprinzip, da er von zwei Begleitern umkreist wird, einem männlichen und einem weiblichen.«

*War es also doch nur der »Götterschock«, der den Dogon das Wissen brachte?*
Der englische Bischof Godwin war es, der sich im Jahre 1638 die Reise zu einem anderen Himmelskörper in seinem Roman »Der Mann im Mond« ausdachte und niederschrieb. Das überraschende an der Schilderung des Bischofs ist, daß er die damals noch unbekannte Schwerelosigkeit beschrieb, die erst fünfzig Jahre nach seinem Roman von dem Briten Sir Isaac Newton (1643–1727) naturwissenschaftlich nachgewiesen wurde. Zwei Jahre nach Godwins Werk erschien ein anderes Buch von Bischof Wilkens, das dieser »Die Entdeckung einer Welt im Mond« nannte. Wilkens geht in seinem Werk sogar auf eine ernsthafte Diskussion über die physikalische Beschaffenheit der außerirdischen Welt ein, für die man die Bezeichnung Weltraum noch nicht verwendete. Dieser Begriff wurde erstmals von dem französischen Schriftsteller François-Marie Arourét (»Voltairé«), in seinem Werk »Micromégas« benutzt, das im Jahre 1752 erschien.
Der amerikanische Autor Major Donald Keyhoe kommentierte 1959 eine innerhalb der nächsten zehn Jahre geplante Mondlandung auf folgende Weise:
»Die ersten Mondfahrer werden eine große Überraschung erleben. Der Mond wird bereits von Wesen einer anderen Welt als Stützpunkt benutzt!«

*Was meinte Keyhoe damit?*
Als dann am Weihnachtsabend des Jahres 1968 das erste bemannte Raumschiff »Apollo 8« den 360.000 Kilometer entfernten Mond tatsächlich umrundete, beschrieb der Pilot James Lovell seinen ersten Eindruck des sich bietenden Schauspiels folgendermaßen:

»Die Augen werden von dem harten Gegensatz des gleißenden Lichts und der tiefschwarzen Dunkelheit, die sich übergangslos anschließt, geblendet. Wir sehen nur ein leuchtendes Weiß und ein pechschwarzes Schwarz – Farben gibt es nicht hier oben! Die Erde scheint die einzige Oase in der unendlichen Weite des Universums zu sein. Sie schimmert wie eine weißblaue Perle in der sie umgebenden Finsternis.«

Die britischen Astronomen Percy Wilkins und Patrick Moore von der *British Astronomical Society* behaupteten bei einer Erklärung gegenüber Bernhard Forbes vom *BBC-Radio* noch Ende 1953, daß auf dem Mond künstlich anmutende Bauwerke existieren würden, womit sie die Buchveröffentlichungen der Bischöfe und die Aussage Major Keyhoes bestätigten. Eines dieser Bauwerke, so Wilkins, sei eine etwa 30 Kilometer lange und mindestens 1,7 Kilometer hohe Brücke, die sich am Rande des Mare Crisium Kraters erstrecken würde. Auf die Frage von Forbes: »Wenn sie sagen, sie sieht künstlich aus, was meinen sie damit?«, entgegnete Wilkins: »Sie sieht aus, als sei sie ein technisches Werk!«

*Existieren auf dem Mond tatsächlich künstliche Bauwerke?*

Am 26. November 1956 fotografierte der Amateurastronom Robert H. Curtis in der Fra-Mauro-Region ein Gebilde von der Form eines riesigen Kreuzes, das die bekannte Zeitschrift *Sky and Telescope* veröffentlichte. Auch wenn sich Curtis dieses Gebilde nicht erklären konnte, fanden sich doch sehr schnell Experten-Meinungen, die das Kuriosum auf natürliche Erdfaltungen des Mondes zurückführten, wobei man allerdings peinlich vermied, auf die symmetrische Kreuzform einzugehen. Im selben Jahr wartete Percy Wilkins vom *Mount Wilson Observatorium* ebenfalls mit einem Foto besonderer Art auf, das eine regelrechte »Mondstadt« darstellte: Auf dem Grund des Kraters Gassendi befinden sich zehn schattenwerfende Gebilde, die wie eine frühe Mondbasis in einer rechtwinkligen Anordnung zueinander stehen. In der Tat erinnern sie an große Gebäude, von denen gerade Linien wie straßenförmige Ab-

*Abb. 42: Unser Mond.*

zweigungen abgehen, die sich zum Teil kreuzen. Auch die astronomische Fakultät der Harvard Universität wies im Jahre 1958 nach Auswertung der Bilder der Mondsonde »Lunar-Orbiter« darauf hin, daß sich auf den Fotos viele unnatürlich aussehende Gebilde erkennen lassen, die anhand ihrer Regelmäßigkeit künstlich erschaffenen irdischen Bauwerken gleichen. Ein solches Eingeständnis ist bemerkenswert!

Nur fünf Jahre später, im Weihnachtsmonat Dezember, meldete das *Mount Lowell-Observatorium*, daß Wissenschaftler in der Nacht vom 29. zum 30. Oktober 1963 zwei Anhäufungen »roter Lichter« nördlich des Kraters Herodotos entdeckten, die am 27. November wieder verschwanden. Im Juni 1965 machte ein amerikanischer Amateurastronom seine professionellen Kollegen darauf aufmerksam, daß vom Kraterrand des Aristarchus im Abstand von 1,5 Sekunden ein Blinksignale gebender Lichtstrahl zu sehen sei, was im Juli desselben Jahres auch andere Observatorien bestätigten. Daraufhin gab die NASA 1968 einen »Chronologischen Katalog berichteter Mondereignisse« heraus, der 579 Fälle »phantastischer Phänomene« auf dem Erdenmond aufführt, die in den letzten Jahrhunderten von Astronomen beobachtet wurden. 200 dieser Fälle beschreiben »weiße Kuppeln« auf dem Mond, die öfters auftauchten, ihre Lage veränderten und dann wieder verschwanden. Meistens erschienen diese 200 bis 300 Meter im Durchmesser großen Gebilde in Gruppen, die immer nur für einige Monate an einem Ort festgestellt werden konnten.

*Waren diese Gebilde Raumschiffe fremder Besucher?*

Als Neil Armstrong am 20. Juli 1969 beim Ausstieg aus der Mondlandefähre die historischen Worte: »Dies ist ein kleiner Schritt für mich, aber ein großer Schritt für die Menschheit!« verkündete, wurden die Bilder dieser ersten Mondlandung an ein Millionenpublikum auf der ganzen Erde übertragen. Diese Reportage wurde jedoch durch zahlreiche, oft minutenlange Bild- und Tonstörungen unterbrochen. Das lag aber nicht etwa an der zu diesem Zeitpunkt noch unausgereiften Übertragungstechnik, wie mancher vielleicht meinen möchte, sondern an dem Zensurvorbehalt der Houstoner Missionskontrolle in Texas. Die kanadische Wochenzeitschrift *National Bulletin* berichtete in ihrer Ausgabe vom 29. September 1969, daß Funkamateure in Kanada Dialoge zwischen den Astronauten

*Abb. 43: Apollo 11 – Edwin Aldrin betritt als zweiter Mensch den Mond.*

von »Apollo 11« und der Bodenstation der NASA während der Unterbrechungen aufzeichnen konnten. Aus diesen gehe hervor, daß die Astronauten von »Apollo 11« bereits am 19. Juli 1969 einen Kontakt zu zwei unbekannten Flugobjekten hatten, die der Astronaut E. A. Aldrin sogar mit einer Kamera filmte.

Den aufgefangenen Funksprüchen zufolge fanden später auf dem Mond folgende Gespräche statt:

»Was ist da? Kontrolle ruft Apollo 11!«

»Roger, wir sind da, alle drei, aber wir haben einige Besucher, ja, sie waren eine Weile hier, um die Geräte zu betrachten.«

»Auftragskontrolle [...] wiederholt die letzte Meldung!«

»Ich sagte, daß da andere Weltraumfahrzeuge waren. Sie stehen in einer Reihe ausgerichtet an der hinteren Reihe des Kraterrandes [...]«

»Auftragskontrolle. Hier ist die Auftragskontrolle. Seid ihr unterwegs? Was ist mit dem Lärm um die UFOs? Ende.«

»Sie haben sich dort abgesetzt. Sie sind auf dem Mond und beobachten uns.«

»Die Spiegel, die Spiegel, habt ihr sie ausgerichtet?«

»Ja, die Spiegel sind an ihrem Platz. Aber wer solche Weltraumfahrzeuge bauen kann, kann sicherlich auch herunterkommen und sie morgen wieder aus dem Boden ziehen.«

Der spätere Pressesprecher der NASA, John McLeaisch, stritt jedoch ab, daß die amerikanische Weltraumbehörde Fotos, Filme oder Funksprüche unter eine Zensur stellte, und zweifelte auch den im *National Bulletin* zitierten Dialog der Apollo-11-Astronauten an. Er bezeichnete alle dahingehenden Behauptungen als Unfug. Doch die japanische *Forschungsgruppe für Unbekannten Flugobjekte (CBA)* erteilte dem NASA-Sprecher einen Dämpfer, weil sie durch

Kontakte zur amerikanischen Weltraumbehörde den Aldrin-Film in die Hände bekommen hatte. Danach blieb der NASA nichts anderes übrig, als die Echtheit des Materials zu bestätigen. Nach der Freigabe des Aldrin-Films ließ natürlich auch der Interpretationsversuch der NASA nicht lange auf sich warten: Offiziellerseits hieß es, daß die UFOs auf dem Film nichts anderes als »Weltraummüll« und deren »Lichtreflexe« seien!

*Hatte die NASA tatsächlich keinerlei Signale aufgezeichnet?*

Die ersten Versuche, mittels Telekommunikation Signale von fremden Zivilisationen zu empfangen, datieren auf das Jahr 1960. Als zu dieser Zeit das leistungsfähige Teleskop in Green Bank, Virginia, USA, unmittelbar nach seiner Freischaltung Signale empfing, die so rhythmisch waren, daß sie nur künstlichen Ursprungs sein konnten, brachte diese Tatsache die Radioastronomen allerorts in geballte Aufregung. Die ausgewählte Wellenlänge betrug 21,1 Zentimeter, weil die Rückstrahlung dieser Wellen selbst erkaltete Wasserstoffwolken durchdringen konnte, die im Universum weit verbreitet sind.

Daraufhin gründete die *Internationale Astronomische Union* das »SETI-Projekt« (»Suche nach außerirdischer Intelligenz«). In der Folge wurden verschiedene ergänzende Projekte gestartet, zu der auch jene beschriftete Goldplatte gehörte, welche die Raumsonde »Pioneer 10« im Jahre 1972 von Kap Kennedy mit auf ihren Flug nahm. Die Sonde kam bereits 1973 dicht am Jupiter vorbei und flog dann in den tiefen Weltraum. Die Botschaft an Bord der Sonde wird jedoch viel länger brauchen, um ihren Bestimmungsort zu erreichen, als das »M-13-Signal«. 1974 haben Astronomen das Radioteleskop in Arecibo auf Puerto Rico dazu benutzt, ein Signal zu dem Kugelhaufen »M-13« im Sternenkreis Herkules zu senden, der etwa 24.000 Lichtjahre von uns entfernt liegt. Die »Pioneer 10« hingegen wird noch etwa 80.000 Jahre benötigen, nur um etwa vier Lichtjahre Distanz zurückzulegen. Auch bei diversen anderen Sonden, die »Pioneer 10« nachfolgten und zuletzt in den 1990er Jahren auf die Reise geschickt wurden und in den tiefen Weltraum eintraten, dürfte die Aussicht gering sein, in den nächsten 100.000 Jahren irgendwo entdeckt oder empfangen zu werden.

*Warum werden solche Projekte dennoch unternommen?*

Vermutlich hat das Ganze nach wie vor mit den »Apollo«-Missio-

nen zu tun: E. A. Aldrin hatte am dritten Tag seiner Weltraumreise
mit »Apollo 11« auch Tonsequenzen aufgezeichnet. Es waren schril-
le Töne, wie die Sirene einer Feuerwehr, und sie schienen nach
Ansicht von Aldrin codierte Informationsübermittlungen gewesen
zu sein.
Mit der zweiten Mondmission »Apollo 12« am 14. November 1969
begann ein neues Abenteuer. An Bord dieser Raumkapsel befanden sich die drei Astronauten Alan Bean, Charles Conrad und Richard Gordon, die ebenfalls eine Begegnung mit UFOs hatten.
Bereits am 15. November um 14.18 MEZ meldete Conrad der Bodenstation in Houston:
»Seit gestern werden wir von einem anderen Flugobjekt verfolgt,
das wir durch unser Fenster sehen können!«

Während des Aufenthaltes in der Mondlaufbahn kam es ebenfalls
zu kuriosen Vorkommnissen. Der deutsche Ingenieur Adolf Schnei-
der beschreibt dies in seinem Buch »Besucher aus dem All« auf
folgende Weise:
»Auf dem Mond angekommen, hörte man Seltsames im Radio, sowohl auf dem Mond als auch in Houston. Piepende und pfeifende
Geräusche und unverständliche Worte in einer unbekannten Sprache.«

Nachdem sich die Apollo-12-Besatzung neun Tage später auf dem
Rückweg zur Erde befand, entdeckte sie erneut ein unidenti-
fizierbares Objekt, diesmal im Erdorbit:
»Jetzt ist es direkt über dem Zentrum der Erdkugel. Es leuchtete
wirklich sehr hell.«

Der amerikanische Wissenschaftler und Nobelpreisträger Glenn
Seaborg kommentierte diese Begegnungen der beiden »Apollo«-
Raumschiffe in einem Artikel mit dem Titel »Die Unbekannten des
Mondes« und schrieb:
»Verschiedene Wahrnehmungen der Astronauten von Apollo 11
und 12 deuten darauf hin, daß auf dem Mond schon andere, nicht
irdische Besucher gelandet sind. Einige bis heute nicht veröffentlichte Fotos, die von Apollo 11 gemacht worden sind, zeigen an
verschiedenen Stellen des Mondes deutliche Spuren, deren Begren-

zungslinien außerordentlich scharf verlaufen. Möglicherweise haben sich dort schon früher einmal andere Fahrzeuge niedergelassen und den Mond als Relaisstation benutzt.«

Die Besatzung von »Apollo 15« sollte im August 1971 eine vermutlich künstliche, 140 Meter hohe, grau-weiße »Pyramide« in der Mount-Hadley-Umgebung untersuchen. Doch weil die Raumkapsel zu weit vom geplanten Ziel landete, wurde lediglich eine Fernuntersuchung des Objekts vorgenommen, die James Irwin so beschrieb:

»Wir hatten Schwierigkeiten mit der Landung und glitten einige Kilometer über der Mondoberfläche, ehe wir einen geeigneten und freien Platz fanden. Als wir dann endlich gelandet waren, merkten wir, daß wir uns viel zu weit vom fraglichen Gebiet entfernt hatten.«

Irwin und Glenn Scott berichten des weiteren über bewundernswerte schematisch angeordnete Gebilde, die in einer einheitlichen Breite angelegt wurden. Überdies fanden sie 15 Zentimeter große und zehn bis zwölf Zentimeter hohe Pentagramme, die auf die Mondoberfläche montiert waren. Doch eine Aufklärung der Untersuchungen von »Apollo 15« sollte erst die im April 1972 durchgeführte »Apollo 16«-Mission bringen. Am 22. April nahm die Besatzung scheinbar künstliche »Kuppeln« in Augenschein, die schon acht Monate zuvor aufgenommen wurden:
BODENKONTROLLE: »Okay, kannst du mal einen Blick zu dem dunstigen Gebiet dort herüber werfen und sagen, was du auf der Oberfläche erkennen kannst?
DUKE: »Jenseits der Kuppeln geht die Struktur fast in die Schlucht hinein – im Nordwesten sind Kuppeln [...].«

Weltweit identifizierten Astronomen in den letzten hundert Jahren mehr als 200 solcher kuppelförmiger Gebilde, und schließlich hatte auch die Crew von »Apollo 17« Begegnungen mit den unbekannten Flugobjekten.
Der NASA-Geologe Farouk el-Baz, der im April 1974 von dem amerikanischen Journalisten John Goodavage interviewt wurde, erklärte bezüglich der »geologischen Objekte« des Erdtrabanten folgendes:

»Nun gut, es waren wenige unerklärliche Objekte, aber höchst interessant, und jene ungeheuer langen Schatten, die von gewaltigen Spitztürmen geworfen und überall auf dem Mond gesehen werden. Diese Objekte sind für uns zu erregenden Anomalien geworden – riesige Schatten, die sich über Meilen erstrecken, und deren Durchmesser sich wie Nadelspitzen verringern. Einige dieser Spitztürme sind nur 25 Meter hoch, andere sind höher als die höchsten Gebäude auf der Erde – oft sogar zwei- bis dreimal höher. Sie sind in der Farbe viel heller als das umgebende Mare- und Lavafeld, was ihnen eine zusätzliche Aura des Geheimnisvollen verleiht. Es scheint, als ob sie aus unterschiedlichem Material konstruiert worden seien.«

Auf die Frage von Goodavage, ob es denn bei den »Apollo«-Missionen der vergangenen Jahre extraterrestrische Kontakte gegeben habe, antwortete el-Baz:
»Wir wissen eben nicht genau, ob es keine außerirdischen Landungen auf dem Mond gegeben hat. Er ist eben noch nicht so gründlich kartographiert, wie manche glauben. Wir können nicht mit Sicherheit ausschließen, daß außerirdische Objekte auf oder unter der lunaren Oberfläche operieren.«

*Wem begegneten die Apollo-Astronauten auf dem Mond tatsächlich?*

# KAPITEL 4

# VERGESSENE BEGEGNUNGEN

Das Land an Euphrat und Tigris gehört zu den ältesten Kulturge-
bieten der Menschheit und ist geographisch in zwei Zonen eingeteilt. Einmal gibt es den trockenen Süden, wo Landwirtschaft nur
mit künstlicher Bewässerung möglich ist, und dann noch die nördlich gelegene Gebirgskette, wo auf Grund höherer Niederschlags-
mengen Regenfeldbau betrieben werden kann. Die Besiedlung des
nördlichen Zweistromlandes (»Mesopotamien«), vor allem der
Gebirgszonen, reicht weit in die urgeschichtliche Zeit zurück.
Mitten im Zweistromland existierte einst ein Volk, über dessen Herkunft bislang viel diskutiert wurde, genaugenommen aber immer
noch viel Unklarheit herrscht. Einige Forscher haben seinen Ursprung im Kaukasus gesucht, andere wiederum am Kaspischen Meer
oder im Hindustal. Dieses Volk erfand die sogenannte Keilschrift,
hatte Kläranlagen und bereits eine städtische Müllabfuhr entwik-
kelt. Seine Architektur war so großartig, daß sie sich hinter der des
pharaonischen Ägypten nicht zu verstecken brauchte. Man kann
sogar sagen, daß der Einfluß dieses Volkes über zahllose Zwischen-
stufen bis in die Gegenwart reicht. Es war jenes Volk, das die ersten
Stadtstaaten einführte und Mitte des fünften Jahrtausend v. Chr.
Südmesopotamien besiedelte – die »Sumerer«!
Der französische Historiker Nicolas Lenglet du Fresnoy schrieb in
seinem 1742 erschienenen Buch »Geschichte der hermetischen Philosophie«, daß Tubal-Kain (einer von Kains Söhnen) mit dem göttlichen Schmied der Antike Vulkan (Hephaistos) gleichzusetzen sei,
der wiederum dem ägyptischen Gott Ptah entspricht. Andererseits
wird Tubal-Kain mit metallverarbeitenden Stämmen am Schwarzen Meer in Verbindung gebracht: Einer dieser Stämme waren die
»Kimmerer«, aus denen später die »Cymrer« wurden. Vermutlich
geht der Ursprung der Sumerer in diese Region des Schwarzmeer-
raumes zurück.
Auch bei dem Volk der Sumerer war der entscheidende Schritt zur
Begründung einer höheren und dauerhaften Kultur mit festen Traditionen nur durch die Erfindung der Schrift möglich geworden.

Die Schrift ist wie die ägyptische und chinesische aus der bildlichen Darstellung einzelner Gegenstände und Handlungen entstanden, die schließlich zu Zeichen eines Begriffs, eines Wortes und einer Lautgruppe geworden sind. Die Anzahl der Bildzeichen in der sumerischen Schrift ist im Vergleich mit den ägyptischen Hieroglyphen aber sehr viel kleiner, und sie hat viel weniger Mittel gefunden, abstrakte Handlungen symbolisch zu bildlichem Ausdruck zu bringen. Daher hat sie die wirkliche Bilderschrift sehr schnell durch eine kursive Schriftform ersetzt.

*Abb. 44: Keilschrifttafel*

Da man im Zweistromland zum Schreiben meist weichen Ton benutzte, in den man die Schriftzeichen mit dem Griffel eindrückte, wandelten sich die frühen bildlichen Darstellungen in eckige Griffelabdrucke und aus Strichen zusammengesetzte Figuren um, die in senkrechten Kolumnen untereinander von rechts nach links gelesen werden. Doch lesbar und für jedermann begreiflich gemacht wurde die Keilschrift erst durch die Entzifferung von Georg Friedrich Grotefend (1775–1853) im Jahre 1802.

Die Sumerer arbeiteten wie die Hindus mit dem Begriff »Null«, und ihre kosmischen Berechnungen beinhalteten bereits 15-stellige Zahlen, während viel jüngere »modernere« Völker schon mit vierstelligen Zahlen ihre Schwierigkeiten hatten. Anstatt des Fingersystems mit der Grundlage der Zehn benutzten sie ein Zwölfersystem mit Sechzigereinheiten. Dieses System (»sexagesimal«) benutzen wir heute noch (Minuten, Sekunden, Stunden, Winkelgrad, Zoll, Duzend), da es sich durch verschiedene Faktoren zum Teilen besser eignet. Auch das astronomische Wissen der Sumerer war so umfangreich, daß sie sogar über die Verschiebung der Erdachse an den Polen Bescheid wußten. Zu dieser Verschiebung kommt es immer dann, wenn die Äquinoktialpunkte alle 25.826,6 Jahre die Gesamtlänge der Ekliptik durchlaufen. Die Angaben der Sumerer waren so genau, daß sie von unserer heutigen Berechnung lediglich um vier Zehntel eines Jahres abwichen. Die Sumerer nannten dieses Ereignis »Großes Jahr«, da in diesem Zeitraum jedes einzelne der Tierkreisbilder das gesamte Himmelsgewölbe durchzog. Diese Verlagerung ist aber minimal, wenn wir den Zeitraum mit der Lebensspanne des Menschen messen. Sie beträgt, alle 71,7 Jahre gemessen, nur ein Grad von den 360 Grad des Tierkreises.

Die Sumerer waren auch die ersten, die den Sternbildern des Tierkreises, den sie »Leuchtende Herde« nannten, Namen gaben, die wir heute noch benutzen. Doch ohne unseren modernen technischen Instrumente ähnelnde Systeme im Altertum zu besitzen, hätte kein damaliger Mensch, nicht einmal ein ganzes Volk, diese Phänomene beobachten, bemerken oder verstehen können. Wie wir wissen, wurde die Erde im europäischen Mittelalter lange Zeit noch für eine Scheibe gehalten!

***Woher hatten die Sumerer derartige Kenntnisse?***

Außer den zahlreichen Ruinen, die sich in Eridu, Kisch, Ur, Nippuhr und Uruk befinden, wurden noch weitere bedeutende Reste bei Ausgrabungen in Ninive, Kalchu und Dur Scharrukin seit der Mitte des 19. Jahrhunderts freigelegt. Diese Städte waren die Residenzen von sumerischen, assyrischen und babylonischen Königen. Diese Könige werden von der heutigen Wissenschaft zum einen in die »mythischen Könige« und zum anderen in die »Königsdynastien« unterteilt. Gleich am Anfang der überlieferten Königsliste Sumers heißt es:

»Als das himmlische Königtum auf die Erde kam, entfaltete es sich in Eridu.«

Die Königsliste enthält die Namen jener mythischen Könige »vor der Flut«, denen Regierungszeiten zwischen 18.000 und 43.200 Jahren bescheinigt werden. Diese Dimensionen der Langlebigkeit läßt jene von Adam und seinen Nachfahren, die wir bereits aus der Bibel kennen, recht bescheiden wirken. Alulim und Alalgar waren die ersten Könige von Eridu, denen die Keilschrifttexte eine 28.800- und 36.000-jährige Regierungszeit bestätigen.

***Warum sollten die Chronologien der Sumerer so lange »irrationale« Zeiten angeben, wenn sie doch in der Lage waren, sogar den Verlauf der Gestirne zu bestimmen?***

Der amerikanische Altertums- und Sprachforscher Zecharia Sitchin beschreibt in seinem 1976 erschienenen Buch »The twelfth Planet« eine mögliche Antwort auf diese Frage.

Sitchin lebt heute in den USA, wuchs jedoch ursprünglich als Sohn russischer Emigranten in Palästina auf. Jahrzehntelange Studien über hebräische und semitische Sprachen brachten den Altertumsforscher dazu, sich mit den Überlieferungen der Sumerer zu befassen. Nach den chronologischen und historischen Stammbäumen der Sumerer rekonstruierte Zecharia Sitchin interessante Querverbindungen zu ihren Sagen, Epen und der weltlichen Mythologie. Bezüglich der verwandtschaftlichen Beziehungen stellt der Forscher eine für einige sicherlich immer noch phantastisch klingende Theorie auf: Danach, so Zecharia Sitchin, sind vor etwa 450.000 Jahren »Außerirdische« auf die Erde gekommen, um die Edelmetalle der Erde abzubauen. Sie taten das nicht, um daraus Schmuck herzustellen, sondern weil sie das Material für den Fortbestand auf ihrem Heimatplaneten benötigten. Die »Besucher« kamen anfänglich in kleinen Gruppen und gründeten im mesopotamischen Schurupak eine Basisstation für die noch zu erwartenden Gefolgsleute. Als sie sich auf der Erde entsprechend eingerichtet hatten, war ihre Anzahl auf eintausend Mann angewachsen. Daraufhin kultivierten sie ihre mitgebrachten »Pflanzenkeimlinge« und betrieben Bergbau, um »Gold« zu gewinnen.

Außer ihrer neugegründeten Basisstation besaßen die Fremden noch ein die Erde umkreisendes Raumschiff, in dem sich ihre Führungskaste aufhielt und das die Keilschrifttexte »Mu« nennen. Da die Bergbauarbeiten auf der Erde an Umfang immer mehr zunahmen und komplizierter wurden, wollten sich die Gefolgsleute eines Tages nicht mehr einer solchen Schwerstarbeit aussetzen und verlangten nach Erleichterung. Im Hb RG I, 488–489 und MdV I, 96f sind diese vergessenen Begebenheiten der Vorzeit in den Keilschrifttexten wie folgt dargestellt worden:

»Doch die große Göttermutter, die viele Götterkinder geboren hatte, brachte die Klage der Götter zu ihrem Sohn. Sie sprach: ›Mein Sohn, du schläfst? Aber den Göttern, die du geschaffen hast, geht es schlecht. Sie müssen harte Arbeit leisten. Erschaffe doch andere Wesen, die diese harte Arbeit tun. Dann können die Götter die schweren Tragkörbe wegwerfen.‹ [...] Es war die Muttergöttin

Ninhursag, die zusammen mit drei männlichen Göttern, nämlich mit Anu, mit Enki und mit Enlil, die Menschen erschufen.«

Die Götter wiesen ihren Führer auf den in Südafrika lebenden »Affenmenschen« hin und verlangten die Erschaffung von Sklavenarbeitern, die ihnen die Schwerstarbeit abnehmen sollten. Hierzu opferte man zwei Götter, und durch Genmanipulation mit der göttlichen DNS und einer Kreuzung mit dem Affenmenschen erzeugte man nach mehreren Fehlschlägen den »Lulu« (MdV I, 108f): »Und sie beschlossen in ihrer Ratsversammlung, die Menschen zu erschaffen. Sie sprachen zum Gott Enlil: ›In Uzumua, wo der Himmel und die Erde sich berühren, opfere zwei niedere Götter. Aus ihrem Blut wollen wir dann die Menschen erschaffen. Sie sollen für die Götter arbeiten auf immer, sie sollen unsere Sklaven sein.‹«

*Präsentiert dieser Bericht die Lösung auf alle Fragen?*
Versuchen wir der Antwort auf diese Frage mittels einer Analyse der Keilschrifttexte näher zu kommen. Bereits vor 2.100 Jahren hinterließ uns der griechische Geschichtsschreiber Diodor von Sizilien im Band I., Kapitel 8–22 seiner vierzigbändigen »Weltgeschichte«, wovon 15 Bände erhalten geblieben sind, folgenden Hinweis: »Was sie aber über die Anzahl der Jahre sagen, seit welchem sich die Kaste der Chaldäer mit der Ergründung des Weltalls befaßt haben, so möchten sie dafür nicht leicht einen Gläubigen finden, denn ihrer Zählung nach wären bis auf den Zug Alexanders vierhundertdreiundsiebzigtausend Jahre verflossen [...].«

Nach der »Alulim-Zeit« und der »Alalgar-Zeit« setzten sich die langlebigen Könige in Sumer wie folgt fort:
- »Enmenluanna-Zeit« – sie betrug 43.200 Jahre
- »Enmengalanna-Zeit« – sie belief sich auf 28.800 Jahre
- »Dumuzi-Zeit« – sie dauerte 36.000 Jahre
- »Ensipazianna-Zeit« – sie betrug 28.800 Jahre
- »Enmenduranna-Zeit« – sie dauerte 21.600 Jahre
- »Ubaratutu-Zeit« – sie umfaßte einen Zeitraum von 18.000 Jahren

Die Regierungszeiten der Könige, die »nach der Flut« regierten, entsprachen nur noch einem Bruchteil der Zeit, wie die der acht vorsintflutlichen Götterkönige. König Meskemgaschar, der Sohn und Thronfolger Ubaratutus', regierte nur noch 324 Jahre. Dessen Sohn Enmerkar kam auf eine Regierungszeit von 420 Jahren. Der Regierende nach Enmerkar hieß Lugalbanda und herrschte mit 1.200 Jahren immerhin noch fast dreimal so lange wie sein Vorgänger. Das, was mich in diesem Falle besonders erstaunt, ist die deutlich ansteigende Regierungszeit, was etwas ungewöhnlich erscheint, denn wenn wir Zeitangaben mythologisch anmutender Hierarchien vergleichen, dann nehmen die Zeiten normalerweise kontinuierlich ab! Bei Lugalbanda hingegen verdreifachte sie sich. Jetzt werden natürlich alle renommierten Wissenschaftler wieder einwenden, all diese Angaben beruhten nur auf »Mondjahren«, denn ein Sonnenjahr entspricht 12,37 Mondjahren. Nehmen wir doch einen Taschenrechner zur Hand und dividieren zum Beispiel die Zeitangabe für Enmenluanna: 43.200 : 12,37 = 3.492,3201. Das haut auch mit den Mondjahren nicht hin!

*Welches uns bekannte Wesen sollte in der Lage sein, so lange auf Erden zu leben?*

Der Erzbischof von Caesarea (Eusebius) hat uns zu den sumerischen Königslisten auch einen Auszug der Regierungszeiten der nachsintflutlichen Babylonier aus der dreibändigen »Weltgeschichte« des Chaldäers Beressos hinterlassen:

1. Dynastie: 86 mythische Könige mit 33.091 Jahren bis 2233 v. Chr.
2. Dynastie: acht Meder-Könige mit 224 Jahren (2232–2009 v. Chr.)
3. Dynastie: elf Könige mit 48 Jahren (2008–1961 v. Chr.)
4. Dynastie: 49 Chaldäer-Könige mit 458 Jahren (1960–1503 v. Chr.)
5. Dynastie: neun Araber-Könige mit 245 Jahren (1502–1258 v. Chr.)
6. Dynastie: 45 Könige mit 526 Jahren (1257–732 v. Chr.)
7. Dynastie mit 401 Jahren und den Königen bis Alexander (Zeitraum von 731–331 v. Chr.)

Das Sonderbare an dieser Königsliste (1. Dynastie = 9 Saren 2 Neren 8 Sossen = 34.080 bzw. 34.090 Jahre) sind erneut die »mythischen Könige«, die wie die »Urväter« der Bibel jeweils weit über 1.000 Jahre herrschten. Da war der erste König Gaur, der 1.200 Jahre regierte und sein Nachfolger Gullaanna, der dies 1.000 Jahre lang tat. König Nidabaanna regierte 1.140 Jahre und Padanna 960 Jahre. König Zukakip herrschte wiederum 900 Jahre und sein Nachfolger

König Atap »nur« noch 600 Jahre. Ataps Sohn regierte 840 Jahre, dem dann König Etana, der dem biblischen Henoch entsprechen könnte, mit 1.560 Jahren Regierungsjahren folgt. Insgesamt 86 Könige! Außer auf der sogenannten Königsliste A sind 23 dieser langlebigen Könige auf einem in Khorsabad entdeckten Steinblock zu finden, auf dem ihre Daten eingemeißelt wurden. Dieser kann heute unter der Katalognummer WB 444 im *Ashmolean Museum* von Oxford besichtigt werden.

Sollten diese Angaben tatsächlich Unfug sein, so hätten die chaldäischen Priester durchaus auch bei ihren Angaben ab der 2. Dynastie zur Übertreibung neigen dürfen – dem ist aber nicht so, ganz im Gegenteil! Beressos hatte aus Liebe zu den Griechen auf Kos eine astrologische Schule eröffnet und versucht, ihnen die Astrologie der Chaldäer zugänglich zu machen. Obwohl Beressos den Griechen auch eine lückenlose Chronik seiner heimatlichen Weltgeschichte hinterlassen hatte, mußte der Chaldäer dieselbe Erfahrung wie Manetho machen: Die einheimische Geschichtsschreibung wurde von den Griechen ignoriert! Hinzu kam, daß die Griechen den Babyloniern nie so viel Interesse entgegenbrachten wie zum Beispiel den Ägyptern.

***Gab es in der Vorzeit Personen, die mehr als 1.000 Jahre lang regieren konnten?***

Die Babylonier behaupten jedenfalls, daß ihre »mythischen Gestalten« es konnten!

Genau diese Aussage der Babylonier wurde im Februar 2002 nun auch von Professor Lee M. Silver von der Princeton Universität bestätigt. Silver gab in einer Pressekonferenz bekannt, daß die heutige Wissenschaft durchaus in der Lage sei, den Alterungsprozeß beim Menschen bereits in seiner embryonalen Phase auszuschalten. Der Genbaustein AGE1 reguliert den Alterungsprozeß, so daß bei einem kontrollierten Umgang mit diesem die Lebenserwartung eines Methusalem nachvollziehbar würde. Silver hat in diesem Zusammenhang auch dem Verfall der menschlichen Organe den Kampf angesagt. Dazu arbeitet Lee M. Silver mit Michael Bose von der Universität Kalifornien zusammen. Die Wissenschaftler veröffentlichten in ihrer neuen Studie, daß die Zellen des Menschen spätestens im Alter von 120 Jahren verschlissen seien und der Mensch dann entweder aufgrund von Arthritis oder eines Schlaganfalls versterben würde. Dies geschieht, wie Michael Fossel meint, durch die Zerstörung der DNS-Telomere. Dieses Eiweißmolekül wurde erst 1985 von Carol Greider und Elizabeth Black entdeckt und »Telomerase« getauft. Nach dieser Entdeckung fand ein Forschungsteam um Woodroh Wright und Jerry Shay vom *Texas-Medical-Center* in Dallas heraus, daß die Lebensuhr des Menschen nur in diesen neu bestimmten Telomeren, den Erbabschnitten der Chromosomen, tickt. Jerry Shay meint:

»Nur im Embryo findet man Telomorase noch in allen Körperzellen, doch irgendwann kurz vor der Geburt verschwindet es aus den meisten Zellen.«

Bei erwachsenen Menschen kann man das Eiweißmolekül nur noch im Hoden, in den Stammzellen für die Erneuerung der Haut und im Darmgewebe vorfinden. Auch die blutbildenden Knochenmarkzellen stellen das Molekül noch selbständig her, wobei das Zellkernenzym nur diesen Abschnitten des menschlichen Körpers fortdauernde Jugend verleiht. Jede Zellteilung, so haben die Forscher erkannt, läßt die Telomere um rund 50 Bausteine schrumpfen. Nach etwa 80 bis 100 Teilungen ist das Lebenselixier der Zelle aufgebraucht. Diese langsame Erosion der Telomere, so die Theorie der Zellbiologen, begrenzt die Lebensspanne des Menschen auf maximal 120 Jahre.

Philip Hartman von der Universität Texas gelangen die ersten Versuche bei Würmern, bei denen das MEV1-Gen abgeschaltet wurde. Dieses Gen reguliert die chemischen Stoffe des Körpers, die ebenfalls unmittelbar mit dem Alterungsprozeß im Zusammenhang stehen. Hartman:

»Das MEV1-Gen ist für den Alterungsprozeß mitverantwortlich und läßt sich für gegenteilige Abläufe einsetzen. Wir konnten im Experiment das Leben von Würmern verlangsamen und gleichzeitig den Lebensprozeß von Ratten beschleunigen. Schon in den nächsten fünf Jahren werden wir unseren Patienten kontrollierte Gentherapien verordnen können.«

Auch Professor Michael Bose hat inzwischen kontrollierte Eingriffe an der Telomerase von Fliegen durchgeführt: Nach dem Experiment lebten die Fliegen dreimal länger, waren viel robuster und im

hohen Alter noch vital. Im Vergleich zu ihren Artgenossen prakti-
zierten sie bis zum letzten Atemzug Sex, nur um ihren Fortbestand
zu garantieren. Durch diesen Eingriff stieg die Zahl der Zellteilun-
gen bei den Fliegen von 90 auf 400. Auf den Studienergebnissen
von Michael Bose aufbauend, entwickelte dann Dr. Wright gemeinsam mit Dr. Shay im Jahre 2000 ein künstliches Enzym in einer
Petrischale, das die beiden Forscher bei einem Freiwilligen, einem
alten Mann, zwei Jahre anwendeten. Wie bei den Fliegen, traten
auch bei der Testperson eine höhere Widerstandsfähigkeit und eine
erneute Zellteilung auf.
Dr. Donald Kondiozola von der Universität Pittsburgh hält das
Verfahren des *Texas-Medical-Center* an den Telomeren trotz des
scheinbaren Erfolgs jedoch für gefährlich:
»Die künstliche Verlängerung der Telomere läßt sich bislang noch
nicht regulieren, so daß mit diesem derzeit unausgereiften Verfahren der Wucherung von Krebszellen Tür und Tor geöffnet werden
würden.«

Kondiozola und sein Kollege Donald Fich befürworten dagegen
die Forschungsergebnisse von Ellen Heberkatz: Nach dem Lochen
der Ohren von Labormäusen wurde eher zufällig die sonderbare
»Wunderheilung« der Mäuseohren beobachtet. Wie bei Amphibi-
en (z. B. Echsen) hatten sich die zwei Millimeter im Durchmesser
großen ausgestanzten Körperteile der Labortiere wieder regene-
riert. Die Löcher waren zugewachsen, und das Nervensystem hatte sich neu ausgebildet. Bei einem Wiederholungsversuch an den
»Wundermäusen« vollzog sich ein erneuter Heilungsvorgang. Später führte man Versuche an den Schwänzen der Labormäuse durch,
die einfach zur Hälfte abgeschnitten wurden. Auch hier konnte das
Heberkatz-Team eine Wunderheilung feststellen: Der Schwanz
wuchs nach. Selbst bei durchtrennten Wirbelsäulen bildeten sich
die Nervenstränge neu, so daß die gewonnenen Erkenntnisse für
die Zukunft nun auch Querschnittsgelähmte neu hoffen lassen.
Das Geheimnis der Wunderheilung lag nur in der Tatsache begründet, daß den Mäusen das Immunsystem fehlte. Dr. Michael West
sagt hierzu:
»Die Neuronen reparieren den Körper mit dieser Methode selbständig!«

In einer Petrischale werden nun Stammzellen gewonnen, die aus Embryos stammen, um mit den genetisch veränderten Zellen sogar neue Organe züchten zu können. Bei Tierversuchen ist es French Anderson bereits gelungen, Organe wie Niere und Leber zu züchten. In Verbindung mit dieser Bio-Regenerationsmethode hat Kondiozola nun ein neues Verfahren mit Terrato-Kazinom-Krebszellen entwickelt. Das ist eine Krebsart, bei der sich am menschlichen Körper unkontrollierte Wucherungen ausbilden, die ähnlich wie Stammzellteilungen während der embryonalen Phase funktionieren. Dabei bilden sich an den Wucherungsstellen menschliche Zähne und Teile der Organe neu, so daß der Patient einem Hollywood-Monster ähneln kann. Der Erkrankte bekommt diese Wucherungen in den meisten Fällen jedoch nicht zu sehen, weil die Wucherungsstelle unterhalb der menschliche Haut liegt.

Mit dem kontrollierten Einsatz dieser Krebs-Stammzellen will Kondiozola in Zukunft eine Transplantationsmethode im Klonverfahren anwenden, womit eine gesteuerte Rückwandlung vollzogen wird. So wird man aus diesen genetisch veränderten Zellen alle Organe des menschlichen Körpers neu züchten können. Da einem Forschungsteam der Wake Forest Universität bei New York im Januar 2002 die Simulation einer »Jungfernzeugung« nach dem Einsatz von unbefruchteten embryonalen Stammzellen gelang, ist sogar das ethische Problem für die Wissenschaftler aus dem Weg geräumt. Mit diesem Verfahren kann man in Zukunft jede Zelle immer wieder »volltanken«, ohne einen menschlichen Embryo abtöten zu müssen. Diese Funktion muß man sich ungefähr wie die eines Akku vorstellen: Sobald ein Leerstand der Zelle droht, wird diese wieder neu geladen. Mit diesem Verfahren soll sich der menschliche Körper auf wundersame Weise selbst reparieren, wodurch man den Menschen ohne weiteres über 1.000 Jahre bei voller Vitalität am Leben erhalten könnte!

*Sind wir mit diesen, durch die Genetik verursachten Fortschritten, dem Geheimnis der Götter zu Leibe gerückt?*

Die Anthropologen Eugene Harris und Jody Hey von der Rutgers Universität in New Jersey werteten 1998 DNS-Material von Menschen aus acht Populationen aus und waren über die Ergebnisse sehr verblüfft. Sie entdeckten, daß ein Zuckerstoffwechsel-Gen namens PDHA1 in differenzierten Aufbaustufen auftrat. Die Wis-

senschaftler fanden heraus, daß dieses Gen auch bereits in den
Sequenzfolgen (Hatplotypen) der Nucleotid-Basen des Neander-
talers vorhanden war. Der Leiter des Forschungsteams, Henry
Harpending, kommentierte darauf die Entdeckung wie folgt:
»Das ist ein wichtiger Beweis! Wenn wir den Implikationen dieser
Arbeit folgen, ist die ›Out of Africa‹-Hypothese falsch.«

Nach den neuesten Analysen der Wissenschaftler Peter Oefner und
Peter Underhill von der Stanfort Universität wurde beim Neandertaler an einer Stelle, an der sich im normalen Verlauf der Gen-
sequenz eigentlich ein Adenin-Baustein befinden sollte, ein Thymin-
Baustein eingesetzt. Des weiteren bemerkten Oefner und Underhill,
daß auch Guanin-Bausteine mit solchen von Adenin ausgetauscht
worden waren.
Der schon genannte Professor Silver und Dr. Joe Z. Tcien entdeckten überdies das NR2W-Gen, mit dem man die Intelligenz aller
irdischen Lebewesen steuern kann. Bei langjährigen Tests wurden
die Eizellen von Nagetieren mit diesem Gen-Baustein ausgestattet,
wonach die Wissenschaftler intelligente »Supermäuse« produzierten. Im Januar 2000 wurde vorgeführt, wie eine dieser Supermäuse
gelernt hatte zu schwimmen und auf einer unsichtbaren Insel in
einer Flüssigkeit zu rasten, ohne dabei zu ertrinken. Die Lern-
fähigkeit und das Langzeit- sowie das Kurzzeitgedächtnis der gen-
manipulierten Tiere funktionierte auf erschreckende Weise gut.
Wissenschaftlern der Universität von Mailand (Italien) ist es im November 1999 sogar gelungen, das mysteriöse Gen PDHA1 bei Mäusen auszuschalten. Die Folge war, daß das Leben der Mäuse sich
um ein Viertel verlängerte und sie im Gegensatz zu ihren Artgenossen weniger anfällig für Krankheiten wurden.
Vermutlich waren in der Antike die Altersangaben der Halbgötter
deshalb weniger dramatisch hoch, weil die Götter nach der Sintflut
die Erde wieder verlassen hatten. Denn der Halbgott Dumuzi regierte nur noch 100 Jahre und sein Nachfolger Gilgamesch 126 Jahre.
Erst ab dem Sohn Gilgameschs, dessen Name Ur-Nungal lautete
und der nur noch 38 Jahre regierte, sehen die Chronisten eine zeit-
geschichtlich verbindliche Eingliederung als gegeben an. Auch die
nach ihm folgenden Könige passen mit 30, 15, 9, 8, 36, 6 und 36
Jahren in das Schema unserer Historiker und benötigen keinerlei

aufwendige Erklärungen. Nach den Überlieferungen der Sumerer hatte ihr Königtum aber bereits seit 241.200 Jahren bestanden, ehe die »Große Flut« es beendete!

**Warum hätten die Sumerer mit Phantasiezahlen arbeiten sollen?**

Die Sumerer haben uns nicht nur einen detaillierten »Schöpfungsbericht« in bezug auf die Menschheit hinterlassen, sondern sie kannten vor etwa 7.000 Jahren sogar, wie die Dogon, alle Planeten in unserem Sonnensystem, obwohl der äußerste Planet Pluto gerade einmal vor 72 Jahren von Astronomen entdeckt wurde. Die Dauer der sumerischen Königsregentschaften wurde ganz sicher nicht aus Renommierlust angegeben, sondern wegen der historischen Perioden, die sie vermutlich beinhalteten. Denn einen der Fakten, die wir beispielsweise nicht finden, ist die »Schöpfungsgeschichte« der sogenannten »Thora«, die als Symbol für die »Weisheit« des Menschen steht. Schaut man sich nämlich noch einmal die »Gründungsgeschichte der Welt« in 1. Mose 3 an, so erkennen wir sehr schnell, daß das »Wissen« bereits vor der »Schöpfung« bestanden hatte, denn der Allmächtige zog die »Thora« zu Rate, *bevor* er die Erde schuf. Wenn wir lesen, »der Herr hat die Erde mit Weisheit gegründet und mit Einsicht am Himmel befestigt«, ist damit ein Synonym für die »Thora« gemeint, die Gott für seinen Schöpfungsakt mitbrachte. Mit anderen Worten heißt das: Wissen hat schon vor der Entstehung der Erde bestanden! Doch wenn es die Erde und die Menschheit noch nicht gab und gleichzeitig Gestalten existierten, die über diese »Weisheit« verfügten, muß wohl diese menschliche Eigenschaft von irgendwoher zu uns gelangt sein. Erinnern wir uns, daß »Jahwes« Herkunftsort Mazzal war, was »Planet« bedeutet und so vermutlich auf einen immer wiederkehrenden »außerirdischen« Einfluß rückschließen läßt. In diesem Zusammenhang ist es vielleicht ebenso interessant zu erwähnen, daß die Hebräer diesen stellaren Ort mit der Bezeichnung Mazzaroth noch genauer be-

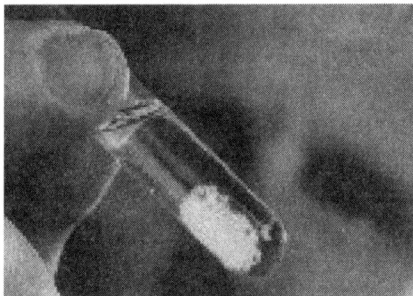

*Abb. 45: Kannten die Sumerer bereits die Gen-Bausteine, die heute im Labor untersucht werden?*

stimmten – er stellte nichts geringeres dar als den bereits mehrfach genannten Sirius.

Die Sumerer berichten in ihren Keilschrifttexten (MdV I, 88) über diesen außerirdischen Kontakt sogar noch detaillierter: »Am Anfang war der große Baum, der die Welt der Götter mit der Welt der Menschen verband. Wie ein Opferpfahl ragte er aus der Erde in den Himmel hinein. Dieser ›Baum des Urabgrunds‹ bedeckte alle Länder, alle Wälder und Felder. Er stand am Tor eines gewaltigen Tempels, der wie ein Schiffsmast weit in den Himmel hineinreichte. Deswegen heißt er auch der ›große Mast‹ im Lande Sumer.

Der Tempel wurde so hoch gebaut, damit er in den Götterhimmel reiche. Er hatte die Form eines Stufenturms und hieß das ›Band zwischen Himmel und Erde‹. Damit waren die Götter mit den Menschen in Verbindung gekommen, sie hörten die Gebete der Menschen.«

*Gab es tatsächlich eine »göttliche Begegnung«, die beinahe vergessen wurde?*

Auch bei den Nachbarn der Sumerer, den alten Ägyptern, lebten einst Götter, denen außergewöhnliche Regierungszeiten bescheinigt werden. Nach ägyptischer Überlieferung sind die Welt und ihre Ordnung, so auch der ägyptische Staat, von den Göttern geschaffen worden. Wie der Götterstammbaum im »Turiner Königspapyrus § 193« festhält, haben sie zu Anfang in mehreren Dynastien über Ägypten regiert:

- Ptah-Dynastie – sie dauerte insgesamt 9.000 Jahre
- Ra-Dynastie – sie belief sich auf 1.000 Jahre
- Schu-Dynastie – sie erstreckte sich über 700 Jahre
- Geb-Dynastie – sie herrschte 500 Jahre über Ägypten
- Osiris-Dynastie – sie betrug 450 Jahre
- Seth-Dynastie – sie dauerte 350 Jahre
- Horus-Dynastie – sie war 300 Jahre präsent

Interessant ist, daß nach der Liste der Götter nicht sogleich die Liste der mit Menes beginnenden Pharaonen-Dynastien einsetzt, sondern eine uralte Überlieferung mit menschlichen Königen, die unbekannt sind. Der »Turiner Königspapyrus § 162« berichtet von

einer auf die Götterdynastie folgenden menschlichen Dynastie mit
1.000 Jahren Dauer. Darauf folgen 20 Könige mit zusammen
1.110 Jahren Regierungszeit, denen wiederum zehn Könige folgen,
deren Regierungsgesamtdauer verlorengegangen ist, und eine
330 Jahre andauernde Dynastie, für welche die Könige nicht mehr
festgestellt werden können. Doch damit ist noch nicht Schluß: Der
Königs-papyrus nennt weitere zehn Könige, die über 1.000 Jahre
regierten, denen dann noch 19 Herrscher von Memphis mit lediglich elf Jahren, vier Monaten und 22 Tagen folgen. Darauf werden
19 Könige genannt, die zusammen 2.100 Jahre lang über Ägypten
herrschten. Das Beste kommt allerdings noch: Zum Schluß sind die
mit 13.420 Jahren Regierungszeit angegebenen »Horusverehrer«
aufgeführt!
Bei Manetho von Sebennytos hingegen stellen sich die Zahlen anders dar. Bei ihm folgt auf die dritte Dynastie der Halbgötter zuerst
eine Anzahl Herrscher mit in der Summe 1.817 Regierungsjahren.
Dann erscheinen 30 Könige von Memphis mit 1.790 Jahren, zehn
Könige mit 350 Jahren – und schließlich die »Horusverehrer« mit
5.813 Jahren Gesamtamtszeit. Betrachtet man diese Angaben in aller Ruhe, muß man zu Recht die folgende Frage stellen:
*Hatten die früheren Chronisten noch »alle Tassen im Schrank«, als
sie derart wirre Dinge niederschrieben?*
Es gibt bei der Beantwortung dieser Frage genaugenommen nur
zwei Möglichkeiten: Entweder können wir diese übertrieben wirkenden Regierungszeiten der vorzeitlichen »mystischen Könige«
als Phantasieprodukte der jeweiligen Priester deuten oder aber als
historisch verbindliche Daten und damit als unsere Vorgeschichte
ansehen!
Aus den Inhalten der alten sumerischen, assyrischen und babylonischen Texte können wir die Gründerzeit des kultivierten Menschen rekonstruieren und weitere Vergleiche mit der Bibel sowie
altägyptischen Texten anstellen, die uns Aufschlüsse über unsere
wahre Herkunft und Entstehung vermitteln können. Über die Anfänge des Menschen berichtet bereits Diodor von Sizilien:
»In jener fernen Zeit war der Vorläufer des heutigen Menschen noch
eine primitive Gestalt, und die Götter haben den Menschen entwöhnt, sich gegenseitig aufzufressen.«

114

In den apokryphen Texten der Bibel erwähnt das hebräische »Buch
von der Urzeit«, wie die Götter nach einem Wesen Ausschau halten, das sie genetisch manipulieren wollen. Sie werden schließlich
fündig:
»Ein Tier lebt in den Bergen, das dem gesuchten Wesen in allem
gleicht.«

Die älteren mesopotamischen Schriften informieren uns in ihrem
Schöpfungsepos »Enuma Elish« nicht nur über die Schöpfung des
Menschen, wie es die Bibelschriften auch tun, sondern sie schildern
sogar deren genauen Ablauf. Sie beschreiben den Menschen einerseits als ein willentlich hervorgebrachtes Wesen, andererseits als ein
Glied der evolutionären Entwicklungskette, das mit den Himmels-
ereignissen erst begonnen hat.
Nachdem die »Anunnaki« (»die, die vom Himmel auf Erden sind«)
vierzig »Schaatam« Schwerstarbeit auf der Erde verrichten muß-
ten, gaben sie der Göttin Ninti/Ninhursag folgenden Auftrag:
»Du, Göttin der Geburt, schaffe Arbeiter! Schaffe einen primitiven
Arbeiter, der den Anunnaki die Schwerstarbeit und das Joch ab-
nimmt! Schaffe einen ein-
fachen Arbeiter, der das
Joch tragen soll! Laß den
Arbeiter das Joch der
Götter tragen!«

Nach den Keilschrift-
texten bezeichnete man
mit dem Begriff »Lu« den
»Menschen« und mit
»Lulu« meinte man einen

*Abb. 46: Erschaffung der Arbeiter.*

»Primitiven«. In der ak-
kadischen Sprache bedeu-
tet »Luluamelu« oder »Awilum« wörtlich der »primitive Arbeiter«
oder ein »ungelernter Arbeiter«. Darüber hinaus ist in allen mesopotamischen Überlieferungen ausnahmslos zu lesen, daß die Götter den Menschen nur deshalb erschufen, damit er den Göttern die
Arbeit abnehme.
Die Keilschrifttexte berichten, daß außer der Göttin Ninti »vier-

zehn« weitere »Geburtsgöttinnen« mit der Schöpfung des Menschen betraut waren:
»Die Göttin der Geburt wird ihm [dem Wesen] das Bild der Götter aufprägen, und es wird ein Mensch sein. Die Geburtsgöttinnen blieben beisammen, Ninti zählte die Monate. Der entscheidende zehnte Monat kam. Die Zeit der Öffnung des Schoßes war vergangen.«

Nach der ersten Entbindung greift sich Ninti das Erstgeborene und hält es voller Freude in die Höhe. Sie ruft:
»Ich habe erschaffen! Meine Hände haben es gemacht!«

*Erinnert diese Tat nicht an die europäischen Invasoren, die den australischen Aborigines die Kinder wegnahmen?*
Nach dieser ersten erfolgreichen künstlichen Befruchtung wurden danach weitere »Lulu« reproduziert, die sich allerdings vorerst nicht fortpflanzen konnten. Trotzdem nahmen die Götter fortan geschlechtliche Teilungen vor, wie es folgender Vers beschreibt:
»Die weisen und gelehrten doppelsieben Geburtsgöttinnen waren versammelt. Sieben gebaren Männer, sieben gebaren Frauen. Die Geburtsgöttinnen brachten den Wind des Lebensodems hervor!«

Diese erste Art von Menschen war aber noch nicht der Typ, wie wir ihn heute kennen. Vielmehr handelte es sich vermutlich um einen Menschentyp, der dem Neandertaler ähnelte:
»Zottelig behaart ist sein Leib, ausgestattet mit Haupthaaren ist er wie eine Frau.«

*Wie funktionierte dieser Schöpfungsakt aus der Sicht unserer heutigen Wissenschaft?*
Die Sumerer sagen ausdrücklich, daß der Kreuzungsvorgang von weiblichen Geburtsgöttinnen vorgenommen wurde, um den ersten »Lulu« zu erschaffen. Diese Feststellung ist in bezug auf das Erbgut des Menschen eine wichtige Darstellung der Vorgänge. Denn das Erbgut des Menschen ist mit dem der Primaten zu 99 Prozent identisch. Die gesamte Information des genetischen Codes steckt in den feinen Doppelfäden der DNS in den Chromosomen des Zellkerns. In den DNS-Strängen befinden sich die Histone, welche die Gen-Aktivitäten steuern. Die Kernbasen Adenin, Thymin,

Cytosin und Guanin bilden darin das Alphabet des gesamten Lebens mit den genauen Anweisungen für die Funktion der Zellen. Die Primaten haben es bis in unsere Zeit nicht geschafft, ihre Existenz eigenständig zu organisieren, geschweige denn zu zivilisieren. Die Informationen, die sie von ihrer tierischen DNS vermittelt bekommen, sind ausschließlich auf Zyklen einer Empfängnisbereitschaft ausgerichtet, wobei die Gesunden und Starken zum Zuge kommen, um ihre Art fortzusetzen. Beim Menschen funktioniert dieser Tatbestand hingegen je nach Wunsch. Der Mensch alleine entscheidet über seinen Sexualtrieb, Verhütungsmaßnahmen und über den Zeitpunkt, wann er Kinder in die Welt setzt. Wenn der Mensch nur eine rein evolutionäre Erscheinung wäre, bliebe immer noch die folgende Frage unbeantwortet:

*Woher kam die Programmierung der menschlichen Gene, die zur Vernunftbegabung führte?*

Während die DNS auch in den Zellkernen des Menschen die eigentliche Erbsubstanz darstellt, finden sich unabhängig davon zusätzliche Erbinformationen in den Mitochondrien. Sie sind die eigentlichen »Kraftwerke«, die menschliche und tierische Zellen mit Energie beliefern. Ihre Vermehrung findet eigenständig und unabhängig von der Erbsubstanz im Zellkern statt. Da beim Befruchtungsvorgang einer menschlichen Eizelle von den Samenzellen keine Mitochondrien übertragen werden, sorgt ausschließlich die Mutterlinie der »Kraftwerke« für die Übertragung des Erbgutes auf die nächste Generation. Die Paarungen ergeben sich bei Befruchtungen von Eizellen dergestalt, daß der Embryo, der die 23 Chromosomenpaare enthält, eine Hälfte von der Mutter und die andere vom Vater erhält. Aus der mütterlichen Linie kommen paarige »XX«- und von der väterlichen Linie die unpaarigen »XY«-Chromosomen. Normalerweise könnten Frauen aufgrund ihres gleichwertigen Chromosomenhaushalts nur weibliche Nachfahren bekommen, würde nicht vom Mann das Y-Chromosom hinzugefügt werden. Mit anderen Worten heißt das, daß der Vater, der in seinem Erbgut sowohl die X- als auch die Y-Bausteine besitzt, für einen Wunschsohn den Y- und für die Wunschtochter den X-Baustein zuführen muß, um seinen Nachwuchs wunschgemäß zu »produzieren«. Das bedeutet, daß das Geschlecht der Nachfahren immer nur von der väterlichen Linie bestimmt wird. Und genau über diese wissen-

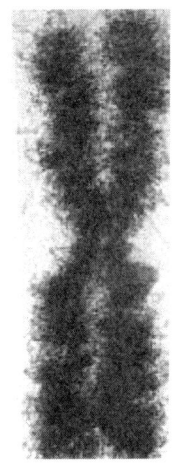

*Abb. 47:*
*Chromosom*

schaftliche Erkenntnis berichten bereits die mesopotamischen Keilschrifttexte!
Die Legenden erzählen uns, wie Geburtsgöttinnen mit der Austragung der menschlichen Spezies beauftragt wurden – und nicht Primaten, die höher entwickelte Primaten ausbildeten. Die »XX«-Chromosomen der weiblichen Primaten bildeten erst durch die Übertragung der Mitochondrien die Grundlage zur Menschwerdung, indem ein Y-Chromosom hinzugefügt worden ist. So wird das verwandtschaftliche Verhältnis zwischen Primaten und Menschen für jedermann leicht nachvollziehbar. Durch diese Gegebenheit lassen sich die Änderungen in der DNS und damit die stammesgeschichtlichen Veränderungen des Menschen ablesen. Denn bei der neueren Betrachtung des Erbgutes gelangen wir zu der Erklärung, daß der Mensch sich nicht nur in den Savannengebieten Afrikas ausbildete, sondern diese Entwicklung an jedem Ort der Erde möglich war, was uns auch die verwandtschaftlichen Verhältnisse der negriden, europiden und mongoloiden Rassen bestätigen könnten.

**Wie wurden wir zum Homo sapiens sapiens?**
Nachdem der »primitive« Arbeiter »Mensch«, der sich anfänglich nicht fortpflanzen konnte, geschaffen war, lebten die Götter mit ihm, wie wir mit Haustieren leben – in Harmonie! Die ersten »Lulu« waren damit betraut, den Göttern bei der Erledigung der anfallenden Arbeiten, insbesondere den körperlich schweren, behilflich zu sein. Den Homo sapiens sapiens, wie wir ihn kennen, gab es noch nicht. Enlil, der Bruder des Ea, war über den Erfolg, den Ea aufgrund der Tätigkeit der Geburtsgöttin Ninti erzielt hatte, sehr erzürnt und beschloß, gegen den Willen seines Bruders, einige der »Primitiven« in den »E.DIN« (»Haus der Götter«) in Mesopotamien zu bringen. Im 1. Mose 2:15 lesen wir:
»[...] und Gott nahm den Adam und setzte ihn in den Garten Eden.«
Ob die Bibel die Ereignisse um Enlil wiedergibt oder den nächsten Plan von Ea, kann nur vermutet werden. Dieser hatte einen weiteren Plan, den er in die Tat umsetzen wollte, mußte hierzu jedoch ein zweites Experiment wagen. Er wollte eine neue Rasse von »Lu-

lus« erschaffen, die ein vernunftbegabtes Wesen beinhalten sollten. Im Gegensatz zu den ersten Menschen sollte die neue Rasse auch in der Lage sein, sich fortzupflanzen. Ganz anders als bei den »Primitiven« plante Ea, diesen »Mustermensch« so zu »konstruieren«, daß er seine für die Vernunft notwendigen Gene durch sein Erbgut erhielt. Man benutzte diesmal auch keinen Primaten für das Vorhaben, sondern bediente sich eines »Lulu«:
»Mit großem Verständnis vervollkommnete Ea ihn, Weisheit wurde ihm verliehen. Wissen der Götter gab Ea ihm. Das ewige Leben hatte Ea ihm nicht gegeben.«

*Abb. 48: Die Erschaffung des Adapa.*

So entstand nach den Keilschrifttextangaben der erste Homo sapiens sapiens, dem Ea den Namen Adapa gab und den er wie einen »göttlichen Sohn« aufzog. Der vernunftbegabte Adapa lernte schnell, und Ea hatte viel Freude an seinem Ziehsohn. Enlil jedoch geriet außer sich, als er entdeckte, was Ea getan hatte. Es war nämlich zu keiner Zeit beabsichtigt gewesen, fortpflanzungsfähige »Hybride« zu erschaffen. Klagend fragte Enlil seinen Vater An:
»[...] wird es Ea gelingen, dem Menschen auch ewiges Leben zu verleihen?«

Daraufhin befahl An, den göttlichen Ziehsohn Adapa vor seinen Thron zu bringen. Da Ea Angst hatte, daß seine neue Schöpfung bei dem Rat der großen Götter im Himmel getötet werden könnte, warnte er Adapa:
»Adapa, du wirst vor An, den Herrscher treten und angehört. Wenn du vor An stehst, wird dir das Todesbrot angeboten, du darfst es nicht essen. Wenn sie dir das Todeswasser anbieten, du darfst es nicht trinken.«

Als Adapa dann tatsächlich vor An stand, beeindruckte er den Göttervater mit seiner Intelligenz und mit seinem Wissen über den Plan der Erde und des Himmels so sehr, das der Götterrat nur staunen konnte. An war so fasziniert, das er seine Berater fragte: »Was sollen wir mit ihm tun?«

Der Rat faßte den Beschluß, den Ziehsohn des Ea in Zukunft im Himmel wohnen zu lassen, so daß für Adapa Lebensbrot und Lebenswasser vorbereitet wurden, damit er wie die Götter im Himmel leben konnte. Doch weil Adapa von Ea erfahren hatte, daß die großen Götter des Himmels womöglich nur nach seinem Leben trachteten, lehnte er die Nahrung und das Wasser ab. Da Adapa es nunmehr versäumt hatte, ewiges Leben zu erlangen, schickte ihn An wieder zur Erde, nach Eridu, zurück. Adapa hatte es verkannt, das ihm die großen Götter des Himmels freundlich gesinnt waren. Immerhin avancierte er dann zum »Hohepriester von Eridu« und lernte von der Göttin der Heilkunst, sich der »Leiden der Menschen« anzunehmen. In diesem Zusammenhang sollte man vielleicht anmerken, daß die Ägypter mit dem Begriff »Adepti« ebenfalls einen »Weisen« oder »Allwissenden« meinten!

*Schildert dieser Bericht womöglich die Geburtsstunde des irdischen Ärztestandes?*
Aus dem Schöpfungsbericht der Bibel (1. Mose 2:18–23) erfahren wir, daß für Adam eine Frau geformt wird, die »Eva« (»Lebendige«) genannt wird. Vermutlich leitet sich die Bezeichnung aus dem hebräischen Begriff »chajáh« ab, der »Leben« bedeutet. Adam selbst nannte sie »´ischscháh«, was »Männin« oder wörtlich »weiblicher Mensch« bedeutet. Bei der babylonischen Version des Adapa findet sich keine Eva. Vielmehr ergeht der Hinweis, daß die Menschen von ihrem Sklavendasein für die Götter entlassen werden und sich vermehren dürfen. Auch die »primitiven Menschen« aus den Bergwerken fingen danach an, sich fortzupflanzen. Ob es Adapa war, der sich für das Weiterbestehen der eigentlich fortpflanzungsunfähigen »Primitiven« (die später in Australien isoliert lebenden Aborigines?) engagierte oder ihnen die künftige Vermehrung überhaupt erst ermöglichte, weil er den Umgang mit der Heilkunst und Medizin von den Göttern Ninti und Ea gelernt hatte, kann in diesem Zusammenhang nur vermutet werden. In jedem Fall sind im

Anbeginn der Zivilisation Vermischungen zwischen Adapa-Ähnlichen, den »Primitiven« und den »Göttern« aufgekommen, wonach neue Kreuzungsprodukte entstehen konnten. Beispielsweise entstand aus diesen Verbindungen das »Geschlecht der Riesen«, das wir auch aus dem 1. Mose 6 kennen. Die mesopotamischen Keilschrifttafeln beschrieben dieses Ereignis ebenfalls: Wie für den biblischen Gott »Jahwe«, so wurden die »zwischengeschlechtlichen Beziehungen« der Menschen für den Gott Enlil ebenso zum Ärgernis:

»Das Land breitete sich aus, die Menschen vermehrten sich; wie wilde Stiere trieben sie es. Den Gott ergrimmte ihre Fortpflanzung, der Gott Enlil vernahm ihre Äußerungen und sprach zu den großen Göttern. Lästig sind die Äußerungen der Menschen geworden, ihre Vermehrung raubt mir den Schlaf [...].«

Enlil verlangt die Bestrafung der menschlichen Rassen durch die großen Götter des Himmels, jedoch am Anfang nicht durch eine globale Überschwemmung, wie es »Jahwe« in der Bibel tat, sondern durch Krankheiten und Seuchen, die Schmerzen und Fieber verursachen. Die Menschen flehen Ea daraufhin um Hilfe an:
»Ea, O Herr, die Menschheit stöhnt, der Zorn der Götter verzehrt das Land. Du aber bist es, der uns erschaffen hat! Mach ein Ende den Schmerzen, der Krankheit, dem Fieber!«

Ea kann den ersten Vernichtungsplan seines Bruders Enlil gegen die Menschen verhindern, indem er »im Lande Sumer« etwas erscheinen läßt, das die Krankheiten besiegt. Daraufhin geht Enlil gegen die Menschen aber noch massiver vor, was er zuvor den großen Göttern des Himmels vorträgt:
»Die Menschen haben sich nicht vermindert, ihre Anzahl ist größer denn je!«

Bei seinem zweiten Plan, der diesmal mit der Unterstützung des Götterrats realisiert wird, versucht Enlil, die Ausrottung des Menschen durch Dürre, Hunger und Durst zu vollbringen, was »sieben Schaatam« andauert:
»Eine Periode lang aßen sie der Erde Gras. Während der zweiten Periode litten sie unter Vergeltung. Als die dritte Periode kam, begann der Hunger und veränderte ihre Züge, ihre Gesichter waren

verkrustet, und sie lebten am Rande des Todes. Als die vierte Periode kam, sahen ihre Gesichter grün aus; sie gingen gebeugt in den Straßen, ihre breiten (?) wurden schmal. In der fünften Periode versperrten Mütter den hungernden Töchtern die Tür. Die Töchter sahen den Müttern nach und suchten die Verstecke der Eßbaren. Als die sechste Periode kam, bereiteten sie aus der Tochter eine Mahlzeit zu; aus dem Kind bereiteten sie eine Mahlzeit zu. Ein Haus verschlang das andere. In der siebenten Periode sahen Männer und Frauen wie Totengeister aus!«

Betrübt und voller Trauer über das Elend der Menschen will Ea das Ganze nicht mehr mit ansehen und fordert von ihnen Ungehorsamkeit gegenüber den Göttern:
»Verehrt eure Götter nicht, betet nicht mehr zu euren Göttern!«

Ea stellt sich zum zweitenmal gegen die großen Götter des Himmels und verteilt an die übriggebliebenen Zöglinge Nahrung, so daß sich der Rest von Menschen wieder erholen kann. Doch Enlil wird erneut zum Ankläger, denn nach seiner Ansicht gibt es eine dritte Möglichkeit, die Menschen zu vernichten: nämlich durch eine »tödliche Flut«!
Zum erneuten Mal wird eine »Upsukkinaku« (»Versammlung des Götterrats«) einberufen. Unter der Leitung von An müssen alle Götter schwören, den Menschen bei der gegen sie gerichteten Bestrafung nicht mehr zu helfen:
»Enlil öffnet den Mund, um zu sprechen, und sagte zur Versammlung aller Götter: ›Kommet alle und leistet einen Eid in Anbetracht der tödlichen Flut!‹ An schwor zuerst; Enlil schwor, seine Söhne schworen mit ihm.«

Wie wir aus dem »Gilgamesch-Epos« erfahren, wurde Ea erneut abtrünnig und erwählte Utnapischtim, den mesopotamischen Noah, um die Menschheit vor der Ausrottung durch die »tödliche Flut« zu bewahren. Utnapischtim war Ea treu ergeben und konnte außer seinen Familienangehörigen auch einige Nachbarn, die ihm bei dem Bau der Arche behilflich waren, erretten und zusammen mit ihnen gesund am Berg Nisir (Ararat) in der östlichen Türkei stranden. Laut den Berechnungen der Wissenschaftler endete die letzte Eiszeit vor 12.000 bis 13.000 Jahren, wonach Europa, Nordamerika und Sibirien große Teile ihrer Eispanzer verloren. Der Meeresspiegel lag zu diesem Zeitpunkt durchschnittlich bis zu 170 Meter tiefer als heute. Die durch die Eisschmelze freigewordenen Wassermengen, die in dem Eispanzer der Kontinente gefangen waren, machten sich frei und überfluteten die Erde. Die Keilschrifttexte enthalten einen astronomischen Hinweis zum Zeitpunkt der großen Sintflut:

»Das Sternbild des Löwen hat die Wasser der Tiefe bemessen.«

Die Sumerer meinen damit vermutlich das Sternzeichen des Löwen, als die künstlich hervorgerufene oder aber auch natürlich entstandene Katastrophe die Erde heimsuchte. Das heißt, daß der Beginn des »Großen Jahres« und sein Ende sich als Nullpunkt bestimmen lassen.

Heute, im Jahr 2002, leben wir im Zeichen der »Fische« und wechseln gerade ins »Zeitalter des Wassermann«. Der Nullpunkt bei der Sternenkonstellation des »Löwen« lag um das Jahr 10.798 v. Chr., und bei Hinzurechnung von 2.002 Jahren dürfte die »tödlich Flut« von den Göttern vor etwa 12.800 Jahren ausgesprochen worden sein – zu dem Zeitpunkt also, bei dem unsere Geologen das Ende der letzten Eiszeit ansiedeln. Nach der »tödlichen Flut« kamen die Götter schließlich erneut auf die Erde hernieder und zerstörten ihre Stationen und die umzäunten Gebiete:

»Als das Volk in seiner Gemeinsamkeit hinabstieg, machte das großen Aufruhr und Übel. Es ruinierte das Heiligtum, die Wohnung der großen Dingirmach und den ehrfurchtgebietenden Glanz des Gartens an dessen Seite.«

*Abb. 49: Sumerische Chromosom- und Anch-Symbol-Darstellung.*

Da die Bibel die Keilschrifttexte als Vorlage für ihre eigene Entstehung benutzte und daraus ein Regelwerk für Milliarden von Menschen schuf, sollten wir dann diese vergessene Begegnungen mit den Göttern nicht weitaus ernster nehmen, anstatt sie nur als Legende abzuwerten?

Eine Person, die bereits vor 4.700 Jahren mit Mesopotamien in enger Beziehung gestanden haben soll und von den Sumerern ein göttliches Wissen empfing, war der altägyptische Priester Imhotep. Vielleicht kann uns gerade dieser weise Priester ein wenig Licht in unsere Suche bringen, damit die vergessenen Begegnungen der Vergangenheit etwas klarer erscheinen.

# Kapitel 5

# DAS MUMIENRÄTSEL

Die Pharaonen stellen die erfolgreichste Herrscherfolge der Welt-geschichte dar, bedeutender noch als die der chinesischen Kaiser. In Anbetracht ihres immensen Erbes ist es kaum überraschend, daß sie auf uns immer noch eine schier grenzenlose Faszination aus-üben. Ein Teil dieser Faszination Altägyptens wie auch Altchinas beruht auf dem Wissensstand dieser Kulturen, den man nur »mo-dern« nennen kann und der ein hohes Entwicklungsniveau verrät. Eine besondere Rolle spielten hierbei medizinische Erkenntnisse. Die frühe Medizingeschichte ist reich an Wissen und Methoden, um durch Krankheiten aufgetretene Schmerzen zu lindern. Bis in das Jahr 3700 v. Chr. lebte zum Beispiel in China der legendäre Kaiser Shin-Nong, der Erfinder des Pfluges und Verfasser der »Hon zo« (Pflanzenkunde). Doch erst um 2650 v. Chr. entwickelte der ebenfalls von Legenden umwobene Kaiser Huang Tsi, den man auch den »Gelben Kaiser« nannte, das »Buch der inneren Medizin«. Sein Leibarzt namens Nei Ching war derjenige, der sich aus dem »Kinki« (»goldener Kasten«) bediente und daraufhin das klassische Lehr-buch der Akupunktur schreiben konnte. Darin stellte er ausführ-lich dar, wie die Energiegehalte des Körpers sinnvoll zu steuern wären.

*Welch vergessenes Wissen war das?*
Die heutige Medizin hat sich zwar sehr weit entwickelt, dennoch ist sie inzwischen zu einem Teil des naturwissenschaftlich-techni-schen Apparats und damit einseitig geworden. Denn heute wird der Mensch in seiner Gesamtheit, bestehend aus Körper, Seele und Geist, gar nicht mehr behandelt. Im Vordergrund der medizinischen Bemühungen steht heute nur noch der Körper. Durch ausgewählte Medikamente soll dem leidenden Patienten geholfen werden, doch allzuoft werden nur die Symptome, nicht aber die wahren Ursa-chen der Krankheit behandelt. Dies verwundert nicht, denn in Wahrheit wird die Genesung des Menschen heutzutage vor allem von der Marktwirtschaft diktiert!
Dabei war seit undenklichen Zeiten das Ziel der Heilkunst, den

Menschen stets in seiner Ganzheit, als Trias aus Körper, Seele und Geist, zu behandeln. Dieses Wissen war alt: Etliche Jahrhunderte vor den Chinesen versuchten schon die altägyptischen Ärzte mit den vielfältigsten Heilmitteln ihre Patienten zu kurieren. Dabei waren sie dem Denken unserer heutigen Mediziner weit überlegen. Astronomie, Körper und Geist waren drei Kräfte, die sogar den Krebs (!) bekämpfen konnten.

**Warum will man von all dem nichts wissen?**

In den Bereichen der praktischen Wissenschaft gilt das alte deutsche Sprichwort, daß »Lügen kurze Beine haben«, weil man mit der Bekanntgabe falscher wissenschaftlicher Ergebnisse in aller Regel früher oder später doch ertappt und korrigiert wird. Auch die Pflicht eines Archäologen sollte es in Hinblick auf die Grundlagen seiner Arbeit sein, sich an Tatsachen oder an gesicherte Fakten zu halten. Doch allzuoft orientiert er sich an einem vorgegebenen und überkommenen Wissen, das unsere vielgepriesene Lehrmeinung bildet. Wehe dem, der daran zu rütteln wagt! Dann werden alternative Ansichten schnell als Pseudowissenschaft abgestempelt. Dennoch, und das sagt ein Vertreter der orthodoxen Wissenschaft, nämlich der Astronomiespezialist Carl Sagan, sollte in der Wissenschaft folgende Sicht der Dinge gelten: »Eines der obersten Gebote der Wissenschaft lautet: ›Mißtraue Argumenten von Autoritäten.‹«

Wie die ganzen Skandale der jüngsten Vergangenheit überdeutlich gezeigt haben, ist Autoritäten, gleich welcher Coleur, prinzipiell zu mißtrauen. Man denke hierbei nur an die Politiker, die mit allen erdenklichen Tricks und Manipulationen arbeiten, um an der Macht zu bleiben bzw. für ihr persönliches Wohlergehen zu sorgen. Bei wissenschaftlichen Autoritäten, so glaubte man immer, sei das anders. Sie seien der wissenschaftlichen Wahrheit und Objektivität verpflichtet. Unwahrheiten hätten katastrophale Auswirkungen, denn Kollegen würden zumeist ein wesentlich besser funktionierendes Gedächtnis haben, als es vergleichsweise die Wählerschaft von Politikern besitzt. Sprich: Manipulationen und Schwindeleien könnten den (angehenden) Gelehrten beim wissenschaftlichen Vorankommen behindern. Mit diesem Abschreckungsmechanismus brüstet sich die Wissenschaft geradezu, weil es die allgemeine Aka-

demikerschaft davor bewahren soll, mit gesichertem Datenmaterial und Fakten schlampig umzugehen.
**Doch was genau sind gesicherte Fakten?**
Auch wenn der Einzelne zu recht mißtrauisch ist, behauptet die akademische Wissenschaft gewöhnlich, daß sie durchaus bereit sei, jeder Theorie eine Chance einzuräumen, so zweifelhaft sie aus ihrer Sicht auch sein möge: sie sollte lediglich eine phantasievolle Schlüssigkeit verraten und zu neuen Denkanstößen führen. Die Wahrheitsforderung der Wissenschaft hat, im Gegensatz zum Mediziner-Eid des Hippokrates (456–377 v. Chr.), nichts mit irgendwelchen ethischen Grundsätzen zu tun, sondern ist einfach eine Sache der Selbsterhaltung. Carl Sagan beschreibt die wissenschaftliche Arbeit der Gelehrten in seinem Buch »Der Drache in meiner Garage« auf folgende Weise:
»Wenn wir entdecken, daß das Universum zwischen acht und fünfzehn Milliarden und nicht sechs- bis zwölftausend Jahre alt ist, sind wir von seiner Weite und Größe nur um so mehr beeindruckt; wenn wir uns vorstellen, daß wir ein besonders komplexes Arrangement von Atomen und nicht irgendein göttlicher Atem sind, steigert das zumindest unsere Achtung vor Atomen; wenn wir herausfinden, wofür heute alle Wahrscheinlichkeit zu sprechen scheint, daß unser Planet eine von Milliarden weiterer Welten in der Milchstraße und daß unsere Galaxis eine von Milliarden Galaxien ist, dann gewinnt doch der Spielraum des Möglichen majestätische Größe; wenn wir sehen, daß unsere Ahnen auch die Ahnen von Affen waren, dann verbindet uns das doch mit dem übrigen Leben und ermöglicht wichtige – wenn auch gelegentlich reuevolle – Reflexionen über die menschliche Natur.«

Gegen Ende des ersten vorchristlichen Jahrhunderts forderte der römische Architekt Vitruvius von seinen Schülern, daß sie im Rechnen genauso bewandert seien müßten wie in Kunst und in der Geschichte. Diese wissenschaftliche Orientierung, die der römische Gelehrten seinen Schülern mit auf den Weg gab, ging auf die Ausbildung der ägyptischen Priesterschaft zurück, die während ihres Studiums die religiösen Riten ihrer Mythologie genauso beherrschte wie die Geometrie, Astronomie und Medizin. Deshalb sollte auch die Arbeit der heutigen Wissenschaft weit mehr bedeuten als ein

bloßes Beobachten und Sammeln von selektierten Daten! Sie sollte nämlich nicht nur die Fähigkeit voraussetzen, Folgerungen zu ziehen und möglichst eine Theorie zu formulieren, sondern auch ein schöpferisches Element besitzen. Hat man erst einmal diesen Punkt erreicht, so bedarf es durchaus auch der Phantasie und der Vorstellungsgabe, um die unterschiedlichsten Bausteine der gestreuten Kenntnisse wieder zu einem Ausgangspunkt zurückführen zu können. Deshalb kritisierte bereits Friedrich Nietzsche (1844–1900), Philosophieprofessor und Professor für klassische Philologie, in seiner Streitschrift »Genealogie der Moral« die Arbeitsweise der modernen Wissenschaft als »Selbstverkleinerung des Menschen«!
*Was also ist Wissenschaft?*
Als der österreichische Physiker Wolfgang Pauli (1900–1958) einmal gebeten wurde, eine etwas schwunglose Studie, die außerhalb der Gelehrtenmeinung lag, zu beurteilen, schüttelte der Nobelpreisträger (Pauli-Prinzip, 1925) traurig den Kopf und sagte: »Dabei ist sie leider noch nicht einmal falsch!«

Allerdings sind sich die Wissenschaftler auch darüber im klaren, daß neue Ideen selbstverständlich wertlos sind, wenn sie sich nicht anhand neuen Materials überprüfen und erhärten lassen.
*Wie läßt sich hier eine nachprüfbare Übereinstimmung erzielen?*
Im 13. Jahrhundert praktizierte im ägyptischen Alexandrien ein jüdischer Arzt mit dem Namen El-Magar, der seinen Patienten gegen jede Art gesundheitlicher Leiden »Mumienpulver« verschrieb. Als Folge der ständig zunehmenden Besuche von Europäern in den ägyptischen Nekropolen verbreitete sich dann Mitte des 16. Jahrhunderts auch in Deutschland, Frankreich und Italien die Anwendung von Mumienpulver zu therapeutischen Zwecken.
Die Ägypter verwendeten in alter Zeit für die Einbalsamierung der Leichen Naturasphalt, den die Araber »Mumiya« nannten, wovon sich unser heutiger Begriff »Mumie« herleitet. Weil man diesem Material fortwährend medizinisch wirksame Eigenschaften nachsagte, wanderte dieser »Asphalt« aus ägyptischen Gräbern somit in die europäischen Apotheken, wo man ihn bis zum Beginn des 19. Jahrhunderts finden konnte. Diese »Medizin« wurde entweder in Form eines Leichenteils geliefert oder als ölige Paste, die oft mit der Mumie gar nichts mehr zu tun hatte, sondern »judäisches Bitu-

*Abb. 50: Ägyptische Mumie aus KV55.*

men« oder »Pißasphalt« war, Stoffe, die man auch »Grabbalsam« nannte.

Da man mittlerweile keinen Unterschied mehr zwischen »Mumiya« und »Mumie« machte, wurden die Mumien zu allem möglichen verarbeitet und wohlhabenden Kranken verabreicht, um Gangräne, Fisteln, Hämorrhoiden, variköse Leiden und sogar Schwangerschaftsbeschwerden zu kurieren.

Im Jahre 1557 pries der »Hortus Sanitais«, das wichtigste medizinische Werk jener Zeit, die Vorzüge des Mumienpulvers an:

»Die Mumie resolviert geronnenes Geblüt / Vor Milzstechen und vor Husten es behüt / Blähung und Wind des Leibs / verhaltene Weiberzeit / zwei Quintlein öffnen die / zum Pulver sein bereit.«

Später, 1574, schmückte ein Mumienbild die Vorderseite eines Buches von Joachim Strüppes, dessen lateinischer Titel in der Übersetzung etwa folgendermaßen lautet:

»Zeugnisse der berühmtesten Doktoren, Historiker und Philosophen über die geheimsten und wertvollsten exotischen Medikamente, insbesondere über die Mumie und alles, was sie betrifft; und wie dieselbe in früheren Zeiten allenthalben in Judäa, Ägypten, Arabien und anderswo verwendet wurde.«

Natürlich trug das entstehende Mumiengeschäft in schwerwiegender Weise zur Verwüstung der Nekropole von Sakkara bei, deren Ausplünderung mehr als zwei Jahrhunderte andauern sollte.

Vergeblich veröffentlichte 1694 der französische Priester und Apotheker Piere de Pomet seine »Historie générale des Drogues« (»Allgemeine Geschichte der Drogen«), in der er versuchte, die Schändlichkeit dieser Gepflogenheit deutlich zu machen. Zu diesem Zweck hatte er dem Text eine Illustration beigefügt, die im Vordergrund einen aufgeschnittenen Leichnam und viele Mumien mit der Aufschrift »gabbaras« darstellte, was etwa »Exkremente« oder »Abfall« bedeuten sollte. Allerdings hatte das Werk nicht den Erfolg, den de Pomet erwartet hatte, verkauften doch auch einige seiner Priesterbrüder weiterhin in aller Ruhe den »natürlichen Asphalt« aus den unterirdischen Grüften als »Heilmittel«.

*Welchen wissenschaftlichen Wert hatte das Mumienpulver tatsächlich?*

Der ebenfalls aus Frankreich stammende Mediziner Max Armand Ruffer (1859–1917), der in England Medizin studierte, ging wegen einer Diphtherie-Erkrankung 1893 nach Kairo, wo er eine Professoren-Anstellung für Bakteriologie an der Medizinischen Fakultät erhielt. Wegen seiner Leidenschaft für die Ägyptologie, bei der ihm seine medizinischen Kenntnisse für die Forschung an Mumien von großem Nutzen waren, ist ihm die Wissenschaft noch heute zu großem Dank verpflichtet, denn seine Veröffentlichungen haben immer noch Gültigkeit. Auf die Arbeit von M. A. Ruffer sind beispielsweise die Entdeckung von 4.000 Jahre alten Parasiten-Eiern in Mumien und die bereits 1894 von ihm medizinisch nachgewiesenen Inzestverhältnisse in den Königshäusern der Pharaonen zurückzuführen.

Auch der großartige Ägyptologe Sir William Matthew Flinders Petrie (1853–1942) bediente sich im Jahre 1898 bereits einer sensationellen Untersuchungsmethode an Mumien, die innerhalb der Forschung richtungsweisend sein sollte. Kurz nachdem Wilhelm Conrad Röntgen (1845–1923) seine revolutionäre Entdeckung der

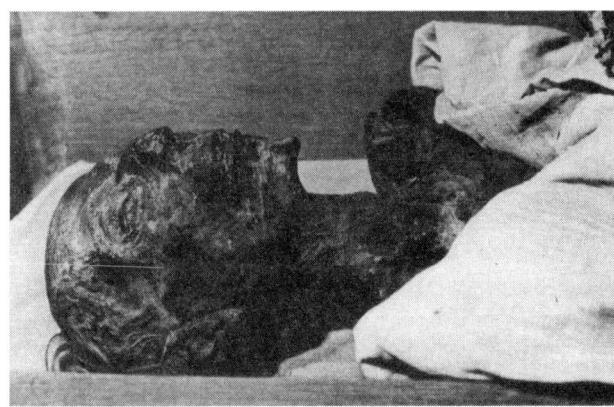

*Abb. 51:*
*Mumie*
*Ramses II.*

»X-Strahlen« gemacht hatte, probierte Petrie erstmals die späteren »Röntgenstrahlen« an einer Mumie aus. Die Resultate waren zwar noch ziemlich bescheiden, aber viele seiner zeitgenössischen Kollegen folgten diesem modernen Untersuchungsverfahren. Petrie wußte zu diesem Zeitpunkt bereits, daß die Heilkunde des alten Ägypten, wie bei den meisten frühen Zivilisationen, eng mit dem Glauben an die Magie verknüpft war. Doch schnell merkten die Wissenschaftler, daß man im alten Ägypten schon mit großem Können und Geschick an die Behandlung physiologischer Leiden und äußerlicher Wunden herangegangen war. Man entdeckte Hinweise, daß im pharaonischen Ägypten sogar komplizierte Gehirnoperationen ausgeführt worden waren. Die Priester-Ärzte stellten in der ägyptischen Antike schon aufwendige Salben und Tinkturen her, um die jeweiligen Heilungsprozesse bei Krankheiten zu beschleunigen. Die Ägypter waren auch das erste Volk, das die Bedeutung des Pulsschlags erkannte und ihn maß und den sie »die Stimme des Herzens« nannten.

Beim Einsatz von homöopathischen Heilmitteln nutzten die Ägypter ähnlich wie die Chinesen bereits natürliche Ressourcen als medizinische Bestandteile, obwohl die heutigen Gelehrten die Ansicht vertreten, daß sich die Ägypter über die Verwendung dieser Zutaten (anders als im alten China) nicht wirklich im klaren waren. Sie meinen, daß die Ägypter lediglich instinktiv auf die Naturkräfte vertrauten, die sie aus ihrer Religion kannten. Doch irgendwie müssen diese Praktiken Eingang in die Religion gefunden haben. Die moderne Wissenschaft vertritt überdies die Ansicht, daß die Priester den Schlamm von den Ufern des Nils in ihre Wundsalben deshalb mischten, weil sie glaubten, daß die positive Wirkung nur mit dem Nil (»Hapi«) als Bild der Wiedergeburt zusammenhing. Die heutigen Experten meinen, daß die Priester nicht wirklich wußten, daß bei dieser Behandlung ein wirksames Antibiotikum ein natürlicher Bestandteil dieses Schlammes war.

*Wußten das die Ägypter wirklich nicht?*

Das Rasieren von Haupt- und Körperhaaren wurde im alten Ägypten besonders bei Soldaten als hygienische Vorsichtsmaßnahme praktiziert. In diesem Zusammenhang gibt es auch eine aufschlußreiche alte Papyrusschrift, worin die Verwendung von klarem Nilwasser, »in dem Schimmel schwimmt«, als infektionshemmend beschrieben wird. Möglicherweise wurde hier bereits 4.000 Jahre vor der Entdeckung des französischen Arztes Ernest A. Duchesne (1896) erstmals das Penicillin beschrieben.

Eine weitere Schrift, die über 3.600 Jahre alt ist, berichtet von den heilenden Eigenschaften des Honigs. Mehr als die Hälfte von rund 1.000 aufgelisteten Heilmitteln führt ihn als eine wichtige Zutat. Tatsächlich beruhigt der Honig verwundetes Gewebe und beschleunigt die Heilung der Haut. Das im Honig enthaltene Wasserstoffperoxid reinigt nämlich die Verletzung, und der Honig trocknet sie sogleich, da er Feuchtigkeit absorbiert. Darüber hinaus existieren Aufzeichnungen über eine der frühesten Verhütungscremes aus Honig und Akazienmehl. Die Ägyptologen meinen, daß die Pharaonen den Honig für den entscheidenden Bestandteil hielten, doch tatsächlich wirkt sich das Öl der Akaziendornen tödlich auf Spermien aus.

*Waren diese Anwendungen wirklich nur Zufall?*

Das wieder vergessene Wissen oder der Glaube der alten Ägypter an die Kraft natürlicher Heilmittel spiegelt sich in unserem eigenen wachsenden Vertrauen in ganzheitliche und homöopathische Behandlungsmethoden wider. Gegen Husten und trockene Bronchien (Leiden, die das Nilklima häufig mit sich brachte) nehme man beispielsweise eine getrocknete Feige, eine Dattel, eine Prise Anis und einen Teelöffel Honig, bedecke alle Zutaten mit ein wenig Wasser und lasse sie köcheln, bis die Trockenfrüchte weich sind und ein glänzender Sirup entstanden ist, der, teelöffelweise eingenommen, die Beschwerden lindert.

*Wie weit fortgeschritten war die medizinische Wissenschaft der alten Ägypter wirklich?*

Im Jahre 1900 entdeckte man in Europa die Methode der Blutklassifizierung. Blutbestimmung ist auch möglich bei einem Muskel oder Knochen, der zu Staub zerfallen ist. Nach dem Studium einiger Mumien erkannte man daher, daß es auch im alten Ägypten die Gruppen A, B und 0 gegeben hat, und zwar schon in der Vorgeschichte. Dies widerspricht der Annahme, daß es sich bei der Blutgruppe B um eine Mutation der Gruppe 0 handelt, die erst zur Zeit der Christenheit aufgetaucht sein soll.

Das Studium der Blutgruppen von Pharaonen läßt uns heute sicher sein, daß die Mumie, die man lange Zeit für Echnaton hielt, tatsächlich die seines Mitregenten Semenchkare ist. Lange Zeit wurde auch in Fachkreisen darüber diskutiert, ob Semenchkare und Tutanchamun Brüder waren. Nach der Blutanalyse spricht nichts dagegen. Beide hatten gleiche Blutfaktoren und die Blutgruppe A2.

Unter der Leitung von Christa Habrich kamen 1985 die Ägyptologen Kamal Sabri, Dietrich Wildung und Sylvia Schoske zusammen und veranstalteten im *Deutschen Medizinhistorischen Museum* in Regensburg eine Ausstellung über »Medizin im alten Ägypten«. Zuvor wurde beim sogenannten *Münchner Mumienprojekt* über einen Zeitraum von zwei Jahren hinweg eine 2.700 Jahre alte Mumie von einer Reihe von Wissenschaftlern, darunter Ägyptologen, Anthropologen und Röntgenologen, untersucht. Die dem Forschungsprojekt als Grundlage dienende Mumie, auf deren Sarkophag der Name »Si Chonsu« zu entziffern war, wies einen guten Erhaltungszustand auf. Wie sich später herausstellte, hieß sie in Wahrheit »Djehuti Irdis«, was man anhand einer Inschrift auf den 170 Meter langen Binden entdeckt hatte. Überdies fand man heraus, daß Djehuti Irdis bereits im Alter von 17 Jahren an Tuberkulose verstorben war, die Blutgruppe A hatte und nicht größer als 154 Zentimeter wurde.

Im Frühjahr 1990 untersuchte der Radiologe Myron Marx im *Brigham Hospital* in Boston (Massachusetts/USA) elf Sarkophage aus dem *Museum of Fine Art.* Man bediente sich dabei eines Computertomographen, eines Gerätes also, das normalerweise dazu dient, Tumoren und Entzündungen im menschlichen Körper zu

*Abb. 52:*
*Medizinische*
*Gerätschaften*
*Altägyptens.*

orten. Zwei Sarkophage enthielten die Mumien der Sängerin Ta Bes und ihres Gatten Nes Ptah, eines reichen Barbiers. Sie lebten bis 950 v. Chr. in der pharaonischen Universitätsstadt Theben.

Dr. Marx untersuchte die beiden Mumien vier Stunden lang, dann stellte er seine Diagnose: Die Sängerin hatte einen Tumor in ihrem Schädel und war vermutlich infolge eines Hirnschlags von einer Anhöhe gestürzt, wobei sie sich mehrere Rippenbrüche und innere Blutungen zuzog, an deren Auswirkungen sie vermutlich verstarb. Ihr Mann hingegen mußte mindestens das 60. Lebensjahr erreicht haben und litt an Arterienverkalkung. Neben einem Verschleiß der Lendenwirbel diagnostizierte Marx dem Barbier auch Karies und starkes Zahnleiden. Da auch die Adern der Beine bis hinab zu den Fersen sklerotisch verengt waren, unterstellte der Radiologe dem Ägypter, daß er auch zuckerkrank gewesen ist. Es waren Krankheiten, gegen die unsere moderne Gesellschaft heute noch kämpft.

*Was verraten uns die Mumien weiter?*

Außer mit modernen Untersuchungsverfahren an alten Mumien finden wir die kuriosen Heilverfahren aus der Pharaonenzeit auch in den Darstellungen von Wandmalereien der fünften Dynastie. Zu dieser Zeit schwamm der »Malpaterusus electricus« (Zitterwels) im Nil, den man zur »elektrischen« Behandlung der verschiedensten Schmerzzustände verwendete. Doch sollen die alten Ägypter weder die Elektrizität gekannt haben noch über die biologische Eigenschaft des Zitterwels Bescheid gewußt haben. Dabei besaßen sie Bücher (Papyrusdokumente), ähnlich unseren Lexika, die Lösungsvorschläge für die einzelnen Leiden enthielten. Die Gottheit Thot, die mit dem griechischen Hermes gleichgesetzt wurde, habe, so hieß es, den Ägyptern diese alten Weisheiten hinterlassen, die dann von den Priesterärzten in meterlangen Papyrusrollen festgehalten wurden und so die Zeiten überdauern konnten.

Im »Buch des Asklepios«, der dem ägyptischen Priester Imhotep entspricht, wird ausgeführt, daß der Mensch eine Welt im Kleinen ist, also die uns schon bekannte Analogie zwischen Mikrokosmos und Makrokosmos existiert. Die Gesundheit, das Höchste der Güter, wird zum Gegenstand der astrologischen Vorhersage, denn dieselben Gesetze gelten im Makrokosmos und im Mikrokosmos. Ihre Kenntnis, erhalten eben durch Astrologie, informiert über die Einflüsse, denen der Mensch ausgesetzt ist. Daraus entwickelt sich die »Iatromathematik«, abgeleitet vom griechischen »iatros« (»Arzt«), eine astrologische Medizin, die selbst heute noch gelegentlich praktiziert wird. Zur Iatromathematik gehörte insbesondere die Kunst der Zahlendiagnose. Hierzu wird das Datum des Beginns der Krankheit genommen und die Zahlenwerte des Namens des Kranken addiert, die Summe durch 30 (die Zahl der Tage eines Monats) oder durch 36 (die Zahl der Dekane) geteilt, der erhaltene Rest kann dann in Tafeln aufgesucht werden, aus denen zu entnehmen ist, ob der Patient wieder gesunden wird oder nicht. Die Tafeln wurden entweder nach Hermes Trismegistos oder nach Demokrit benannt.

Den Tierkreiszeichen wie den Planeten wurden bestimmte Körperregionen zugeordnet. Dabei herrschte über Körperteile, die von Tierkreiszeichen beeinflußt wurden, weitgehend Einigkeit. Die Vorstellung, das rechte Auge sei der Sonne, das linke dem Mond zugeordnet, ist sehr alt. Die Sonne galt als männlich wie die rechte Seite, der Mond als weiblich wie die linke Seite. Folglich nahm man an, der Same des rechten Hoden bringe Knaben hervor, der des linken Hoden Mädchen. Interessant zu wissen ist, daß bei Hormonstörungen die Verweiblichung des Mannes auf der linken Körperhälfte beginnt, die Vermännlichung der Frau auf der rechten. Ganz offensichtlich sind damit in Zusammenhang stehende Zuordnungen durch die alten Ägypter kein Zufall, sondern durch genaue Beobachtungen entstanden.

Unter den 42 Hermetischen Büchern der Ägypter, über die Clemens Alexandrinius 200 n. Chr. berichtet, sollen mindestens sechs Bücher medizinischen Inhalts gewesen sein:

1. »Über den Bau des Körpers«
2. »Über die Krankheiten«
3. »Über die Geräte« (»des Arztes«)
4. »Über die Heilmittel«
5. »Über die Augenkrankheiten«
6. »Über die Umstände der Frau«.

Die Original-Werke sind leider verlorengegangen, und auch ihr Umfang ist uns nicht mehr bekannt. Doch die inzwischen von den Ägyptologen gefundenen Papyri und andere Schriftdokumente geben uns einen allmählichen Einblick in die alten Kenntnisse. Tatsächlich sind diese Informationen aber auch heute noch nur Einblicke geblieben. Denn die Textsammlungen sind leider alles andere als systematisch geordnete Werke. Es bedarf einer mühevollen Archivierarbeit, um die zum Teil sinnlos wirkenden Texte zu ordnen und sich ein nachvollziehbares Urteil zu bilden.

*Was konnte man bislang herausfinden?*

Der größte Teil der in den Texten beschriebener Rezepte bleibt rätselhaft, weil wir die alten Mittel aus Unkenntnis der damals verwendeten Zutaten nicht herstellen können. Die Ägyptologen wissen inzwischen, daß viele Diagnosen zwar bis ins Alte Reich zurückgehen müssen, doch die Ägypter selbst sprechen immer über die göttliche Herkunft ihrer Heilmittel. Da fiel z. B. ein Rezept

direkt vom Himmel in den Hof des Tempels von Chemmis herab und wurde »als Wunder zu König Cheops gebracht«. Ein fahler Mond, berichtet der Schreiber noch dazu, habe die Szene begleitet. Andere Rezepturen stellten die Gottheiten selbst her oder unterwiesen die Priester, sie nach den Anweisungen herzustellen. Darüber hinaus ist das zwingendste Argument für das hohe Alter vieler medizinischer Texte ihre sprachwissenschaftliche Natur. Der Pathologe Marc Armand Ruffer und sein Schüler Elliott Smith untersuchten zahlreiche Mumienschädel und stellten dabei Alveoral-Abzesse, Zahnkaries und Zahnstein-

*Abb. 53: Medizinischer »Papyrus Ebers«.*

bildungen fest. Diese Befunde ließen sich von der ersten Dynastie bis zur Römerzeit nachweisen. Nach den Studien von Ruffer in den zwanziger Jahren des 20. Jahrhunderts dürfte für viele dieser aufgetretenen Mängel das altägyptische Mehl entscheidend gewesen sein, weil sich häufig der grobe Abrieb der Mühlsteine darin befand. Zwar sind keine liturgischen Überlieferungen über chirurgische Eingriffe an den Zähnen bekannt, doch zeugen Unterkieferfunde aus der vierten Dynastie, die heute im Universitätsmuseum von Harvard verwahrt werden, davon, daß beispielsweise bei einer männlichen Person ganz offensichtlich mit einem Bohrer eine Dreinagierung von Geschwüreiter vorgenommen wurde. Außerdem fanden Archäologen in einem Schacht einer Mastaba in Giseh zwei Zähne, die kunstvoll mit einem Golddraht aneinander fixiert waren. Der Einsatz von Prothesen konnte schließlich auch an neu entdeckten Mumien nachgewiesen werden.

Professor Georg Ebers (1837–1898) berichtet uns bereits 1879 in seinem dreibändigen Werk »Eine ägyptische Königstochter« von einem Fremden, der für eine Zahnbehandlung nach Ägypten reiste: »Ich war hierher gekommen, um mir einen bösen Zahn von jenem ägyptischen Arzte ausnehmen zu lassen, welcher kranke Zähne ohne große Schmerzen beseitigen soll. Aristomaches hat den schadhaften Teil meines Gebisses mit einem Faustschlage entfernt und jene furchtbare Operation, vor der ich zitterte, erspart. Als ich zu mir kam, fand ich drei ausgeschlagene Zähne in meinem Munde – den kranken und zwei leidlich gesunde, denen es anzusehen war, daß sie mir später vielleicht Schmerzen verursacht hätten.«

Darüber hinaus sind immer noch Spuren der mythologischen Anatomie in unserer Nomenklatur von heute erhalten. Wir nennen den ersten Halswirbel, der den menschlichen Schädel trägt, »Atlas«, nach dem griechischen Halbgott, der die Welt trug. Wir sprechen von einem »Mons Veneris«, das in der Tiefe des »os petrosum« verborgen liegt. Das sind keine dichterischen Bilder, sondern Reminiszenzen an ein altes System, das im Mittelalter und in der Renaissance eine große Rolle spielte. Auch heute noch ist dieses alte Wissen nicht tot.

*Wann begann die Ägyptologie damit, alte medizinische Kenntnisse zu registrieren?*

Mit dem Auftauchen des »Papyrus Edwin Smith« kann der Beginn des Aufkeimens der medizinischen Papyrus-Forschung festgelegt werden. Der Amerikaner Smith, der eigentlich kein Ägyptologe war, sondern als Landwirt in Oberägypten arbeitete, hatte mit brennendem Interesse als Autodidakt die Ausgrabungen im Tempelbezirk von Theben begleitet. Zuvor war er in Paris und London gewesen, um die Hieroglyphen zu studieren. Schließlich konnte er bei einem Antiquitätenhändler in Theben eine 4,70 Meter lange und 32 Zentimeter breite Papyrusrolle erstehen. Doch die Kenntnisse, über die der Landwirt verfügte, reichten nicht aus, um diese vielen Zeilen der alten Schrift zu entziffern. Smith versuchte viele Jahre lang, irgendeinen in bezug auf die ägyptischen Hieroglyphen bewanderten Ägyptologen für eine Übersetzung seiner Entdeckung zu begeistern – doch ohne Erfolg. Im Jahre 1906 übergab schließlich seine Tochter den Papyrus der New Yorker *Historial Society*. Doch erst 1930 war es dem amerikanischen Ägyptologen J. H. Breasted nach zehnjähriger mühseliger Arbeit gelungen, den Papyrus zu übersetzen. Die Ägyptologen nehmen an, daß die Textinhalte zwischen den Jahren 3000 und 2600 v. Chr. entstanden sind, der »Papyrus Edwin Smith« selbst aber aus dem Jahr 1600 v. Chr. stammt. Max Meyerhof berichtet 1931 im Band 231 der *Deutsche Zeitschrift für Chirurgie* über den Papyrus und nennt ihn: »Das älteste Chirurgiebuch der Welt.«

Im Gegensatz zu anderen Papyri wurde diese Arbeit zudem methodisch angelegt, was Meyerhof folgendermaßen beschreibt: »Der Verfasser des Chirurgiebuches hat sein Werk ungemein methodisch geschrieben, indem er stets vom Kopf abwärts zu den weiter unterhalb liegenden Organen vorrückt und bei jedem Körperteil Weichteilwunden den einfachen und immer komplizierteren und schwereren Knochenbrüchen vorangehen läßt.«

Der »Papyrus Edwin Smith« war aber nicht nur ein Medizinbuch, in dem unterschiedlichste Diagnosen festgehalten wurden, sondern er diente auch zu Lehrzwecken. Max Meyerhof: »Er hat aber auch sein Buch sogleich in eine lehrhafte, in eine richtig scholastische Form gebracht. Sein Buch ist so, wie es da ist, zum Einpauken und Auswendiglernen vollkommen geeignet. Ähnliches finde ich in der arabischen medizinischen Literatur des Mittelalters wieder, wo die Übersetzer aus dem Griechischen sehr häufig Werke des Hippokrates und Galen in die Form von Frage und Antwort gebracht und methodisch vereinfacht haben, um Ärzten das Erlernen des Inhalts so bequem wie möglich zu machen.«

Der Ägyptologe Georg Ebers aus Leipzig entdeckte 1873 einen zweiten Papyrus mit medizinischem Inhalt in Luxor. Sein Maß im

Hochformat beträgt 30 Zentimeter und er ist 20 Meter lang. Veröffentlicht wurde er erstmals 1875 unter dem Titel »Papyrus Ebers – Das hermetische Buch über die Arzneimittel der alten Ägypter«. Beispielsweise behandelt der »Papyrus Ebers« in Nr. 554, 739 und 746 in Einzeldarstellungen bestimmte Zahnbehandlungsmethoden mit dem Titel »Anfang der Heilmittel für das Kräftigen der Zähne«. Die erste wirklich verläßliche Übersetzung erarbeitete aber erst 1937 der norwegische Medizin- historiker Professor Benjamin Ebball. Nach den Angaben des »Papyrus Ebers« enthält der menschliche Körper »46 Gefäße« sowie Schleim, Blut, Samen, Urin, den Atem des Lebens und den Atem des Todes. Was die Priesterärzte mit den »46 Gefäßen« genau meinten, ist unter den Ägyptologen heute noch unklar. Es wäre jedoch interessant, diese »46 Gefäße« mit den 46 Chromosomen des menschlichen Körperhaushalts in Verbindung zu bringen, die man im Grunde genommen durchaus als »Gefäße« bezeichnen könnte, bewahren sie doch die Erbinformationen des Menschen auf.

*Doch kannten die Ägypter tatsächlich die Chromosomen?*
Denkbar wäre es, denn die Kenntnisse der ägyptischen Medizin waren nicht unbedeutend. So bemerkte beispielsweise der Ägyptologe Professor James Henry Breasted bei seinen Untersuchungen an den medizinischen Papyri bereits in den 1930er Jahren: »Die Ägypter waren nicht weit von der Entdeckung des Blutkreislaufes entfernt!«

Unter der Rubrik »Das Geheimnis des Arztes« werden weitere »22 Gefäße« im menschlichen Körper genannt, die mit den Gliedern des Menschen in Verbindung stehen sollen. Sie sind in »elf Paaren« angeordnet und waren für den Arzt deshalb interessant, weil in ihnen bestimmte Krankheiten ihren Ursprung haben sollten. Möglicherweise werden hier die aminosäurehaltigen Eiweißbausteine des menschlichen Körpers beschrieben, die von der modernen Wissenschaft zahlenmäßig ebenfalls mit »22« angegeben werden. Mit der 1986 gemachten Entdeckung des Selenocystein hatte man Nr. 21 identifiziert. Bislang ging man davon aus, alle diese Eiweißbausteine zu kennen. Doch im April 2002 konnten amerikanische Forscher das sogenannte Pyrrolysin identifizieren und damit den 22. Eiweißbaustein des menschlichen Körpers bestimmen! Wie die alten Ägypter gehen auch die modernen Mediziner davon aus, daß sich die Krankheiten des menschlichen Körpers in diesen Eiweißen ausbilden, bevor sie sich im Körper verbreiten. Es spricht also alles dafür, daß die Pharaonen in Hinblick auf ihre medizinischen Kenntnisse sehr viel weiter entwickelt waren, als man bislang vermutete.

Das »Buch der Pforten« scheint uns sogar etwas über die frühe Kenntnis der DNS zu berichten. Das sind jene aus zwei komplementären Basen zu einer »Superschraube« verdrillten Polynucleotid-Ketten, die in allen chromosomhaltigen Zellen vorkommen und zumeist mit Eiweiß gebunden werden. Diese Eiweißbiosynthese beinhaltet den genetischen Code für die Erbinformationsmerkmale aller Lebewesen. Der die Lebenszeit regelnde Erbinformationsträger der »Doppel-Helix«, über die wir erst durch die Arbeit der beiden Professoren Francis Crick und James Watson seit 1953 Bescheid wissen, existiert in der Tat auch in altägyptischen Texten. Die Priester der Pharaonen nannten sie »Metui«, was zu deutsch »Doppelstrick« bedeutet. Nach Ansicht des Ägyptologen Erik Hornung beschrieb der ägyptische Begriff »Metui« die »Lebenszeit aller Lebewesen einschließlich die des Menschen«. Der Text in der »5. Stunde, 31. Szene«, beschreibt das wie folgt:

*Abb. 54: Die Doppel-Helix.*

»O Götter, die der dat vorstehen, die den ›Doppelstrick‹ tragen, beim Messen der Lebenszeit – Möget ihr den ›Doppelstrick‹ packen, möget ihr die Lebenszeit messen, die auf ihm ist.«

Wie bei den Sumerern sind es auch bei den Ägyptern Götter, die über die Kenntnis unserer Doppel-Helix verfügten und eine ausge-

*Abb. 55: Die Darstellung der Lebenszeit bei den Ägyptern. Ein Synonym für die Doppel-Helix?*

*Abb. 56: Sumerische Doppel-Helix-Darstellung.*

wählte Anzahl von Priester unterwiesen. Tatsächlich berichtet auch das Ägyptische Totenbuch von »den Geschwänzten«, die am Anfang als »Kunstwesen« mit ihrer Arbeitskraft die Götter unterstützen sollten. Wie schon in Mesopotamien sollte auch der »ägyptische Adam« (»Adepti«) »den Göttern die Arbeit abnehmen«!

*Ist der Mensch also doch nur ein Ge(n)schöpf?*
In der Lehre des ägyptischen Priesters Merikare, der während der 10. Dynastie Ägyptens lebte, werden die Menschen als das »Kleinvieh Gottes« bezeichnet. Diese Lehre erinnert in ihren Grundzügen an den Schöpfungsmythos der Sumerer, der dem Menschen zu Beginn seiner Entwicklung ebenfalls eine Reihe tierischer Merkmale zuschreibt:

»Als die Menschen erschaffen wurden, kannten sie Brot als Nahrung nicht und kannten keine Gewänder. Sie aßen Pflanzen mit dem Mund wie Schafe, tranken Wasser aus einem Graben.«

Die ägyptische Gottheit Chnum, deren Beiname »Bildner, der belebt« lautet, soll den Menschen erst in der »Retorte« erschaffen haben, bevor er sich über die Erde entfaltete. Mit dem Begriff »mt« bezeichneten die Ägypter Venen, Gefäße und die männlichen Spermien, die von Chnum in den Mutterschoß »gepflanzt« wurden, um Menschen zu zeugen. Aus der Kenntnis über die Form und das Aussehen eines einzelnen Spermiums ist meines Erachtens das Anch-Symbol entstanden und in das Alphabet der Hieroglyphen als »Lebenszeichen« aufgenommen worden. Doch erst in Verbindung mit dem Kreuzzeichen »inedj«, das die »göttliche Energieform« darstellte, konnte durch die Götter der Mensch erschaffen werden.

*Was berichten die medizinischen Papyri über eine Schwangerschaft?*
Professor Heinrich Brugsch (1827–1894) entdeckte in einem Gefäß in Sakkara einen 5,20 Meter langen und 20 Zentimeter breiten

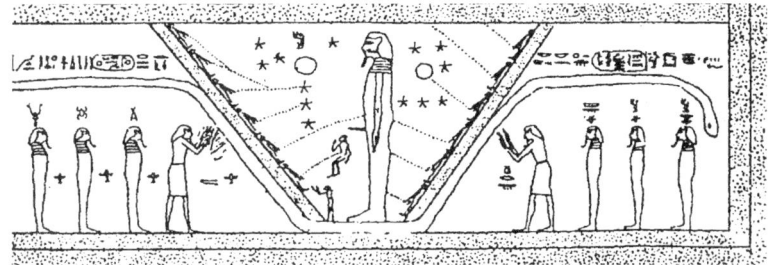

Abb. 57: War die einzelne Spermie die ursprüngliche Form
des Anch-Symbols?

Papyrus, der unter anderem Niederschriften des Priesterarztes
Neterhotep enthält. Dieses als »Papyrus Berlin« bezeichnete medizinische Dokument beinhaltet trotz vieler orthographischer Fehler
als einziger Papyrus Anweisungen für die »probeweise Harn-
benetzung von keimfähigen Samenkörnern« sowie die anschließen-
den »Scheideneinspritzungen«! Scheinbar war den Ägyptern die
künstliche Befruchtung des weiblichen Geschlechts durchaus bekannt. Doch an keiner Stelle in den medizinischen Texten wird gesagt, woran man die Schwangerschaft erkannte und wie sie verlief.
Die Dauer war wie bei uns auf neun Monate berechnet, im Gegensatz zu den Hebräern und Griechen, die laut ihren Kalendern auf
zehn Monate kamen. Die Wehen und der Geburtsschmerz hingegen werden in den Texten wieder beschrieben.
Die Geburt fand zumeist im Hocken statt, wobei sich die Schwan-
gere entweder niederkniete oder setzte. Es existieren auch Berichte, wie man für die Niederkunft aus Ziegeln einen »Gebärstuhl«
errichtete, damit das Neugeborene mehr Platz hatte. Bei der Geburt gab es nur weibliche Helfer, ein Arzt war nicht dabei; der Gott
Chnum, der dem Neugeborenen der Überlieferung nach Gesundheit verlieh, vollbrachte diese Tat erst nach der Geburt. Oft stellte
man heißes Wasser unter dem Geburtsstuhl; der Dampf sollte mit
der Genitalräucherung die Geburt erleichtern. Zudem wurden
»Geburtssprüche« aufgesagt, wonach sich die Geburtshelferinnen
einer 14 Tage andauernden »Waschungszeremonie« unterziehen
mußten.
Ein Veterinär-Papyrus mit dem Namen »Kahun« beinhaltet sogar
Informationen darüber, daß die altägyptischen Priester-Ärzte Er-

fahrungen mit der Krebserkrankung gemacht hatten. Sir W. M. F.
Petrie fand diesen Papyrus 1898 bei Ausgrabungen, den dann der
Ägyptologe Francis Llewellyn Griffith noch im selben Jahr unter
dem Titel »Hieratic Papyri from Kahun and Gurob« in London
veröffentlichte. Wie bei vielen anderen Kulturkreisen ist in dieser
Abhandlung festgehalten, daß die Ägypter eine spezielle Tiermedi-
zin anwendeten. Der »Papyrus Kahun« umfaßt aber auch 17 Diagnosen über Frauenleiden an den Genitalien und 17 Einzeltexte,
die Mittel aufzeigen, die Empfängnis ermöglichen sollen oder
Geburtsprognosen geben. Der Kairoer Ägyptologe Ali Hassan vertrat wie viele andere Wissenschaftler nach einer gründlichen Untersuchung des »Papyrus Kahun« die Ansicht, daß die alten
Ägypter das Krebsgeschwür tatsächlich kannten. Dazu zitiert er
als Beweis aus dem »Papyrus Kahun« (Nr. 2) die Diagnose für ein
Frauenleiden:
»Heilkunde für eine Frau, wenn ihre ›hm.t‹ krank geworden ist.«

Der Erstbearbeiter Francis L. Griffith schrieb zum Text des
»Kahun«:
»Die Bezeichnung ›hm.t‹ könnte durchaus ›Uteruskrebs‹ bedeu-
ten, der sich durch einen gewissen Geruch kristallisiert.«

Dem widersprach der deutsche Gelehrte Karl Sudhoff (1853–1938)
in einem Vortrag 1933 über »Krebsgeschwüre in altägyptischen
Papyri«, den Professor Henry E. Sigerist in »History of Medicine«
1951 so zusammenfaßte:
»Sudhoff untersuchte alle Passagen der vorhandenen Literatur auf
ein Wissen der alten Ägypter um die Krankheit Krebs und kam zu
der Erkenntnis, daß es unmöglich gewesen sei, daß das Nilvolk darüber Bescheid wissen könnte! «

**Weshalb soll das unmöglich gewesen sein?**
Sudhoffs Meinung ist verwunderlich, schreibt er doch in seinem
Standardwerk »Geschichte der Medizin« über die Kenntnisse der
Ägypter:
»Offensichtlich hat die ägyptische Medizin schon einen großen
Fortschritt zu verzeichnen gegenüber dem einfach registrierenden
Beobachtungslistenstil der babylonischen Texte, die wir kennen.«

Damit meinte Sudhoff, daß die ägyptischen Ärzte durchaus in der Lage waren, Diagnosen zu bestimmten Erkrankungen zu erstellen. Der 4.100 Jahre alte »Papyrus Kahun« bestätigt dies deutlich: »Untersuchst du eine Person mit Verhärtung ihres Bauches, so lege deine Hand darauf; findest du, daß ihre ›chait‹ sich verstärkt hat zwischen den daraufgelegten Fingern, so sag du zu ihr: ›es ist die *sechen*-Krankheit der *uchedu* [...],‹.«

Es wird dann außer einem eventuellen Therapievorschlag noch ein prognostisches Urteil abgegeben: »Er soll sich nicht über die Krankheit leichtmütig hinwegsetzen oder auf leichte Mittel vertrauen; es hat sich ein Abszeß mit faulem Eiter gebildet [...]«

Unter den Gestalten der ägyptischen Vergangenheit, die zu großen Ehren gelangten, nimmt der weise Imhotep in der ägyptischen Überlieferung die vornehmste Stellung ein. Das entspricht seiner geschichtlichen Bedeutung insgesamt. Denn Imhotep, der Hohepriester von Heliopolis und nächster Ratgeber des Königs Djoser war, ist der schöpferischen Zeit, die das Alte Reich einleitet, ein geistiger Führer gewesen. Man wallfahrte auch Jahrhunderte später immer noch zum Grab dieses heiligen Mannes und verehrte ihn sogar als einen »Gott«. In erster Linie erwartete man von ihm aber eine Heilung von Krankheiten oder Fruchtbarkeit für alle Bürger von Heliopolis und die obersten Beamten des Königs. Imhotep, der auch Oberster der altägyptischen Ärzteschaft war, behandelte vor über 4.600 Jahren die Trachom-Krankheit. Er wußte, daß diese Augenkrankheit »von kleinen unsichtbaren Würmern« verursacht wurde. Die Erklärung der Ägyptologen, daß mit dieser Aussage Imhoteps die Fliegenlarven gemeint waren, muß ich als undurchdachten Unsinn verwerfen. Fakt ist nämlich, daß der Priester nur von Bakterien berichtet haben kann und für die Genesung seiner Ehefrau, die von der Krankheit befallen war, eigens eine antibakterielle Paste zubereitete, die sie nach der Behandlung wieder gesund werden ließ! Wenn die Priesterärzte Ägyptens allerdings für das menschliche Auge unsichtbare Bakterien bereits einige Jahrtausende vor der Entdeckung des Mikroskops (1618) mit unbekannten technischen Hilfsmitteln identifizieren konnten, dann ist es auch nicht verwunderlich, wenn sie die DNS-Stränge ebenso gekannt hätten wie die Chromosomen.

*War das in dieser frühen Epoche Ägyptens wirklich möglich? Oder gab es Lehrmeister?*

Die Ägypter sahen den menschlichen Körper immer nur als ein zeitlich kurzfristiges Quartier an, in dem der »ka« wohnte, der nach dem Ableben des Körpers die Gottheit Ra in die Regionen der Unterwelt begleitete. Sein Schriftzeichen sind die erhobenen, am Ellbogen eingewinkelten Arme. Die knappste Übersetzung lautet (genetisch bedingte) »Lebenskraft«, die Professor Mark Lehner wie folgt beschreibt:

»Der ›ka‹ durchlief den Generationsstrang, war generisch oder, wie wir sagen würden, genetisch. Der ›ka‹ eines jeden reichte über zahllose Generationen zurück zum Schöpfergott; dieser hatte sein ›ka‹ den Göttern übertragen, letztere wiederum dem König (Menschen). [...] Beim Tode kehrte der ›ka‹ eines Menschen wieder zu seinen generischen Ursprüngen zurück. Das geschah während der Aufbereitung der Leiche zur Mumie. Sodann mußte der ›ka‹ reaktiviert werden, damit die Wiedergeburt stattfinden und über das Grab die Verbindung zum Land der Lebenden erhalten werden konnte. Dazu mußte der Tote zu seinem ›ka‹ reisen, aber nicht als Körper, der ja in Linnen gefesselt war. Die Reise macht vielmehr der ›Ba‹.«

Zerfiele der Körper während dieser Reise, dann hätte der »ka« nicht mehr in ihn zurückkehren können und wäre für immer verloren gewesen. Deshalb mußte für die Erhaltung des Leichnams gesorgt werden, was mittels der Mumifizierung geschah.

Herodot (485–430 v. Chr.) hat uns im zweiten Buch seiner »Historien« eine ausführliche Beschreibung des ägyptischen Mumifizierungsverfahren hinterlassen. Untersuchungen und Forschungsarbeiten aus neuerer Zeit haben bewiesen, daß diese Beschreibung bis auf unwesentliche Einzelheiten von dem Griechen ziemlich genau wiedergegeben worden ist. Als erstes wurde das Gehirn mit einem kleinen Haken aus Eisen durch die Nase extrahiert. Danach öffneten die Mumifizierungsexperten die Bauchhöhle und entfernten die Eingeweide. Sie wuschen den »entleerten« Körper mit Wein und aromatischen Essenzen aus und injizierten in die Blutgefäße

Abb. 59: Darstellung aus dem
Totenkult.

eine chemische Substanz.
Nach diesen Vorbereitungen
ließen sie den Körper eine
gewisse Zeit in einer Salzlö-
sung liegen. Anschließend
wurde die Bauchhöhle mit
verschiedenen Balsamen und
Zedernöl eingesalbt, dann
mit zerriebener Myrrhe,
Kassia, Zimt, gerösteten
Lotusblumensamen und wei-
teren Aromastoffen gefüllt
und schließlich wieder zuge-
näht. Die Eingeweide wur-
den getrennt präpariert und in einer Kanope aufbewahrt. Das Herz
jedoch, Sitz der wichtigsten Empfindungen und Zeuge der Handlungen des Verstorbenen, blieb in der Brust. In die Brust wurde
aber auch ein heiliger Skarabäus gelegt, der notfalls das Herz auf
magische Weise ersetzen sollte. Nun war der Leichnam für das
Schmücken und Schminken vorbereitet. In älterer Zeit wurden die
Leichen beiderlei Geschlechts sorgfältig rasiert, später verlangte die
Mode, daß die Mumien mit langen, gewellten Haaren oder kompli-
zierten Frisuren geschmückt würden. Augen und Lippen schminkte
man in lebhaften Farben, ebenso die Hände, Nägel und Fußsohlen.
Den Bauchschnitt verdeckte man mit einer Goldplatte oder mit
Harz. Nach diesen Vorbereitungen am Körper wurde die sterbli-
che Hülle wieder bekleidet. Die Einbalsamierungsinstitute waren
in dieser Hinsicht bestens ausgerüstet und hatten immer zahlreiche
Gewänder zur Hand, unter denen die Angehörigen des Verstorbenen eine Wahl nach ihrem Geschmack treffen konnten. Handelte
es sich um den Leichnam eines Königs oder einer Königin, eines
hohen Hofbeamten wie etwa eines Wesirs oder auch um den Kada-
ver eines heiligen Tieres, nahm die Mumifizierung geradezu den
Charakter eines Staatsaktes an, wobei an dem Abschied das ganze
Volk teilnahm:
»Gewiß wirst du ein schönes Begräbnis haben. Wenn die siebzig
Tage deiner Einbalsamierung vorüber sind, wird man dich auf eine
Totenbahre legen, und du wirst von weißen Stieren gezogen wer-

*Abb. 60: Ägyptische Mumie.*

den. Der Weg, den du zurückzulegen hast, wird bis hin zu deinem Grabe mit feiner Milch besprengt sein, und deine Söhne werden in ihrem Herzen weinen. Der Priester wird deinen Mund öffnen, und deine Reinigung wird vom Priester des Gottes Sem vollführt werden. Horus wird deine Lippen, deine Augen und deine Ohren öffnen, und dein Körper wird vollkommener denn je sein.«

Außer der Einbalsamierung erster Klasse, die sich nur wenige leisten konnten, waren auch kürzere Verfahren zum Präparieren der Leichen bekannt. Die zahlreichen »Häuser des Todes« gehörten im alten Ägypten je nach Ausstattung ganz bestimmten Kategorien an. Wegen dieser Vielzahl der Angebote kam es auch zu Leichenschändungen, wie Herodot in den Historien I, 89 berichtet:

»Aber die Weiber angesehener Männer, wenn sie verstorben sind, geben sie nicht gleich zur Einbalsamierung, auch nicht die Weiber, die sehr schön waren oder sonst von größerer Bedeutung sind; sondern wenn sie drei oder vier Tage gestanden, dann erst geben sie dieselben den Einbalsamierenden. Das tun sie deshalb, auf daß die Einbalsamierer mit den Weibern keine Unzucht treiben. Denn es soll einer dabei ertappt sein, der Unzucht mit einer frischen Weiberleiche trieb, und ein Kunstgenosse es anzeigte.«

Im Leben hieß der Leib »chet« (»Form«) oder »iru« (»Gestalt«), und die Leiche selbst nannte man »chat« (»Leib«). Nachdem der Körper aber präpariert und zur Mumie verwandelt worden war, nannte man ihn »sah«, das von der Sprachwurzel her »von edlem Stamm« bedeutet. Die Mumifizierung galt also weniger dem Erhalt der »äußeren Form« des Körpers als vielmehr der Verwandlung der Leiche in einen neuen, »von Zauber erfüllten« Leib.

*Worin ist der tatsächliche Ursprung der Mumifizierung zu suchen?*
In den Darstellungen heißt es oft, daß sich die allererste Mumifizierung von der einfachen prädynastischen Grubenbestattung abgeleitet habe, bei welcher der Körper im Wüstensand auf natürlichem Wege austrocknete. Im Laufe der Zeit seien die Gräber immer kunstvoller gestaltet worden, wodurch die Leiche nicht mehr mit dem Sand in Berührung kam. Doch gerade dieser Tatbestand hat die Verwesung der Leiche eher beschleunigt als verhindert!
Worauf die Mumifizierung also tatsächlich zurückzuführen ist, läßt sich beim gegenwärtigen Stand der Dinge nicht restlos klären. Fest steht, daß die praktizierte Form der Mumifizierung im alten Ägypten der natürlichen Verhinderung der Leichenverwesung genau entgegenstand und daher zu allerlei Kunstfertigkeiten gegriffen werden mußte, um wenigstens einen Teil des Körpers zu erhalten. Im Jahre 1890 fand William M. F. Petrie in einem alten Grab Anhaltspunkte dafür, daß schon in frühdynastischer Zeit manche Verstorbene für den Übergang ins Totenreich vorbereitet wurden. Bei diesen Leichen ließ man den Körper verwesen, um vor der eigentlichen Herstellung der Mumie alle fäulnisanfälligen Körperteile zu entfernen. Anschließend fügte man das Skelett wieder zusammen. Das Ganze wird noch rätselhafter, wenn man den Ansichten der Ägyptologen folgt und bedenkt, daß die Ägypter nichts mehr fürchteten als die Zergliederung und Verwesung der Verstorbenen. Mark Lehner hält den »Zergliederungskult« für etwas vorsätzlich Praktiziertes:
»Manchmal wurden Bauten, die mit Tod und Begräbnis zu tun hatten, rituell zerlegt und sorgsam von Priestern begraben. Große und herrlich vollständige Beispiele dafür sind die Schiffe des Cheops.«

Beim ägyptischen Brettspiel, das der Vorläufer des heutigen Schach-Spiels (»Schach matt« = »der König ist tot«) ist, haben wir es in erster Linie mit einem Spiel zu tun, bei dem die Jenseitswege der Verstorbenen nachvollzogen wurden. Hierbei sind viele Hindernisse zu überwinden, wobei Felder existieren, die als gefährlich gekennzeichnet sind und den Spieler auf seinem Weg zum Ziel blockieren oder zurückwerfen sollen. Deshalb setzen Darstellungen in den ägyptischen Gräbern den Verstorbenen gern vor ein solches Spielbrett, um seinen Weg in die Jenseitsregion symbolisch anzudeuten und um den Triumph über die Feinde sowie die Überwindung der Hindernisse vorwegzunehmen. Erik Hornung kommentiert das auf folgende Weise:

»Das Totenbuch hat die Szene mit dem Brettspiel in die Illustration zum wichtigen Spruch 17 eingeführt. Sie folgt dort auf eine erste Szene, die den Toten beim Ein- und Ausgehen im ›Westen‹, also im Totenreich, zeigt; so ist sie deutlich als symbolische Zusammenfassung seines gesamten Jenseitsweges zu verstehen, bevor dann die einzelnen ›Stichworte‹ des Spruches illustriert werden.«

Deshalb gehen auch hier die Interpretationsversuche der Ägyptologen auseinander: Die einen sehen in diesen Zergliederungen eine »Sitte« und andere wiederum eine vorsätzliche »Handlung«, um den »alten, sündigen Menschen zu vernichten und ihm einen reinen und sündlosen neuen Anfang zu geben«.

Professor Hans Bonnet kommentiert diese Interpretationen in dieser Form:

»Auf die letzte Deutung braucht nicht weiter eingegangen zu werden; sie ist völlig undiskutierbar. Aber auch die erste unterliegt angesichts der Stärke, mit der Jenseitsglaube und Totensitte auf die Erhaltung der körperlichen Unversehrtheit des Toten dringen, von vornherein ernsten Bedenken.«

Die Wissenschaft tut sich heutzutage nicht mehr schwer, das genaue Alter von Mumien zu bestimmen. Wir sind nicht mehr auf Grabbeigaben, Verbandsmuster oder Sargformen angewiesen, sondern können uns der Kohlenstoff-14-Methode bedienen. Diese Methode zur Altersbestimmung wurde vom amerikanischen Chemiker und Physiker Willard Frank Libby (1908–1980) entwickelt und dient der Datierung abgestorbener organischer Stoffe wie Knochen oder Holz. In unserer Erdatmosphäre werden in etwa 15 Kilometer Höhe durch kosmische Strahlung energiereiche Neutronen erzeugt. Trifft nun ein solches Neutron auf ein Stickstoffatom, so wird durch Kernreaktion bei Abgabe eines Protons ein radioaktives Kohlenstoffatom mit dem Atomgewicht 14 ($14C$) gebildet, das mit dem Sauerstoff der Luft zu Kohlendioxid ($14CO_2$) oxidiert. Diese radioaktiven $CO_2$-Moleküle werden nach Ansicht der Wissenschaft in der gesamten Erdatmosphäre, in den Ozeanen und auch in der Biosphäre gleichmäßig verteilt. Dabei stellt sich ein weltweit konstantes Verhältnis zwischen der Menge des radioaktiven und des normalen Kohlenstoffs mit dem Atomgewicht 12 (12C) ein (auf eine Billion normaler 12CO2-Moleküle kommt nur ein einziges 14C-Molekül. Das Verhältnis der beiden Kohlenstoffisotope ist deshalb konstant, weil ebensoviel 14C ständig neu gebildet wird, wie solches durch Radioaktivität zerfällt.

An diesem konstanten Verhältnis hat auch die gesamte belebte Natur Anteil. Durch die Fotosynthese gelangt die Mischung der beiden Kohlenstoffisotope auch in die Pflanzen, später nehmen Tiere und Menschen diese dann über die pflanzliche Nahrung auf. Stirbt ein Lebewesen, so wird die Zufuhr von neuem 14C unterbrochen. Das noch vorhandene 14C zerfällt jedoch aufgrund seiner Radioaktivität weiter mit einer Halbwertszeit von 5.730 Jahren. Dies bedeutet, daß nach diesem Zeitraum in den Resten des Lebewesens nur noch die Hälfte des ursprünglich vorhandenen radioaktiven Kohlenstoffes enthalten ist. Nach weiteren 5.730 Jahren ist in den Überresten nur noch ein Viertel des radioaktiven Kohlenstoffs enthalten, usw. usf.

Um das Alter organischer Reste zu berechnen, muß man also das derzeitige Verhältnis von 14C zu 12C bestimmen und kann so unter Berücksichtigung der Halbwertszeit auf die Zeit schließen, die seit dem Tod des lebenden Gewebes vergangen ist. Die Strahlungsimpulse, die durch den radioaktiven Zerfall entstehen, werden gezählt, so daß man das Alter einer organischen Probe relativ genau bestimmen kann.

Es liegt aber in der Natur der Sache, daß auch die C14-Methode ihre Grenzen hat. Aufgrund der Halbwertszeit von C14 können nur solche Proben sinnvoll altersbestimmt werden, die nicht älter als 40.000 Jahre sind. Unter anderem aus diesem Grund hat man in den letzten 20 Jahren weitere Altersbestimmungsverfahren entwickelt, so z. B. eine, die sich auf die Reaktion von Aminosäuren und die Brechung von polarisiertem Licht stützt.

KAPITEL 6

# KOSMISCHE SPUREN

Seltsamerweise wollen viele der heutigen Gelehrten nicht wahrhaben, daß der Reichtum und die Stabilität des alten Ägypten sich immer nur nach der jeweiligen Beziehung des Pharaos zu den Göttern ausrichtete. So war der Pharao selbst ein alleiniger Herrscher, der seine Macht stets von den Göttern herleitete und das Verbindungsglied zwischen den Göttern und den Menschen darstellte. Die Vermittlerrolle des Pharao war ganz bedeutend, um die göttliche Ordnung zu erhalten, die das gesamte Universum beschützte. Eine ähnliche Rolle wie die des ägyptischen Pharaos übten im Christentum, dem Islam und dem Judentum die »Engel« aus. Übersetzt bezeichnete dieser Begriff ebenfalls einen »Boten« (arabisch »Malek«, hebräisch »Malach«) oder ein »Zwischenwesen«, das ähnlich wie der ägyptische Pharao eine »Vermittlerrolle« zwischen den Göttern und den Menschen ausübte.

Ob sich die jüngeren Kulturen der ägyptischen Vorlage bedienten oder ob wir es auch hier mit tatsächlichen göttlichen Begegnungen zu tun haben, werden wir in diesem Kapitel etwas genauer analysieren. Denn seltsamerweise sieht die Archäologie in den Mythen der Kulturen nach wie vor nur eine unrealistische Berichterstattung seitens unbekannter Dichter. Dabei haben diese Überlieferungen in den meisten Fällen bis heute nichts von ihrer Aktualität eingebüßt, da diese »heiligen Erzählungen« mehr sind als nur eingespeicherte Lebensgeschichten, die frühere Menschen erlebt haben. In ihnen wurden nicht nur emotionale Erfahrungen und konkrete Lebenssituationen realistisch dargestellt, sondern auch auf symbolische Weise »phantastisch anmutende« Dinge festgehalten, die von den Gelehrten heute nur noch als Märchen klassifiziert werden. Dabei publizierte beispielsweise der Franzose Antoine Joseph Pernety bereits 1786, also noch vor dem Eintreffen von Napoleons Militärarmada in Ägypten, ein Buch über die ägyptischen und griechischen Fabeln, worin der Autor behauptet, alle Mythologien in ihren Ursprüngen erklären zu können. Seiner Meinung nach dienten die Sagen, Fabeln, Allegorien, Symbole und Hieroglyphen nur dazu, das geheime hermetische Wissen weiterzugeben und es dennoch in seiner wahren Bedeutung geheimzuhalten. Nur deshalb ist wohl der Zugang zum Wissen der Ägypter so schwierig geblieben, weil diese Kenntnisse in erster Linie mythologisch-poetisch formuliert waren.

*Was verbirgt sich hinter diesen Überlieferungen tatsächlich?*
Schon der Brite William Kingsland stellte sich 1930 die gleiche Frage. Auch wollte er wissen, ob denn nicht vielleicht die Pyramiden Ägyptens irgendwelche geheimen Kammern beinhalten könnten, die uns über das alte hermetische Wissen der Pharaonen Aufschluß bieten könnten. Diese Vermutung übernahm er aus arabischen Überlieferungen, die anfangs des 15. Jahrhunderts von dem Gelehrten Muhammad al-Makrizi (1364–1442) im Kapitel »Hitat« seines Werkes »Topographische und historische Beschreibung Ägyptens« zusammengefaßt wurden. Kingsland kam schließlich zu der Erkenntnis, daß die ägyptischen Totenkultzeremonien vermutlich ursprünglich in den Nebenkammern der Pyramiden abgehalten wurden und somit die Pyramide eine Art »Brücke ins Jenseits« darstellte, in dem sich auch die Götter befanden. Er hatte zudem anhand der verschiedensten Totenbücher der Ägypter Hinweise gesammelt, aus denen hervorging, daß der Tote, der diese Welt hinter sich gelassen hatte, feindlichen Kräften ausgesetzt war und über ein »Tor« in das Reich des Osiris eingehen durfte.
Im Jahre 1996 untersuchte der Direktor des Giseh-Plateau, Zahi Hawass, dann zufällig die zwei von der Chephren-Pyramide zum Taltempel herunterführenden Steinrampen. Dabei entdeckte er in dem Fels unter den Rampen geschlagene Tunnelverläufe, die zudem mit Ziegelsteinmauern versehen worden waren und eine Art Korridore bilden. Diese Tunnelverläufe, deren eigentlicher Zweck noch nicht restlos aufgeklärt worden ist, werden von den Ägyptologen als »symbolische Kanäle« interpretiert. Nach der Ansicht der Ägyptologen waren das symbolische Wasserläufe, die, von den Rampen ausgehend bis zur Nord- und Südtür, den Taltempel König Chephrens durchquerten. Demnach müßte der Taltempel viel mehr in den Totenkult der Ägypter einbezogen gewesen sein als bislang angenommen wurde. Mark Lehner schreibt:
»Vom ›Ibu‹ wurde die Leiche ins ›Wabet‹ gebracht – einer Abteilung aus dem Wort für ›rein‹. Im Grab Pepi-Anchs heißt es ›Reiner

152

Ort der Umhüllung‹. Gemeinhin
wird ›Wabet‹ mit ›Begräbnis-
werkstatt‹ übersetzt und gilt als Ort
der Einbalsamierung. Man hat gesagt, das königliche ›Wabet‹ habe
vielleicht im Totentempel gestanden,
aber Texte und Bilder deuten eher
darauf hin, daß das ›Wabet‹ im Tal
(Taltempel?) und nahe der ›Ibu‹
stand.«

Der österreichische Ägyptologe
Dieter Arnold und andere bezweifeln jedoch, daß die Pyramidentempel und Pyramidenaufwege bei den
Beisetzungsfeierlichkeiten überhaupt benutzt wurden. Ein Argument ist architektonischer Natur:

*Abb. 61: Taltempel*

Die Räume und Durchlässe seien für einen Trauerzug viel zu eng
gewesen.

**Welchen Zweck hatte der Totentempel aber dann?**
Außer astronomischen Bezugspunkten zum Stern Sirius scheint der
Totentempel zumindest eine weitere Aufgabe besessen zu haben,
indem er dem toten König als ewige Residenz diente, da er weitgehend dem Palast ähnelte, den der Pharao zu Lebzeiten bewohnt
hatte.
Vermutlich verwunderte Professor Otto Neugebauer in den 1970er
Jahren mit seinem völlig übereilten, strengen Verdikt und einem
vernichtenden Urteil über die erreichten wissenschaftlichen Kenntnisse der alten Ägypter die übrige Welt der Ägyptologen so sehr,
daß sich deshalb keiner mehr wirklich traute, die Ansichten des
Kenners der antiken Astronomie anzuzweifeln. Neugebauer sagte:
»Ägypten bietet den außergewöhnlichen Fall einer Hochkultur, die
Jahrhunderte lang in Blüte stand, ohne dabei irgend etwas zur Entwicklung der exakten Wissenschaft beizutragen.«

So meinte Neugebauer beispielsweise, daß die astronomischen
Beobachtungsmethoden im Pharaonenreich primitiv und die Er-

kenntnisse über Planetenbahnen sowie Sternenkonstellationen in Ägypten unbedeutend gewesen seien. Das ist aber undurchdachter Unsinn! Zugegeben: Wo noch Ungewißheit vorliegt, existiert ein weiter Raum für Spekulationen. Doch sollte man in der Tat stets versuchen, zwischen Spekulation und Hypothese zu unterscheiden. Letztere gehört eigentlich zur Arbeitsmethode jeder Wissenschaft, geht in aller Regel immer von einem gesicherten Ergebnis aus und eröffnet Möglichkeiten, hinter denen das Fragezeichen stets sichtbar bleibt. Die reine Spekulation dagegen, meint die Wissenschaft, wird von Autodidakten ohne jede Hemmung aufgestellt, so daß bei den Laien meistens nicht einmal die Ausgangspunkte »gesichert« sind, sondern immer nur »gewollt«.

Das ist meines Erachtens abermals Unsinn! Bei näherer Betrachtung trifft das Letztere nämlich gerade auch auf Teilbereiche der etablierten Wissenschaft und ihre vorbildlichen Vertreter wie Otto Neugebauer zu. Allein schon die Aufteilung des Tages in 24 Stunden ist im Grunde ein altes astronomisches Erbe aus Ägypten. Eine technische Sonnenuhr erwähnt erstmals König Thut-mosis III. (1478–1434 v. Chr.) in seinem Bericht über die »Megido-Schlacht«, die vor 3.450 Jahren stattfand. Doch bereits 1.200 Jahre, bevor die Ägypter die helle Tageszeit mit einfachen, Schatten werfenden Stäben strukturierten, hatten sie das Reich der Nacht längst aufgeglie-

*Abb. 62: Astronomisches Relief.*

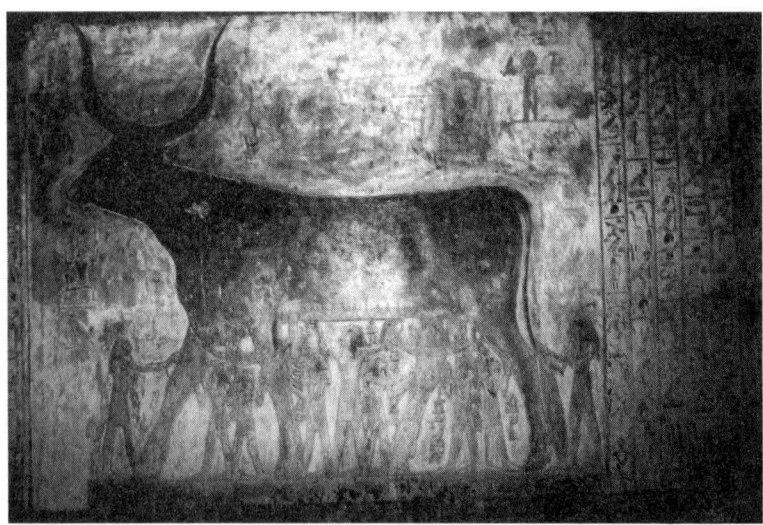

*Abb. 63: Astronomische Darstellung über die Himmelskuh
(ägyptische Sintflutvariante).*

dert. Vermutlich schon unter König Djoser (2644–2623 v. Chr.)
bestimmten priesterliche Stundenbeobachter, postiert auf Tempel-
und Palastdächern, die Zeit anhand von Sternentabellen. Die Auf-
gänge von zwölf Sternen über dem Horizont markierten jeweils
einen stundenähnlichen Abschnitt. Weil sich jedoch infolge des
Sonnenumlaufs der Erde der überschaubare Himmelsausschnitt verändert, verschiebt sich das Erscheinen einer bestimmten Stern-
sequenz nach zehn Tagen um etwa 40 Minuten nach vorn. Nun
zeigte der ursprünglich zweite (Dekan) die »erste Stunde« an, während der einst erste (Dekan) entfiel und am Ende der Nacht ein
neuer hinzukam. Erik Hornung erklärt das auf folgende Weise:
»Eine weitere Gruppe, am Ende des oberen Registers, besteht aus
zwölf Göttinnen, ›welche den Großen Gott geleiten‹. Es sind die
zwölf Nachtstunden, als Frauen personifiziert und in anderen Darstellungen auch als Sterne gesehen.«

Wie ein Papyrus aus dem 13. Jahrhundert v. Chr. beweist, wurde
selbst die saisonale Veränderung (Sommer/Winter) der Tag- und
Nachtlänge von den Priesterastronomen berücksichtigt. Daher gibt
es inzwischen Astronomen, wie beispielsweise den Schweizer Kurt

Locher, die den Vorgaben von Neugebauer nicht mehr folgen wollen, weil sie die Ansicht vertreten, daß im alten Ägypten bereits hervorragende Beobachtungen der Gestirne vollbracht wurden. Der Ägyptologe Rolf Krauss vom *Ägyptischen Museum* in Berlin sagt ebenfalls:

»Es ist nicht zu verachten, was bereits im dritten Jahrtausend v. Chr. an kalendarischen und astronomischen Einsichten vorhanden war.«

Doch obwohl Sternenuhren nach Ansicht der Ägyptologenschaft ursprünglich zur Zeitmessung dienten, fanden sie sich bislang nur auf Särgen gemalt oder in Tempeldecken und Tempelarchitrave gemeißelt.

*Aber warum?*

Die Wissenschaftlerin Alexandra von Liven von der *Freien Universität Berlin* erkennt darin einen weiteren Beweis für den starken religiösen Bezug der Astronomie:

»Denn auch in den Dekanen erkannten die Ägypter Götter. Und so sollte der Verstorbene durch die Sternuhr eher in den Lebenszyklus der Dekane eingebunden werden als Wissen über den Zeitstand.«

Doch im Gegensatz zu den astronomischen Kenntnissen aus der Formulierung der Sternenuhren wird in den Unterweltsbüchern der Ägypter nicht nur in Stunden gemessen, sondern auch räumlich. Hornung meint:

»Die beiden Zeitbegriffe ›Nehneh‹ und ›Djet‹ weisen auf einen Doppelaspekt der Zeit, auf Kontinuum und Diskontinuum, auf stehende und fließende Zeit, auch wenn sie in aller Regel synonym oder nebeneinander gebraucht werden. Sie gehören zur geschaffenen Welt, meinen also keine ›Ewigkeit‹ außerhalb der Zeit.«

*Worauf deutet dieser Hinweis tatsächlich hin?*

Was die Vielzahl heutiger Philologen als »Unterwelt« falsch übersetzt, bedeutet in Wirklichkeit wörtlich »Weltinnenraum«. Damit bezeichneten die Ägypter Reisebeschreibungen zu den unvergänglichen Sternen im unendlichen Weltraum. Erik Hornung meint diesbezüglich:

»Damit bezeichneten die Pharaonen die Wasser (Urgewässer Nun)

und die Finsternis der Himmelstiefe, die nicht nur als Unterwelt
und Erdtiefe gesehen wurden.«

Das Weltall war für die Ägypter dennoch stets »geheimnisvoll« und
»verborgen«. So besitzt auch das Buch »Amduat« als einziges Unter-
weltsbuch einen originalen Titel, der wörtlich »Schrift des verborgenen Raumes« lautet. Selbst die moderne Bezeichnung »Das, was
in der dat ist« (»dat«/»Weltraum«) läßt erkennen, daß damit nur
die »kosmischen Spuren« zu den Göttern erklärt wurden. Dazu
bedienten sich die Priester eines
»Wissens«, das wörtlich »neunmal«
und vom Sinn her als »sehr viel« bezeichnet wird. Damit meinte man ein
altes, göttliches Wissen, das nur der
Priesterschaft vorbehalten war – die
Reisewege nämlich, die immer wieder in den Sonnenbarken bewältigt
werden mußten, damit die Götter in
ihre Heimat gelangen konnten. Diese Aufzeichnungen sind allerdings
kryptographisch (verschlüsselt) vorgenommen worden, und wie es beispielsweise das Unverständnis von
Otto Neugebauer über den altägyptischen Wissenschaftsstand beweist,
bisher völlig mißverstanden worden.
Denn auch für die räumliche Weg-

*Abb. 64: Verborgene*
*Wegbeschreibungen.*

beschreibung der Sonnenbarke wurde eine Einteilung der Abschnitte in Stunden vorgenommen. Jede Stunde (außer der ersten) hat
eine horizontale Zeile als Überschrift, die in Stichworten wichtige
Vorgänge dieser Stunde umschreibt und dazu einen Nützlichkeits-
vermerk sowie Richtungsvermerke enthält. Dazu kommt eine kurze Einleitung in vertikalen Zeilen, die den Namen der Stunde, des
Tores und der sogenannten »Jenseitsregion« angibt. Dabei wird eine
deutliche Trennung der Stundenabschnitte gebildet, und nur die
drei ersten Stunden besitzen jeweils noch einen langen Schlußtext.
Darüber hinaus ist das »Amduat« das erste durchgehend illustrierte Buch, wobei Text und Bild eine Einheit bilden und die Texte

*Abb. 65: Ägyptischer Totenkult.*

immer wieder auf die Bilder hinweisen. Anhand der unfertigen Partien in den Gräbern von Haremhab und Pharao Sethos II. kann man heute sehr gut erkennen, daß zuerst die Bilder und dann erst die zugehörigen Texte auf die Grabwände übertragen wurden. Die Darstellungen und ihre Beischriften sind in drei Registern angeordnet, wobei die Sonnenbarke stets im mittleren Register erscheint. Dieses beschreibt auch das zentrale Thema der Stunde, während das obere Register sich allgemeinen Phänomenen des Jenseits zuwendet. Besonderheiten bieten die erste Stunde mit ihrer Verdopplung des mittleren Registers (beide Hälften von einer Barke eingeleitet) und der listenförmigen Aufzählung von Gottheiten in den beiden anderen sowie die vierte und fünfte Stunde mit ihrer teilweisen Verschränkung der Register. Nur in diesen beiden Stunden sind einzelne Beischriften in Kurzform und enigmatisch geschrieben. Erik Hornung meint über die restlichen Stunden:
»Die Götternamen bieten auch in den übrigen Stunden neben der ›normalen‹ häufig eine verkürzte Schreibung, die man in den meisten Fällen allerdings nicht als enigmatisch bezeichnen kann.«

Überdies wird bei den Texten oft eine rückläufige Schrift bevorzugt, und auch die Darstellungen sind meistens rückläufig zu lesen.
*Was hat das alles zu bedeuten?*
Wer im alten Ägypten die Schwelle des Todes überschritten hatte, bewegte sich nach den damaligen Vorstellungen ebenfalls unter Göttern, weil er einer von ihnen wurde. In den Darstellungen der Unterweltsbücher lassen sich die »echten« Götter durch Götterbart und

Attribute von den seligen Toten unterscheiden, aber an anderen Stellen sind unterschiedslos die Bewohner des Jenseits gemeint. Dabei war der »ka« die generische Lebenskraft und der »ba« das Ansehen oder die spezifische Erscheinung einer verstorbenen Person. Oft wird der »ba« mit »Seele« übersetzt und gilt neben dem »ka« und »ach« als Teil des ganzheitlichen Selbst. Bei genauer Prüfung zeigt sich jedoch, daß »ba« und »ach« eigenständige Entitäten sind. Erik Hornung schreibt:

»Zu einem ›ach‹, einem seligen Totengeist, möchte jeder Verstorbene werden – jedes Wort, das etwas ›Leuchtendes‹ bezeichnet, wird niemals für Lebende verwendet, sondern immer für Bewohner der jenseitigen Welt und gern im Austausch mit den ›Göttern‹.«

Der »ba« indes scheint zudem eine eigene Leiblichkeit zu besitzen und beispielsweise essen, trinken, reisen und kopulieren zu können. Er wird mit der Ibis-Hieroglyphe, und ab der 18. Dynastie mit einem Menschenkopf dargestellt. Die »bas« der Götter waren ihre Manifestationen in der Natur – Sterne, leblose Dinge, sogar andere Götter und insbesondere Paviane, über die Hornung meint: »Sie verkehren mit Ra in einer ›geheimen Sprache‹, die kein lebender versteht, nur Götter und Tote kennen diese Sprache [...]«

*Abb. 65: Darstellung eines vergessener Kultes?*

So wird der Wind zum Beispiel als »ba« des Luftgottes Schu bezeichnet, dessen Name nach Christian Jacq »die leuchtende Luft« bedeutet. Überhaupt gehört die Gottheit Schu als Sohn des Ra zu denen, die nicht nur zu den »Toröffnern« der Unterwelt zählen, sondern auch zu den Wesensheiten, die diese »Geheimsprache« in allen Details kannten.

Weiter berichtet Hornung:
»Als erster König läßt sich der große Sonnenverehrer Echnaton zusammen mit den Pavianen abbilden. Durch die Macht ihrer Worte

öffnen sie Ra als dem ›Großen ba‹ die verschlossenen Tore des Horizonts, so daß er in seiner Barke in die Unterwelt einfahren kann. Hinter ihnen erscheinen noch andere jubelnde Wesen [...]«

Ebenso sind die »ba« des Königs Bekundungen seiner Macht. Auch Städte hatten ein »ba«. Doch im Leben offenbarte sich diese Macht hauptsächlich über den Körper. Im Tode hingegen wird der Leib leblos; Persönlichkeiten und Status der Person schlugen sich damit in diesem geheimnisvollen Wesen nieder, das ins Reich des Nachlebens reisen und jederzeit zum Grab zurückkehren konnte. Im Nachleben konnte der »ba« aber nicht funktionieren, wenn der Körper verweste und verfaulte; deshalb mußte der Leib allem Verweslichen entkleidet werden. Mark Lehner meint, daß die Sargtexte dem Toten folgendes verkündeten: »›Dein *ba* erwacht auf deinem Körper‹, doch dazu mußte der Körper ›fest‹, ›haltbar‹, ›stabil‹, ›dauerhaft‹, ›solide‹ und ›ganz‹ gemacht werden.«

Wie überall in der Welt gab es auch bei den ägyptischen Riten des Übergangs in einen höheren Zustand eine Phase der Beseitigung und Auflösung der Erkennungsmerkmale des Lebens. Als Sammlung entfleischter Knochen, getrockneten Fleisches und von Haaren sah der nackte Leichnam eines Königs aus wie jeder andere. Das Begräbnisritual stellte den Status und die Persönlichkeit wieder her, nunmehr als »ba«. Die Pyramidentexte sprechen von der Verleihung der Königsinsignien – des Uräus und des Horus-Auges – an den König. Für den Durchgang durch die Himmelspforten legt der König schließlich ein »ba-Kleid« an, das eine heilvolle Reise »ohne Beschädigung« gewährleisten soll.
So wundersam diese neue Existenz sein mochte, sie war nur Teil der finalen Verwandlung. Es folgte eine Reise zum Himmel, zum Sonnenlicht, zu den Sternen. Im himmlischen Bezirk erhoffte der Tote einen höheren Status, der nur der Gottgleichheit nachstand – die Auferstehung als »ach«.
*Wohin führte die Reise?*
Erik Hornung meint:
»Die Formulierung in unserem Text, wonach die Sterne ihr vorausziehen, erinnert an die Vorstellung, daß die Sonnenbarke zu den

*Abb. 66: Himmelsdarstellung*

›Unermüdlichen‹ und den ›Unvergänglichen‹ (Zirkumpolaren) Sternen dahingezogen wird.«

Den Pyramidentexten zufolge steigt der König zur Himmelskönigin Nut auf und hinterläßt dabei »einen Horus«, was einem neuen, lebenden Körper entsprach. In der Vereinigung mit den unvergänglichen Sternen wird der König schließlich zum »ach«. Das wird oft mit »Geist« oder »geistiger Zustand« übersetzt. Der Name stammt aber tatsächlich von dem Wortstamm für »strahlendes Licht«, dessen Schriftzeichen der Haarschopf des Ibis ist, als verkläre der Schopf den gewöhnlichen Ibis des »ba«. Hornung empfiehlt in diesem Fall deshalb:
»Es empfiehlt sich daher, keinen der ägyptischen Begriffe wie ›ba‹, ›ka‹ oder ›ach‹ mit ›Seele‹ zu übersetzen, sondern sie unübersetzt stehen zu lassen.«

Nach Hornung bezeichnete der »ach« auch eine Art der »Umhüllung« und ist die auferstandene, verklärte Form des Toten im Nachleben. Das Wort »ach« bedeutet auch »wirksam«, »nützlich« und »heilsam«. Die Vereinigung des »ba« mit dem »ka« wird durch das Begräbnisritual bewirkt und führt zur finalen Verwandlung des Toten zum »ach«. Als Teil des Sternenhimmels, den die Pyramidentexte und das Totenbuch »ach-ach« nennen, kann sich der König frei auf und über der Erde bewegen. Wie der »ba« war für die Ägypter auch der »ach« eine vollständige Einheit, die mit »ka« und »ba« koexistierten. Ein »wirkungsvoller«, wohlgerüsteter »ach« ähnelt nach Ansicht der Ägyptologen unserem Konzept eines Geistes, denn er konnte die Schwelle zwischen den Welten überschreiten und aus dem Grabe heraus positiv oder negativ auf das Reich der Lebenden einwirken. Ein »ach« zu sein, brachte praktische Alltagsverantwortlichkeiten mit sich.

*Welches Geheimnis verbarg sich hinter dieser Verwandlung?*
Die älteste Nachlebensliteratur, die Pyramidentexte, betont die göttliche Welt des Himmels mehr als die irdische Unterwelt. Ziel des Königs war es, »voranzuschreiten zum Himmel zu den Unvergänglichen« und »gemeinsam mit Ra um den Himmel zu wandern«. Der Himmel, der Abgrund, das »duat« (»Unterwelt« – nicht zu verwechseln mit »dat«/»Weltraum«), und das »achet« (»Horizont« oder »Hemisphäre«) bildeten die Hauptelemente der Topografie des Nachlebens. Neben den Göttern war der Himmel (»pet«) be-

wohnt von den »kas«, »bas«, »achs« und den Vögeln. Die Pyramidentexte erwähnen dort den Sonnengott Ra, die Himmelsgöttin Nut, Osiris, Horus und sogar den Erdgott Geb. Die »Unvergänglichen« befinden sich als Zirkumpolarsterne etwa 26 bis 30 Grad über dem Nordhorizont der Pyramidenzone.

*Abb. 67: Zeremonielle Darstellung des Osiris.*

Da sie um den Himmelsnordpol kreisen und weder auf- noch untergehen, zielten die langen engen Passagen, die an der Nordseite der Pyramiden von der Grabkammer nach oben führen, wie ein Fernrohr in ihre Richtung. Einlässe auf beiden Seiten des Himmels ließen Götter und Könige durch, versperrten aber Gemeinen und Fremden den Weg. Diese Exklusivität spiegelt sich möglicherweise in den Türen der Pyramidentempel wider, durch die nur Priester gehen durften. Die Weite des Himmels wurde als Oberfläche eines riesigen Gewässers begriffen, über das König und Götter auf Schilfflößen oder Barken fuhren. Zahlreiche Kanäle und Seen oder Bekken in diesem Bild implizieren auch vereinzelte Landabschnitte im Himmel, die im Westen und Osten seine Ufer hatten. Die »Milchstraße« war der »feste Pfad der Sterne«, zugleich allerdings auch »Wasserlauf«. Eine wichtige Rolle am Himmel spielten zudem zwei Felder, das »Feld des Schilfs« (ein Morastgelände am Ostufer) und weiter nördlich das »Feld der Opfergaben«. Im Grunde gleicht die ganze Vision dem Niltal zur Überschwemmungszeit.

Nut war die Verkörperung des Himmels. Man stellte sich vor, sie beuge sich über die Erde mit dem Kopf im Westen, wo sie die sin-

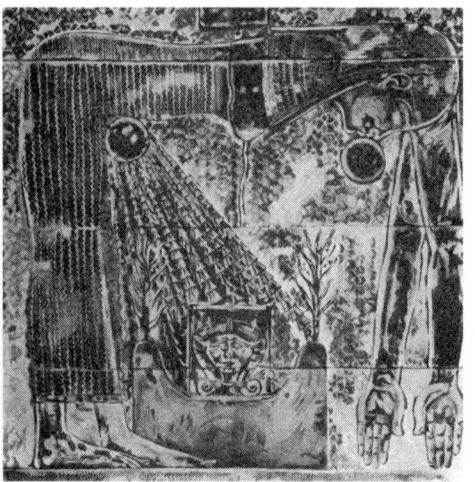

kende Sonne und die untergehenden Sterne verschluckte, und den Lenden im Osten, wo sie die aufgehenden Gestirne gebar. Versteht man Nut als Himmel der Unterwelt, so beugt sie sich bei Sonnenuntergang unter die Erde. Im Neuen Reich wurde daher auf die Unterseite der Königssarkophage ein Bild der Nut eingeschnitzt, wie sie die Seiten »ka« ähnlich umarmt. Das Königsgrab war ein kosmischer

*Abb. 69: Stellte die Göttin Nut die Raumkrümmung dar?*

Mutterleib, wie es auch die Pyramidentexte besagen:
»Du wirst deiner Mutter Nut gegeben in ihrer Gestalt des Sarges. Sie umfängt dich in ihrer Gestalt des Sarkophags. Du steigst auf zu ihr in ihrer Gestalt des Grabes.«

Das deutet, daß die abfallenden Pyramidengänge zur Grabkammer als zu Nut in der Unterwelt »aufsteigend« empfunden wurden. Das Wort »dat« wurde meistens als Stern in einem Kreis geschrieben, was gleichzeitig einen Verweis auf »Orion« als Sternbild des »Osi-

*Abb. 70: Giseh – Ort des Aufstiegs?*

ris« darstellte. Osiris galt als der Herr der »dat«, wie der Himmel (und das Niltal) Wasserwelt und Erdenbezirk zugleich war. In den Pyramidentexten wird die »dat« zum Teil auch mit der Erde sowie einer dunkleren Region unmittelbar darunter verbunden. Aker, der Erdgott in Form eines doppelten Sphinx, war die Pforte – schon hier taucht also der Sphinx als Wächter von Pforten auf. Wie bereits erwähnt, wird »achet« von den Ägyptologen gemeinhin mit »Horizont« übersetzt, wo sich Erde und Himmel berühren, aber in der ägyptischen Weltvorstellung bedeutete es sehr viel mehr. Mit derselben Wurzel wie »ach« war es der Ort, an dem die Toten zu wahren Bewohnern der Welt jenseits des Todes verwandelt wurden. Als Teil des Himmels war es zugleich der Ort, an dem Ra und mithin der König in der »dat« neu geboren wurden.

*Lag diesen Vorstellungen vielleicht ursprünglich eine mißverstandene Wissenschaft zugrunde?*

Wie die Himmelgöttin Nut die Welt der Sterne in sämtlichen Darstellungen als »gekrümmten Raum« zeigt, sprechen auch die Astrophysiker bei ihren Betrachtungen des Weltalls von einem gekrümmten Raum, einer Kugel also, deren Ausdehnung zwar endlich, aber unbegrenzt ist. Das scheint sich auf den ersten Blick zwar zu widersprechen, läßt sich aber dennoch erklären: Ein sich im Weltall bewegender Körper stößt somit zwar an keine Grenzen, kommt aber eines fernen Tages an seinen Ausgangspunkt zurück. Alle Sterne bewegen sich nach dieser Vorstellung im Inneren einer Riesenkugel, aus der es kein Entweichen gibt. Erschwert wird dieses Vorstellungsbild jedoch dadurch, daß dieser kugelförmige Raum nicht dreidimensional ist, wie wir es aus dem Alltagsleben von allen Körpern gewohnt sind, die über eine bestimmte Höhe, Breite und Tiefe verfügen, sondern vierdimensional. Albert Einstein begründet die vierte Dimension in seiner Relativitätstheorie, in der er die Zeit als viertes Faktum mit einschließt.

Ergänzend zu dieser Theorie entwickelten Einstein und Nathan Isaac Rosen im 20. Jahrhundert überdies eine erweiterte Theorie, die sie »Einstein-Rosen-Brücke« nannten. Darin stellen sie das Modell für quantenmechanische Wahrscheinlichkeitsaussagen vor, in dem sich kosmische Reisevorhaben von einem Punkt A nach B in einer kürzeren Zeit, als es mit der Lichtgeschwindigkeit möglich wäre, realisieren lassen. Dazu bewegen sie sich in ihrem Modell in dem Nullpunkt von Raum und Zeit, den die Astrophysiker »Singularität« nennen. Den Zugang in diese zeitlose Passage denken sie sich über ein sogenanntes »Schwarzes Loch« zu verschaffen. Wie bereits in Kapitel 1 erwähnt, bezeichnet man in der Astronomie damit kosmische Körper, die ein so starkes Gravitationsfeld besitzen, daß selbst Lichtstrahlen gebogen werden und diese Zone danach nicht mehr verlassen können. Demnach besagt die »Einstein-Rosen-Theorie«, daß das Raum-Zeit-Kontinuum dafür sorgen könnte, an einem anderen Ort und in einer anderen Zeit hervorzutreten, wenn die Raumzeit gekrümmt wäre.

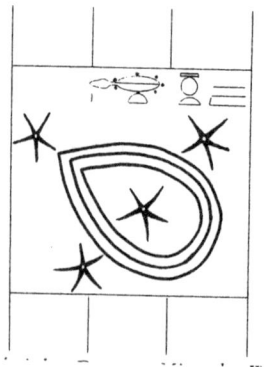

Abb. 71: Schwarzes Loch bei den Ägyptern?

Heute gibt es bereits Hypothesen, nach denen in den nächsten 700 Jahren unsere technologische Entwicklung Raumschiffe hervorbringen könnte, die vielleicht in das Gravitationsfeld eines Schwarzen Lochs einzudringen in der Lage wären. Wir müssen dabei allerdings berücksichtigen, daß, wenn ein ungeeignetes Raumschiff ohne entsprechende Voraussetzungen in ein Schwarzes Loch einträte, es dann sicherlich durch die Singularität schlichtweg »zerdrückt« werden würde. Ein Eintreten in die zeitlose Passage wäre theoretisch nur dann zu realisieren, wenn man mit der Rotationsgeschwindigkeit des Schwarzen Lochs dort hinein fliegen könnte. Nach den heutigen Berechnungen liegt diese Geschwindigkeit bei 200.000 Kilometern in der Sekunde. Wenn also ein möglicherweise für die menschliche Spezies herstellbares Raumschiff seine Geschwindigkeit mit dem rotierenden Gravitationsfeld tatsächlich in Übereinstimmung bringen könnte, müßte sich nach Einstein/Rosen ein etwa »600 Meter hohes, rechteckiges Tor« zu einem anderen Bereich des Universums öffnen. In dem Augenblick, in dem das Raumschiff dieses »Tor« erreicht, wird es für seine Beobachter unsichtbar. Diese zeitlose Passage, welche die verschiedenen Bereiche des Universums verbinden soll und in der die Raumschiffe sich nur »rückwärts« bewegen können, nennt man »Einstein-Rosen-Brücke«.

Nach meinen Überlegungen scheinen die alten Ägypter genau dieses moderne Wissen unserer Astrophysik in ihrem Jenseitskult unverstanden bewahrt zu haben. Wie bereits erwähnt, führte die Transfiguration einen Verstorbenen zwar in eine »Unterwelt«, doch die räumliche Reisebeschreibung fand stets entlang der Hemisphäre statt. Somit erhebt sich die Frage, ob die in Versen geschriebenen Jenseitstexte nach unserem heutigen Verständnis keine Phantasien waren, die zu Mythologien wurden, sondern Schilderungen und Darstellungen kosmischer Spuren, die einst die Götter hinterließen.

*Wie läßt sich dieser Sachverhalt aufklären?*
Dr. Hans-Georg Bartel schreibt in »Zum komplementären Aspekt der ägyptischen Weltordnung Maat«:
»Es ist von dem Ägyptologen Erik Hornung angeregt worden, im Zusammenhang mit dem Denken und den theoretischen Vorstellungen Ägyptens im Begriff der Komplementparität den Schlüssel, der vielleicht eine logische Struktur öffnet, zu suchen. Die angesprochene Komplementparität meint die durch den Physiker Niels Bohr (1885–1962) vor siebzig Jahren bei der Erklärung der Quantentheorie gewissermaßen wiederentdeckte fruchtbare Denkweise, deren große Reichweite über Naturwissenschaften hinaus bereits von Bohr betont wurde und beispielsweise in den beiden allgemein gehaltenen Definitionen zum Ausdruck kommt.«

Die etablierte Wissenschaft hat kein wirkliches Interesse, derartigen Gedankenmodellen zu folgen, um sie ernsthaft zu untersuchen. Doch bereits der griechische Philosoph Plutarch von Chaironeia (46–122 n. Chr.) schreibt in Kapitel 44, 61 seiner »Peri Isidos:«
»Unter Anubis versteht man den horizontalen Kreis, der den un-

sichtbaren Teil der Welt – sie bezeichnen ihn als Nephtyhs – vom sichtbaren trennt, dem sie den Namen Isis geben, und da der Kreis sowohl den Bereich des Lichtes wie den des Schattens berührt, kann er als beiden zugehörig gelten, woraus sich in ihrer Vorstellungswelt eine Ähnlichkeit zwischen Anubis und dem Hund ergibt, denn man beobachtete, auch Hunde wachen ja tagsüber ebenso wie nachts.«

Vermutlich beschreibt Plutarch die astrophysikalischen Eigenschaften des Sirius, die ihm seine Lebensgefährtin, eine ägyptische Priesterin, erzählt haben muß. Auch der amerikanische Orientalist Robert Kyle Grenville Temple kommentiert Plutarchs Bericht folgendermaßen:
»Man könnte die Schilderung als Beschreibung des Siriussystems auffassen, und außerdem stoßen wir hier auf einen Versuch, die Hunde-Symbolik zu deuten, die stets auf Sirius hinweist, der zu allen Zeiten den Namen ›Hundsstern‹ besaß.«

Weil sich der Orion eine Stunde vor dem Sirius erhebt, schreiben die Ägyptologen diesem Umstand die wachsende Bedeutung des Orionsystems bei der ägyptischen Priesterschaft zu. In Wirklichkeit kreiste das Denken der alten Ägypter aber so intensiv um Sirius, daß der ihm vorangegangene Dekan des Orion lediglich als ein »Tor« und ein »himmlischer Kreuzungspunkt« angesehen wurde. In Kapitel 6, 17 des Totenbuchs heißt es daher:
»Ich gehe auf dem Wege, den ich kenne, vor der Insel der Gerechten. Ich gelange zu diesem Lande der Verklärten des Himmels. Ich trete durch das prächtige Tor.«

Eine der Besonderheiten des Orion ist der »Oriongürtel«, der den Himmelsäquator exakt in einen nördlichen (oben) und einen südlichen (unten) Sternenhimmel teilt. Den Himmelsäquator, den die alten Ägypter durch eine Schlange symbolisierten, nannten sie »Mehen«, was sie im Buch »Amduat«, 119, wie folgt beschreiben: »Lebendige, öffne deine Windung (des Schlangenleibes)! Ich bin gekommen, damit ich den erleuchte, der der Finsternis vorsteht (Osiris), damit ich dem einen Ruheplatz gebe, der im ›Mehen‹ ist.«

Wie aus dem Text zu entnehmen ist, identifizierten die alten Ägypter gerade die auf dem Himmelsäquator befindlichen Gürtelsterne des Orion mit der Gottheit Osiris. Einen Vers später fällt dieser Vergleich sogar noch deutlicher aus: Ra wendet sich an Osiris und nennt ihn »der im ›Mehen‹ ist« sowie »dat-Vorsteher«. Verlängert man diesen Gürtel, dann gelangt man auf der einen Seite zum Aldebaran im Sternbild Stier und auf der anderen Seite zum Sirius im Großen Hund.

**Sind wir auf der richtigen kosmischen Spur?**
Die Ägypter bezeichneten das Himmelsgewölbe selbst als »pet« und schrieben es mit einer geraden, gewöhnlichen Hieroglyphe sowie mit einem selteneren, gebogenen Zeichen. Das letztere wird beispielsweise bei der Beschreibung einer parallelen, zum Himmel zugeordneten »Erde« in der Amun-Ra-Kapelle des Tempels Sethos I. in Abydos verwendet, wo es über die Götter heißt: »Sie sind vom Himmel gekommen, sie sind vom Horizont herabgestiegen.« (Nordwand, östlicher Abschnitt, unteres Register, 2. Szene von links.)

Auch das Buch »Amduat« schildert in der 4. und 5. Stunde, wie der Sonnengott Ra die irdische Welt über ein »Tor« immer wieder aufsuchen und verlassen konnte. Dabei öffneten ihm Gestalten, die »Torwächter« genannt werden, dieses »Tor«, durch das nur Befugte hindurchtreten konnten. Unbefugten war die Benutzung verboten, worauf die Wächter einen Einfluß hatten. Hornung schreibt in diesem Zusammenhang:
»Die Zeit erscheint dort als endlos gewundener blau bemalter Schlangenleib, umgeben von zwölf Stunden der Nachtfahrt, die hier als Frauengestalten abgebildet sind, aber im Text auch als zwölf Schlangen erwähnt werden.«

Bevor man jedoch an diese Stelle des Weltalls gelangen konnte, mußte zuvor die »Aphophis-Schlange« überwunden werden. Die Aphophis, die in den alten Texten

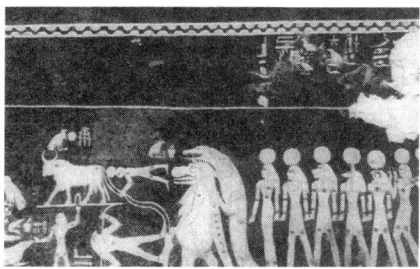

*Abb. 72: Geheime Wege in den Kosmos.*

als »Nehaher« bezeichnet wird und etwa so viel wie »Rauhgesicht«
oder »Stumpfkopf« bedeutet, bildete einen abgeschlossenen Kreis
am Himmel und wurde in den Texten als »schlangenartiger Feind«
der göttlichen Ordnung angesehen:
»Dein Kopf ist abgeschnitten, die Windungen sind zerhackt! Nicht
sollst du der Sonnenbarke näherkommen, nicht sollst du dich dem
Gottesschiff nähern.«

Meistens ist die rauhe Aphophis aber so dargestellt, daß sie sich in
den Schwanz beißt und somit eine kreisförmige Abgeschlossenheit
symbolisiert. Sie wurde jedoch auch zerstückelt dargestellt und im
»Amduat«, 124, als eine Art »Sandbank« bezeichnet:
»Dieser Gott fährt dahin in dieser Stätte im Bild der ›Ringelschlange‹.
So ist er beschaffen bei seiner Sandbank, die in der dat ist. ›Wasser-
bringende‹ (?) ist der Name dieser Sandbank, 440 Ellen (ist sie) in
ihrer Länge, 440 Ellen in ihrer Breite.«

Auch wenn die Maßangaben von 440 Ellen exakt den Seitenlängen
der Großen Pyramide entsprechen, wird in den Texten durch die
Aphophis vermutlich der Asteroiden-Gürtel im Sonnensystem
umschrieben, der sich zwischen den Planeten Mars und Jupiter befindet. Tatsächlich bedroht sie täglich »den Bestand der Welt« und
Ra als »Sonne«. Die Ägypter sahen unter anderem im Sonnenuntergang einen Kampf der Sonne mit dem Schlangendämon, in dem
die Sonne als Sieger hervortritt und die »zerstückelte Schlange« mit
ihrem Blut den Himmel rot färbte. Doch der Schlangendämon verschwindet nach dem Kampf nicht wirklich, denn ihre Körper-
windungen sind stets als kreisförmige »Sandbank« ein fester Bestandteil im Sonnensystem.
Für meine Annahme spricht nicht nur die mythologische Umschreibung dieses Gebildes, wie »einst vernichtet durch die Glut der
Schetit«, sondern auch die Reihenfolge, in der die kosmische Reise
durchgeführt wurde. Der nächste Vers im »Amduat«, 125, bezeichnet die Aphophis darüber hinaus als etwas, das ständig in Bewegung ist und an dem Ra nur unter Schwierigkeiten in seiner Barke
vorbeiziehen konnte:
»Seine (des Aphophis) Stimme ist es, welche die Götter zu ihm leitet. Er bewegt sich, nachdem dieser Gott diese Stätte betreten hat.

Dann verschlingt das ›Fleisch‹ (des Ra) sein Auge in der Erde, damit er (Ra) an ihm (Aphophis) vorbeiziehen kann [...].«

In den Texten wird darauf hingewiesen, daß die Reisenden während der Durchquerung der »dat« in der Sonnenbarke ausschließlich vegetarische Nahrung aufnehmen durften. Würde es sich dabei tatsächlich um Verstorbene handeln, ergibt eine Nahrungsaufnahme keinen nachvollziehbaren Sinn. Deshalb geht die Gottheit Ra in den Versen selbst auf den Zustand der Reisenden ein: »Ra ruft zu ihnen: Als ich euch gefunden habe, habt ihr getrauert, und eure Umhüllungen waren über euch verschlossen. Nun aber gebe ich Atem an eure Nasen und weise euch eure Verklärtheit zu.«

Erik Hornung interpretiert diese Textpassage aus dem Pfortenbuch als eine Situation des »Wiederauflebens der Toten«! Nur die »jaru« (»göttliche Ruderer«), die für die Richtungsweisung der Barke verantwortlich waren, verblieben während der gesamten Reisedauer in einem Wachzustand. Das bedeutet, daß die Glaubensvorstellungen des »Totenkultes« sich aus anfänglich durchlebten Erfahrungen des Menschen herleiten müssen. Denn Fakt ist, daß die Götter den Menschen lediglich zu Arbeitszwecken in ihre Heimat mitnahmen. Und das verhielt sich nicht nur nach den Glaubensvorstellungen der Ägypter so, sondern war von den Göttern auch für das sumerische Volk bestimmt worden.

**Wohin nahm man die Menschen einst mit?**
Mit dem Wort »Beber« bezeichneten die alten Ägypter das »Ausland« und die »Fremde«. Vermutlich leitet sich dieser Begriff aus »Babel« her, wo zum Unglück der Menschheit durch den Eingriff der biblischen Gottheit »Jahwe« die Sprachverwirrung entstand. Deshalb brachten die Ägypter Beber immer mit »Chaos« und »Unglück« in Verbindung. Doch der Ort, zu dem die Menschen in der frühesten Zeit geführt wurden, lag ausschließlich in der unendlichen Weite des Weltraums. Dazu vermaßen die ägyptischen Priester eigens die »Hemisphäre« (»achet«) mit 360 Grad 38 Minuten, um einen vollkommenen Wert für die Entfernungseinheit der Unterweltslänge zu ermitteln. Bartel schreibt diesbezüglich: »Einen Ausgangspunkt der Diskussion um die Unterweltslänge bildete die krumme Zahl von ›309 itrw‹, durch die es wahrschein-

lich gemacht wird, daß zwölf Gleichstunden zu ›309 itrw‹ einen naturwissenschaftlichen Sinn ergeben. [...] Außerdem ist die Zahl 309 in ägyptischen Vorstellungen gar nicht krumm. Die Drei und ebenso 30, 300 etc. symbolisieren nämlich den Plural und damit die Vollkommenheit.«

Multipliziert man den Wert 360,38 mit der Einheit einer ägyptischen Elle von 0,525 Meter, erhält man einen Wert von 189,1995 für »1 itrw«. »itrw« oder »jetru« ist die am meisten verwendete Entfernungseinheit, die mit der Hieroglyphe für Kanal geschrieben wurde. So bezeichneten die Ägypter damit auch die Entfernung zum himmlischen Gau »sapat«, was wörtlich »der, der die Kanäle anlegt« bedeutet.
Da bei den Reisebeschreibungen in den Unterweltsbüchern die »Kanalhieroglyphe« teilweise als Determinativ von einem Fahnenmast für »Netjer« (»Götter«) oder einem offenen Mund für Ra

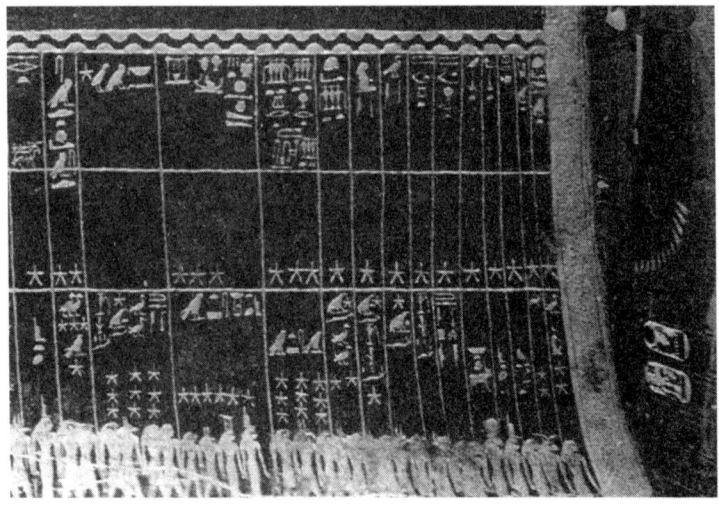

*Abb. 73: Der Reiseweg zu den Sternen.*

(»Gott«, »Licht«, »Sonne«) begleitet wird, übersetzt Erik Hornung diese kosmische Entfernungseinheit mit »Göttliche Meilen«. Das Ziel der Reise heißt in der 5. Stunde des Amduat »Wernes«, das ein Gefilde des Osiris ist und sich 429 »Göttliche Meilen« von der Erde entfernt in der »dat« befindet. Vermutlich meinten die Ägypter

damit ein Areal bei dem Stern Sopted/Sothis, den wir unter dem
griechischen Namen Sirius besser kennen. Der Ägyptologe Man-
fred Lurker meint:
»Sothis geht später in die Gestalt der Isis über, die als Sirius-Stern
im Orion verkörperten Osiris nachfolgt.«

*Beschreiben die Unterweltsbücher tatsächlich eine vergessene kos-
mische Reiseerinnerung?*
Wahrscheinlich ja! Denn ein weiteres Faktum ist, daß die Einheit
189,1995 mit 50 multipliziert den Wert 9459,975 ergibt. 9,459975
Billionen Kilometer entsprechen exakt einem Lichtjahr. Das Lichtjahr ist bekanntermaßen die Streckenmaßeinheit, die ein Lichtstrahl
bei einer Geschwindigkeit von rund 300.000 km/s in einem Jahr im
Kosmos zurücklegt.
Unter Berücksichtigung des Zeichens für »offener Mund« als Determinativ in den Texten sollte man meines Erachtens die Streckenmaßeinheit aus den Unterweltsbüchern weder als »Göttliche Meilen« noch als »Göttliche Entfernung« übersetzen, sondern wörtlich mit »Lichtentfernung« wiedergeben. Dieses wiederum eröffnet uns völlig neue Interpretationsmöglichkeiten der Überlieferungen. Zumal in den Texten von »itrw.ntrw hm.t šn.t psd« die Rede
ist, was »›Lichtentfernung‹ ohne zu leuchten und zu strahlen« gelesen werden muß und somit nicht das geringste mit den Bewegungen der Sonnenbahn gemeinsam hat! Wie der Vers 50 des »Amduat«
beweist, verhält es sich tatsächlich so, daß innerhalb der »dat« mehrere Barken gleichzeitig unterwegs waren:
»Dieser große Gott verweilt eine Zeitlang in dieser Stätte, er erteilt
Weisungen an Osiris und die, die in seinem Gefolge sind. Es sind
diese geheimen Barken, die ihn in diesem Gefilde leiten.«

Nach der Bewältigung des ersten Streckenabschnitts von 120 Lichtentfernungen (120 : 50 = 2,4 Lichtjahre) wurde die Reise an einem
kosmischen Kreuzungspunkt, der westlich des Oriongürtels liegt,
unterbrochen. Hier befand sich ein bestimmtes Tor, das an die »Einstein-Rosen-Brücke« denken läßt:
»Der Name des Tores von dieser Stätte ist ›Allesverschlinger‹.«

Am »Messer des Landesplatzes« werden in den Texten die Vorbereitungen für den zweiten Abschnitt der Reise von 309 Licht-

entfernungen (309 : 50 = 6,18 Lichtjahre) getroffen. Hier wird die gesamte Besatzung der Barke wieder aufgeweckt. Das ist ein höchst merkwürdiger Umstand, wenn es sich hierbei, wie die Ägyptologen meinen, um die Reisebeschreibung der Seele von Verstorbenen handeln soll!

Bevor die Barke mit den erwachten Besatzungsmitgliedern in das Reich der Schlange »Wamemti« (»Allesverschlinger«) eintritt, um

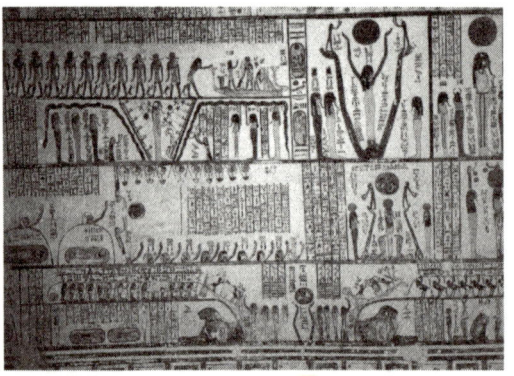

nach »Wernes« zu gelangen, gibt die Schlange »Weltumringler« einen entscheidenden Hinweis auf das, was nun folgen soll. Erik Hornung läßt folgendes wissen: »Die verkehrte Richtung, vom Schwanz

Abb. 74: Bericht über den »Allesverschlinger«.

zum Maul, weist auf die notwendige Umkehr der Zeit; nach der Beischrift treten alle Wesen als hinfällige Greise und Altersschwache in den Schwanz der Schlange ein und kommen als Neugeborene aus ihrem Maul heraus.«

Der »Weltumringler« trägt ab jetzt auch einen anderen Namen: »ka dessen, der die Götter leben läßt« oder kurz: »Leben der Götter«. In ihm ist alles Leben und zugleich die »ka-Kraft« – ein weiteres Faktum, das an die Singularität und das Modell der »Einstein-Rosen-Brücke« erinnert! Auch Hornung schreibt in seinem Buch »Die Nachtfahrt der Sonne«:

»Wir befinden uns hier am Rande oder sogar schon mitten in der ›Vernichtungsstätte‹, die wie der Sonnenleichnam der äußersten Tiefe der Unterwelt zugewiesen wird, eingebettet in die bodenlose Urfinsternis, die hier herrscht, ein ›Schwarzes Loch‹ im modernen Sprachgebrauch.«

Tatsächlich scheint die Beschreibung über den weiteren Reiseverlauf den Vergleich mit einem Schwarzen Loch zu bestätigen. Im weiteren Textverlauf ist nämlich von einem »Gegenhimmel der dat« die Rede, der sich »in der Finsternis außerhalb des Horizonts« befindet und nur über den »Verschlinger« erreicht werden konnte.

Wie bereits erwähnt, besagt auch die »Einstein-Rosen-Theorie«, daß, nachdem ein Raumschiff über das 600 Meter hohe rechteckige »Tor« in die zeitlose Passage des Weltalls gelangt, es nur in einer »Rückwärtsbewegung« fortbewegt werden kann. Genau diese physikalische Gegebenheit ist auch bei den ägyptischen Barken (»Buch von der Erde«, Teil A, 2. Szene, sowie Buch »Amduat«, 12. Stunde) der Fall: Die Barke tritt zwar in einer Vorwärtsbewegung in die »Wamemti« ein, ab da bewegt sie sich bis zu ihrem Bestimmungsort aber nur noch »rückwärts«. Sie erhält den Namen »Sonnenbarke, die sich den Weg bahnt«. In dieser zeitlosen Passage sind auch Steuermann und Steuerruder völlig überflüssig, so daß sie in den bildlichen Darstellungen weggelassen werden (Vers 69): »Dieser große Gott fährt an ihnen vorbei in dieser Weise. Die Flammen im Maul seiner Barke sind es, die ihn auf diesen geheimnisvollen Wegen leiten, ohne daß er ihre Bilder sieht. Er ruft zu ihnen in ihrer Nähe, und seine Stimme ist es, die sie hören.«

Auch die Schilderung bei der Funktion der »Einstein-Rosen-Theorie« besagt, daß das Raumschiff für die Beobachtenden nach dem Eintritt in die zeitlose Passage »unsichtbar« wird und nur noch »Töne« wahrgenommen werden können. Das ist im Vers 95 des »Amduat« ebenfalls festgehalten: »Ihr Bild kommt heraus aus ihnen, aus ihrem eigenen Leib. Sie sind hinter diesem großen Gott, unsichtbar und nicht wahrzunehmen.«

Hören kann man die Barke aber weiterhin: Die Texte berichten unter anderem von Geräuschen, die sie als »Schlagen auf Metall« und »Klatschen ins Wasser« umschreiben. Nachdem die Barke diese zeitlose Passage durchquert hat, beschreibt die 11. Stunde das bevorstehende »Herausgehen aus dem Ostberg des Himmels«. Im obern Register geht es dann noch einmal um die »Zeit« und die Geburt der Stunden. Vor der Barke wird in der Szenerie bereits der »Weltumringler« herbeigetragen, in der sich in der nächsten Stunde das Wunder der Verjüngung ereignet. Isis (Sirius A) und Nephthys (Sirius B) transportieren als Schlangen die beiden Landeskronen zum »östlichen Tor«, wo zudem vier Gestalten bei der Göttin Neith stehen:

»So fährt dieser Gott dahin in dieser Stätte im Rückrad dieses geheimen Bildes des ›Leben der Götter‹, während seine Götter ihn ziehen. Er tritt ein in ihrem Schwanz und kommt heraus aus ihrem Maul, indem er geboren ist in seiner Gestalt des Chepri, und die Götter, die in seiner Barke sind, ebenso.«

Tatsächlich ergibt die Streckenbewältigung von 429 »Lichtentfernungen« eine Reiseroute von 8,58 Lichtjahren (429 : 50 = 8,58).

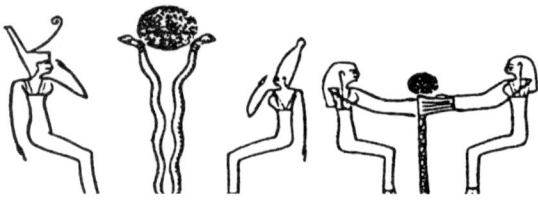

Dieses Ergebnis entspricht in etwa der Entfernung zwischen der Erde und dem Sirius-System, das die Astronomen mit 8,4 bis 8,7 Lichtjahren unterschiedlich angeben.

*Abb. 75: Die Götter kamen vom Sirius (früheste Darstellung einer Doppelsonne).*

In »Loewes Weltraum Lexikon« steht: »Die Leuchtkraft des Sirius, der ›8,64 Lichtjahre‹ von uns entfernt ist, ist in Wahrheit 26mal so groß wie die der Sonne.«

**Doch kannten die alten Ägypter tatsächlich die astronomisch richtige Entfernung zum Sirius?**

Zumindest die Hebräer besaßen ein »Jubeljahr« (»jôvél«, wörtlich: »Widderhorn«) mit 50 Jahreseinheiten, das man wiederum in sieben Zeitabschnitte von je sieben Jahren (7 x 7 = 49) eingeteilt hatte. Im 50. Jahr feierten sie dann schließlich immer ein großes »Jubiläum«, das mit dem Auftauchen von Jahwe und den »herabgestiegenen Engeln« in Verbindung stand. Die Fünfzigjahr-Periode bedeutete zugleich Freiheit für die hebräischen Sklaven. Nach den Vorstellungen der Hebräer gehörte das irdische Land seit jeher in Wirklichkeit »Jahwe«, und die Hebräer waren von seinem Standpunkt aus lediglich ansässige Fremdlinge (3. Mose 25:23, 24). Diese Vorstellung deckt sich mit den Vorstellungen der Babylonier, Sumerer und Ägypter, die sich ebenfalls alle nur als »Arbeiter der Götter« ansahen.

*Abb. 76: Sonnenbarken*

Die Einheit »50« geht meiner Ansicht nach auf den ekliptikalen Umlauf von Sirius B um Sirius A (»kôcháv«, wörtlich: »leuchtender Körper« für »Stern«) und im Fall der Juden auf die Gleichstellung von »Jahwe« mit der ägyptischen Gottheit Seth zurück.

Die Hebräer waren aber nicht das einzige Volk, das eine Beziehung zum Sirius hatte. Der Sumerologe Noah Kramer ist in seinem Buch »Geschichte beginnt in Sumer« davon überzeugt, in dem Wort »Magan« die Bezeichnung für das alte Ägypten zu erkennen. Wenn dem tatsächlich so ist, bekommt die Reiseerzählung aus dem Epos des babylonisch-sumerischen Helden Gilgamesch auf der Suche nach Unsterblichkeit, einen ganz anderen Sinn:

»Die Länder Magan und Tilmun blickten zu mir herauf. Ich, Enki, machte das Tilmun-Schiff himmelhoch. Das frohe Schiff.«

Gilgamesch und sein Freund Enkidu reisen nämlich in einem MAG.AN-Schiff in die »Unterwelt« und bekommen dort eine Waffenrüstung, die 50 Minen wiegt. Des weiteren wird Gilgamesch von 50 Helden begleitet, die ähnlich wie die 50 »Anunnaki« (»die vom Himmel auf Erden sind«) aus dem sumerischen Schöpfungsepos »Enuma Elish« in einem »Schiff« sitzen. Somit muß Gilgamesch für seine Reise ein ägyptisches Schiff benutzt haben, wobei

auch die Ereignisse dieser Sage in der ägyptischen Mythologie wurzeln könnten. Der Orientalist Robert K. G. Temple erwähnt in seinem Buch »Das Sirius-Rätsel« die Argonauten-Sage und bringt sie
ebenfalls mit dem Sirius-System in Verbindung. Die Handlung dieser Heldengeschichte erzählt von Jason und seinen 50 Begleitern
(Ruderer), die auf dem Schiff »Argo« nach Kolchis fahren, um das
aus dem Fell des goldenen Widders bestehende »Goldene Vlies« zu
erobern.
In der Angabe der Zahl 50 und weiteren interessanten Verknüp-
fungen erkennt Temple einen Bericht über den unsichtbaren Siri-
us-Begleiter, den wir Sirius B nennen, der den Sirius A in 50 Jahren
umkreist. Tatsächlich bedeutet das griechische Wort »Argos« der
»hundertäugige Wächter«, der die Geliebte des Zeus (»Ra«), »Iwo«,
bewachte. »Iwo« wiederum wird von Zeus' Gemahlin Hera verfolgt, bis sie in eine Kuh verwandelt wird und in Ägypten ihre letzte Ruhe findet. Vermutlich leitet diese Geschichte auf die Herkunft
der ägyptischen Göttin Hathor über, die als kuhköpfige Mutter der
Göttin Isis angesehen wurde. Das koptische Buch »Der Augenstern des Kosmos« berichtet wiederum über Isis:
»Isis und Osiris sind gesandt worden, um der Welt dadurch zu helfen, indem sie der primitiven Menschheit die Künste und Techniken einer Hochkultur beibringen sollten.«

Sirius wurde bei den Ägyptern wegen seines unsichtbaren Beglei-
ters unter anderem als »schwanger« oder als »schwer« bezeichnet.
Auch bei den Arabern war ein Stern im »Großen Hund« unter
»Gewicht« bekannt.
Dem britischen Ägyptologen E. A. W. Budge zufolge entstammen
alle bislang erwähnten Götter einer gemeinsamen Urquelle:
»Die Übereinstimmungen zwischen den Götterwelten Sumers und
Ägyptens sind zu eng, um auf bloßem Zufall zu beruhen. Dies
zwingt uns zu der Schlußfolgerung, daß sowohl die Sumerer als
auch die frühen Bewohner des frühen Ägyptens ihre Ur-Götter
aus einer gemeinsamen, außergewöhnlich alten Quelle bezogen haben müssen.«

Diese Theorie bestätigt auch der Sumerologe Alexander Heidel in
seinem Buch »The Babylonia Genesis«, worin er darauf hinweist,

daß der babylonische Gott Enlil als Wildesel und sein Vater Anu als Schakal versinnbildlicht wurden. Der Wildesel (Okapi?) war bei den Ägyptern wiederum die Versinnbildlichung von Seth, der sich mit »Jahwe« gleichstellen läßt. Der Schakal oder der Hund hingegen war auch das Symbol des ägyptischen Gottes Anubis (»Anpu«), der von den ägyptischen Theologen ebenfalls mit Sirius in Verbindung gebracht wurde.

In Anubis ist wie bei Anu die Silbe »anu« auffällig, was im Sanskrit »Materie«, »atomar« und »winzig« bedeutet. Gleichzeitig bedeutet das Sanskritwort »anda« die »Ellipse«, was uns wieder in den Weltraum verweist.

*Warum will man diese Lösungsmöglichkeit nicht in die Lehrmeinung aufnehmen?*

Faktum ist, daß der deutsche Astronom und Mathematiker Friedrich-Wilhelm Bessel (1784–1846) erstmals im Jahre 1834 merkwürdige Pendelbewegungen bei Sirius A feststellte. Erst nach zehn Jahren intensiver Forschung entschloß sich Bessel, die Existenz eines sehr schweren Begleiters dieses Sternes zu bestätigen, was er dann bei der *Astronomischen Akademie* 1844 auch tat, als er seine Ergebnisse veröffentlichte. Der Gelehrte hatte herausgefunden, daß beide Sterne (Sirius A und B) mit einer Umlaufzeit von 50 Jahren einen gemeinsamen Schwerpunkt umkreisen.

Der amerikanische Amateurastronom Alvan Graham Clark arbeitete ab 1858 daran, den Sirius B zu erforschen. Im Jahre 1862 gelang es ihm mit Hilfe eines der größten Teleskopen seiner Zeit, das über eine 1,02 Meter große Linse verfügte, einen winzigen Lichtpunkt zu sehen und die Berechnungen von Friedrich-Wilhelm Bessel zu bestätigen.

Genauere Untersuchungen des Sirius-Systems erfolgten danach im Jahre 1915 seitens des amerikanischen Astronomen Walter Sidney Adams, der das Riesenobservatorium auf dem Mount Wilson (USA) für seine Forschungen benutzte. Bis das erste Foto von Sirius B geschossen werden konnte,

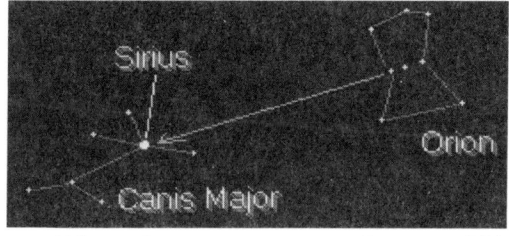

*Abb. 77: Das Sirius-System und sein Umfeld.*

verging allerdings noch viel Zeit: das gelang erst 1970! Wenn die Göttergeschichten also tatsächlich nur aus der Mythologie hergeleitet wurden:

*Woher wußten dann die antiken Völker so gut über den Sirius Bescheid?*

KAPITEL 7

# FÄLSCHER UND GELEHRTE

Kunstbeflissene Idealisten, geldgierige Schatzsucher, als seriös geltende Professoren – bei Ausgrabungen haben Geld und Rivalitäten schon immer eine große Rolle gespielt! Doch dreitausend Jahre des Schätzesuchens, Plünderns und Forschens haben nicht nur die Gold- und Silberbestände der Pharaonengräber längst in alle Winde verstreut, sondern auch viele Zeugnisse über ihren tatsächlichen historischen Werdegang. So streiten sich die Gelehrten über die präzise Datierung der ägyptischen Dynastien und einzelne Regierungszeiten der Götterkönige immer noch, ohne wirklich eine zufriedenstellende Übereinstimmung zu erzielen. So wird heute immer noch nur angenommen, daß ein gewisser König Menes (»Meni«) vor etwa 5.000 Jahren das Land der Pharaonen vereinte und danach eine hohe Zivilisation im Großreich Ägypten aufblühte. Doch diese Annahme der führenden Gelehrten über die Entwicklung im Niltal ist Unsinn! Der Ägyptologieprofessor Jürgen von Beckerath schreibt über Menes in dem Buch »Chronologie des Pharaonischen Ägypten«:
»In Wirklichkeit war er weder der Begründer des ägyptischen Königtums noch der Vereiniger der beiden angeblichen Reiche Ober- und Unterägypten, die es in dieser Form nie gegeben hat.«

Bis heute sind daher in diesem Zusammenhang viele Fragen unbeantwortet geblieben, und weitere Forschungen werden zweifellos neue Fragestellungen aufwerfen, die den Gelehrten plausiblere Antworten abverlangen werden als jene, die gegenwärtig angeboten werden.
Im Sommer 1881 stellten Archäologen unter der bewährten Leitung von Professor C. Gaston Maspéro an kurze Zeit zuvor entdeckten Mumien im Tal der Könige fest, daß sich mehrere Leichname nicht mehr in ihren ursprünglichen Behältnissen befanden, sondern von der ägyptischen Priesterschaft in Sarkophage gelegt wurden, die nicht für die jeweilige Mumie bestimmt waren. Damit stand für die Gelehrten fest, daß sich aus der formellen Beschrif-

180

tung der Särge nicht zuverlässig auf die Identität der darin liegenden Mumien schließen läßt. Doch die Mumienbandagen und die von den Priestern an den Leichnamen angebrachte Etiketten enthielten die benötigten Informationen für die historisch richtige Zuordnung der Mumien.
Der Archäologe Viktor Lorét entdeckte 1898 im Grabungsbereich KV 35 weitere Mumien, die für die Ägyptologen ebenfalls keine richtige Zuordnung auswiesen. Die Verwirrung wurde komplett, als Lorét im Grabe von Amenophis II. die Mumie von Amenophis III. im Sarkophag Ramses III. verschlossen mit dem Sargdeckel von Sethos II. vorfand!!!
Kurze Zeit später veröffentlichte der französische Ägyptologe C.G. Maspéro dann folgende Aussage:
»Bei der Mumie von Meriet-Amun aus der 18. Dynastie des Mittleren Reichs handelt es sich in Wirklichkeit um eine Ersatzmumie einer nicht identifizierbaren Person. Die Priesterschaft wird wohl für das in der Antike von Grabräubern zerstörte Original einen Ersatz angefertigt haben, um das geschändete Grab wiederherzustellen.«

Obwohl von der Priesterschaft in die Brustbandagen dieser Mumie der Spruch »Merietamun, Tochter des Königs und Schwester des Königs, möge sie leben« eingeschrieben worden ist, veränderte Maspéro mit dieser Behauptung den gesamten Wissenschaftszweig der Ägyptologie. Der britische Anatom Elliot Smith konnte bereits 1912 zwar nachweisen, daß es sich hierbei um einen Irrtum Maspéros handelte, doch da war es schon zu spät! Inzwischen galt es unter den Ägyptologen als ausgemacht, daß man die antike Zuordnung bedenkenlos als »falsch« ansehen durfte, sobald die anatomischen Merkmale dem Etikett zu widersprechen schienen.
Auch Herbert Winlock, einer der klarsten Denker der Ägyptologie, wies bereits 1932 auf die Gefahren dieses Beiseite-wischens grundlegenden Beweismaterials hin:
»Wenn nicht äußerst starke Indizien dagegen sprechen, muß das von den antiken Beamten geschriebene Etikett akzeptiert werden!«

Offensichtlich hat dieser Hinweis aber wenig gefruchtet, denn obwohl sich seit Beginn der Mumienforschung kein einziger etiket-

tierter Leichnam als fehlidentifiziert nachweisen läßt, herrscht unter den Ägyptologen heute weiterhin die Meinung vor, die altägyptischen Restauratoren hätten bei der Identifizierung viele Fehler gemacht. Aus diesen Überlegungen heraus will zum Beispiel die Ägyptologin Susan James in der Mumie der Königin Teje (Echnatons Mutter) die königliche Gemahlin Echnatons, Nofretete, identifiziert haben. Die Wissenschaftlerin beruft sich dabei auf eine im Grab von Tutanchamun gefundene Haarlocke der Teje und eine neue anthropologische Untersuchung durch Dr. Renate Germer. Danach soll die Haarlocke einer mit ca. 25–35 Jahren verstorbenen Frau gehören, was für die betagte Königin Teje somit zu jung sei und nur bei Nofretete »paßgerecht« wäre.
Man läßt dabei allerdings völlig außer acht, daß Tutanchamun diese Haarlocke bereits zu Lebzeiten von der »Lady X« erhalten haben könnte und er sie ein Leben lang als Andenken aufbewahrte, bis sie ihn schließlich als Grabbeigabe ins Jenseits begleiten konnte.
Das Hauptargument von Susan James ist die Ähnlichkeit der Gesichtszüge der Mumie mit den Darstellungen Nofretetes, insbesondere mit einer bekannten Statue im Preußischen Kulturbesitz, die Nofretete als bereits gealterte Frau zeigt:
»Nicht nur der Mumienschädel stimmt mit der Büste der Nofretete in Berlin überein, sondern auch einige Gesichtsmerkmale sind ihr ähnlich.«

So versuchen die Gelehrten in der Tat aus historisch vielleicht bedeutungslosen Mumienfunden möglichst viele, für die Königslisten verbindliche Gestalten nachzuweisen, die aber im Grunde nur ihren Wunschvorstellungen entsprechen. Denn in Wirklichkeit ist es nicht einmal gesichert, ob es sich bei der Verstorbenen tatsächlich um Königin Teje handelte. Nichtsdestotrotz wollte auch Caroline Wilkinson, die an der medizinischen Abteilung der Universität Manchester arbeitet, diese Wunschvorstellung durch eine Kernspintomographie belegen. Hierzu zerlegte die Wissenschaftlerin das Mumiengesicht in 223 ein Millimeter dünne Scheiben und stellte diese mit Hilfe eines Computers dreidimensional dar. Danach schnitt sie mit einem Laser eine Kopie des Schädels in Wachs und konnte dann nach und nach aus Ton alle Muskeln des Gesichts rekonstruieren. Letztendlich hatte sie aber nur ein Gesicht mit sehr markanten Zügen vor sich. Das abweichende Sterbealter der unbekannten Dame, das mit 40 Jahren angegeben wurde, hat C. Wilkinson schließlich nicht mit dem Computerverfahren, sondern aufgrund der Abnutzungserscheinungen der Zähne ermittelt!

Der Ägyptologe Richard H. Wilkinson kommentierte 1996 diese Vorgehensweisen seiner Gelehrtenkollegin wie folgt:

»Das daraus entstandene Jonglieren mit Leichen und Identitäten, die man einmal mit dem Mumifizierungsverfahren, ein andermal mit Schädel-/Gesichtsvariationen und dann Schätzungen des Sterbealters zu belegen versucht, hat mehr mit Lotteriespiel als mit Wissenschaft zu tun.«

Dieses »Lotteriespiel« scheinen viele Ägyptologen aber in ähnlicher Weise auch in bezug auf die Entstehungsgeschichte von Bauwerken und die chronologischen Abläufe der altägyptischen Geschichte immer wieder anzuwenden!

*Welche wissenschaftliche Begründung liegt der »verbindlichen Chronologie« des pharaonischen Ägyptens eigentlich wirklich zu Grunde?*

Im Gegensatz zu unserer kalendarischen Zählweise existierte im alten Ägypten keine amtliche Zählung von königlichen Regierungsjahren, sondern lediglich das Aufzählen von Ereignissen, die mit dem jeweiligen Herrscher in Verbindung gebracht wurden. Das waren zumeist sagenhafte und mythische Erinnerungen an bestimmte Geschehnisse der Vergangenheit, die von den weisen Priesterschreibern und Beamten in den Archiven der Residenz sowie größeren Tempel des Landes aufbewahrt wurden.

Für die richtige Zuordnung und Datierung der Chronologie Ägyptens sind uns der fragmentarische »Turiner Königspapyrus«, die Königslisten von Kairo, Sakkara und Abydos sowie der »Palermo-Stein« erhalten geblieben. Das älteste Artefakt dieser Listen ist der 48 x 25 x 6,5 Zentimeter große »Palermo-Stein (2400 v. Chr.) aus schwarzem Diorit, den der Ägyptologe Ludwig Borchardt bereits 1917 eingehend untersucht hat. Er versuchte dabei, die auf beiden Seiten beschriebene Steinplatte in eine für uns verständliche Zeittafel zu integrieren.

Gegen Ende der fünften Dynastie hatte es vermutlich die Priesterschaft von Memphis unternommen, die offiziellen Jahresnamen der

*Abb. 78: Palermo-Stein.*

*Abb. 78: Vergrößerter Ausschnitt aus dem Palermo-Stein.*

bis dahin vorangegangenen Könige auf Steintafeln in Form paralleler Linien und regelmäßiger Reihen zu verzeichnen. Diese Reihen sind mit senkrechten Trennungslinien jeweils unter den Königsnamen eingefaßt, von denen jedoch nur in wenigen Fällen Reste erhalten sind.

Die beschädigte oberste Reihe des Palermo-Steins beginnt auf der Vorderseite die Auflistung mit neun unterägyptischen und sechs oberägyptischen Königen, die bereits vor Menes geherrscht haben. Es werden aber keine deutlichen Jahresangaben genannt. Jürgen von Beckerath schreibt in diesem Zusammenhang:

»Das das ganze Land umfassende Königtum bestand schon einige Zeit vor Menes; mindestens vier seiner Vorgänger werden uns durch Schriftdenkmäler bezeugt. Wahrscheinlich aber wurden zu ihrer Zeit noch keine Annalen in der erst kurz zuvor erfundenen Schrift niedergeschrieben. So fielen sie der Vergessenheit anheim, und Menes nahm in der Überlieferung die Gestalt eines Weltschöpfers an.«

Der Palermo-Stein bestätigt also tatsächlich das Vorangehen eines Königtums vor der offiziellen Geschichte, ohne jedoch von einem »Weltschöpfer« namens Menes auszugehen! Vielmehr scheint Menes mit dem historisch belegbaren König »Hor Aha« identisch zu sein.

Darüber hinaus enthalten die Reihen 2 bis 5 der Vorderseite Regierungsangaben der 1. und 2. Dynastie. Hier wurde von dem Steinmetz für jedes einzelne Jahr ein gleich breiter Raum eingemeißelt, der aber dennoch in jeder Reihe unterschiedlich groß war. Anhand dieser Unterschiede in der Anbringung der Reihen gelangte Borchardt zu dem Schluß, daß der Steinmetz gewisse Vorgaben zu erfüllen hatte, um auf der Stele eine bestimmte Anzahl von Jahresangaben für die jeweilige Dynastie unterbringen zu können. Borchardt erzielte nach seinen Untersuchungen folgende Ergebnisse:
- 2. Reihe: 1. Dynastie – 9,28 mm – 112 Jahre
- 3. Reihe: 1. Dynastie – 7,54 mm – 138 Jahre
- 4. Reihe: 2. Dynastie – 6,37 mm – 163 Jahre
- 5. Reihe: 2. Dynastie – 7,93 mm – 131 Jahre
Insgesamt: 544 Jahre.

Heutige Ägyptologen gehen dagegen von einer geschätzten Dauer von 354 und 424 Jahren für die 1. bis 3. Dynastie aus und sind seltsamerweise auf Borchardt, der meines Erachtens gründlich arbeitete, nicht gut zu sprechen:
(nach Helck 1987)
- 2. Reihe – 88 Jahre
- 3. Reihe – 108 Jahre
- 4. Reihe – 123 Jahre
- 5. Reihe – 104 Jahre

Jürgen von Beckerath kommentiert:
»Borchardts Ergebnis, das für die ersten Dynastien einen Regierungsdurchschnitt von mehr als 32 Jahren bedeutete, ist von Eduard Meyer zu Recht als geschichtlich unglaubwürdig zurückgewiesen worden.«

Doch während in der 4. Reihe die schriftlichen Angaben dicht gedrängt waren, befindet sich in der 2. Reihe ein ungewöhnlicher Freiraum. Daraus folgerte Professor Ludwig Borchardt, daß diese Freiräume für bereits vergangene Festlichkeiten absichtlich freigelassen werden sollten, die der Steinmetz auf Anweisung der Priester noch anbringen würde. Tatsächlich wurde die Vorgehensweise von

Borchardt nach einer Untersuchung an dem im Jahre 1907 entdeckten Annalenstein »Kairo« ebenfalls bestätigt, auch wenn die neuzeitlichen Ägyptologen noch immer das Jahr 3100 v. Chr. für den
Beginn der Reichseinigung durch König Menes verwenden.

### Wie entsteht der Unterschied?

Um weiter zu gelangen, verwendet Borchardt die Angabe des »Palermo-Steins«, daß das Jahr in Zeile 2, 11 als »erstes Mal« und das
Jahr in Zeile 3, 5 als »zweites Mal« eines Festes bezeichnet wird,
das man »zt« nennt. Nach seiner Rekonstruktion handelt es sich
um die zweite Feier, die ins 120. Jahr der ersten Dynastie fällt. Daraus resultierend vermutet der Professor, daß sich dasselbe auf die
Verschiebung des Neujahrstages in einem Monat beziehe, die im
altägyptischen Kalender alle 120 Jahre eintritt. Das »erste Mal« wäre
danach mit 120 Jahren die erste derartige Verschiebung nach der
mutmaßlichen Einführung des ägyptischen Kalenders im Jahre 4236
v. Chr. (nach E. Meyer 4241 v. Chr.). Von da aus ergibt sich nach
Borchardt für das »erste Mal« das Jahr 4116 v. Chr. und für das
»zweite Mal« das Jahr 3996 v. Chr. (minus 120 Jahre). Nach seiner
Rekonstruktion des Umfangs der »Palermotafel« gehen dem »ersten Mal« 70 Jahre voran, wonach Borchardt für den Amtsantritt
von König Menes und die Gründung der 1. Dynastie das Jahr 4186
v. Chr. erhält.

Aufgrund seiner Rekonstruktion von Reihe 2 bis 5 und der dadurch ermittelten Dauer von 544 Jahren gelangt Borchardt von der
Amtsübernahme des Menes aus für das Ende der 2. Dynastie auf
das Jahr 3643 v. Chr., und weiter für das Ende der 3. Dynastie
3430 v. Chr. Danach hätten die Dynastie 4 und 5 zwischen 3430 bis
2920 v. Chr. bestanden, die dann mit der 6. Dynastie im Jahre
2720 v. Chr. abschlossen.

### Arbeitete Borchardt tatsächlich auf »ungründliche« Weise?

Der größte Widersacher Borchardts, Eduard Meyer, kommentiert
in »Geschichte des Altertums« Bd. I. seine ablehnende Haltung für
die Arbeitsergebnisse des Schweizer Gelehrten auf folgende Weise:
»Seine Rekonstruktion der vier Reihen, welche sowohl auf der Ta-
fel von Palermo wie auf der von Kairo die Jahre der beiden ersten
Dynastien enthielten, die ihn auf beiden, von unbedeutenden Abweichungen abgesehen, zu dem gleichen Resultat geführt hat, wird
zunächst, infolge der peinlichen Sorgfalt seiner Messungen, auf ei-

nen jeden blendend wirken und hat daher auch weithin Zustimmung gefunden. Wer jedoch derartigen Konstruktionen gegenüber kritisch gestimmt ist, wie sie ja gerade auf chronologischem Gebiet so oft versucht sind und immer zu scheinbar völlig gesicherten Ergebnissen führten, die sich dann nur zu bald als Seifenblasen entpuppten, wird vielleicht schon dadurch mißtrauisch werden, daß alles restlos aufgeht.«

Da bereits großartige Ägyptenexperten die Ansicht eines wesentlich früheren Beginns der 1. Dynastie vertraten (François Champollion: 5867 v. Chr., W. M. Flinders Petrie: 5546 v. Chr. und August Böckh: 5702 v. Chr.), wirkten die Zahlenangaben Borchardts vergleichsweise bescheiden, was für ihn spricht. Borchardt war also nicht zu spekulativ, sondern arbeitete sehr gründlich, erntete aber möglicherweise einfach zu wenig Kritik! Doch der Historiker Meyer war anders, er war gegenüber den Ergebnissen des Schweizers sehr wohl kritisch eingestellt und hatte ihnen selbstverständlich seine eigenen Theorien, mit wesentlich kürzeren Zeitangaben, entgegenzusetzen:
»Sollte sich [meine Darstellung] als unhaltbar ergeben, so würde das für die Herstellung der Chronologie nicht das geringste ausmachen: denn das Fragment enthält nicht, wie Borchardt behauptet, Angaben über die Regierungsjahre, sondern lediglich über die Lebensdauer von zehn Königen, und ob diese den beiden ersten oder der vierten Dynastie angehörten, ist chronologisch gleichgültig.«

Das Fragment 30, von dem hier die Rede ist, stammte aus dem »Turiner Königspapyrus«. Auch wenn Eduard Meyer zu dem Entschluß gelangt, daß sich das Fragment 30 unter das Fragment 20 einreihen sollte, gelangt Borchardt zu einem anderen Ergebnis:
»Die Angaben Eduard Meyers über Regierungs- und Lebensdauer von Königen der 1. und 2. Dynastie beruhen auf der Annahme, daß Bruchstück 30 hinter 20 stehen muß. Bruchstück 30 gehört aber nach meiner Nachprüfung der Fasern des Papyrus unter Bruchstück 18a, wie es bereits John Gardner Wilkinson ebenfalls richtig dorthin gesetzt hat.«

Eduard Meyer hat als Historiker gewiß einen genialen Geist besessen, doch bei den Auseinandersetzungen mit Borchardts Arbeiten existierte meines Erachtens durchaus auch immer eine persönliche Rivalität, die ihn dazu brachte, den Schweizer anzugreifen. Wer die Korrespondenz zwischen diesen Streithähnen aus den 1930er Jahren verfolgen konnte, wird die Hintergründe bestimmt besser verstehen können und schnell merken, daß jeder nur den Ruhm für sich beanspruchte, der aus diesen Arbeitsergebnissen resultieren sollte. Glücklicherweise konnte mittels modernster Datierungsverfahren an organischen Materialien in Bauanlagen der Beweis erbracht werden, daß zumindest die Ansichten von Meyer über den chronologischen Verlauf der 4. Dynastie nicht richtig waren und ein wesentlich früherer Beginn des Königtums angenommen werden muß.

Im Jahre 1996 entnahm eine ausgewählte Forschungsgruppe der *Eidgenössischen Technischen Universität Zürich (ETU)* unter der Leitung von Martin Sutter dem Inneren der Großen Pyramide von 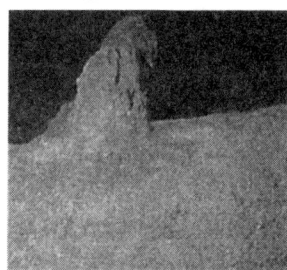 Giseh organische Materialien wie beispielsweise Gerstenkörner, die mit der Radiokarbon-Methode untersucht wurden. Die im Jahre 2001 veröffentlichten Auswertungen bescheinigten dem Bauwerk ein Entstehungsdatum um 2950 v. Chr., was einem Zeitpunkt von 400 Jahren *vor* der Thronbesteigung des Cheops entsprechen würde. Bereits 1984 durchgeführte Untersuchungen der ETU an dem Bauwerk hatten 1986 ebenfalls Streudaten, also Abweichungen von der klassischen Datierung, hervorgebracht, die zwischen 374 und 843 Jahren lagen. Damit wurde der Scharfsinn von Ludwig Borchardt bestätigt, doch die Ägyptologen bevorzugen es seltsamerweise, diese Ergebnisse bis heute zu ignorieren.

*Abb. 80: Untersuchungsproben*

Aufgrund der Daten, die man durch diese Wiederholung der Untersuchung erzielte, sollte man eigentlich davon ausgehen können, daß die Gelehrten nun unzählige Korrekturen vornehmen würden. Doch Fehlanzeige! Die neuen Ergebnisse interessieren die Gelehrten kaum, ja, sie scheinen nicht einmal im Traum daran denken, die falschen chronologischen Abläufe zu ändern! Dabei scheinen die frühen Zeugnisse der Pharaonen in größerem Umfang nach einer Korrektur zu verlangen – der britische Ägyptologe Toby Wilkinson berichtete 2001 der Weltpresse:

»Wir entdeckten bei unseren archäologischen Erkundungen in der Wüstenregion östlich des Nils gewissermaßen ›die Sixtinische Kapelle des vordynastischen Ägypten‹.«

Das, was das Archäologenteam gefunden hat, ist so etwas ähnliches wie eine steinerne Bibliothek aus der ägyptischen Vorzeit, als es nach offizieller Ansicht noch keine Schrift gab! Das Fundgebiet mit den pharaonischen Felsabbildungen befindet sich zwischen zwei

ausgetrockneten Flußbetten, die vor 6.500 Jahren Wasser führten. Der Ägyptologe ist überzeugt, daß die Urheber dieser sich auf 30 Stein- und Felsplatten befindlichen Darstellungen die direkten Vorfahren der Pyramidenbauer des dynastischen Ägypten waren.

*Abb. 81: Zeugnisse ägyptischer Schiffsbaukunst vor 6.000 Jahren! (Foto: Mike Morrow, Geoff Philipson)*

Auf den Abbildungen erkennt man Viehherden, Gebäude und viele Schiffe, die vermutlich aufgrund von Handelsbeziehungen im Einsatz waren. Ferner sind Tiere wie Strauße, Giraffen, Flußpferde und sogar Elefanten abgebildet. Neben Tanz- und Jagdszenen werden hohe Würdenträger dargestellt, die Straußenfedern im Haar tragen. Das ist ein Schmuck, der später nur ägyptischen Gottheiten vorbehalten war!

**Wie alt sind die Pharaonen also wirklich?**

Der Orientalist Zecharia Sitchin schreibt in »Stufen zum Kosmos«: »Manch einer ist schon der Versuchung erlegen, durch eine Fälschung in der Wirtschaft, der Kunst, der Wissenschaft oder Forschung zu Ruhm und Geld zu kommen. Der entlarvte Fälscher erleidet Verlust und Schande. Eine unentdeckte Fälschung jedoch kann die Geschichtsschreibung verändern.«

Worauf Zecharia Sitchin in diesem Zitat aus seinem 1980 erschienen Buch hinweist, ist die erdrückende Beweislast, die er aufgrund
von Daten, Protokollen und Tagebuchaufzeichnungen über den
Entdecker der »Chufu-Kartusche« im Inneren der Großen Pyramide herausgefunden haben will.

Der britische Entdecker Richard William Howard Vyse (1784-1853)
heiratete am 13. November 1810 im Alter von 26 Jahren die junge
Frances Hesketh und wurde später Vater von zehn Kindern, von
denen drei bereits kurz nach der Geburt starben. Um gesellschaft-
liche Anerkennung zu genießen, ging er als Offizier in die Garde
von Königin Viktoria (1819-1901). Seine militärische Karriere verlief aber alles andere als erfolgreich. 25 Jahre später beendete er
seine militärische Laufbahn, ohne hervorzuhebende Verdienste erzielt zu haben. Zu dieser Zeit war man in London als Reisender mit
dem Hang zum Abenteurer sehr gefragt und gesellschaftlich hoch
angesehen, so daß sich auch Vyse zu einer Reise in den Vorderen
Orient entschloß, um die Länder der Bibel zu besuchen. Doch vorerst landete er am 29. Dezember 1835 mit einem Handelsschiff im
ägyptischen Alexandria, obwohl seine tatsächlichen Ziele Beirut,
Syrien sowie Kleinasien waren. Hier lernte er einen italienischen
Ausgräber mit dem Namen Giovanni Battista Caviglia (1770-1845)
kennen, der Vyse berichtete, daß er in den Jahren zwischen 1816
und 1819 die Pyramiden und Gräber von Giseh erforscht hatte.
Caviglia erzählte, wie er den Spuren eines gewissen Nathaniel
Davison gefolgt sei, der bereits im Jahre 1765 eine bis dahin unbekannte »Kammer« in der Großen Pyramide entdeckt hatte. Zwar
habe er Sprengungen vorgenommen, um die »echte Geheim-
kammer« zu entdecken, doch endete die durch die Explosion erzielte Öffnung im soliden Fels als Sackgasse. Er habe aber 1817
zumindest eine Verbindung zwischen der »Königskammer« und
der »unteren Kammer« (absteigender Gang) nachweisen können,
womit bewiesen sei, daß der »Verbindungsschacht« einen Flucht-
weg aus der versiegelten Königskammer darstellte.

Vyse war von den Geschichten des Italieners fasziniert und ließ
sich sogar überreden, mit ihm zu den Pyramiden nach Giseh zu
gehen. Dort angekommen, bot Vyse, ohne lange zu überlegen,
Caviglia an, unter der Bedingung, als Mitentdecker genannt zu
werden, die Suche nach der geheimen Kammer zu finanzieren. Doch

190

Caviglia lehnte das Angebot unumwunden ab, und der gekränkte Vyse setzte gegen Ende Februar 1836 seine ursprüngliche Reise fort. *War vielleicht gerade diese Begegnung für Vyse und sein Pyramideninteresse ausschlaggebend?*

Weil Vyse bei seinem Zwischenhalt in Alexandria die Pyramiden von Giseh aufsuchte und er sich schon immer zu Höherem berufen sah, reiste er im Oktober 1836 nicht nach England zurück. Vielmehr entschloß er sich, nochmals die Pyramiden von Giseh zu besuchen, was er ausführlich in seinem Dreiband »Operations Carried on at the Pyramids of Gizeh in 1837« schildert. James Richard Hill, den Vyse bereits ebenfalls bei seinem ersten Aufenthalt in

*Abb. 82: Die Pyramiden von Giseh.*

Ägypten kennengelernt hatte, machte Vyse mit Arthur Sloane bekannt, der sich mit der Vergabe von Schürf- und Ausgrabungskonzessionen der ägyptischen Behörden auskannte. Vyse mußte die später erteilte Konzession schließlich mit dem britischen Konsul Oberst Campbell und Sloane teilen, und zu seinem Ärgernis bekam er noch den ziemlich bibelfesten G. B. Caviglia als Aufseher vor die Nase gesetzt, wofür er am 2. November 1836 zudem noch 200 amerikanische Dollar Gebühren an einen mamelukischen Beamten bezahlen mußte.

Vyse war in erster Linie deshalb verärgert, weil er die erwartete Führungsrolle nicht selbst übernehmen konnte, sondern sich von dem erfahreneren Caviglia alles vorsagen lassen mußte. Deshalb entschloß sich der Brite, mit seinem Freibrief andere archäologische Stätten in Unterägypten zu besuchen. Caviglia arbeitete zwischenzeitlich ohne Vyse, gemeinsam mit seinem Vorarbeiter, der Paolo hieß, in Giseh weiter. Obwohl der Italiener die Ansicht vertrat, daß die größte Giseh-Pyramide vermutlich noch unbekannte Geheimkammern besitzen würde, konzentrierte sich Caviglias Arbeit in erster Linie auf die Entdeckung und Vermarktung von Mumien. In Europa beherrschte die »Mumyamanie« viele Wirtschafts-

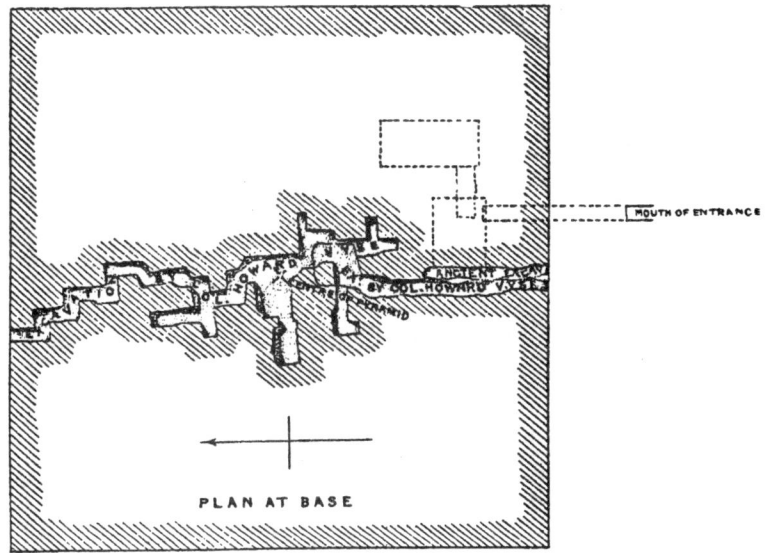

*Abb. 83: Grundriß-Zeichnung von Vyse.*

zweige, so daß mit den Funden nicht nur bei Museen eine Menge
Geld zu verdienen war. Doch als Vyse zwei Monate später am 24. Januar 1837 zurück nach Giseh kam, war er über die durchgeführten
Arbeiten alles andere als erfreut, ja, er war sogar richtig verärgert
und wütend! Erst als Caviglia ihm eine interessante neue Entdeckung von »Hieroglyphen-Inschriften« über die Pyramidenbauer
präsentierte, lenkte Vyse wieder ein.
Die Ausgrabungen des Italieners hatten ergeben, daß die ägyptischen Steinmetze die verwendeten Quader manchmal mit »roten
Markierungen« versahen. Selbst am Fuße der Chephren-Pyramide
sollten nach Ansicht Caviglias derartige Markierungen angebracht
worden sein. Diese stellten sich später jedoch als natürliche Verfär-
bungen heraus. Trotz der Neuigkeiten enttäuschte es Howard Vyse
ganz besonders, daß Caviglia und Oberst Campbell mehr auf das
Verkaufen von Mumien aus waren, als die Geheimnisse der Pyra-
miden-Bauwerke zu ergründen. Nachdem der Italiener sich sogar
angemaßt hatte, ein altes pharaonisches Familiengrab westlich der
Sphinx eigenmächtig als »Campbells Grab« zu taufen, hatte Vyse
die Nase voll. Da Caviglia zudem inzwischen mehrere tausend
Pfund Sterling unter die Leute gebracht hatte, beschloß Vyse am

27. Januar 1837, die Angelegenheit selbst in die Hand zu nehmen: »Selbstverständlich wollte ich hier noch etwas entdecken, bevor ich nach England zurückkehre.«

Richard W. H. Vyse errichtete ein Lager in den Gräben der Ost-klippen von Giseh, wonach in Tag- und Nachtschichten seine Teams an mehreren Stellen gleichzeitig arbeiteten. Insgesamt beschäftigte er sieben Vorarbeiter, 99 Helfer und 66 Kinder im Pyramidenumfeld von Giseh. Der amerikanische Ägyptologe Mark Lehner vom Orientalischen Institut der Universität Chicago äußerte sich folgendermaßen über Vyse:
»Bei all seiner Bewunderung für die Monumente hatte Vyse keinerlei Bedenken, Teile der Pyramiden abzutragen, mit Bohrstangen nach verborgenen Kammern zu fahnden und Hindernisse einfach wegzusprengen.«

Für Vyse ging es demzufolge also nicht um archäologische Spatenarbeit oder Geld, sondern um eine »wichtige« Entdeckung, die ihm Ruhm bringen sollte.
Am Anfang beschäftigte sich R. W. H. Vyse mit der mittleren Königinnenpyramide (G III-B), die bei der »Mykerinos-Pyramide« stand:
»Wir nahmen die oberen Steinlagen ab und bereiteten dadurch die Steinlagen für das Durchdringen des Bohrgestänges vor, so daß wir in die eigentliche Grabkammer vorstoßen konnten.«

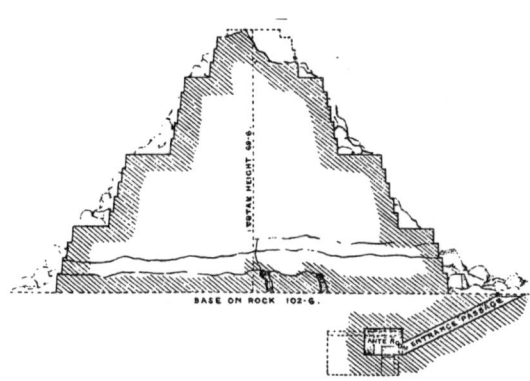

*Abb. 84: Die Königinnenpyramide G III-B.*

Vyse bahnte sich mit seinem Team den Weg direkt durch die »Mitte« des Überbaus, fand aber keine zusätzlichen Passagen in die unterirdische Grabkammer, die einen Granitsarkophag mit dem Skelett einer

jüngeren Frau enthielt. In »roter Schrift«, so bemerkt er, stand auf der Decke der Kammer zu seiner Überraschung (?) der Name »Mykerinos« (»Menkewre«). Das bestätigte die Aussage der antiken Quellen, daß die dritte Giseh-Pyramide das Grab dieses Königs sei. Professor Iorwerth E. S. Edwards schreibt in »Die ägyptischen Pyramiden«:
»Südlich von der Mykerinos-Pyramide liegt eine Reihe von drei Nebenpyramiden, von denen anscheinend keine vollendet wurde.«

Doch ausgerechnet für die richtige Anbringung einer Königskartusche sollen sich die Baumeister noch Zeit gelassen haben, damit Vyse diese später entdecken konnte!
Seltsamerweise berichtet ein anderer Italiener mit Namen Giovanni Battista Belzoni (1778–1823), der 19 Jahre vor Vyse auf der Suche nach dem Eingang in die Chephren-Pyramide auch einige der Königinnenpyramiden aufbrach, nichts über irgendwelche Inschriften, aus denen man auf Mykerinos schließen konnte. Bereits Diodor von Sizilien merkte im Jahre 100 v. Chr. zwar an, daß sich in der Graniteinfassung der Mykerinos-Pyramide eine Inschrift befinde, die den Bauherrn der kleinsten Giseh-Pyramide als Mykerinos zugehörig nenne, aber sonst gab es keine ortsgebundenen Hinweise. Neuzeitliche Archäologen konnten erst 1968 diese Inschrift, über die Diodor berichtet, tatsächlich nachweisen, als sie die Trümmer an den unteren Schichten der Pyramide beiseite räumten. Aus dieser Inschrift läßt sich zwar der Monat der pompösen Bestattung von König Mykerinos herauslesen, doch gerade die Jahresangabe ist eigenartigerweise beschädigt. Mark Lehner schreibt über diese Inschrift:
»Nach einer Theorie datiert sie auf die Zeit Chaemwasets, des Sohnes Ramses II., der in Giseh vieles restaurierte.«

Somit hatte der bisherige Beleg für die Zuordnung dieses Bauwerks mit dem regierenden König Mykerinos aus der vierten Dynastie gar nichts zutun, da die betreffende Inschrift in Wirklichkeit erst 1.300 Jahre *nach* diesem König in die Graniteinfassung der Pyramide eingemeißelt worden war!
Nach der Generalprobe an der Königinnenpyramide wühlte sich Vyse auch in den Kern der Mykerinos-Pyramide vor. Dazu benutzte

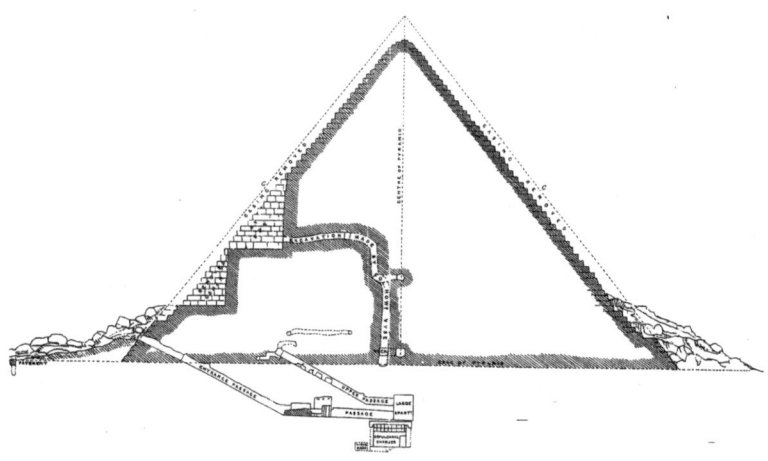

*Abb. 85: Die Mykerinos-Pyramide.*

er eine bereits vorhandene Bresche an der Nordseite des Bauwerks, die der Sohn Saladins im Jahre 1196 dort geschlagen hatte. Vyse grub seinen Tunnel gleich neben die Zentralachse der Pyramide und trieb ihn bis zur Pyramidenbasis vor.

Seine Arbeitskolonne war vor jeder Sprengung gezwungen, die Pyramide zu verlassen, und es dauerte jedesmal mehrere Stunden, bis sich der durch die Explosionen aufgewirbelter Staub legte, ehe die Pyramide wieder betreten werden konnte. Trotz des enormen Aufwandes fand er aber auch im Oberbau dieser Pyramide weder neue Kammern noch Passagen, die neue Erkenntnisse hätten bringen können. Schließlich widmete er sich wieder der Großen Pyramide und ließ die Arbeiten an der kleinsten Pyramide vorerst ruhen.

Unterdessen litt die Zusammenarbeit mit Caviglia in den nachfolgenden Tagen an vielerlei Spannungen, weshalb es am 11. Februar 1837 zu einem heftigen Streit kam. Einen Tag später machte der Italiener schließlich nochmals eine nicht unbedeutende Entdeckung: Caviglia fand eine mit roten Steinmetzzeichen versehene Nische in »Campbells Grab«, die zudem einen Sarkophag enthielt. Vyse war das aber scheinbar egal, denn am 13. Februar 1837 entließ er Caviglia und verwies ihn vom Ausgrabungsfeld.

*Warum tat er das?*

Die Entdeckungen im Gräberumfeld von »Campbells Grab« lockten eine Menge von Würdenträgern und fürstlichen Persönlichkeiten an, die immer wieder gerne die neuesten Funde begutachten wollten. Zum allgemeinen Ärgernis von Vyse lobte man den italienischen Entdecker und nicht ihn, den Briten.

Die Große Pyramide hatte indes nicht viel neues zu bieten, ein Umstand, der Vyse ziemlich unruhig werden ließ, da er bislang viele Geldmittel investiert, der erwartete Erfolg einer großen Entdeckung bislang aber ausgeblieben war.

*Abb. 86: Darstellung in der Entlastungskammer.*

Wie sich anhand der erhalten gebliebenen Protokolle herausstellte, betrat Richard W. H. Vyse mit dem Ingenieur John Shea Perring (1813–1869), der in der Folgezeit zu seinen engsten Mitarbeitern zählte, in der Nacht vom 12. zum 13. Februar 1837 die Große Pyramide. Die beiden Männer untersuchten an der Nordostecke oberhalb der »Davison Kammer« einen merkwürdigen Riß in einem Granitblock, in den sich problemlos ein meterlanges Schilfrohr hineinschieben ließ. Das konnte nur bedeuten, daß sich vermutlich dahinter ein weiterer bislang unbekannter Hohlraum befinden mußte. Vyse dazu:

»Ich habe mich entschlossen, die Ausgrabungen oberhalb der Kammerdecke fortzusetzen, wo ich eine Grabkammer zu finden hoffe.«

Tatsächlich gelang es dann am 27. März 1837 dem Vorarbeiter Paolo und einigen Helfern, ein kleines Loch durch die Deckenblöcke der »Davison-Kammer« zu bohren. Vyse erzählt, wie er an einem Stab eine Kerze anbrachte und mit dieser Leuchthilfe den »Verborgenen Raum« begutachtete:

»Der neue Raum über der Davison Kammer besaß die gleiche Konstruktion wie der darunterliegende war.«

Obwohl sein Vorarbeiter Paolo sich nichts zu Schulden hatte kommen lassen, wurde er am 28. März ohne einen triftigen Grund ebenfalls von Vyse entlassen. Am 29. März wurde schließlich unter seiner Leitung wieder Sprengpulver benutzt, so daß er einen Tag später den zuvor hermetisch versiegelten Raum endlich betreten konnte. Dabei wurde er von J. R. Hill und seinem Zeichner Edward Andrews begleitet, so daß die Kammer gründlich untersucht werden konnte. Zwar hatte Vyse in der Tat einen völlig unbekannten neuen Raum entdeckt, aber dieser hatte weder Schätze noch irgendwelche anderen verborgenen Dinge enthalten, womit eine Sensation erneut ausblieb. Vyse berichtet:

»Auf dem Boden des Raums lag eine schwarze Sedimentschicht gleichmäßig angehäuft verteilt, so daß man jeden Fußabdruck sehen konnte. [...] Die Decke war glatt, schön poliert und verfügte über die feinsten Fugen.«

Vyse benannte die Kammer »Nelson-Kammer« – nach dem berühmten Admiral Nelson.

An dieser Stelle ist aber noch von keinerlei Inschriften die Rede, mit denen sich die Pyramide chronologisch zuordnen ließ. Dennoch enthielt dieser Raum eine Anzahl von Graffiti in roter Tinte, die auch die arabischen Ägypter in dieser Zusammensetzung zum

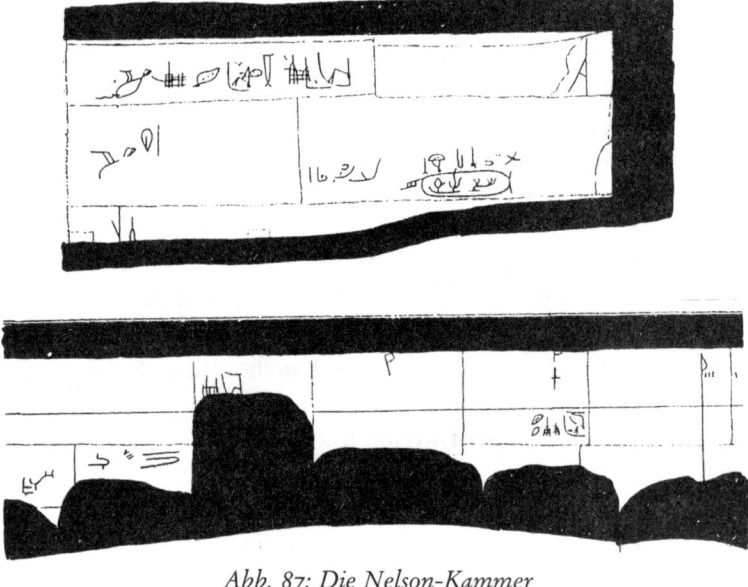

*Abb. 87: Die Nelson-Kammer*

Schreiben benutzten (selbst zu Zeiten der Forschungen von
W. R. H. Vyse konnte man dieses Pulver für die Farbherstellung
auf jedem Marktplatz noch beziehen). Vyse:
»Zum Abend hin, nachdem auch Mr. Perring und Mr. Mash ge-
kommen waren, gingen wir zum zweitenmal in die Wellington-
Kammer und fanden darin diesmal die Steinmetzmarkierungen der
Arbeiterkolonnen der Pyramidenbaumeister.«

Neben verzerrten Hieroglyphenresten fand Vyse Achsenmarkie-
rungen, Höhenlinien und Richtungsangaben, die vermutlich von
den pharaonischen Handwerkern angebracht worden waren. Weil
die »Nelson-Kammer« von ihrer Struktur fast genauso wie die
»Davison-Kammer« aussah, vermutete Vyse noch eine weitere, darüber liegende Kammer. Obwohl Vyse noch ehrgeizig genug war,
weitere Sprengungen vorzunehmen, um seine Vermutung über die
Existenz weiterer Kammern zu prüfen, entließ er am 4. April einen
weiteren Vorarbeiter mit Namen Giachino, den ebenfalls zuvor
Caviglia eingeführt hatte. Vermutlich lag das daran, weil auch für
diese Entdeckung Giovanni Battista Caviglia von Anfang an An-
sprüche stellte. Vyse war jedoch anderer Ansicht, so daß er promi-
nenten Personen gegenüber, wie beispielsweise dem Generalkon-
sul von Österreich, seine Vorstellungen ständig zu untermauern und
die Entdeckung für sich zu beanspruchen versuchte.
Zehn Tage später verlangten der britische und der österreichische
Konsul Kopien der »Steinmetzzeichen«: Andrews, Perring und
Mash erhielten von Vyse den Auftrag, nur die Graffiti aus
»Campbells Grab«, die vom Gräberumfeld stammte, zu kopieren
und den Herren Konsuln zur Verfügung zu stellen. Das Bekannt-
machen der Graffiti aus den Entlastungskammern hingegen konnte noch warten!
*Was war an den Markierungen so geheimnisvoll, daß sie den An-
fragenden nicht zur Verfügung gestellt wurden?*
Vermutlich lag es daran, daß Vyse inzwischen mit Bestimmtheit
wußte, daß über den bislang freigelegten Kammern noch weitere
Hohlräume existierten.
Am 25. April 1837 wurde mit großen Mengen Schießpulver dann
die Freisprengung der nächsten vermuteten Kammer vorgenommen: Sie war ebenfalls wie die »Davison Kammer« und die »Nel-

son-Kammer« leer. Ein erhoffter Schatz für Ruhm und Ansehen
blieb immer noch aus. Doch diesmal berichtet Vyse:
»Insbesondere auf der Westseite befinden sich auch bei der neuen
Kammer erneut Steinmetzzeichen in roter Farbe [...]. Daher habe
ich mich entschlossen, diese Kammer Lord Horatio Nelson zu wid-
men.«

Obwohl der Aufstieg in die Entlastungskammern sehr mühsam ist,
suchten ihn die Briten (Andrews, Campbell, Hill, Mash, Petrie,
Vyse) täglich mehrere Male auf. Trotz der Tatsache, daß sich in dem
Team der Männer ein professioneller Zeichner befand, war das Anbringen der Namen britischer Persönlichkeiten in den Pyramidenkammern immer nur J. R. Hill vorbehalten. Tatsächlich sieht es so
aus, daß Hill als Ingenieur sehr gut zeichnen konnte und durchaus
auch Kopien von neuentdeckten Hieroglyphen verschiedener Gräber anfertigte. Am 7. Mai wurde dann über der »Nelson-Kammer«,
ein neuer Raum entdeckt, der nach weiteren bekannten britischen
Persönlichkeiten, dem Generalleutnant Sir Robert Arbuthnot und
seiner Gemahlin Lady Ann, benannt wurde.
Diese »Arbuthnot-Kammer« war aber im Gegensatz zu den bis
dahin bekannten drei Entlastungskammern durch eine Besonder-
heit gekennzeichnet: Zum erstenmal enthielt die Kammer Inschriften aus roter Farbe. Sie wurden als »Königskartuschen« bezeichnet, die als »Chnum-Chuf« identifiziert wurden, was ungefähr soviel wie »Schöpfergott Chnum schützt ihn« bedeutet. Vyse hat es
in seinem dreibändigen Werk unterlassen, diese Entdeckungen
detailgerecht zu erfassen, was mehr als seltsam erscheint. Lediglich
John S. Perring erwähnt diese Darstellungen in seiner Buch-
veröffentlichung »The Pyramids of Gizeh«. Weitere Kartuschen
lauteten übersetzt zum Beispiel »Wie mächtig ist die Weiße Krone
des Schöpfergott Chnum, der dich schützt«. Auch das ist kurios,
denn in diesem Zusammenhang muß man wissen, daß die einzige
Cheops-Plastik, die im Jahre 1903 von W. M. F. Petrie in Abydos
entdeckt wurde, diesen König lediglich als Träger der unterägyptischen »Roten Krone« zeigt.
*War im Falle der Königskartuschen vielleicht etwas nicht mit rech-
ten Dingen zugegangen?*
Am 9. Mai suchten Sir Robert, Lady Ann und Oberst Campbell

die »Arbuthnot-Kammer« auf, woraufhin Lady Ann voller Entzückung vortrefflich bemerkte:
»Die Schrift sieht so aus, als ob sie erst am gestrigen Tage angebracht wurde.«

Tatsächlich bemerkt auch John S. Perring in Band III seiner Pyramidenabhandlung über die Graffiti:
»Die Zeichnungen sind so gut auf den Steinen erhalten, daß sich unmöglich erkennen läßt, ob sie gestern oder vor 3.000 Jahren entstanden sind.«

An diesem besagten 9. Mai 1837, der seltsamerweise später im Tagebuch durchgestrichen und auf den 2. Juni geändert wurde, ereignete sich noch etwas, das vermutlich Vyse zum Umzug nach Kairo bewegte, obwohl man ihm im Grabungsfeld benötigte:
»Wir fanden an der Nordseite ein Stück braunen Stein, von 15,24 Zentimeter Länge und einer 10,16 Zentimeter umfassenden Breite, worauf eine Kartusche des ›Suphis‹ eingemeißelt ist.«

Der Orientalist Zecharia Sitchin weist in diesem Zusammenhang auf das Erscheinen des Hieroglyphen-Handbuchs »The Manners and Customs of the Ancient Egyptians« von John Gardner Wilkinson hin, worin im Jahre 1837 zum erstenmal die Widder-Hieroglyphe »Chnum-Chuf« nicht mit »Schufu« oder »Suphis« erklärt wird, sondern als »Sen-Suphis«:

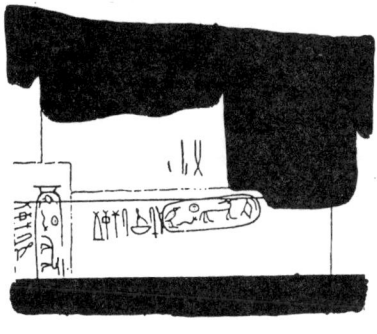

*Abb. 88: Teil der »Arbuthnot Kammer«. An dieser Stelle hat der Schreiber versucht, zwei identische Kartuschen auf zwei verschiedenen Freiflächen anzubringen. Man erkennt ganz deutlich, daß die »Chnum Chufu«-Schriftzüge an den Freiraum angepaßt wurden. Überdies führen die Kartuschen über die Markierungslinien, und teilweise sogar über die Steinfugen. Das Ganze ergibt aber keinen Sinn, denn Markierungslinien wurden bei der Montage gezogen. Demnach müssen die Kartuschen nach der Montagte angebracht worden sein.*

»Wir sehen Suphis oder, wie die Hieroglyphiker ihn geschrieben haben, Schufu oder Chufu, ein Name, der leicht in Suphis oder Cheops verdreht werden konnte.«

Die Situation mit der neuen Interpretation von Wilkinson wird von Zecharia Sitchin folgendermaßen gedeutet:
»Wilkinsons Erklärung muß Vyse und Hill sehr beunruhigt haben, weil er seine Ansicht in Bezug auf die Widder-Kartusche geändert zu haben schien.«

**Wen stellte die Kartusche mit dem Widder tatsächlich dar?**
Der Ägyptologe Hans Bonnet schreibt in seinem »Reallexikon der ägyptischen Religionsgeschichte« über die lange Tradition des Chnum-Kultes und bringt ihn mit Ptah und der Stadt Memphis in Verbindung:
»Schließlich hat Chnum auch in Memphis, der Stadt des Ptah, unter dem Beiwort ›der vor seiner Mauer ist‹ einen Kult genossen. Anscheinend hat sich Chnum hier an die Stelle einer älteren, lokalen Gottheit geschoben. Es ist verständlich, daß man ihn an Ptah heranzog, denn er trifft in manchen Stücken mit ihm zusammen. Auch Ptah ist ja ein Bildner. Beide Götter werden darum gern in Formeln wie ›Chnum hat dich geformt, Ptah hat dich gebildet‹ in Parallele gesetzt.«

Der Widdergott soll einst von einer Insel nach Ägypten gekommen sein. Er galt wie Ptah als Begründer der altägyptischen Zivilisation. Das in der Großen Pyramide angebrachte Widdersymbol geht also tief in die archaische Zeit zurück und hatte durchaus etwas mit der handwerklichen Pyramiden-Tradition zu tun. Deshalb ist es vermutlich kein Zufall, daß Chnum auch mit Osiris gleichgestellt wurde. Diese Zusammenhänge waren für Vyse sowie seine Partner Hill und Campbell im Jahre 1837 noch nicht ersichtlich. Mittels der von Wilkinson vorgestellten »Chufu-Kartusche« und dem gegensätzlich erscheinenden Widdersymbol war ihnen also immer noch keine Sensation gelungen, da die bisherigen Kartuschen in den Entlastungskammern nichts über den vermuteten Bauherrn verrieten. Doch dann, nach der Sprengung am 27. Mai 1837 und der Erschließung der »Campbell Kammer«, wurde die ausschlaggebende Kartusche an der Süddecke am westlichen Ende der ober-

sten Ent-lastungskammer gefunden, die dann die richtige Zuordnung der Großen Pyramide ermöglichen sollte.
**Wie geschah dieses »Wunder«?**
Vyse begann unmittelbar nach dieser Entdeckung der Kartuschen-
darstellung mit ihrer Analyse. Hierzu benutzte er das Buch von
Wilkinson, wie bereits Sitchin richtig vermutete. Verwundert über
den Kreis mit Strichen in der Silbe »Chu« überlegte Vyse dabei, ob
die Hieroglyphe für »Re« anstatt nur mit einem Kreis oder einem
mit einem Punkt versehenen Kreis, auch mit Strichen geschrieben
werden konnte. Einen Hinweis für die richtige Schreibweise fand
Vyse schließlich in dem Buch »Voyage dans l'Arabie Pétrée« des
französischen Archäologen Léon Delaborde, das bereits 1832 in
Paris erschienen war. In diesem Buch waren Illustrationen von
Königsnamen dargestellt, die Delaborde aus den Minen des Wadi
Maghara im Sinaigebiet abgemalt hatte. Es handelte sich um Sieges-
hymnen für die erfolgreiche Verteidigung der Minenschätze des
Pharao gegen asiatische Eindringlinge.
Eine Felsinschrift illustrierte unter anderem die Titel »Chnum-
Chufu«, »Chufu« und »Meddju« (der Horusname). Diese Inschrift
konzentrierte auf eine Wanddarstellung, die deshalb von den Ägyptologen heute allein König Cheops zugeordnet wird. Das ist aber in dieser Form nicht ganz richtig! Der Begriff »Chufu« war im Grunde ge-nommen kein allein-

*Abb. 89: Felsinschriften im Sinai. Hier finden
sich bereits seit 1832 alle Kartuschen: Chnum-
Chufu (links), Chufu (mitte), Meddu (rechts).*

stehender »Kosename« des Cheops (wie Bill für William), wie allgemein vermutet wird, sondern eine magische Beschwörungs-
titulatur, ähnlich der des »Auges der Fatima« im heutigen Orient,
das »die bösen Blicke« fernhalten soll und eine Schutzfunktion aus-
übt. Einige frühe Ägyptologen des 19. Jahrhunderts vertraten die
Ansicht, daß innerhalb der ägyptischen Geschichte bereits mehrere Personen als Träger des »Chufu-Titel« existent gewesen seien.
Heute läßt sich aufgrund der Auswertung  verschiedener Inschrif-

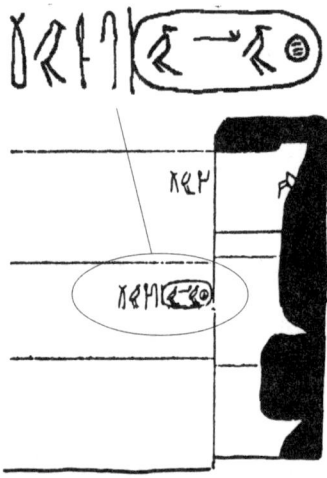

*Abb. 90: Der einzige »Beweis« für die richtige zeitliche Zuordnung der Großen Pyramide befindet sich in ihrer obersten Entlastungskammer. Es ist die (markierte) Königskartusche, die ganz oben vergrößert dargestellt ist.*

ten der Nachweis erbringen, daß dereinst 67 »Chufu-Priester« lebten, denen die Gottheit Chnum vorstand.

Im September 2001 entdeckten japanische Archäologen in Sakkara ein aus dem Jahre 650 v. Chr. stammendes altes Grab, in dem Fragmente von mindestens 15 Statuen enthalten waren. Eine davon trägt den Namen Chufu – und bezeichnet ihn als König von Ober- und Unterägypten. Der japanische Ausgrabungsleiter Nozonu Kawai kommentierte diesen Fund daraufhin folgendermaßen:

»Statuen mit dem Namen des ›Chufu‹ sind sehr selten. Deshalb ist unser Fund ein wichtiger Beweis dafür, daß er in der 26. Dynastie tatsächlich als Gott verehrt wurde.«

Ob der »Chufu-Kult« tatsächlich eine Gottesverehrung war, wie es Kawai vermutet, oder ob man aus anderen Gründen Chufu huldigte, gilt unter den Ägyptologen vorläufig noch als umstriten. Tatsache ist aber, daß der Begriff Chufu auch noch etwa 1.800 Jahre nach dem Tode des vermeintlichen Königs der vierten Dynastie den Menschen Ägyptens noch bekannt war, und die in der Großen Pyramide entdeckten Schriften (Kartuschen) ebenfalls aus der 26. Dynastie stammen!

Nun war Vyse gewiß kein Hieroglyphenexperte, doch ein Vergleich mit vorhandenen Bildern hätte selbst ihm oder seinen Partner nicht schwerfallen sollen. Seltsamerweise befinden sich auf der Delaborde-Zeichnung auch die Hieroglyphen für »Wie mächtig ist die Weiße Krone«, die außer in der Entlastungskammer der Großen Pyramide und jenen Überlieferungen aus der 26. Dynastie sonst nirgendwo aufgetaucht sind. Daß da etwas nicht stimmen kann, liegt klar auf der Hand.

## War Vyse ein Fälscher?

Der einzige, der Vyse selbst noch aus der Ferne »unehrenhafte Arbeitsmethoden« unterstellte, war Giovanni Battista Caviglia, der ab März 1837 in Paris bei Lord Elgin lebte.

Trotz aller Seltsamkeiten war die damalige Fachwelt über die Entdeckungen von Vyse höchst entzückt. Niemand überprüfte seine Ergebnisse. Er wurde schnell berühmt und verlängerte, obwohl schon auf gepackten Koffern sitzend, seinen Ägyptenaufenthalt kurzentschlossen um ein halbes Jahr.

Im Juli 1837 lokalisierte Vyse den Eingang in die Mykerinos-Pyramide, den er schnellstens freiräumen ließ. Nachdem das Pyramideninnere nun betreten werden konnte, stieg er mit seinem Zeichner Edward Andrews in die Grabkammer hinein und ließ von diesem Pläne und Querschnitte der Räume und Gangabschnitte anfertigen, die später in den Publikationen von Vyse und Perring verwendet wurden. Die Mühen von Vyse wurden auch hier belohnt: Er fand einen sehr schön verzierten leeren Sarkophag, bei dem vorerst der Deckel fehlte. Doch Reste dieses Deckels lagen in dem Obergemach, so daß Vyse und Perring ihn rekonstruieren konnten. Leider ging der Sarkophag bei der Verschiffung an Bord der »Beatrice« in der Nähe der südspanischen Küste unter. Die Reste des Schiffes konnten zwar 1996 lokalisiert werden, doch sind sie noch nicht geborgen worden, so daß wir nicht mit Bestimmtheit sagen können, ob der Sarg tatsächlich König Mykerinos zuzuordnen ist.

Vyse fand aber seiner Darstellung nach noch mehr: In einer der Kammern, die er als »großes Apartment« bezeichnete, wurden hinter einem Schutthaufen vereinzelte Mumienknochen und der Rest eines hölzernen Sargdeckels entdeckt, der den Namen des Mykerinos enthielt. Vyse schreibt über diesen Fund:

*Abb. 91: Angeblicher Sargdeckel des Mykerinos (nach Vyse).*

»Nahe bei dem Sarkophag wurden Bruchstücke des Mumiendeckels (beschrieben mit Hieroglyphen und der Kartusche des Menkewres) entdeckt, zusammen mit Teilen eines Skeletts, bestehend aus

Rippen, Rückenwirbeln und den Gebeinen, die in rauhen gelben Wollstoff eingewickelt waren.«

**Schon wieder ein Beweis?**
Nicht wirklich! Schon der Kurator des Britischen Museums Samuel Birch wies im Jahre 1838 auf die erheblichen Stilunterschiede der vierten Dynastie und jener Epoche hin, aus welcher der gefundene Sarkophag stammte. Birch sah sich deshalb außerstande, ihn der Zeit des Mykerinos zuzuordnen. Auch die Bandagen der Mumie wiesen Unterschiede zu den aus der vierten Dynastie bekannten auf und schienen somit nicht dem ägyptischen Altertum zu entstammen. Sollten die gefundenen Überreste nicht von der ersten Bestattung herrühren, dann müßten sie später in die Pyramide hineingelangt sein. Schließlich einigte man sich, daß der hölzerne Sargdeckel und die Mumie vermutlich aus einer Nachbestattung herrührten, die nur durch einen gewaltsamen Einbruch in die Pyramide ermöglicht worden sein konnte. Wie sich 45 Jahre später herausstellte, war diese Einschätzung korrekt. Der hölzerne Sargdeckel stammte in Wahrheit aus der 26. Dynastie und enthielt den Text:
»Osiris Menkewre, dem das ewige Leben geschenkt wurde, geboren vom Himmel, von der Himmelsgöttin Nut, die über dir ist. [...]«

Doch damit nicht genug. In den 1950er Jahren kam der Fund erneut in die Diskussion, es war sogar von Betrug und vorsätzlicher Fälschung die Rede, weil man nun glaubte, Vyse habe die ganze Entdeckung manipuliert, nur um der Welt den Pharao Mykerinos präsentieren zu können. Die Datierung der Mumienteile mittels der C-14-Methode bescheinigte den Knochenfunden ein nachchristliches Alter! Sie waren nachweislich 700 Jahre jünger als der Sargdeckel, der ohnehin schon 1.800 Jahre nach Mykerinos angefertigt worden war. Damit war natürlich auch der Hypothese einer Nachbestattung der Boden entzogen worden. Es gilt nämlich als sehr unwahrscheinlich, daß es zwei »Einbruchsbegräbnisse« mit unterschiedlichen Individuen gegeben hat. Richhard W. Howard Vyse schreibt ein wenig einsilbig über diese Entdeckung:
»Da ich nicht zugegen war, als die Reliquien gefunden wurden, bat ich Mr. Raven, als dieser in England war, die Geschichte dieser Entdeckung zu dokumentieren.«

*Wie war dieser Fund tatsächlich in die Pyramide gelangt?*
Drei Tage lang entfernten die Helfer des Vorarbeiters Mr. H. Raven
den Schutt aus dem »großen Apartment« und häuften ihn in der
Nähe auf. Trotz gründlicher Untersuchung wurde nichts Sensationelles gefunden. Dann aber, am letzten Tag, als nur noch der Südostwinkel des Raumes gesäubert werden sollte, fand man die Mumienteile und Teile eines Holzsargdeckels. Raven berichtete in einem
Brief vom 30. Juli 1837 an Vyse:
»[...] Nach dreitägiger Aufräumungsarbeit waren die Männer in dem
Schutt fast bis zum Südostwinkel des Raumes vorgedrungen, da
wurden zuerst einige Knochen unter dem Geröll gefunden, und
die übrigen Knochen sowie Sargteile wurden gleich danach alle
zusammen entdeckt; andere Teile des Sarges oder Knochen konnten nirgends gefunden werden. Darum ließ ich den Schutt, der vorher aus dem Raum entfernt worden war, nochmals sorgfältig durchsuchen. Dabei wurden noch einige Sargstücke und Mumienstoff
gefunden. Aber in keinem anderen Teil der Pyramide wurden weitere Teile entdeckt, obwohl jeder Ort genau durchforscht wurde,
um den Sarg so vollständig wie möglich zusammenzusetzen. [...]
Ihr ergebener Diener
H. Raven«

Wo aber waren die übrigen Teile des Sarges und des Skeletts? Man
sollte doch davon ausgehen können, daß in einem zuvor verriegelten Raum selbst die restlichen Teile noch auffindbar sein sollten,
wenn sie denn nicht gerade zuvor von arabischen Mamelucken als
Andenken mitgenommen wurden, die sich nachweislich vor Vyse
in den Räumlichkeiten befunden hatten. Sitchin bringt die Angelegenheit auf den Punkt, wenn er schreibt:
»Ein vollständiger Sarg und eine vollständige Mumie standen entweder nicht zur Verfügung, oder es erwies sich als zu schwierig, sie
hineinzuschmuggeln.«

In Anbetracht der bis jetzt zusammengetragenen Tatsachen und
registrierten Unstimmigkeiten scheint vieles darauf hinzudeuten,
daß wir es bei Vyses »Mykerinos-Fund« vermutlich mit einer vorsätzlichen archäologischen Fälschung zutun haben. Vyse und seine
Leute begriffen wohl bei ihrer Arbeit, daß nur Funde, die man an

*Abb. 92: Die Stufenpyramide in Sakkara, die Pharao Djoser zugeschrieben wird.*

fassen oder nachvollziehen konnte, Ruhm und Ehre bringen würden ...

Seltsamerweise waren es erneut Vyse und Perring, die im Grabungsbezirk von Sakkara einen Stein vorfanden, auf dem in roter Tinte Djosers Namen niedergeschrieben war und der von den Ägyptologen als Beleg für die zeitlich richtige Zuordnung der Stufenpyramide von Sakkara archiviert wurde.

Natürlich sind einige der Widersprüche auch von anderen, darunter auch Ägyptologen, bemerkt worden. So teilten mir der Ägyptologe Rainer Stadelmann sowie Rudolf Gantenbrink bereits 1996 persönlich mit, daß sie es als merkwürdig empfänden, daß einige der Graffiti in den Entlastungskammern der Großen Pyramide über die Fugen der Steinsetzungen hinausführen. Das hieße ja, daß die Steinquader nicht in den Bergen beschriftet wurden, was man annimmt, sondern nach ihrer Montage in der Pyramide. Martin Sutter von der ETU ging im Jahre 2001 noch weiter und meinte: »Bei den Proben für unsere C-14-Datierung entnahmen wir auch Farbpigment-Proben und erzielten dabei kuriose Jahreszahlen.«

Was er damit anzudeuten versuchte, waren Jahreszahlen, die einerseits nachchristlichen Datums waren, andererseits aber auch mehrere hundert Jahre vor der Thronbesteigung des Cheops lagen. *Waren hiermit vielleicht, zumindest im Fall der nachchristlichen Datierung, die Farbpigmente der Vyse-Kartuschen gemeint?* Leider kann diese Frage nicht beantwortet werden. Solange es nicht möglich ist, Untersuchungsergebnisse in ihrem vollen Umfang einzusehen, können wir nur Vermutungen darüber anstellen, warum Fälscher und Gelehrte in bestimmten Bereichen, anstatt zu einer Auflösung beizutragen, den bestehenden Unsinn weiterspinnen. Freilich sagt einem die Logik, daß es sich bei den aus nachchristlicher Zeit stammenden Farbpigmenten wohl um jene handeln dürfte, die dereinst von Vyse angebracht wurden. Doch wird uns der Beweis noch vorenthalten. Zumindest der Ägyptologe Mark Lehner scheint zu ahnen, daß die Wahrheit auf Dauer nicht zu verheimlichen sein wird, wenn er im Ton des Understatements schreibt: »Diese mysteriösen Fakten deuten wie die im Chephren-Sarkophag gefundenen Stierknochen darauf hin, daß die Geschichte der Pyramiden nicht immer so geradlinig ist, wie die Ägyptologen gerne denken.«

Mark Lehner war es auch, der 2001 Ergebnisse der gemeinsam mit Zahi Hawass absolvierten Untersuchungen am »Turiner Königspapyrus« veröffentlichte: Danach habe König Cheops nicht, wie bislang vermutet, nur 23 Jahre regiert, sondern ganze 32 Jahre – wie es bereits Borchardt behauptet hatte. Zudem gibt es nach den Studien der Ägyptologen neueste Informationen über die Struktur der Großen Pyramide: Demnach wurde die Pyramide auf einem natürlichen Felshügel errichtet. Die bislang angenommene Zahl und Größe der Steinblöcke mußte deshalb neu berechnet werden. Statt 2.300.000 Steinblöcken, von denen die ägyptologische Forschung bisher ausgegangen war, wurden nach Ansicht von Lehner und Hawass lediglich 750.000 Blöcke verbaut. Darüber hinaus hätten Nachforschungen in den Steinbrüchen ergeben, daß die verwendeten Blöcke statt der bis dahin angenommenen 16 Tonnen nur zwischen 0,5 und 1,8 Tonnen gewogen hätten. Kurz darauf meldeten sich zwei französische Forscher zu Wort, deren Ansichten eine erneute Diskussionen um die König Cheops zugeschriebene Pyramide entfachten: Nach Meinung des Piloten Jacques Bardot und der Biologin Francine Darmon gebe es eine Reihe von Hinweisen auf geheime Gänge und bisher unentdeckte Grabkammern in dem Bauwerk. Die vergleichende

*Abb. 93: Die Große Galerie.*

Analyse von älteren und neu entstandenen Fotografien habe gezeigt, daß viele Wände im Innern der Pyramide systematisch mit Putz behandelt wurden. In der sogenannten Großen Galerie wurden den Forschern zufolge viele Fugen zwischen den Steinblöcken zudem mit Gips gefüllt – möglicherweise, um die geheimen Zugänge zu tarnen oder die dahinterliegenden Räume vor Luftzug zu bewahren. Zudem wollen die Franzosen auf einem Stein eine Markierung entdeckt haben, die im alten Ägypten als Hinweis auf einen Eingang verwendet worden ist.

*Was ist also in bezug auf die Pyramiden wirklich wahr?*
Professor Farouk el-Baz von der Universität Boston meint, daß die Ägypter zum Pyramidenbau erst von den Gebilden aus Wüstensand, die im Westen ihres Reiches nach dem Wechsel von Savannen- zum Wüstenklima in vielfältiger Form entstanden, inspiriert wurden. Da die meisten Ägypter jedoch unmittelbar am Nil lebten und ihre Felder im Einklang mit den wechselnden Jahreszeiten bewirtschafteten, stellt sich natürlich die Frage, was die Menschen in diesem Land wirklich von der Wüste wußten. El-Baz nimmt daher an, daß es Nomadenstämme waren, die der Dürre der Wüste entflohen und in Richtung Nil wanderten. Sie waren die Träger der »Wüstenweisheit«. Sie hatten das Land durchquert und dies vornehmlich bei Nacht getan, um der Hitze des Tages zu entgehen. Dadurch erwarben sie, ganz nebenbei, auch astronomische Kenntnisse, da ihnen der Nachthimmel zur Orientierung diente. Als die Nomaden auf die Nilbauern stießen, kam es zu einer fruchtbaren Vermengung von Wissen und Erfahrung, was die Entstehung der ägyptischen Hochkultur initiierte und beförderte, in deren Folge dann auch die Pyramiden entstanden.

*Ist das tatsächlich die Lösung des Pyramidenrätsels?*

# KAPITEL 8

# DAS PYRAMIDENRÄTSEL

Vermutlich konnte der Homo erectus im Überlebenskampf der Natur nur deshalb so lange bestehen, weil er die Wassertiefe des Flusses, die Höhe des Felsens und die Entfernung zur Beute richtig einzuschätzen wußte. Der Mensch hatte also schon früh lernen müssen, seine Kraft an der Kraft der Natur und der seiner Feindes zu messen: Dazu mußte er die Zeit taxieren können, die ihm nach der Jagd verbleiben würde, damit er vor Einbruch der Dunkelheit sein Lager erreichen und damit den Gefahren der Wildnis entgehen konnte. Solange die Menschen der Vorzeit nur für ihren eigenen Bedarf jagten, fischten oder Wildfrüchte sammelten, bestand für sie kein zwingender Anlaß, sich über Begriffe wie Länge und Zeit, Gewicht und Volumen zu verständigen. Definierte Maß- und Gewichtseinheiten wurden erst unerläßlich, als der Mensch zu tauschen und zu handeln begann. Eine Übereinkunft zwischen Käufer und Verkäufer betreffs der zugrundegelegten Maßeinheit, mit der das zu verkaufende Produkt zu bewerten war, war eine wesentliche Voraussetzung für den friedlichen Warenaustausch. *Was lag angesichts dieses Umstandes näher, den Maßstab zu benutzen, den man immer bei sich trug?* Das Maß des eigenen Körpers! Die Daumenbreite, die Elle, der Schritt – das waren allgemein verständliche Einheiten des Längenmaßes. Was zwei Hände an Getreidekörnern fassen konnten, bildete die Grundlage für das Volumenmaß. Die Ägypter und Chaldäer sprachen bereits vor Jahrtausenden von Zoll sowie Armspanne und kannten zudem die Begriffe Tagwerk, Becher und Eimer. Die Hieroglyphe für die Einheit der ägyptischen Elle war der abgewinkelte Unterarm. Ebenso gut ausgebildet war auch das Maßsystem der Römer: Es reichte von »milia«, den tausend Doppelschritten, über Stadie, Schritt und Fuß bis hin zum Finger. Von holländischen Kolonisten stammt schließlich die Gewichtseinheit »Karat« für Gold und Edelsteine, wobei sich ein Karat aus dem Gewicht eines Samenkorns des Johannisbrotbaumes herleitet.

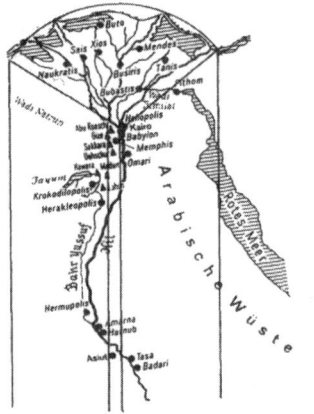

*Abb. 94: Maße und ihre Herkunft.*

Wenn eine Maßeinheit für jedermann verständlich war, bedeutete dieses aber noch lange nicht, daß sie auch von jedermann anerkannt wurde. Wollte beispielsweise der kleinwüchsige Händler dem großgewachsenen Kunden eine Elle Stoff verkaufen, kam es zwangsläufig zum Streit. *Wessen Maß sollte also gelten?* Nur einer konnte das entscheiden: der Souverän des Landes. Dieser wählte natürlich die Maßeinheit aus, die ihm am nächsten lag: den eigenen Körper. Um das Jahr 800 n. Chr. war der königliche Fuß Karl des Großen das Maß, nach dem sich seine Untertanen zu richten hatten. In weiser Voraussicht, daß er eines Tages sein »Urmaß« mit ins Grab nehmen würde, bestimmte König Heinrich I. von Sachsen um das Jahr 900 n. Chr. die Länge seines goldenen Zepters als Maß für die sächsische Elle. Aber das blieb in aller Regel die Ausnahme. Sein Namensvetter König Heinrich I. von England ging wieder von seinen eigenen Körpermaßen aus. Im Jahr 1101 befahl er seinen Höflingen, die Entfernung zwischen seiner Nasenspitze und dem Daumennagel bei ausgestrecktem rechten Arm »exakt« zu vermessen. Die Länge dieser »Meßrute« ist noch heute in den angelsächsischen Ländern gültig und dort viel beliebter als das Metermaß: Es ist das Yard.

In anderen Ländern herrschte weniger Traditionsbewußtsein. Immer, wenn die Landesfürsten wechselten, änderten sich auch die Einheitsmaße. In Deutschland war die Verwirrung wohl am größten. Hier hatte fast jede Stadt, jede Grafschaft, jeder Marktflecken seine eigenen Maße und Gewichte. Das hatte zur Folge, daß im Meßwesen bis in die erste Hälfte des 19. Jahrhunderts ein heilloses Durcheinander herrschte. So gab es um 1800 in dem kleinen Herzogtum Baden nicht weniger als 112 verschiedene Ellen, 92 Flächenmaße, 65 Holzmaße, 163 Getreidemaße, 123 Oehme und Eimer, 63 Senkmaße und 80 unterschiedliche Pfunde. Daher war eine Reform des Meßwesens längst überfällig, als gegen Ende des 18. Jahrhunderts die Französische Revolution ausbrach. Jetzt wurde mit den Relikten der verhaßten Monarchie gründlich aufgeräumt. Zu ihren Hinterlassenschaften gehörten auch die am Körper des Königs orientierten Maßeinheiten »toise« (»Armspanne«, »Klafter«), »pied« (»Fuß«) und »pouce« (»Daumen«, »Zoll«). Von nun an sollte die Erde als gemeinsamer Wohnsitz der Menschen das Maß aller Dinge sein.

Im Jahre 1790 beauftragte Charles Maurice de Talleyrand (1754–1838) die *Französische Akademie der Wissenschaften* mit der Ausarbeitung eines neuen, weltweit anwendbaren Maßsystems. Ein Jahr später unterbreiteten die Gelehrten ihren Vorschlag: Der Zehnmillionste Teil des Abstandes zwischen Nordpol und Äquator sollte die Grundeinheit des neuen Maßsystems sein und die Bezeichnung »Meter« erhalten (abgeleitet aus lateinisch »metrum« und griechisch »metron«). Noch wichtiger als das Meter war seine dezimale Eigenschaft, da alle Vielfache und Teile des Meters künftig in Zehnerschritten gebildet werden sollten. Das war die Geburt des metrischen Systems.

Jean Baptiste Joseph Delambre (1749–1822) war einer der bedeutendsten Astronomen Frankreichs, der am 17. Juni 1792 begann, den durch das Observatorium von Paris verlaufenden Meridian zwischen Dunkerque und Barcelona mit einem Theodoliten zu vermessen. Ein mühsames Unterfangen, das mit Unterbrechungen sieben Jahre dauerte. Am 22. Juni 1799 präsentierte eine internationale Kommission von Experten, die mit ihren Namen für die Richtigkeit dieser Messung bürgten, der *Französischen Nationalversammlung* das Ergebnis. Auf einem purpurrotem Samtkissen trug schließlich der Zeremonienmeister feierlich einen Stab aus funkelndem Platin in die erlauchte Versammlung: das »Urmeter« mit 3 Fuß Länge = 11.296 Teilstriche der Toise du Pérou! Wer aber jetzt denkt, die Welt hätte sich nun jubelnd auf das neue, von Menschenwillkür unabhängige, unveränderliche einfache Maßsystem gestürzt, der befindet sich im Irrtum: Nicht einmal das französische Volk wollte etwas vom metrischen System wissen! Obwohl das Parlament die sofortige Einführung per Dekret verordnete und jedem mit Strafe drohte, der es wagen sollte, seine Waren weiterhin nach den alten königlichen Maßen anzubieten, war es den Bürgern egal. Sie verwendeten weiterhin die vertrauten »toise«, »pied« und »pouce«. Als die Behörden schließlich die neuen Maße mit Gewalt durchsetzen wollten, weitete sich der Widerstand gegen das aufgezwungene Metermaß zum Volksaufstand aus. Napoleon blieb nichts anderes übrig, als den Gebrauch der alten Einheiten wieder zu erlauben. Sein Nachfolger Ludwig XVIII. sah sich sogar gezwungen, die metrische Messung bei Strafe wieder zu verbieten. Erst im Jahre 1840 konnte sich das neue Maßsystem in Frankreich endgültig durchsetzen.

Auch andere Staaten hatten ihre Probleme, das metrische System einzuführen. Als erstes Land stellten die Niederlande im Jahre 1816 um, es folgten Panama und Chile. In Deutschland wurden die alten Landesmaße erst im Jahre 1872 aufgehoben und durch das Meter als Längen- und das Gramm als Gewichtseinheit ersetzt. Noch länger besannen sich die übrigen Länder: Die Sowjetunion folgte 1919, Japan fünf Jahre später, Ägypten und Indien erst nach dem Zweiten Weltkrieg und Kuba 1961. Am schwersten tun sich noch immer Länder wie England und die USA. In den USA haben sich zwar die metrischen Maßeinheiten in den Wissenschaften weitgehend durchgesetzt, der Durchschnittsamerikaner mag sich jedoch von »inch«, »foot« und »gallon« nicht trennen. England als angelsächsisches Land indes hat erst in Zusammenhang mit Maastricht vor einigen Jahren beschlossen, »in absehbarer Zukunft« auf das metrische System umzustellen, und benutzt nach wie vor seine königlichen Maßeinheiten.

*Hatte es eine derartige Reform in der Geschichte des Menschen schon einmal gegeben?*
Zumindest die alten Ägypter verwendeten neben ihren Längeneinheiten »djeba« (Fingerbreit), »schesep« (Handbreit) und »chet« (Stab) auch eine »Sakral-Elle«, die 63,5 Zentimeter lang war. Diese den Göttern zugesprochene Maßeinheit war sogar genauer als das Meter, da sie auf der Länge der »Polarachse« basierte und nicht,

wie das Meter, auf der Länge eines Meridians, der sich entsprechend ändern kann. Die Basis der »Sakral-Elle« hingegen entspricht einem Tausendstel der Strecke, um die sich der Planet Erde bei seiner Umdrehung innerhalb einer Sekunde am Äquator weiterdreht. Vermutlich wurde diese Maßeinheit auch bei der Planung der Pyramiden verwendet.

Die Große Pyramide nahe der Stadt Kairo bei Giseh wurde in der frühen Literatur daher oft als »Bibel in Stein« bezeichnet, weil sie Informationen enthalten soll, die man bei richtiger Auslegung wie aus einem »steinernem Buch« lesen kann. Unter anderem vertrat der berühmte Mathematiker und Astronom Sir Isaac Newton (1643–1727) die Ansicht, daß sich die Große Pyramide auf einem nahezu perfekten Quadrat bis auf 147,80 Meter (tatsächlich 146,59 Meter) Höhe erhebt. Das wäre deshalb so, sagte Newton, weil sie

*Abb. 95: Die Große Pyramide.*

»das geheime Wissen der Ägypter« enthielt. Damit glich nach seiner Ansicht der Umfang dieser quadratischen Grundfläche gleich dem Umfang des Kreises, dessen Radius der Pyramidenhöhe entspricht:

$$U = 2 \times 147{,}80 \times Pi = 928{,}64 \quad oder$$
$$232{,}16 \times 4 = 928{,}64 : (2 \times 147{,}80) = 3{,}14154 = Pi$$

Der Brite John Taylor behauptete im Jahre 1859 aufgrund derartiger mathematischer Koinzidenzen ebenfalls, daß die Große Pyramide nur deshalb gebaut worden sei, »um das Maß der Erde aufzuzeichnen«. Aus dem Grundriß, aus der Lage der Tore, Gänge, Hallen und der Grabkammer konnte er aus dem Bauwerk sogar die ganze Geschichte des Menschengeschlechtes ablesen! Wie bereits Newton behauptete Taylor des weiteren, daß die alten Ägypter bereits den Wert der Ludolphschen Zahl »Pi« selbstverständlich gekannt und für ihre 25 Zoll lange Königselle ein Zollmaß ähnlich dem britischen verwendet hätten:
»Für nur zufällige Übereinstimmungen sind es zu viele Relationen, die in der Großen Pyramide gefunden werden können!«

214

Schließlich legte Taylor der *Royal Academy* (der Königlichen Akademie Englands) seine Abhandlung zu diesem Thema vor, die jedoch von der konservativen Führung dieser Einrichtung unbegründet verworfen wurde.

Der königliche Astronom von Schottland und Professor für Astronomie an der Universität Edinburgh, Charles Peazzy Smyth (1819–1900) hingegen war von John Taylor und seinen eigenen religiösen Ansichten so stark beeinflußt, daß er die Angaben Taylors persönlich überprüfen wollte. Doch ein Stipendium zur Verringerung seiner Kosten war ihm von den »offiziellen Einrichtungen« abgelehnt

*Abb. 96: Charles Peazzy Smyth*

worden. Smyth begab sich unbeirrt davon auf den Weg nach Ägypten. Gestützt auf die Theorien von Taylor vermaß er im Jahre 1865 die Große Pyramide schließlich selbst. Danach war auch Smyth fest davon überzeugt, daß das Bauwerk ein maßstabgerechtes Modell des Erdumfangs abgebe und ihr Perimeter präzise der Zahl der Tage des Sonnenjahres entspreche. Diese Ideen standen im engem Zusammenhang mit seinem Glauben, der britische Zoll sei von einem antiken »Pyramidenzoll« abgeleitet, auf dem auch die beim Bau der Arche Noah

und der Stiftshütte des Moses verwendete Elle beruht habe. Zudem glaubte er, die Engländer stammten von dem verlorenen Stamm Israels ab und die Kammern und Gänge der Pyramide seien ein gottinspiriertes Aufzeichnungswerk, eine steingewordene, von wissenschaftlich fortgeschrittenen Ahnen der Briten getroffene Vorhersage der großen Weltereignisse.

Charles P. Smyth veröffentlichte seine erweiterten Theorien in dem Buch »Our Inheritance in the Great Pyramid« (1864) und 1867 in dem dreibändigen Werk »Life and Work at the Great Pyramid«. Wie bei John Taylor lehnte die *Royal Academy* im Jahre 1874 auch seine Abhandlung über die Gestalt der Großen Pyramide ab, worauf Charles Peazzy Smyth aus Protest zurücktrat.

*War das, was Taylor und Smyth festgestellt hatten, wirklich so abwegig?*

John Taylor und Charles Peazzy Smith hatten unabhängig voneinander bei ihren Untersuchungen an der Großen Pyramide herausgefunden, daß ihre Grundkante exakt 365,24 Sakral-Ellen mißt, entsprechend unserem Sonnenkalender, der die gleiche Zahl von Tagen aufzuweisen hat. Auch die Wissenschaftler Napoleons fanden
erstaunliche Sonnenbezüge des Bauwerks: Die Baumeister haben
die Große Pyramide so angelegt, daß die Sonne während der Mit-

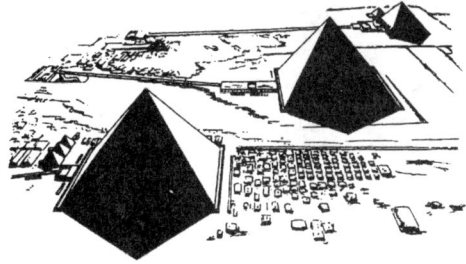

tagszeit zwischen Fe-
bruar und Oktober kei-
nerlei Schatten wirft.
Hinzu kommt, daß die
Nordseite während der
ersten Hälfte eines Jah-
res völlig im Schatten
liegt. Und wenn die Son-
ne in der zweiten Jahres-
hälfte im Nordosten auf-

*Abb. 97: Schattenspiele*

und im Nordwesten untergeht, befindet sich das Sonnenlicht den
ganzen Tag auf dem Norddreieck, so daß sich eigenartigerweise
kein Schatten bildet. Ein ganz besonderes Schattenspiel kann man
14 Tage vor der Frühjahrs- und 14 Tage nach der Herbst-Tagund-
nachtgleiche beobachten: Die Nordseite wird exakt in eine Licht-
und eine Schattenhälfte unterteilt.
Die geschilderten Sonnen- und Schattenbeobachtungen an der Großen Pyramide dokumentieren, daß die alten Ägypter über die Fix-
punkte des Jahresablaufes genaustens informiert waren. Zu der Zeit,
als die Pyramide noch ihre weiße Tura-Ummantelung und ihre goldene Spitze besaß, müssen diese wundersamen, auf exakten astro-
nomisch-mathematischen Berechnungen beruhenden Licht- und
Schattenspiele noch deutlicher ausgefallen sein. Dennoch qualifi-
zierte Ludwig Borchardt im Jahre 1922 in seinem Buch »Gegen die
Zahlenmystik an der Großen Pyramide bei Gizeh« alle zuvor aufgestellten »Zahlenwunder« und damit in Verbindung stehenden
Fragen als Phantastereien ab. Für die Ägyptologengilde wurde diese Arbeit Borchardts wiederum zum Meilenstein – und wird von
vielen heute noch benutzt.

### Gibt es tatsächlich kein Pyramidenrätsel?

Der Glaube der alten Ägypter an eine Verbindung der Sterne mit

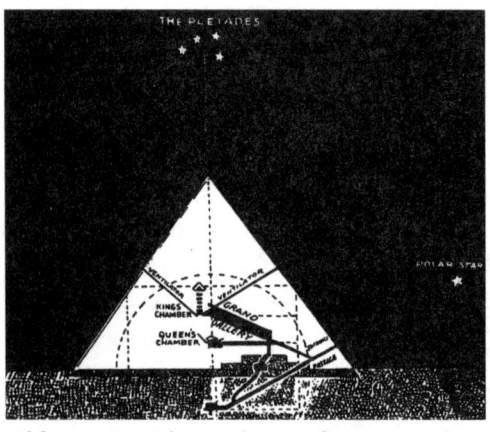

*Abb. 98: Ausrichtung der Großen Pyramide zu den Sternen (nach Smyth).*

der von ihnen erhofften Wiedergeburt scheint so tief verwurzelt gewesen zu sein, daß sie die Gräber ihrer Ahnen nicht nur mit Speisen und Getränken ausstatteten, sondern sie auch mit Kalendern versahen. Die ältesten erhaltenen ägyptischen Kalender sind eigenartigerweise auf den Innenseiten von Sargdeckeln eingezeichnet und stammen aus dem 20. Jahrhundert v. Chr..

Diesen Kalendern sind sehr deutliche Hinweise auf die unvergänglichen Zirkumpolarsterne und Sternbilder zu entnehmen. Aus den Aufzeichnungen läßt sich herauslesen, daß im alten Ägypten eine 36fache Unterteilung der Sternengruppen vorgenommen wurde.

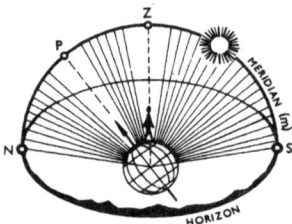

*Abb. 99: Bewegung der Himmelssphäre.*

Dies geschieht immer dann, wenn der scheinbare Kreis, in dem die sogenannte Sonnenbewegung vor sich geht, und die Ekliptik die Tierkreise unterteilt. Die Griechen nannten diese Unterteilungen in jüngerer Zeit »Dekane« (»Unsichtbare«). Aus dem astronomischen »Papyrus Carlsberg 1« erhalten wir Informationen über das Leben sowie das Sterben eines »Dekans«.

Die ägyptischen Priester und Magier sollen nach Ansicht der Ägyptologen in der Vergangenheit eine Art »astronomische Zeitmessung« betrieben haben, die sich im Laufe der Zeit zur Astrologie entwickelte. Aus zahlreichen Gräbern und Tempeln sind uns Sterndeutungsbilder erhalten, die sich den Nil entlang ziehen. Die »Dekan-Lehre« fand danach im Mittleren Reich ihren Höhepunkt und wird noch heute auf der ganzen Welt praktiziert.

Während die Sterndeutungslehre sich weiterentwickelte, scheint die

»Pyramidiologie« – und somit die Lehre von der Erforschung der Pyramiden – in Vergessenheit geraten zu sein, obwohl beide Wissenschaftszweige über Jahrtausende Hand in Hand gingen. Der Brite Adrian Gilbert und der Belgier Robert Bauval entdeckten 1994, daß sieben der berühmtesten Pyramiden Ägyptens die

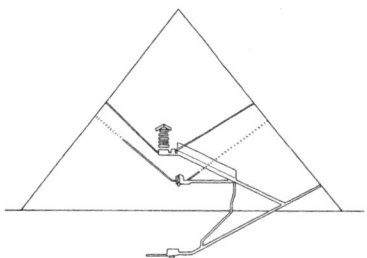

Sternenkonstellationen des Orion und der benachbarten Hyaden auf der Erde als ihre Abbilder darstellen. Den beiden Autoren ist es bei der Erarbeitung ihrer Theorie gelungen, den alten, festgefahrenen Lehrmeinungen über die Sonnenreligion der Ägypter zu trotzen und eine ausführliche Sternenreligion zu präsentieren, die in Ägypten weiter verbreitet

*Abb. 100: Schnitt durch die Große Pyramide.*

war, als bis dahin angenommen wurde. Die Forscher untersuchten u. a. die altägyptischen Totentexte, welche die Verflechtung der altägyptischen Religion zur Astronomie aufzeigen. Folgt man den Ergebnissen von Gilbert und Bauval, dann entsprechen die Knick-Pyramide und die Rote Pyramide in Dahschur dem Sternenhaufen Epsilon-Tauri und Aldebaran, während die Pyramiden von Abu Roasch und Zawjet el-Aryan ihre himmlische Entsprechung in den Sternen von Kappa-Orionis und Bellatrix finden. Darüber hinaus belegen die Forscher mit Raffinesse, daß der Bauplan des Pyramiden-Komplexes in Giseh dem Oriongürtel entspricht. Die Große Pyramide und die Chephren-Pyramide spiegeln sich in Zita-Orionis (Alnitak) und Epsilon-Orionis (Alnilam) im Oriongürtel wider, während die leicht versetzte Mykerinos-Pyramide dem leicht versetzten Stern Delta-Orion (Mitaka) entspricht, der ebenfalls im Oriongürtel liegt.

Gilbert und Bauval haben berechnet, daß der heliakische Aufgang des Orion und die Ausrichtung der »Schächte« der Königinnenkammer der Großen Pyramide zum Stern »Al Nitak« im Orion einige Wochen vor der Sommersonnenwende um 2450 v. Chr. erfolgte. Mit diesen und anderen Daten fütterten sie ihren Computer »Skyglobe 3.5«. Mit der von ihm durchgeführten Analyse meinen die Forscher herausgefunden zu haben, daß die Große Pyra-

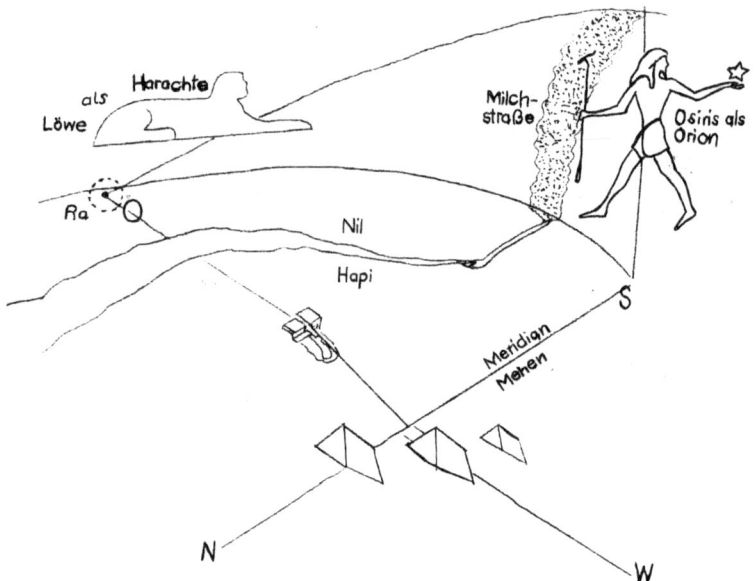

*Abb. 101: Astronomische Ausrichtung der Pyramiden*
*zu den Sternbildern.*

mide vor 4445 Jahren von König Cheops errichtet wurde und in
enger Verbindung zur altägyptischen Sternenreligion stand. Damit
paßten sie sich bezüglich der Bauzeit den Vorstellungen der
Gelehrtenschaft an. Die Forscher wunderten sich dennoch über ein
Kuriosum, von dem Robert Bauval meint:
»Erst um das Jahr 10.500 v. Chr. entsprach von Heliopolis aus gesehen das Muster der drei Sterne des Oriongürtels exakt der Anlage der drei Pyramiden von Giseh.«

Um die Ausrichtung der »Pyramiden-Schächte« in bezug auf den
Präzessionszyklus der Erde zu berechnen, stellten Bauval und
Gilbert zuvor die Theorie auf, daß die Pyramiden von Giseh in
direkter Verbindung zum Sternbild des Orion stehen. Der Effekt
der Präzession erreicht nach den Berechnungen der Forscher seine
höchste Deklination bei –0 Grad, 80 Minuten und 00 Sekunden um
etwa 2550 n. Chr. Die niedrigste Deklination von –48 Grad, 00 Minuten und 00 Sekunden wurde um etwa 10.450 v. Chr. erreicht,
worin das Gründungsjahr des Bauwerks zu suchen wäre.

Anthony Fairall von der Cape Town Universität in Südafrika konnte im November 1999 durch astronomische Untersuchungen allerdings nachweisen, daß die Berechnungen der Forscher Gilbert und Bauval fehlerhaft sind. Sollten die Pyramiden wirklich im Jahre 10.500 v. Chr. ausgerichtet worden sein, so würde sich um diese Zeit zwar Epsilon-Orionis in der Großen Pyramide und Delta-Orionis in der Chephren Pyramide spiegeln, doch Zita-Orionis befände sich dann viel zu weit im Norden, so daß die Mykerinos-Pyramide bezüglich des Orion ohne jede Berücksichtigung bliebe. Professor Fairall meint, daß eine exakte Spiegelung der Giseh-Pyramiden mit dem Oriongürtel bei 45 Grad, 00 Minuten, 00 Sekunden sich nur im Jahre 11.600 v. Chr. verbindlich bestimmen läßt. Dieses Datum liegt allerdings 1.100 Jahre vor der Zeitangabe von Gilbert und Bauval.

**Was verbirgt sich hinter diesem Datum?**
Aus den ägyptischen Götterdynastien kennen wir die Ra-Dynastie, die von 11.970 bis 10.970 v. Chr. andauerte. So berichten die mythologischen Schriften im »Horus-Mythos«, daß im Jahre 11.607 v. Chr. die Menschen gegen die Götter rebellierten und im alten Ägypten bürgerkriegsähnliche Zustände herrschten. Bei den Auseinandersetzungen wurde die anfänglich große Anzahl der Menschen von den allmächtigen Wesen dezimiert, doch die Götter besannen sich und stellten ihre kriegerischen Handlungen gegen die Menschen wieder ein. Nachdem sich die Lage wieder beruhigt hatte, wurde innerhalb der Ra-Dynastie im Jahre 11.541 v. Chr. die erste »Sothis-Periode« eingeführt. Das war ein nach der periodischen Wiederkehr des Sirius orientierter Zeitablauf, der jeweils 1.460 Jahre andauerte und mit dem Herkunftsort der Götter in Verbindung stand. Erstaunlicherweise beträgt die Zeitspanne zwischen den Sirius-Aufgängen hier – im Gegensatz zu unserem Sonnenjahr mit 365,242 Tagen – exakt 365,250 Tage und ist somit nur um 12 Minuten länger als das von uns genutzte Sonnenjahr.

Der griechische Historiker Herodot (485–430 v. Chr.) berichtet in

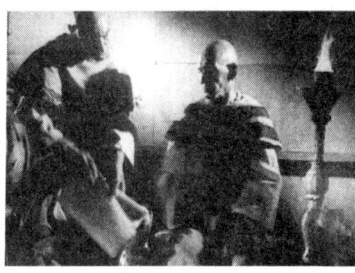

*Abb. 102: Ägyptische Priester.*

seinen Historien, II–142, ebenfalls, daß die altägyptische Priesterschaft um etwa diese Zeit, mit Beginn der »Sothis-Periode«, eingeführt wurde. Schließlich beauftragte danach die Gottheit Ra den weisen Thot, die Giseh-Pyramiden zu bauen und den Menschen für ihre spätere Entwicklung eine Orientierungshilfe zu bieten. Aus dem koptischen Buch »Der Augenstern des Kosmos« erfahren wir letztendlich, wie Thot seinem weisen Priesterschüler Imhotep darüber informiert, daß die »Pyramiden die himmlischen Absichten auf der Erde erklären« würden und daß die Bauwerke kosmisch ausgerichtet sind.

Bereits im Jahre 1932 publizierte der Pyramidenforscher Duncan Machaughton die Theorie, daß die »Pyramiden-Schächte« in der Königskammer der Großen Pyramide für Beobachtungszwecke des Sirius angelegt wurden. Dabei verlaufen der Nordschacht in einer Neigung von 32 Grad, 36 Minuten und 08 Sekunden und der Südschacht bei exakt 45 Grad, 00 Minuten, 00 Sekunden. Nach der Ansicht Machaughtons konnte am Ende der dunklen Schächte der Sirius sogar bei Tage beobachtet werden, wenn seine Bahn zwischen 26 Grad, 18 Minuten, 00 Sekunden und 28 Grad, 18 Minuten, 00 Sekunden im Süden verlief.

*Welche Art von Pyramidenrätsel steht mit diesen »Schächten« in Verbindung?*

Im Jahre 1872 entdeckten die Hobby-Archäologen Waynman und John Dixon sowie Bill Grant, daß sich hinter den Innenverkleidungssteinen der Königinnenkammer der Großen Pyramide Hohlstellen befanden. Sie hatten wegen eines Risses an der Innenverkleidung, der vermutlich durch die Sprengarbeiten von R. W. H. Vyse verursacht wurde, die obere Putzschicht abgeklopft und so die Hohlstellen bemerkt. Auf der Südseite brachen die drei Forscher in 1,17 Meter Höhe eine etwa 20 Zentimeter große Quadratfläche auf, woraufhin ein Schachtverlauf sichtbar wurde. Ein zweiter Schacht befand sich zu ihrer Überraschung auf der Nordseite der Königinnenkammer, also genau gegenüber. Hinter der Verkleidung fanden sich eine Steinkugel und ein Widerhaken. Der technischer Zweck dieser beiden aufgefundenen Gegenstände ist bis heute ungeklärt geblieben.

Auf jeden Fall hatten die neugierigen Hobbyarchäologen eine völlig neue Entdeckung gemacht, die man bis dahin nur aus der Königskammer kannte.

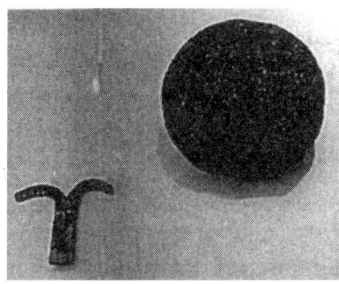

*Abb. 103: Diese Gegenstände wurden 1872 in den anfänglich unsichtbaren Schächten der Königinnenkammer entdeckt.*

*Doch warum waren diese Schächte im Gegensatz zu denen der Königskammer verkleidet worden?*

Die drei Entdecker vermuteten, daß es sich bei den Öffnungen um ähnliche »Luftschächte« handelte, wie jene, die bereits in der Königskammer identifiziert worden waren, die ebenfalls eine Süd- und Nordausrichtung besaßen und bis an die Außenwand der Pyramide verliefen. Doch nachdem die Forscher die Außenverkleidung der Pyramide nach den Austrittsstellen untersucht hatten, wirkten sie ein wenig ratlos, weil keine Austrittsstellen für diese Schachtverläufe vorhanden waren. Waynman Dixon hatte dann schließlich doch noch die »zündende Idee«: Er entfachte vor dem Südschacht in der Königinnenkammer ein Feuer mit großer Rauchentwicklung, denn sollten die Schächte tatsächlich zur Außenverkleidung der Bauanlage führen, so müßte der Rauch dann logischerweise irgendwo außerhalb der Pyramide austreten. Der Rauch zog auch tatsächlich in die Schachtverläufe, doch seltsamerweise trat außerhalb der Pyramide keinerlei Rauch hervor. Die Rauchentwicklung verlor sich innerhalb des Bauwerks. Für die Dixons sowie Grant blieb damit die ursprünglich erhoffte Sensation aus. Sie waren sich ziemlich sicher, daß es sich bei den Schächten um irgendwelche »Blindschächte« handeln müsse, deren Existenz danach auch für die Ägyptologen, die unsere Lehrmeinung gestalten, bis auf weiteres ohne Bedeutung blieb.

*Wo aber blieb der Rauch, der in die »bedeutunglosen« Schächte gezogen war?*

Die Antwort sollte am 22. März 1993 der Münchener Ingenieur Rudolf Gantenbrink und der vom *Deutschen Archäologischen Institut Kairo (DAIK)* für diese Untersuchung zugeteilte Ingenieur Uli Kapp mit dem *Upuaut-Projekt* liefern. Mit einem nur 37 Zentimeter großen Roboterfahrzeug, das mit einer Videokamera des Typs »Sony CDD« ausgestattet war und von der Königinnenkammer aus startete, gelang dem Forscher die Vermessung der Schächte: Der

222

*Abb. 104: Königinnenkammer*

südliche Schacht verläuft in einem Neigungswinkel von 39 Grad, 36 Minuten, 28 Sekunden und hatte eine Länge von insgesamt 63,52 Meter (bestehend aus einer 59,84 Meter langen Steigung und einer 3,68 Meter lange Waagerechten), was exakt 100 Sakralen ägyptischen Ellen entspricht, die auch bei den Meßergebnissen von Charles Peazzy Smyth eine vordergründige Rolle spielten. Die Sensation an dem Südschacht war aber nicht nur seine Länge, sondern ein

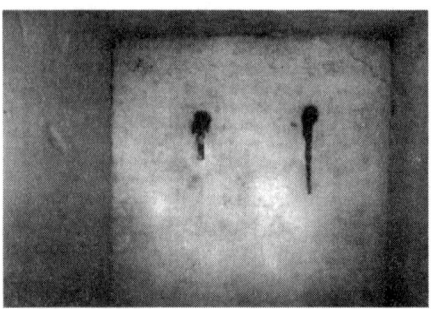

*Abb. 105: Blockierungsstein im Südschacht.*

vermutlich mit Kupferbeschlägen versehener Blockkierungsstein, der das Fortkommen des Videofahrzeugs an dieser Stelle verhinderte.

In diesem Zusammenhang ist interessant zu wissen, daß sich zwischen diesem mysteriösen Blockierungsstein und der Außenwand der Pyramide noch ein unerforschter Bereich (?) von nahezu 17 Metern Länge befindet. Meines Erachtens bietet dieser Zwischenraum genügend Platz, um eine unzugängliche geheime Kammer unterbringen zu können, die man seit Generationen vergeblich gesucht hat. Tatsächlich haben schon 1996 durchgeführte akustische Messungen des amerikanischen Ingenieurs Thomas Danley, der sogar einige Experimente der NASA begleitet hatte, ergeben, daß sich hinter dem Blockierungsstein ein weiterer 9,14 Meter großer Hohlraum befindet.

Die Erforschung des mit einem Neigungswinkel von 39 Grad, 07 Minuten, 28 Sekunden verlaufenden nördlichen Schachts erbrachte hingegen weniger sensationelle Ergebnisse. Das lag aber nicht daran, daß er keine Besonderheiten beinhalten könnte, sondern nur an den ungenügenden Untersuchungsmöglichkeiten dieses Bereichs:

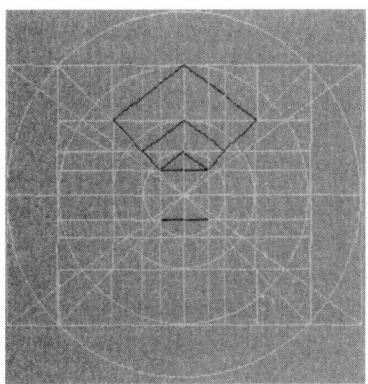

*Abb. 106: Selbst der Haupteingang weist geometrisch auf eine verborgene Kammer hin.*

Weil dieser Schacht nämlich nach etwa 22 Metern mit einen Knick versehen ist und in diesem Abschnitt sich zudem ein verkantetes Metallrohr befindet, gelang es dem Roboterfahrzeug von Rudolf Gantenbrink nicht, dieses Hindernis zu überwinden. Nur deshalb wurden die Untersuchungen am Nordschacht abgebrochen und seit 1993 offiziell auch nicht mehr fortgesetzt. Durch das *Upuaut-Projekt* konnte zumindest die seit Jahrzehnten von den Ägyptologen publizierte Theorie, daß es sich bei den Schächten in der Königinnenkammer um »Blindschächte« handle, die sechs Meter in den Pyramidenkörper führen würden, widerlegt und somit korrigiert werden.

**War das aber wirklich alles?**

Tatsächlich verhält sich die Sachlage so, daß die schottischen Pyramidenforscher Morton und John Edgar die Schächte in der Königinnenkammer bereits im Jahre 1909 untersucht haben und ihre Ergebnisse drei Jahre später in ihrem Buch »Great Pyramid Passages« veröffentlichten.

Die Edgar-Brüder waren zuvor mit Reinigungsarbeiten des Pyramidenumfeldes beschäftigt und arbeiteten danach zunächst in der Königskammer. Mit einem Arbeitsteam befreiten sie den Süd- und den Nordschacht von Sandablagerungen, Steinen und Schmutz. Nachdem John Edgar seinen Bruder auch auf die Verunreinigung der Schächte in der Königinnenkammer aufmerksam gemacht hatte, führten sie zunächst eine flüchtige Untersuchung durch. Doch als sie mit den in der Königskammer eingesetzten Arbeitsmitteln nicht vorankamen, beauftragten sie einen Kairoer Metallbetrieb, spezielle Arbeitsgeräte herzustellen, um damit die Schächte der Königinnenkammer untersuchen zu können:

»Ich bestellte von einer Kairoer Ingenieur-Firma mehrere flexible Stahlrohre. Die Länge der einzelnen Rohre variierte zwischen

13 und 16 Fuß (3,96 und 4,87 Meter), und ich habe extra darauf
bestanden, daß man die Rohre jeweils mit Gewinden versehen sollte, damit sie später aneinandergeschraubt werden können. Am Ende
eines dieser Rohre befestigte ich dann eine Holzkugel, damit sich
mit dem Gestänge so die Unebenheiten der Schachtverläufe überwinden ließen.«

Nachdem die Pyramidenforscher die Funktionstüchtigkeit des
Rohrgestänges kurz überprüft hatten, begannen sie vorerst mit der
Untersuchung des Nordschachts:
»Ich begann die ersten Versuche an dem Nordschacht vorzunehmen und führte die mit der Holzkugel versehene Rohrstange als
erstes in die Öffnung. Danach schraubte ich das nächste Teil dran
und danach ein weiteres, bis es drei Teilstücke wurden. Nach den
beiden nächsten Teilstücken mußte ich eine Schwierigkeit überwinden: Hier machte der Schacht einen Westknick und verlief danach
weiter über der Großen Galerie entlang. Nachdem dieses Hindernis überwunden wurde, konnte ich immer wieder durch das An-
schrauben weiterer Teilstücke das Gestänge tief in den Pyramidenkörper schieben. Unglücklicherweise brach das Rohrgestänge
nach einer Strecke von exakt 175 Fuß (53,35 Meter), so daß wir das
Ende dieser Passage leider nicht abschließend bestimmen konnten.«

Als Rudolf Gantenbrink bei seinem 1993er *Upuaut-Projekt* im
Nordschacht der Königinnenkammer mit modernstem Hightech
nur bis auf 22 Meter vordringen konnte, war ihm demnach jemand
mit primitiveren Mitteln längst zuvorgekommen! Das erstaunliche
Resultat der Untersuchungsergebnisse der Edgar-Brüder lag bei
immerhin 53,35 Meter Vordringtiefe!
*Warum ist das Rohrgestänge abgebrochen?*
Der Knick bei 22 Meter scheint dafür jedenfalls nicht verantwortlich gewesen zu sein. Vielmehr liegt die Vermutung nahe, daß sich
am Ende des Nordschachts ebenfalls ein Blockierungsstein befindet! Auch die Edgar-Brüder mußten bei der Wiederholung ihres
ersten Versuches eine Woche später dieselbe Erfahrung machen:
»Eine Woche später wiederholte ich meine Untersuchungen am
Nordschacht mit einem neuen Rohrgestänge: Auch diesesmal brach
es erneut bei exakt 175 Fuß.«

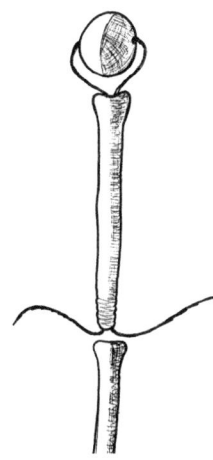

*Abb. 107: Das von den Edgar-Brüdern verwendete Rohrgestänge.*

Daß das Rohrgestänge zweimal genau bei 53,35 Metern brach, kann unmöglich ein Zufall sein. Es gab da etwas, das ein weiteres Vorankommen behinderte. Morton Edgar äußerte zwar die Auffassung, daß die Untersuchungen insgesamt erfolglos verlaufen seien, weil man keinen Schachtausgang ins Freie finden konnte und das Gestänge wahrscheinlich wegen »Verschleißes« gebrochen sei. Dabei ist ihm aber vermutlich überhaupt nicht in den Sinn gekommen, daß diese Schachtanlage eine wohldurchdachte Einrichtung ist, die von dem Bauherrn an dieser Stelle mit einem Blockierungsstein versehen wurde, was wir Heutigen erst durch die Gantenbrink-Untersuchungen in bezug auf den Südschacht erkennen konnten.

Die Untersuchungsergebnisse am Südschacht bestätigen den Gebrüdern Edgar ansonsten aber durchaus eine gründliche Vorgehensweise bei ihrer Arbeit: »Die Untersuchungen am Südschacht verliefen wesentlich leichter und etwas erfolgreicher, weil dieser Kanal ziemlich gerade verläuft. Unter meiner Leitung wurde das Stahlrohrgestänge durch diesen Luftkanal bis zu einer Länge von 208 Fuß (63,41 Meter) durchstoßen, doch scheinbar lag diesmal im Inneren eine Verstopfung vor, so daß wir an diesem Punkt nicht weiter kamen. Auch am Südschacht wiederholte ich die Untersuchung, aber auch beim zweitenmal kamen wir über die 208-Fuß-Hürde nicht hinweg. Doch so, wie ich das abschätzen konnte, befand sich die Verstopfungsstelle noch über 20 Fuß (6,1 Meter) vor der Pyramidenaußenkante.«

Morton und John Edgar waren hier auf die »Gantenbrink-Blockierung« gestoßen, die sie für eine Schachtverstopfung hielten. Vermutlich waren es ebenfalls die Gebrüder Edgar, die mit ihrer vor dem Rohrgestänge befestigten Holzkugel einen der Kupferbeschläge am Blockierungsstein abbrachen. Auch die Schleifspuren im Südschacht scheinen somit auf diese im Jahre 1909 durchgeführten Untersuchungen zurückzuführen zu sein und sind damit kein Übrigbleibsel der Pyramidenbauer. Wie 1993 Rudolf Gantenbrink, such-

te auch Morton Edgar eine Verbindung der Schächte mit der
Pyramidenaußenwand:
»Ich suchte das Austrittsloch des Schachts an der Südflanke außer-
halb der Pyramide, doch auch nach mehreren Tagen ließ sich keine
Öffnung lokalisieren. Ich hoffe, daß spätere Untersuchungen et-
was mehr Erfolg bei ihrer Suche haben werden.«

Doch auch die spätere Untersuchung durch Gantenbrink blieb erfolglos: Es gab keine Austrittslöcher!
**Woran lag das wirklich?**
Es ist eine unwiderlegbare Tatsache, daß die in bezug auf die
Gantenbrink-Versuche und ihre Ergebnisse »ach so erstaunten
Ägyptologen« eigentlich gar keinen Grund zum Staunen hatten,
weil sie durch die Publikation der Gebrüder Edgar längst über die
wahre Beschaffenheit der Schachtverläufe seit 81 Jahren informiert
waren! Und nur weil ein nicht mehr wegdiskutierbares Video an
die Medien gelangte, konnte die Öffentlichkeit überhaupt etwas
über die 1993 durchgeführten Schachtuntersuchungen und die dabei gewonnenen Erkenntnisse erfahren. Wäre dieses Video nicht
aufgetaucht und hätte man trotzdem etwas über einen mit Kupferbeschlägen versehenen Blockierungsstein in einem Schacht innerhalb der Großen Pyramide erzählt, wäre man sicherlich nur belächelt und für unglaubwürdig gehalten worden, weil für die Gelehrten das Kammersystem der Großen Pyramide seit spätestens 1881
angeblich vollständig bekannt ist. Doch wie andere Beispiele aus
den Jahren 1909 und 1928 zeigen, interessieren selbst Entdeckungen mit besonderen architektonischen Merkmalen die Gelehrten
nicht wirklich!
Morton und John Edgar fanden noch etwas Sonderbares im Umfeld der Großen Pyramide, was nur in ihrem Buch auftaucht, aber
sonst in keiner Fachpublikation zu finden ist:
»Viele tausend Tonnen von Trümmern an der Nordseite der Großen Pyramide wurden unter meiner Leitung fortgeschafft. Die
Reinigungsarbeiten brachten eine sehr interessante architektonische
Eigenschaft des Bauwerks zutage. Wir fanden eine große dicke
Mauer, die noch mit den originalen Ummantelungssteinen aus der
Pyramidenzeit das Bauwerk umschloß. Sie war ursprünglich 13 Fuß
(3,96 Meter) breit und wahrscheinlich zwischen 20 bis 25 Fuß

(6,1 bis 7,6 Meter) hoch gewesen. Schließlich untersuchten wir einige dieser runden Ummantelungssteine.«

Weder die Mauer selbst, die ursprünglich den Zugang in den Eingangsbereich der Pyramide schützte, noch die runden Steinblöcke finden bei den Ägyptologen eine Erwähnung. Wenn aber an der Nordseite einst eine begehbare, 7,62 Meter hohe Mauer gestanden hat, diente sie vermutlich dem Schutz der Pyramide, die als Erbe ein altes göttliches Relikt darstellte. Nur die Priester waren »Eingeweihte«, die über den Sinn und die Funktion des Bauwerks Bescheid wußten. Wäre sie tatsächlich nur ein Grabmal gewesen, so hätte man mit der Pyramide nicht zu arbeiten brauchen, und alle astronomischen Ausrichtungen und ihre Sonnenbezüge wären ohne praktischen Nutzen geblieben.

*Was wissen wir eigentlich über das Pyramidenumfeld?*
Im Jahre 1909 fanden noch weitere Forschungsprojekte im Pyramidenumfeld von Giseh statt: Grabungsarbeiten auf dem Giseh-Plateau brachten eine unterirdische Passage in Form einer gepflasterten Chaussee von 22 Meter Breite und etwa 450 Meter Länge mit diversen Abzweigungen zutage, welche die oberirdisch angelegten Gebäudekomplexe unterirdisch miteinander verbinden. Der Duisburger Rechtsanwalt und Pyramidenforscher Klaus-Ulrich Groth entdeckte in dem Buch »La Prophétie symbolique de la grande Pyramide« einen von Henry S. Lewis zitierten Grabungsbericht, der folgendes beschreibt:
»Wir haben eine unterirdische Anlage entdeckt, die von den alten Ägyptern vor 5.000 Jahren genutzt wurde. Sie erstreckt sich unter der Straße und führt von der zweiten Pyramide bis zum Sphinx. Sie erlaubt den Durchgang unter der Straße des Cheops bis zum Friedhof des Chephren. In dieser unterirdischen Anlage haben wir eine Reihe von Schächten mit einer Tiefe von mehr als 38 Metern und geräumigen Kammern sowie Seitengemächern freigelegt.«

Der ägyptische Professor Selim Hassan veröffentlichte diesen Grabungsbericht allerdings erst im Januar 1935 und beschreibt darin die fünf Jahre zuvor durchgeführten Folgearbeiten der 1928 gemachten Entdeckung. Über diese Arbeiten, die zum Teil auch von W. M. F. Petrie begleitet wurden, berichtete die Londoner Tageszeitung *Daily Telegraph* einige Monate nach der Veröffentlichung des Grabungsberichts ebenfalls. Die Zeitung schreibt über die Entdeckung dreier unterschiedlich angelegter Plateau-Ebenen, die eine »unterirdische Stadt« enthalten würden. Der Grabungsleiter von Hassan, Mohamoud Darwish, erwähnt in dem Grabungsbericht allerdings keine Stadt, dennoch bleiben seine Ausführungen geheimnisvoll:

»Die kürzlich entdeckte unterirdische Anlage ist aus hartem Sandstein herausgeschlagen und hat eine Höhe von 2,40 Meter. Zwei oder drei Personen können darin nebeneinander hergehen. Im Zentrum der unterirdischen Anlage befindet sich ein enormer quadratischer Schacht mit 2,40 Meter Seitenlänge, der vertikal durch den Kalkstein hinabführt wie ein Minenschacht. Er endet in einer geräumigen Kammer, in deren Mitte sich ein anderer Schacht befindet, der seinerseits in eine große Halle mit sieben Nebenräumen führt, von denen einige große Sarkophage aus Basalt und Granit enthalten.«

### Welche unterirdischen Kammern waren das?

Vermutlich handelt es sich bei dem 450 Meter langen Schacht um das »Y-Gangsystem«, das der französische Ingenieur Jean Kerisél 1996 wiederentdeckte und das genau 25 Meter nördlich unterhalb der Sphinx abzweigt und sich etwa 700 Meter in Richtung der Großen Pyramide erstreckt. Darwish berichtet nämlich darüber:
»Die Straße zwischen der Chephren-Pyramide und der Sphinx besteht aus enormen Steinblöcken und umfaßt drei getrennte Teilstücke. Der Mittelteil verläuft zwischen zwei Mauern aus Kalkstein in Richtung des Friedhofs [...].«

Auch über den Baustil weiß Darwish etwas Interessantes zu berichten:
»Die Mauern tragen eine Überdachung aus Steinfragmenten, wie man sie hier und auf der Chaussee wiederfindet.«

Der ehemalige Direktor des Giseh-Plateau und inzwischen zum Chef der *Ägyptischen Altertumsverwaltung (SCA)* beförderte Zahi Hawass berichtete Anfang 1999 in der königlichen *Sandpit von Royalty* Dänemarks, daß er mit einem Grabungsteam tatsächlich »unterirdische Bauanlagen« auf dem Giseh-Plateau untersucht habe.

*Abb. 108: Unterirdische Kammern in Giseh.*

Hawass beschreibt in dem Artikel einen 29 Meter senkrecht in den Boden hineinführenden Schacht, der sich zwischen dem Sphinx und der Chephren-Pyramide befinden soll (ich berichtete darüber ausführlich in meinem 2001 erschienenen Buch »Verbotene Ägyptologie«). Doch Mohamoud Darwish schreibt in seinem 1935 verfaßten Grabungsbericht, daß die Ebenen noch 11 Meter weiter in die Tiefe führen sollen: »Die gesamte Tiefe dieser Reihe von Schächten beträgt mehr als 40 Meter!«

Einer der Ägyptologen sagt hier die Unwahrheit!
Darwish und Hassan waren völlig unbefangen, als sie ihre Berichte verfaßten, so daß man den »Schwarzen Peter« nach meinem Dafürhalten Hawass zuschieben sollte.
***Wie seriös ist Hawass wirklich?***
Er ist überhaupt nicht seriös! Zwar gehört er ohne Zweifel zu den schillerndsten Persönlichkeiten der Ägyptologie, doch sind seine Aussagen einfach zu wechselhaft, als daß man ihm auch nur eine davon als Wahrheit abnehmen kann. Einerseits bestätigt er von Zeit zu Zeit immer wieder an die Öffentlichkeit durchgesickerte Gerüchte über bestimmte Untersuchungen, andererseits leugnet er Aussagen als falsch ab, die er selbst gemacht hat und die sogar im Rundfunk verbreitet worden sind!
Anfang 1999 äußerte Zahi Hawass den Vorschlag, Giseh-Touristen zukünftig nicht mehr in die Pyramiden zu lassen, sondern Einblicke in die Bauwerke nur noch von außerhalb angebrachten Monitoren aus zu ermöglichen. Das, was Hawass hier von sich gab, schien zunächst nur so dahergesagt, doch in Wirklichkeit war das eine seit 1998 politisch beschlossene Angelegenheit! Im Oktober und November 1998 tagten für vier Tage der ägyptische Kulturminister Farouk Hosni, der damalige Direktor der Altertümerverwaltung Gaballha Ali Gaballha, Zahi Hawass, Farouk el-Baz,

230

Vertreter der NASA, Mark Lehner (USA) und neun weitere Vertreter internationaler Fakultäten sowie Regierungsbeamte in Kairo, um über die Sicherheit des ägyptischen Kulturerbes für die
Menschheit zu beraten. Gegenüber den ausländischen Vertretern
wurden die möglichen Terror-Aktionen fundamentalistischer
Islamisten als Begründung für künftige Maßnahmen vorgeschoben.
Man einigte sich darauf, gewisse Sicherheitseinrichtungen an bestimmten Bauwerken zu installieren, damit der Schutz der in Zukunft zu erwartenden Touristen gewährleistet werden könne. Dazu
gehöre die Installation von Kameras ebenso wie die Ausstattung
des Wachpersonals mit modernsten Kommunikationsmitteln. Geld
wurde umgehend bereitgestellt, so daß man schon 1999/2000 mit
der Umsetzung der geplanten Maßnahmen anfangen konnte. Seit
2000 befinden sich nicht nur innerhalb der Großen Pyramide Kameras, sondern auch vereinzelt in Tempelanlagen.
In der Großen Pyramide sind mittlerweile nur noch die genehmig-
ten Teilbereiche von Touristen betretbar. Dazu zählen lediglich die
Große Galerie und die Kammer des Königs – alles andere ist unzu-
gänglich. Hinzu kommt, daß jeder Tourist auf Schritt und Tritt beobachtet wird. Interessanterweise hat man aber auch die nicht ge-
nehmigten Bereiche innerhalb der Pyramide mit Kameras ausgestattet. Man fragt sich natürlich nach dem »Warum« einer solchen
Maßnahme, wenn der Zutritt doch ohnehin verboten wurde.
*Hat man vielleicht Angst, daß ungebetene Gäste etwas sehen könn-
ten, was sie nicht sehen sollen?*
Tatsache ist nun einmal, daß um das Plateau von Giseh bis zum
Jahr 2004 eine sieben Meter hohe Mauer aufgestellt werden wird,
von der bereits 40 Prozent fertig errichtet worden sind. Giseh soll
danach – wie im Falle eines Unterhaltungsparks von Disney – zu
einer geschlossenen Anlage umgestaltet werden, in der dann nur
noch ausgebildete Touristenführer die Besucher zu den vorherbe-
stimmten Sehenswürdigkeiten begleiten werden. Selbst die elektrischen Zuleitungen für die von Hawass erwähnten Monitore sind
schon an verschiedenen Stellen verlegt worden.
Dem Berliner *Geo*-Reporter Harald Martenstein waren wohl auch
einige Ungereimtheiten in bezug auf die heutige Ägyptologie im
allgemeinen und das Giseh-Pyramidenfeld im besonderen aufgefallen. Er wagte es, Hawass während eines Interviews einige schein-

*Abb. 109: Das Pyramidenfeld von Giseh.*

bar »wirre« und ungewöhnliche Fragen zu stellen, die dem Befragten ganz offensichtlich überhaupt nicht in den Kram paßten. Hier
ein Auszug aus dem Bericht von Martenstein:
»Hawass hat sich mit den Esoterikern in zahlreichen Aufsätzen und
Interviews auseinandergesetzt und sie sich umgekehrt mit ihm. Die
Spiritisten werfen ihm vor, daß er sie daran hindere, ihre Thesen zu
beweisen. Sie möchten auf dem Gelände graben. Hawass sagt nein.
Immerhin erlaubt er den Esoterikern, in der Cheops-Pyramide zu
meditieren. Auf der unwissenschaftlichen, also der rein geschäftlichen Ebene funktioniert die Arbeit. Mohammed Nazmy, der esoterische Reiseveranstalter, sagt über Hawass: ›Er ist ein sehr, sehr
guter Freund von mir.‹
Was könnte man tun, um die Würde des Ortes Giseh besser zu
schützen? Zahi Hawass sagt, leicht gereizt: ›Ich weiß nicht, worauf

Sie anspielen. Unsere Polizei hat alle Probleme im Griff. Außerdem werden wir demnächst den Zugang verlegen, in die Wüste hinein, sechs Kilometer weiter.‹ Die Verlegung des Eingangs zum Plateau ist ein altes Lieblingsprojekt von Hawass, sie wird seit vielen Jahren angekündigt.

Aber was hat die Verlegung des Eingangs mit der Würde zu tun? Zahi Hawass ist noch ein wenig verärgerter. Er reicht zwei Aufsätze über den Schreibtisch: ›Darin steht, was ich zu sagen habe. Daraus können Sie zitieren was immer Sie wollen.‹

›Warum sind Sie sich überhaupt so sicher, daß die Esoteriker sich irren?‹, frage ich, einer diabolischen Eingebung folgend. ›Woher wissen Sie zum Beispiel, daß nicht Marsmenschen die Pyramiden gebaut haben? Ich finde diese Mars-Idee im Grunde ziemlich reizvoll.‹

Zahi Hawass ringt nach Luft. Er versucht, sehr artikuliert zu sprechen, aber es gelingt ihm nicht: ›Weil es unmöglich ist. Weil wir etwas von Ägyptologie verstehen. Wir … wir … ach, wir wissen es eben ganz einfach. Haben sie sonst noch Fragen?‹

Der Direktor schaut demonstrativ auf seine Armbanduhr und beugt sich demonstrativ über seine Papiere. Wir schweigen beide, sehr lange. Dann gehe ich.«

*Sind das wissenschaftlich fundierte Antworten eines Experten?*
Doch das war noch nicht die Krönung des Ganzen, denn diese ereignete sich erst im Juni 2002: Unter der Leitung von Zahi Hawass gab die ägyptische Altertümerverwaltung eine Presseerklärung ab, in der bekanntgegeben wurde, daß die Antikenverwaltung keine neuen Konzessionen mehr erteilen wolle. Diese Regelung gelte für ausländische Archäologen ebenso wie für einheimische. Zwar seien bereits bestehende Forschungsprojekte von dieser Regelung nicht betroffen, aber für die Zukunft fordere die Antikenbehörde von allen ausländischen Forschern, daß sie ihre Ergebnisse den ägyptischen Behörden vorlegen sollten, bevor sie die Presse informierten. Überdies würden ausländische Archäologen künftig verpflichtet, ihre Grabungsberichte ins Arabische zu übersetzen!

*Was versucht man mit solchen Methoden der Zensur zu erreichen?*
Es verdichtet sich zunehmend der Eindruck, daß die orthodoxe Wissenschaft neue Erkenntnisse, die den bisherigen Auffassungen der

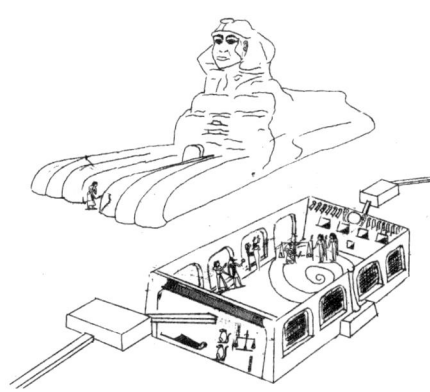

*Abb. 110: Die verborgenen Kammern und der Sphinx.*

Ägyptologie widerspre-chen, auszusondern ver-sucht, damit das bisherige Geschichtsbild über den Ursprung des Menschen nicht überarbeitet werden muß. Tatsächlich passt nämlich eine Vielzahl von Funden nicht in dieses Bild, und diese sind keineswegs nur jüngeren Datums. Mohamoud Darwish schil-dert in seinem Ausgra-bungsbericht von 1935 über die unterirdischen Bauanlagen von Giseh auch schon Dinge, für welche die klassische Ägyptologie keine rechte Erklärung parat hat:

»Aus einem dieser sieben Räume ist ein dritter Schacht heraus-geschlagen, der in einen weiteren Raum hinabführt, zur Zeit über-schwemmt ist und allem Anschein noch einen weiteren Sarkophag enthält.«

Der Bereich, über den Darwish hier berichtet, befindet sich 31,92 Fuß (9,73 Meter) vom Schacht entfernt und führt über einen überfluteten Korridor direkt unter den Sphinx, wo sich die soge-nannte »Osiris-Kammer« befindet. Sie ist 17,81 Fuß (5,43 Meter) breit, 60,56 Fuß (18,46 Meter) lang und 51,77 Fuß (15,78 Meter) hoch. Im westlichen Abschnitt der Kammer befindet sich über der Decke ein 10 Fuß (3,04 Meter) mal 20 Fuß (6,09 Meter) umfassen-des Bogenfeld. Dieser Bogen wird von fünf protodorischen Säulen gestützt und ist mit sechs »Djedpfeilern« skulpiert. Sechs weitere Säulen verteilen sich über der restlichen Kammerfläche von etwa 52 Quadratmeter. Auf der grünschimmernden Bodenfläche in der Mitte der Säulen existiert ein aus Stein gearbeiteter Rundbogen, der an eine geometrische »Fibonacci-Sequenzierung« erinnert.
Die Kairoer Wochenzeitung *Al-Ahram Hebdo* berichtete bereits Anfang 1999, daß die japanische Waseda Universität die Ägypter mit einem neuen Roboterfahrzeug, das selbst über eine Röntgen-

kamera verfügen würde, bei der Untersuchung der unzugänglichen Bereiche der Schachtabschnitte zu unterstützen gedenke. Seitdem versucht man die überfluteten Bereiche mit gewaltigen Wasserpumpen trockenzulegen, doch bisher ist kein nennenswerter Erfolg zu verzeichnen.

Erstaunlicherweise besteht Zahi Hawass immer noch darauf, daß die unterirdischen Kammern, Schächte und Gewölbe erst im November 1998 entdeckt wurden, obwohl sogar Mark Lehner behauptet, er habe bereits 1987 eingehende Untersuchungen an dieser Stelle durchgeführt. Was soll man von all dem halten, wenn die Wahrheit wie mit einem Schleier verhüllt wird?

*Und wie verhält es sich mit den Pyramidenkammern?*

Vielleicht sollten wir uns in Hinblick auf die Kammern noch einmal die Presseberichte in Erinnerung rufen, die u. a. hierzu veröffentlicht worden sind. Die meisten von ihnen dürften längst vergessen sein. Wer erinnert sich beispielsweise noch an die Meldung aus dem Jahre 1972, erstmals veröffentlicht in München, als es hieß, daß man 20 Meter über der »Königinnenkammer« einen weiteren Raum entdeckt habe, der den mumifizierten Leichnam von König Cheops beherbergt haben soll?

Seit 1977 kursierten mehr als zwei Jahre lang Presseberichte über eine mysteriöse »Pyramidenenergie«.

Drei Jahre später kam dann das Thema der unterirdischen Gewölbe auf dem Giseh-Plateau und das der geheimen Kammern in der Großen Pyramide auf.

Diesen Berichten folgte schließlich 1984 das akademische Vorhaben, die Große Pyramide zu datieren, um ihre chronologische Richtigkeit zu beweisen. Dies blieb jedoch ohne Erfolg!

1986 vermeldete die Presse dann: »In der Cheops-Pyramide wird gebohrt: Forscher vermuten hinter einer drei Meter dicken Steinplatte eine neue Grabkammer.«

Nur ein Jahr später veröffentlichte man dann die Meldung: »30 Meter langer Gang in der Cheops-Pyramide entdeckt – Japanische Forscher entdeckten mit Hilfe von Schallwellen bisher unbekannte Hohlräume.«

1988 wurde mitgeteilt, daß die Cheops Pyramide für die Besucher gesperrt sei!

1990 entdeckte ein französisches Forschungsteam unter der Mitar-

beit von Professor Jean Kerisél neue Schacht- und Gangsysteme,
die den Anschein erweckten, daß die Giseh-Bauwerke eine von Beginn an durchgeplante Gesamtanlage darstellten.
Weitere zwei Jahre später identifizierte der Amerikaner Thomas L.
Dobeki Kammern in der Pyramide und unter dem Sphinx, die er
mit Hilfe von Radargeräten festgestellt hatte.
All diese Berichte hatten allerdings etwas gemeinsam: Sie blieben
für den Laien unprüfbar! Daher hatten sie schnell den Status von
Gerüchten, denen man glauben konnte – oder auch nicht. Presse-
mitteilungen verantwortlicher offizieller Stellen fiel es aufgrund dessen leicht, diese »Gerüchte« zu dementierten und sie als vorschnell
verbreiteten »Unsinn« abzutun. Bei der im April 1993 auftauchen-
den Pressemitteilung »Roboter entdeckt verborgene Kammer in der
Cheops Pyramide nahe Kairo« hatten die verantwortlichen Ägyptologen aber auf einmal ein unlösbares Problem. Zu ihrem Bedau-
ern existierte ein Video, das die Vorgänge in aller Ausführlichkeit
zeigte und auf das sich die Medien stürzten. Es waren die dokumentierten Bilder der Entdeckung des Münchner Archäotechnikers
Rudolf Gantenbrink.

*Was war so besonders daran?*
Das Besondere daran war, daß man in einem Schacht – wie bereits
dargestellt – eine Tür gefunden hatte und es dahinter ganz offen-
sichtlich weiter in das Innere des Pyramidenkörpers ging! Der
Archäo-Techniker Rudolf Gantenbrink wurde seltsamerweise von
allen weiteren Untersuchungen ausgeschlossen. Die ägyptische
Antikenbehörde äußerte die Absicht, die Tür mit internationaler
Unterstützung öffnen zu wollen. Rainer Stadelmann kündigte im
Jahre 1995 an, die Öffnung werde im kommenden Jahr, also 1996,
realisiert. Zahi Hawass ging noch einen Schritt weiter und meldete
für den September 1996 eine Fernseh-Live-Übertragung der
Öffnungsaktion an, die von der *BBC London* ausgestrahlt werden
sollte. Im März 1996 zitierte ihn die *Egyptian Gazette*:
»Wir werden im September 1996 mit einem internationalen Team
und mit Unterstützung der NASA unter der Leitung von Dr. Farouk
el-Baz die Tür öffnen.«

Das Kamera-Team der BBC wurde allerdings ohne Angabe besonderer Gründe wieder nach Hause geschickt, so daß die Öffentlich-

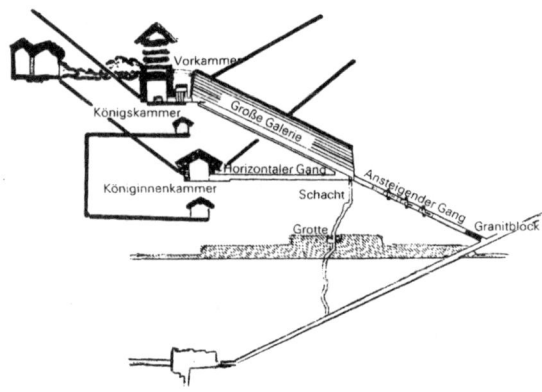

*Abb. 111: Das tatsächliche Gangsystem der Großen Pyramide.*

keit von irgendwelchen Öffnungsaktionen nicht das geringste mitbekommen konnte! *Wozu dann das ganze öffentliche Theater?* Die Antwort lautet: Die Tür wurde 1996 in aller Verschwiegenheit geöffnet! Man entdeckte dabei einen T-förmigen, 90 Grad in den Pyramidenkörper verlaufenden Schachtverlauf. Der amerikanische Ingenieur Thomas Danley kommentiert das auf folgende Weise: »Hinter dem Blockierungsstein im Südschacht der Großen Pyramide befindet sich ein weiterer 9,14 Meter großer Hohlraum!«

Auch Rudolf Gantenbrink äußerte sich hierzu: »Außergewöhnlich und bis heute kaum erwähnt war auch die Tatsache, daß es sich natürlich nicht nur um einen etwa 20 x 20 Zentimeter messenden Schacht handelte, sondern um eine 4 x 2 Meter messende, umliegende statische Struktur!«

Zu diesem Raum besteht einerseits durch die so genannte Gantenbrink-Blockierung und andererseits über die in der Vorkammer der Königskammer befindlichen Bodenplatten eine Verbindung. Wie die spanische Presse mit Bildern dokumentierte, haben die hier tätig gewordenen Handwerker bei dieser Öffnungsaktion sogar alle Bodenplatten der Königs- sowie Königinnenkammer demontiert! Ganze Mannschaften wühlten innerhalb der Großen Pyramide herum, was natürlich mit den offiziell vorgeschobenen Restaurierungsarbeiten nicht das mindeste zu tun hatte!
*Doch wie seriös sind diese Informationen überhaupt?*
Der amerikanische Geschäftsmann Joseph Schor hatte für das Jahr 1996 eine Genehmigung für Radar- und Akustikuntersuchungen

erhalten. Die Genehmigung erstreckte sich allerdings nur auf Forschungen im Pyramidenumfeld. Unter der Leitung von Larry
Hunter ging das Forschungsteam kurzentschlossen dann allerdings
doch in die Große Pyramide hinein. Hier konnten Hunter und
sein Team einiges Durcheinander in dem Bauwerk feststellen, doch
außer einigen herumliegenden Taschen und Werkzeugen wurden
im damaligen Zeitraum Oktober/November 1996 keine Besonderheiten festgestellt. Kurzerhand unternahmen die »Eindringlinge«
den wirklich mühsamen Versuch, zu den Entlastungsräumen über
der Königskammer emporzusteigen. Sie folgten einem dicken
Stromkabel, das sich durch die »Davison-Passage« in die »Davison-
Kammer« und dann noch weiter südlich bis in die von Giovanni
Battista Caviglia gebrochene Öffnung erstreckte. Im Gegensatz zu
Caviglia erzählt Larry Hunter:
»In diesem Raum, den wir ›Isis Chamber‹ tauften, konnten sich
zehn Personen problemlos bewegen. Am südlichsten Ende des
Raumes entdeckten wir ein Bohrloch und gleich daneben einen
Schacht mit einem Durchmesser von 8 Inch (22 Zentimeter), der
von der Mitte der Pyramide direkt in Richtung der ›Königinnen-
kammer‹ führte.«

Das Forschungsteam der *Schor-Foundation* wußte überdies zu berichten, daß die Grabungsarbeiten über der Königskammer bereits
im April 1996 begonnen und ebenfalls auf Video aufgezeichnet
wurden. Ähnliche Informationen spielte mir auch Yamal zu, der
für die *Ägyptische Altertü-
merverwaltung* arbeitet.
Hunter und sein Team fer-
tigten Fotos und ein Video
an. Im Februar 1997 wurde
eine weitere, nicht geneh-
migte Nachuntersuchung
vorgenommen. Zwar konn-
ten Hunter und seine Leu-
te dieses Mal die Entla-
stungsräume nicht betreten,

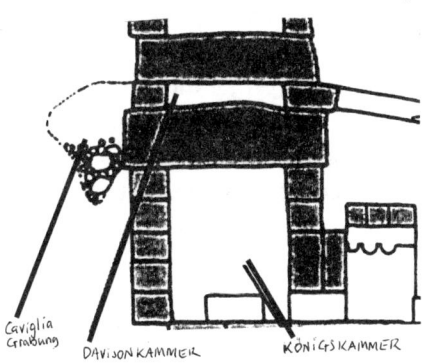

*Abb. 112: Neben der »Davison-Kammer«
befindet sich ein neuer Hohlraum.*

aber dennoch feststellen,
daß inzwischen mehrere

Versorgungskabel in Richtung dieser Räume führten. Demnach wurde dort immer noch gearbeitet!

Im Juni 1997 gelang es dem Team von Dr. Schor nochmals, die Große Pyramide aufzusuchen. Bei diesem Besuch wurden erstaunliche Veränderungen in den Innenräumen festgestellt. Besonders auffällig waren im Pyramideninneren liegende Leinensäcke, die mit feinstem Turagestein gefüllt waren. Man muß in diesem Zusammenhang wissen, daß, außer in den Schachtverläufen der Königinnenkammer, in der Großen Pyramide keinerlei Tura vorkommt! Aber die Säcke waren da.

Das Schor-Team schlußfolgerte daraus, daß in der Pyramide gegraben und das aus diesen Arbeiten stammende Geröll in den Leinensäcken unauffällig hinausgeschafft wurde. Die Team-Mitglieder dokumentierten ihre Beobachtungen und übergaben die zusammengestellten Unterlagen anschließend dem ägyptischen Militär, weil sie sich Hilfe bei der Aufklärung dieser kuriosen Beobachtungen erhofften. Unabhängig vom Militär konsultierte man den ägyptischen Journalisten Mohammed Sherdy, der gleichzeitig Herausgeber der Kairoer Tageszeitung *El Wafd* ist. Auch von ihm erhoffte man sich durch die Publikation des Untersuchungsmaterials Unterstützung.

***Was passierte daraufhin?***

Es gab einen »orientalischen Reinfall« mit noch mehr Mysterien: Ab Februar 1998 verhüllte man die Westseite der Großen Pyramide mit einer riesigen weißen Plane. Auch die naheliegende Umgebung der Sphinx wurde mit weißen Planen abgedeckt! Im Pyramidenumfeld von Giseh herrschte gleichzeitig absolutes Fotografierverbot. Einige meiner ägyptischen Kollegen konnten beobachten, wie aus der Großen Pyramide mehrere Tonnen Steine und Geröll mittels 3,5-t-Lkws weggeschafft wurden. Gleichzeitig wurde bekannt, daß die in der Pyramide arbeitenden Wissenschaftler zwei Hydraulikpumpen in das Bauwerk transportieren ließen. Danach wurde die Große Pyramide für 17 Monate, bis einschließlich Juli 1999, geschlossen.

In einer offiziellen Presseerklärung ließen die Verantwortlichen verlautbaren, daß die registrierten Umstände und Merkwürdigkeiten nur Mißverständnisse seien. Tatsächlich habe man über 300 Risse im Gestein der Pyramide repariert.

*Abb. 113: Arbeiten in Giseh.*

*Wozu brauchte man dabei aber dann die Unterstützung von Militär und NASA?*
Tatsächlich gestand im September 1998 selbst Zahi Hawass ein:
»Auch die Königinnenkammer und ein ›weiterer Raum‹ werden instandgesetzt und danach für das Publikum geöffnet.«

Was in der Pyramide wirklich entdeckt wurde, kann nur gemutmaßt werden. Es kann sich dabei aber nur um ein »Faktum« handeln, das in unmittelbarer Verbindung mit der Suche nach dem Ursprung des Menschen stehen muß. Alle bisherigen Spuren führen uneingeschränkt in den Kosmos!

KAPITEL 9

# DAS GÖTTERERBE

Mesoamerika ist die Bezeichnung für die altindianischen Hoch-
kulturräume in Mexiko und im nördlichen Raum von Zentral-
amerika zu der Zeit, als die spanischen Eroberer über Amerika her-
fielen. Geografisch gesehen umfaßt es Guatemala, Belize, die nord-
westlichen Ränder von Honduras sowie El-Salvador. Hinzu kommen die mexikanischen Provinzen Yucatán, Quintana Roo, Cam-
péche und Teile von Tabasco.
Mesoamerika ist eine Region, in der man, so unglaublich das zunächst klingen mag, 5.000 Jahre alten europäischen Traditionen be-
gegnet, die schon weit vor dem Eintreffen von Christoph Kolumbus unter den Einheimischen gepflegt wurden und vermutlich ein
altes Vermächtnis ihrer Götter waren. Mesoamerika wurde im wesentlichen durch die alten Völker der Maya (ab 2600 v. Chr.),
Olmeken (etwa ab 1600 v. Chr.), Tolteken (ab 800 n. Chr.) und
Azteken (ab 1300 n. Chr.) geprägt. Dabei stellten die Maya mit ihren unzähligen Bauwerken und 31 verschiedenen Dialekten (Stämmen) die umfangreichste Kultur Mesoamerikas dar, über deren wahren Ursprung unter den Gelehrten heute noch Unklarheit herrscht.
Der Beginn der archäologischen Erforschung Mittelamerikas ist im
Grunde dem berühmten Schriftsteller Edgar Allan Poe zu verdanken, weil er im Jahre 1837 ein Buch von John Lloyd Stephens (1805–
1852), das einen Reisebericht enthielt, rezensierte und ihm damit
zu einem Bestseller verhalf. Die Einnahmen aus »Beschreibung einer Reise in Ägypten, dem arabischen Petra und dem Heiligen
Land« sorgten für die finanzielle Basis einer Reise, bei welcher der
aus New Jersey (USA) stammende Stephens und der britische Architekt Frederick Catherwood die Maya wiederentdeckten. Catherwood erzählt:
»Ich kann mich rühmen, Stephens als erster auf die Idee gebracht
zu haben, die Ruinen von Mittelamerika zu untersuchen.«

Nachdem sich John L. Stephens dann einige Wochen mit dem 1838
erschienenen Buch von Graf Jean Frédéric von Waldeck beschäf-

tigt hatte, war er von der Richtigkeit der Behauptungen überzeugt, daß sich in den Urwäldern Mittelamerikas Ruinen alter Hochkulturen befinden.

Schließlich durchschifften die zwei Reisenden das Karibische Meer und kamen im Oktober 1839 mit der »Mary Ann« im Hafen von Belize (Britisch Honduras) an, der damals den einzigen Zugang nach Mittelamerika ermöglichte. Bereits einige Wochen später begann dann am 17. November die systematische und planmäßige Erforschung der Maya-Kultur, woraufhin Stephens sogar die Mayastätte Copán (Honduras) kaufte:

»Ich zahlte fünfzig Dollar für Copán. Daß ich mich ohne Schwierigkeiten mit Don José einigte, war lediglich darauf zurückzuführen, daß er mich wegen dieses Angebotes für einen Idioten hielt. Hätte ich mehr geboten, würde ich in seinem Ansehen wahrscheinlich noch übler dagestanden haben.«

Copán war immerhin die größte Stadt an der südöstlichen Peripherie des Maya-Gebietes. Ihr Zentrum erstreckt sich über eine Fläche von mehr als 75 Hektar und besitzt mehrere große Plätze, um die sich verschiedene Gebäudekomplexe gruppieren. Allerdings erreichten die präkolumbianischen Kulturen, die sich zwar auf einer gemeinsamen Grundlage entwickelten, weder auf einmal noch zur gleichen Zeit einen so hohen Stand.

*Was wurde bislang herausgefunden?*

Auch wenn heutige Gelehrte die Entstehungszeit der amerikanischen Hochzivilisationen mit lediglich 4.600 Jahren angeben, vertreten Archäologen wie Cotti Burland und Werner Forman von der *Smithsonian Institution* in Washington D. C. bezüglich der Besiedlungszeit Amerikas eine differenzierte Ansicht:

»Die ersten Indianer müssen nach Amerika über eine eisfreie, aber bitterkalte Ebene gekommen sein, da, wo jetzt die Beringstraße den Weg versperrt. Diese Leute drangen langsam südwärts vor, jagten Wild und sammelten Früchte. Es gibt klare Hinweise dafür, daß dies vor wenigstens 27.000 Jahren begann, und neuerliche Funde deuten sogar auf noch frühere Bewegungen bis vor 50.000 Jahren hin.«

*Wie alt ist die Zivilisation der Mesoamerikaner tatsächlich?*

242

Mexiko trug in alten Zeiten den Namen »Anahuac«, was einfach
»Land zwischen den Wassern« bedeutet. Es ist ein Bergland zwischen dem Karibischen Meer und dem Pazifik. Im Westen bilden
die Kordilleren einen Teil der großen Gebirgsketten, die sich von
Alaska im Norden bis nach Feuerland (bei Argentinien) an der Süd-
spitze des amerikanischen Kontinents erstrecken. Diese Ketten teilen sich so, daß sie ein grasiges Hochland und die ehemals dicht-
bewaldeten Küstenstriche einschließen, auf dem sich ein großer Teil
der »verlorenen« Geschichte des Landes entwickelte.

Heute leben in Mexiko etwa zwölf Millionen reinblütige Indios,
die aus eigener Kraft, ohne die Unterstützung der mexikanischen
Regierung, Akademien gründen, in denen das fast verloren gegan-
gene Wissen der alten Zeit gelehrt wird. Die Lehrfächer beruhen
auf der alten Maya-Mathematik, den alten Naturwissenschaften und
natürlich der Geschichte vor 1519, bevor die Spanier das Leben der
Ureinwohner Mexikos veränderten, als sie ihren erbitterten Erobe-
rungsfeldzug unter christlicher Flagge führten.

*Abb. 114: Tempel der Inschriften
in Palenque (Maya).*

*Abb. 115: Maya-Hieroglyphen
(nach Stephens und Catherwood).*

Hernando Cortèz, der 1519 das
Reich der Azteken im Auftrag
der katholischen Kirche eroberte, wie auch Francisco de
Montejo, der 1527 die Maya un-
terwarf, waren bei ihrer Ankunft
in Amerika über die hochentwik-
kelte Kultur und deren steinerne
Bauwerke erstaunt. Bei den Bauwerken handelte es sich vor allen
Dingen um Pyramiden, deren
Architektur im krassen Gegensatz zu den ärmlichen Strohhüt-
ten der einheimischen Bevölkerung standen. Die hohen Pyramiden bestanden aus einem Kern
von Lehm und Steinen und waren außen mit Steinblöcken und
Mörtelputz verkleidet. Bei Ausgrabungen wurden verschiedene
Schichten dieser Steinverklei-

dung freigelegt. Dies zeigte, daß die Maya von Zeit
zu Zeit eine bestehende
Pyramide überbauten und
als Grundlage einer neuen,
höheren verwendeten.
Nach der Gelehrtenmei-
nung begann das meso-
amerikanische Volk von
Teotihuacán im 2. Jahr-
hundert v. Chr., eine der
ältesten Großpyramiden

Abb. 116: Die Sonnenpyramide
von Teotihuacán

über eine bereits existierende kleine zu bauen. Sie ist 72 Meter hoch,
hat eine quadratische Seitenlänge von jeweils 222 Meter und bedeckt eine Fläche von etwa 50.000 Quadratmeter. Wie Michael D.
Coe von der Yale Universität in seinem Buch »Die Maya« anmerkt,
ist sie astronomisch ausgerichtet und wird bereits in den ältesten
Legenden erwähnt. Parallel entstanden um 200 v. Chr. andere Pyramiden, wie zum Beispiel im Tiefland von Guatemala die Tikal-
und Uaxactun-Pyramide. Die amerikanischen Pyramiden unterscheiden sich in einer Reihe wesentli-
cher Punkte von den ägyptischen Pyramiden, die laut unseren Archäologen viel älter sein sollen. Doch Untersuchungen, die 1922 von dem amerikanischen Archäologen Byron Cummings an der 30 Meter hohen Rundpyramide von Cuicuilco unweit von
Mexiko-City im Gebiet der La-Venta-
Kultur durchgeführt wurden, rüttel-
ten bereits vor 80 Jahren an der jungen Chronologie Mesoamerikas.
Bei der Rundpyramide handelt es sich
um ein Bauwerk einer verschollenen
mesoamerikanischen Kultur mit einem vierstufigen, kegelstumpfförmi-
gen Unterbau. Die erste Stufe hat einen Durchmesser von 135 Meter und

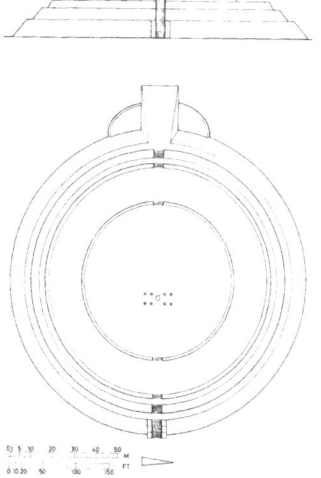

Abb. 117: Aufriß und
Grundriß der Rund-
pyramide von Cuicuilco.

eine Höhe von acht Meter. Bei der zweiten Stufe belaufen sich die Maße auf 116 Meter (Durchmesser) und fünf Meter (Höhe). Die dritte Stufe hat einen 103 Meter großen Durchmesser, ist aber nur noch 3,50 Meter hoch. An diese Ebene schließt letztendlich eine 70 Meter Durchmesser umfassende vierte Plattform mit drei Meter Höhe an, auf der sich vermutlich früher noch ein Zeremonieplatz aus Holz befunden hat.

Die Bautechnik der knapp 20 Meter hohen Anlage konnte auf Grund der von Archäologen in den Komplex eingebrachten Tunnel untersucht werden: In der Hauptsache besteht der Bau aus stark komprimierter, aufgeschütteter Erde, die man durch etwa 2 x 1 Meter dicke, grob behauene Steinblöcke befestigt hat. Sie sind in konzentrischen Kreisen am Rand der einzelnen Stufen tief ins Erdreich eingelassen und verhindern so ein Abrutschen der an die 250.000 Tonnen schweren Erdmassen. Daran läßt sich sehr gut erkennen, daß die Bauherrn dieser Pyramide mit der statischen Berechnungsgrundlage vertraut waren und das Bauwerk nicht zufällig errichtet haben. Auch die den Kern bildenden Felsblöcke, die durch die Erde zusammengepreßt werden und eine Art Fundament des Bauwerks darstellen, gehören zur Arbeitsweise einer wohldurchdachten Planung. Das völlige Fehlen von Mörtel und Kalk weist nach Ansicht der Archäologen allerdings darauf hin, daß der Bau einem noch primitiven Stadium der präkolumbianischen Architektur entstammt.

*Wann wurde dieses Bauwerk errichtet?*
Nachdem Cummings die Cuicuilco-Pyramide entdeckt hatte, mußte sie ein paar Monate später von einer fünf Meter dicken Lavaschicht freigelegt werden. Der neuseeländische Geologe George E. Hyde datierte das Alter der Lava in einem Artikel, den er im *National Geographic Magazine* veröffentlichte, auf 7.000 Jahre:
»Die das Bauwerk umschließende Lava ist vermutlich 7.000 Jahre alt.«

Auch nachdem 1923 einige neue Stellen der Bauanlage freigelegt wurden, hielt man an dem hohen Alter noch fest. Cummings schreibt in seinem Artikel:
»Diese 15 bis 17 Fuß von Sand, Lehm und Steinen, die sich über dem umgebendem Pflaster von Cuicuilco angesammelt hatten, bevor der Lavastrom kam, zeigen, daß seine Erbauer Tausende von

Jahren vor dem Pedregal gelebt und gearbeitet hatten. Es ist also vernünftig anzunehmen, daß dieser Tempel von primitiven Amerikanern erbaut wurde, die vor 8.000 oder mehr Jahren lebten.«

Der amerikanische Geologe Nathaniel H. Darton von der *US Geological Survey* meinte allerdings bereits 1933, daß die das Bauwerk umschließende Lava des Vulkans Xitle höchstens 2.000 Jahre alt sei. Tatsächlich konnte inzwischen nachgewiesen werden, daß die Umgebung der Pyramide von mehreren Lavaströmen heimgesucht wurde, die zu unterschiedlichen Perioden auftraten. Auch nach der Ansicht des Archäologen Cottie Arthur Burland (1905–1965) konnte der früheste Baubeginn dieser Pyramide höchstens um 900 v. Chr. gewesen sein, während andere Archäologen diesen mit 600, 300 oder 200 v. Chr. datieren. Somit haben wir es entgegen Ansicht von N. H. Darton zwar mit einer 900 Jahre älteren Anlage zu tun, doch von den gemutmaßten 7.000 Jahren eines G. H. Hyde sind wir immer noch ein ganzes Stück weit entfernt!

*War die ungewöhnliche Datierung der Pyramidenanlage in Cuicuilco also falsch?*
Nur scheinbar, denn Keramikfunde, die in den 1970er Jahren von dem französischen Archäologen Jean Duret in der Umgebung des Bauwerks entdeckt wurden, stammen nachweislich aus dem Jahr 2300 v. Chr. und bestätigen damit eine kulturelle Bewegung im Umfeld des Bauwerks, die schon vor mindestens 4.300 Jahren stattgefunden hat. Auch Radiokarbondatierungen, die an elf weiteren pyramidialen Strukturen in dieser Umgebung durchgeführt wurden, brachten Datierungsergebnisse hervor, die in der Tat bis 6.800 Jahre in die Vorzeit zurückreichen. Duret meint:
»Während mehrerer Jahrtausende vor unserer Zeitrechnung herrschte auf dem mexikanischen Hochland eine rege vulkanische Tätigkeit, deren letzte Ausläufer die noch heute zu verzeichnenden Erdbeben sind. Die Meseta Central ist buchstäblich von erloschenen Vulkanen eingerahmt. Und wie überall in der Welt lockte die fruchtbare Vulkanerde ackerbauende Menschen an, bis ein neuer Ausbruch ihre Behausungen zerstörte. Nachdem sich jedoch der schreckliche Lavastrom aus dem Krater des Xitle ergossen hatte, war der Untergang von Cuicuilco endgültig besiegelt: Das Vulkangestein, das den Ort bedeckte, war völlig unfruchtbar.«

Aus diesem Zitat können wir zumindest entnehmen, daß der letzte Vulkanausbruch für eine endgültige Aufgabe dieser Stätte sorgte, weil die gesamte Umgebung nur noch aus hartem Vulkangestein bestand.

*Welche Zahlen ergaben die Datierungsproben nun tatsächlich?*

Die Probe UCLA 601 bescheinigte dieser Gegend einen Besiedlungszeitraum um 2160 v. Chr. Eine andere Probe, UCLA 211, die aus einem Stück Holzkohle entnommen wurde, brachte ein Datum um 4765 v. Chr. hervor. Dieses Alter liegt mit 6.765 Jahren ziemlich nahe an dem 7.000-Jahre-Wert des neuseeländischen Geologen. Wahrscheinlich entstand die Holzkohle durch das Verbrennen eines Baumstumpfs in der Lava, der uns gleichzeitig die Katastrophe eines Vulkanausbruchs während dieser frühen Epoche bestätigt. Es wurden also Daten ermittelt, die durchaus für eine sehr frühe Besiedlung dieser Umgebung sprechen.

Ein chronologisches Problem trat jedoch 1985 auf, als das vulkanische Lavagestein noch einmal mit der radioaktiven Ionium- und Protaktinium-Methode datiert wurde. In diesem Fall bescheinigte die geologische Untersuchung von Henri Stierlin dem Lavagestein tatsächlich ein Alter von 7.000 Jahren und bestätigte damit die früheste Hypothese von George E. Hyde. Wie man unschwer erkennen kann, existieren einige nicht mit der Chronologie der Lehrmeinungsvertreter übereinstimmende Abweichungen in der Bestimmung der Zeitepochen, in denen die Umgebung von Cuicuilco besiedelt wurde. Die aktuellen Werte sprechen von einer deutlich früheren Inbesitznahme des Landes. Trotzdem wird das Bauwerk von der offiziellen Archäologie immer noch auf 200 v. Chr. datiert!

*Wer sollte vor 7.000 Jahren in Mesoamerika Pyramiden errichtet haben?*

Nach einer Maya-Legende ist überliefert, daß diese Hochkultur seit über 10.000 Jahren besteht. Betrachtet man gar die Jahreszyklen des Maya-Kalenders, so muß man feststellen, daß die Maya-Priester mit Zeitangaben gearbeitet haben, die sogar 374.152 Jahre andauernde Zyklen umfaßten. Wie schon die Sumerer, so meinten auch die Maya damit, daß ihr wahrer Ursprung mehrere hunderttausend Jahre in der Vergangenheit lag und seit dem »Anfang« vier Zeitepochen vorübergegangen sind. Der Maya-Kalender der fünften

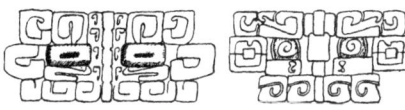

Abb. 118: Ein Kuriosum ist die Ähnlichkeit der Maya-Glyphen mit alten chinesischen Zeichen.

Zeitepoche hingegen, in dem wir uns nach alter Maya-Weisheit immer noch befinden, begann am 13. August 3114 v. Chr. (4 Ahau 8 Cumku) und soll »während der großen Erdbewegung« am 23. Dezember 2012 n. Chr. (4 Ahau 3 Kankin) in einer Katastrophe enden. Seltsamerweise beinhaltet der 23. Dezember 2012 eine besondere, von neuzeitlichen Astronomen bestimmte Planetenkonstellation, die nur alle 40.000 Jahre hervortritt: Zu diesem Zeitpunkt wird die Erde von den übrigen Planeten im Sonnensystem isoliert und ist ohne den Schutz der Großplaneten (z. B. Jupiter und Saturn) Bombardements aus dem Weltall ausgesetzt.

Bereits 1973 entdeckte der brasilianische Forscher Eduardo Chaves

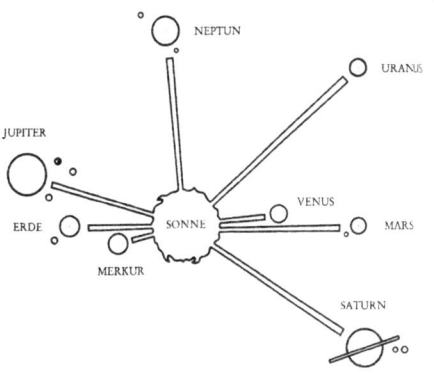

Abb. 119: Felszeichnung von Varzelândia (Brasilien).

in den Höhlen von Varzelândia eine zeitlich unbestimmte astronomische Felszeichnung des Planetensystems, mit dem steinzeitliche Künstler vermutlich das für das Jahr 2012 zu erwartende Schauspiel dargestellt haben. *Ist das astronomische Wissen der Maya, wie sie sagen, in Wahrheit ein altes Göttererbe?*

Die Skulpturen der Maya weisen immer wieder auf die Beschäftigung mit astronomischen Phänomenen hin und zeugen von ihrem profunden Wissen auf diesem Gebiet.

Unter allen mesoamerikanischen Völkern der Neuen Welt waren die Maya die einzigen, die ihre Beobachtungen der Himmelskörper schriftlich niederlegten. Dies geschah stets sehr ausführlich, und zwar sowohl in den Hieroglyphen der Steinmonumente als auch in den Bilderhandschriften. Dabei, so meinen die Experten, können den Maya für ihre astronomischen Beobachtungen und Berechnun-

gen nur ganz einfache technische Hilfsmittel zur Verfügung gestanden haben, die leider nicht mehr erhalten sind. Die Gelehrten meinen sogar:
»Die meisten Beobachtungen wurden mit dem bloßen Auge durchgeführt!«

Unglücklicherweise veranstaltete der Bischof Diego de Landa in der Stadt Mani im Jahre 1672 ein großes Feuer, dem eine unbekannte Anzahl alter Maya-Handschriften zum Opfer fiel. In seinem Buch »Rélácion de las cosas Yukatán« beschreibt er das Schauspiel in Kapitel 41:
»Wir fanden viele Bücher aus ihren Buchstaben und Zeichnungen, doch sie enthielten nichts, nur Aberglaube, Falschheiten und Böses. Deshalb verbrannten wir sie alle, was sie schwer bedauerten und ihnen offenbar sehr wehe tat.«

Dieses Verbrechen schmerzte gewiß nicht nur die Maya, auch unsere Archäologen und Historiker haben in bezug auf dieses Thema »Bauchschmerzen«. Die Maya waren – wie die Völker aus dem Zweistromland und die alten Ägypter – im Besitz erstaunlich genauer astronomischer Ergebnisse. Sie kannten beispielsweise die exakten Umlaufbahndaten der Venus – und das über einen Zeitraum von 6.000 Jahren hinweg! Ihre diesbezüglichen Berechnungsergebnisse weichen nur um einen Tag ab im Vergleich zu unseren modernen Kenntnissen. Und dabei, so unsere Archäologen immer noch, existieren die Maya gar keine 6.000 Jahre! Erstaunlich genau ist auch das Ergebnis ihrer Berechnung der Dauer des irdischen Sonnenjahres. Die Maya gaben diesen Wert mit 365,2420 Tagen exakter an als jedes andere Volk. Unser moderner Kalender geht von 365,2422 Tagen für ein Sonnenjahr aus und ist damit, im Vergleich zu den tatsächlichen Verhältnissen, ungenauer als jener der Maya. Die Maya-Kultur verfügte darüber hinaus über Kenntnisse der Planeten unseres Sonnensystems, ihre Entfernungen von der Erde und über Informationen zu ihren Umlaufbahndaten einschließlich denen ihrer Monde. Selbst der Schweif des Sternbildes Skorpion war den damaligen Maya-Priester-Astronomen bekannt, wobei zu berücksichtigen ist, daß dieser mit unbewaffnetem Auge nicht zu sehen ist. Hierfür benötigt man entsprechende optische Hilfsmittel in Form großer Fernrohre, ähnlich denen, die in unseren heutigen Sternwarten montiert sind.

Leider hat das Unheil, das die katholische Kirche in Hinblick auf die schriftlichen Überlieferungen der Maya-Hochkultur angerichtet hat, zu einer fast vollständigen Vernichtung schriftlicher Zeugnisse geführt, nur wenige Maya-Handschriften blieben übrig. Diese Handschriften nennt man »Codices«, sie wurden auf die Rinde eines Feigenbaumes oder auf Leder geschrieben und danach auf besondere Weise zusammengefaltet. Nach ihren heutigen Aufbewahrungsorten werden sie von der Fachwelt z. B. »Codex Dresden«, »Codex Paris« und »Codex Madrid« genannt. Sie enthalten insgesamt 208 vergilbte Faltbuchseiten, auf denen sich etwa 620 Maya-Hieroglyphen befinden.

*Was verraten uns diese Fragmente?*

Der »Codex Paris« besteht aus 22 stark beschädigten Seiten und wurde im Jahre 1832 von der französischen Nationalbibliothek aus Privatbesitz gekauft. Weil die Konservierung der Faltblätter im 19. Jahrhundert noch sehr unprofessionell vorgenommen wurde, schritt die Zerstörung weiter fort. Deshalb befinden sich heute nur zwei Seiten dieses bunten handschriftlichen Codex' in einem kleinen Glaskasten, um der Öffentlichkeit gezeigt zu werden. Glückli-

*Abb. 120: Ausschnitt aus dem »Codex Paris«.*

cherweise existieren jedoch Kopien der zerstörten Teile, die vornehmlich astrologische Prophezeiungen enthalten und im Jahre 1887 angefertigt wurden.

Die umfangreichste Handschrift stellt mit 112 Seiten Umfang der »Codex Madrid« dar. Diese Textsammlung befindet sich im Museo do America unter dicken Glasplatten und enthält außer dem berühmten »Popol Vuh« noch andere mythologische Überlieferungen aus der alten Götterwelt der Maya.

Auch Deutschland besitzt mit dem »Codex Dresden« eine Maya-Handschrift, die der damalige Direktor Johann Götze 1739 für die *Kurfürstlich Sächsische Bibliothek* in Dresden als eine »wertlose« Kuriosität erworben hatte. Der 74 Seiten umfassende Inhalt besteht überwiegend aus sorgfältig ausgeführten astronomischen Berechnungen sowie Mond- und Venus-Daten. Dabei kamen die Maya mit den einfachsten Grundrechenarten wie Addition und Subtraktion aus, so daß es auch für uns recht einfach ist, ihre Kenntnisse nachzuvollziehen.

Die Zahlenangaben bestehen aus einem relativ einfach wirkenden System aus Punkten und Strichen. So liegt die Auslegung des Datums einer totalen Mondfinsternis für den 15. Februar des Jahres 3379 v. Chr. vor. Da ein Tag des Mondkalenders nicht mit einem

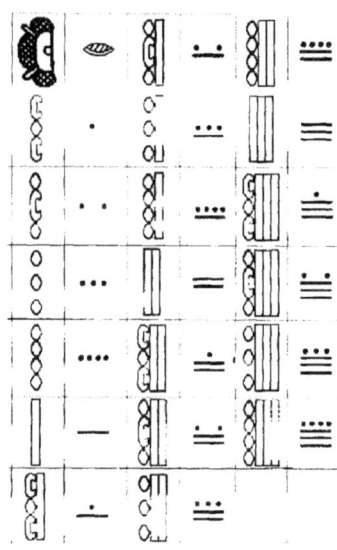

Abb. 121: Maya-Zahlen.

Tag des Sonnenjahres übereinstimmt und die Maya nicht mit Brüchen rechneten, sondern nur mit ganzen Zahlen, lösten sie das Problem des Mondmonats zu 29½ Tagen, indem sie die Mondmonate zu 29 und zu 30 Tagen alternierend einführten. Eine Hieroglyphe gab deshalb immer die Länge des Mondmonats an: des laufenden, vergangenen oder kommenden. Die Maya faßten außerdem die Mondmonate zu Mondhalbjahren von je sechs Mondmonaten zusammen. Weiterhin führten sie eine Hieroglyphe ein, die angab, wie viele Mondmonate in einem Halbjahr bereits verstrichen waren. Da es bei einem solchen System sechs Möglichkeiten gab, das Halbjahr zu beginnen, existierte in den verschiedenen Maya-Städten je nach lokalem Brauch eine unterschiedliche Zählweise. Nur einmal wurde über einen Zeitraum von etwa 70 Jahren hinweg in allen Mayastädten eine Zeitanpassung vorgenommen und dasselbe Zählsystem verwendet. In den Bilderhandschriften sind die astronomischen Beobachtungen und Berechnungen unabhängig von historischen Daten notiert worden.

Um diese langen Zeiträume durchzunummerieren, benutzten die Maya den sogenannten »Long Count«, der ähnlich unserem Zehner-(Dezimal-)System funktioniert, nur daß bei den Maya ein modifiziertes Vegisalsystem (Zwanziger-System) verwendet wurde. Hierbei werden fünf Stellen benutzt, die durch Punkte voneinander getrennt werden, wie zum Beispiel 1.18.5.3.6. Die Stellen haben Namen ähnlich unseren Einern, Zehnern, Hundertern, etc. und werden rückwärts gelesen: »Kin« = Tag, »Uinal« = 20-Tage, »Tun« = 18 Uinal, »Katun« = 20 Tun, »Baktun« = 20 Katun.

Man erkennt, daß das Zwanziger-System an einer Stelle durchbrochen ist: 1 Tun hat 18 Uinal. Der Grund hierfür liegt offensichtlich in der Tatsache begründet, daß 1 Tun (ausgenommen 5 Uayeb, die als Unglückstage galten) auch als »Haab-Jahr« galt.

Neben den Ziffern taucht in den Aufzeichnungen immer wieder ein reptilartiges himmlisches Ungeheuer auf, das an die ägyptische Aphophis-Schlange erinnert. Sie wird ebenfalls als »rauh« und »wasserspeiend« umschrieben, und nach den Vorstellungen der Maya bedrohte sie ständig die Erde. Die Maya nannten dieses Reptil »Kawak« (»weiß entbeinte Schlange«) und gaben ihr in der Milchstraße eine Position bei der Konstellation der Zwillinge, wo sie die Sonnenbahn kreuzte.

**Was lag dieser Glaubensvorstellung zugrunde?**
Die Archäologen vertreten die Ansicht, daß die von den Maya errichteten pyramidialen Strukturen lediglich die pyramidiale Hierarchie in der Struktur der Gesellschaft darstellen sollten. Diese Auffassung erscheint unlogisch, denn die Vorstellungen der Maya waren immer nur zum Himmel ausgerichtet, so daß ihre Bauwerke ausschließlich die himmlischen Ereignisse wiederspiegelten. Dabei galt die Göttin »Hunab ku«, ähnlich wie »Nun« bei den Ägyptern, als Urmutter aller Lebewesen, »die das Leben gab«. Zu einem spä-

252

teren Zeitpunkt der Schöpfungsgeschichte (am 6. Tag) taucht noch ein Göttervater mit dem Namen »Hunnal Ye« auf, der aber bei der Entstehung der Welt vorerst keine vordergründige Rolle einnimmt. Sein Beiname lautet »Geflügelte Schlange«, und ihm folgen dann weitere dreizehn Götter der »Unterwelt« und neun der »Oberwelt«. Möglicherweise handelte es sich dabei um Darstellungen von Planeten, die wir im weiteren Verlauf dieses Buches noch richtig zuzuordnen versuchen werden.

Vorher wollen wir aber noch einmal auf die andere Seite der Weltkugel schauen, denn im alten Ägypten existierte einst der Mythos über den Vogel »benu«, der vermutlich zur mesoamerikanischen Mythologie Parallelen aufweist. Der ägyptische Begriff »benu« leitet sich aus dem Wortstamm für »leuchten« oder »aufgehen« ab,

Abb. 122: Der Quetzal-Vogel.

den die Griechen »Phönix« (»blickend herab von«) nannten. Nach der Legende war der Phönix ein Adler (später ein Reiher) mit teils rotem und teils goldenem »Federkleid«. Diese Beschreibung entspricht in etwa dem inzwischen sehr selten gewordenen zentralamerikanischen Vogel Quetzal, dessen etwa 60 Zentimeter großen, blaugrün leuchtenden Federn für die Könige der Maya als Kopfschmuck in ihren religiösen Zeremonien dienten.

Über den ägyptischen »benu« oder »Phönix« berichtet die Legende, daß er in zyklischen Abständen erschien und sich selbst verbrannte, um aus der entstandenen Asche durch eine Wiedergeburt

Abb. 123: ben-ben-Stein.

neu aufzusteigen. Das war der »heilige Vogel« von Heliopolis, der auf dem »ben-ben-Stein« (»Strahlen-Strahlender-Stein«) oder dem heiligen »Weidenbaum« wohnte. Auf den letzteren Begriff ist vermutlich in jüngerer Zeit die Verwendung des Wortes »Phönix« für »Palme« zurückzuführen, doch tatsächlich geht diese Bezeichnung auf die ältesten Erscheinungsformen der Gottheiten

Ra und Osiris zurück, so daß der Kult astronomische Hintergründe besitzt. Deshalb berichtet auch das Ägyptische Totenbuch in Kapitel 13, daß die Verstorbenen immer den Wunsch hatten, »wie ein Phönix die Gebiete des Jenseits zu durchlaufen«.

Weil der Phönix zyklisch wiederkehrende Eigenschaften besaß, galt er auch als »Herr der Jubiläen«. Scheinbar existierte dieser altägyptische Kult auch in Mesoamerika, der ganz eng mit der Wiederkehr des »Quetzalcôatl« oder »Kuculcán« (»Geflügelte Schlange«) verknüpft wurde. In der Überlieferung heißt es:

»Dort machte er halt, weinte, packte seine Kleider und legte seine Federinsignien an [...] Als er dann geschmückt war, zündete er sich selbst an und brannte [...] Man sagte, als er verbrannte, wurde seine Asche sofort emporgehoben, und alle seltenen Vögel erschienen, als ›Quetzalcôatl‹ starb [...] aus diesem Grund erschien innerhalb von acht Tagen der ›große Stern‹, der ›Quetzalcôatl‹ genannt wurde.«

Meiner Ansicht nach besitzt diese Überlieferung eine bemerkenswerte Übereinstimmung mit der ägyptischen Legende!

*Was war das für ein ›großer Stern‹, von dem die Rede ist?*

Seltsamerweise nannte man auch die Gottheit »Ananta« der Hindu »Geflügelte Schlange«. Eine weitere bestätigende Übereinstimmung von »Quetzalcôatl« oder »Kuculcán« herrscht mit der äußerlichen Darstellung der ägyptischen Gottheit »Sokar« vor, die wie der mesoamerikanische Gott über einer »Schlange mit Flügeln« thronte.

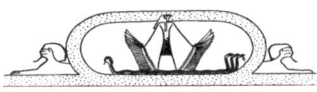

*Abb. 124: Sokar*

C. Burland schreibt über die »Geflügelte Schlange«:

»Ikonographisch korrekt bedeutet der Göttername ›der, der aus der Schlange auftaucht‹, so wie der Morgenstern sich vom Horizont erhebt.«

Tatsächlich spielte der Sternenhimmel beziehungsweise die nächtlich leuchtende Milchstraße eine vordergründige Rolle im Kult der Maya. Sie nannten die Milchstraße »Weltbaum« (»Ceiba«), den sie in ihren Hieroglyphen immer als einen majestätisch blühenden Baum darstellten. Ein anderer Name für die Milchstraße lautete »Wakah Chan«, wobei »Wak« gleichbedeutend mit der Zahl »sechs« und dem Begriff »aufrichten« war. »Chan« oder »K'an« bedeutet hingegen »vier«, »Himmel« und »Schlange«. Hiermit umschrieb man den »Weltbaum« als die Stütze des Horizonts, wo die Sonne in den Vorstellungen der Maya die Milchstraße auf einer Schlange überquerte. Ein Hauptelement bildete dabei das Monster »Kawak«, das einen runden Himmelskörper symbolisierte, aus dessen Stirn ein Stamm herauswuchs. Nur weil die Sonnenbahn auch manchmal als Stab dargestellt wurde, der die Hauptmittellinie des »Weltbaums« kreuzte, hatten die europäischen Eindringlinge mit ihren schwarzen Fahnen, die ein goldenes Kreuz zierte, ein leichtes Spiel bei der Eroberung Amerikas. Die Mesoamerikaner erkannten darin nämlich ein Symbol, das direkt von den Göttern stammte. Sie merkten erst kurze Zeit später, daß das ein fataler Irrtum war.

Genau an der eben erwähnten Stelle des Nachthimmels finden wir auch den Vogel »Itzam Ye«, der als »Geflügelte Schlange« ebenfalls dem ägyptischen Vogel »benu« ähnelte.

***Welches Geheimnis verbirgt sich hinter all dem?***

Das Wort »côatl« bedeutet nicht nur »Schlange«, sondern auch »Zwilling«. Somit könnten wir es hier mit der Erscheinung einer Gottheit aus dem »Horizont des Zwilling« oder besser vom »Zwillingsstern« zutun haben. C. Burland meint:

»Der Gott, auf den hier hingewiesen wird, sollte besser als ›Kostbarer Zwilling‹ bezeichnet werden, da ›Quetzal‹ sowohl den Vogel als auch ›kostbar‹ bezeichnet. Man hätte eine große Verwirrung vermeiden können, hätte man in der Vergangenheit der Bedeutung des Wortes mehr Aufmerksamkeit zugewandt als dem Aussehen des Symbols, das nur eine buchstäbliche Darstellung war.«

Vermutlich beschreibt die Legende über die Heroenzwillinge »Hunahpo« und »Xbalanke« im Maya-Buch »Popol Vuh«, die in die Unterwelt »Xibalba« fahren und mit den Göttern ein Ballspiel austragen wollen, ebenfalls ein astronomisches Ereignis. Denn der Tod des Vaters »Hunhunahpo«, der sich vom Ablauf der Ereignisse durchaus mit dem Tod und der Wiederbelebung des ägyptischen Gottes Osiris vergleichen lässt, spielt in dieser Geschichte die vordergründigere Rolle.

John L. Stephens und Frederick Catherwood entdeckten in Copán am Fuß der Südseite des »Großen Platzes« ein Ballspielfeld, das mit zwei 1,20 Meter großen Steinringen versehen ist. Obwohl in-

zwischen in ganz Mesoamerika sehr viele dieser Ballspielfelder nachgewiesen werden konnten, ist über die Regeln des Spiels immer
noch wenig bekannt. In dem Spiel, das die Maya »pokol pok« nannten, wird im »Popol Vuh« berichtet, wie vier Gestalten mit einem
aus der »Unterwelt« stammenden Kautschukball das »aus dem
Umkreis des Kosmos« bestehende, krokodilköpfige Drachen-
ungeheuer »Carchah« (»Kawak«) überwinden. Dieses Schauspiel
erinnert in seinem Umfang an die Überwindung der »Aphophis-
Schlange« bei den Ägyptern.

*Gab es eine ägyptische Verbindung zu den Maya?*
Die verschiedenen Erscheinungsformen in Abbildungen und Plastiken zeigen die »Geflügelte Schlange« mit einem roten Ring um
ihren Mund und großen blauen Flecken auf der Stirn. Unter dem

Aspekt eines Sternenkultes könnten das Hinweise auf den Sirius oder auch Aldebaran
(Seth) sein. Denn auch wenn die Maya-Gott-
heit mit ihrer rot bemalten »Windmaske«
(»Chac«) gezeigt wurde, hatte sie scheinbar
eine altägyptische Vorlage: Wie der Wettergott
Seth, lenkte auch sie die Winde, das Wasser
und die Wolken. Seth wurde ebenfalls immer
mit einem roten Antlitz dargestellt.

*Abb. 125: Gott Chac.*

Wie der ägyptische Gott Seth hatte auch
»Quetzalcôatl« oder »Kuculcán« eine menschliche Erscheinungsform, die wie folgt beschrieben wird:
»Ein hellhäutiger Mann, mit breiter Stirn und großen Augen. Er
kam von jenseits des Meeres in einem Boot, das sich von selbst bewegte, ohne Ruder. Er verbot alle lebendigen Opfer, außer Früchte
und Pflanzen, und man nannte ihn den Gott des Friedens.«

Dieser Bericht über ein sich »selbstbewegendes Boot ohne Ruder«
erinnert an frühe Lehrmeister, die in den Kulturen des Vorderen
Orients ebenso wie auch bei denen der Hindus und Kelten eine
Entsprechung finden und »die Weisen« genannt werden.
Eine die Maya-Chroniken unterstützende Überlieferung haben die
Nahua-Stämme in Zentralmexiko bewahrt. Sie berichten, daß 17.141
Jahre seit der ersten »Sonne« vergangen seien, bevor ihre Geschichte
den Spaniern erzählt wurde. Wenn wir mit dieser Gegebenheit groß-

zügig umgehen, dann betrifft das Ganze Erlebnisse, die sich 15.641 v. Chr. ereigneten. Der Überlieferung zufolge seien die Nahua von einem Ort namens »Atzlán« (»weiße Stätte«) gekommen, der immer mit der Zahl »sieben« in Verbindung gebracht wird. Atzlán wurde einerseits als ein Ort mit »Sieben Höhlen« und andererseits als ein Platz mit »Sieben Tempeln« dargestellt. Es war ein Platz mit einer zentralen großen Stufenpyramide, die von sechs kleineren Bauwerken umgeben wurde.

Vermutlich enthält der »Codex Boturini« ergänzende Texte, die ein wenig Licht in die Geschichte bringen könnten. Der Mailänder Ritter Lorenzo Boturini Benaduci, der 1736 über Madrid nach Amerika kam, entdeckte im Auftrage des Papstes beeindruckende Überreste der alten indianischen Kulturen, u. a. auch diesen Codex. Seine Bildserie über die frühe Auswanderung zeigt, wie die Fremden um 15.641 v. Chr. von einem Platz der sieben Tempel aufbrechen und in Booten ein Meer überqueren und an einem Ort der sieben Höhlen landen. Auf dieser Reise werden sie unter anderem von einem Gott »geführt«, dessen Zeichen ein »Auge« ist, das sich in einer Art Kartusche eingezeichnet findet. Das erinnert auf beinahe fatale Weise an Osiris,

Abb. 126: Auszug aus dem »Codex Boturini«.

den die alten Ägypter »As-Ar« bezeichneten und der immer mit den Hieroglyphen »Thron« und einem »Auge« dargestellt wurde. Zwar ging diese ursprüngliche Bezeichnung im Laufe der Zeit wieder verloren, aus jüngeren Überlieferungen wissen wir allerdings, daß Osiris stets mit dem Sternbild des Orion in Verbindung gebracht worden ist.

Auch in der Kosmologie der Mesoamerikaner gab es einige geheimnisvolle Orte, die sich im

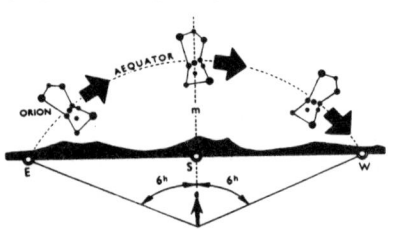

Abb. 127: Sternbild des Orion.

Gegensatz zur Erdkugel niemals bewegten: die Orientierungs-
punkte der Zirkumpolarsterne, die man sich als Ausdehnungsort
in ein unbekanntes Universum vorstellte, wo »die Macht wohnte«.
Diese »Macht« dachte man sich als zugleich männlich sowie weiblich und nannte sie bei den Azteken »Ometecuhtli«, was sich mit
»Doppelherr« übersetzen läßt. Sein Tempel war das ganze Weltall,
und die Philosophen sagten, daß er seine »Macht« wie Osiris sitzend auf einem »Thron« ausübte.
Wie die Dogon, betrachteten auch die Maya den Orion immer als
die »Mitte des Universums«, in dem das erste »Urfeuer« entbrannte, und ebenso als den Ort, an dem sich die »vier Winde kreuzten«.
Daher bestand auch in jedem außerpriesterlichen Haushalt die Tradition, in der Mitte einer Behausung einen Herd anzubringen, der
von drei Steinen umgeben wurde. Die drei Steine symbolisierten
die Gürtelsterne des Orion, die wir als Zita-Orionis, Epsilon-
Orionis und Delta-Orion kennen. In dem 1993 erschienenen Buch
»Maya Kosmos« der Autoren David Freidel, Linda Schele und Joy
Parker wird beschrieben, daß die Maya die Klinge des Orion als
ein »Feuerbohrgerät« angesehen haben und der Orion-Nebel den
»Rauch vom ersten Feuer« darstellte.
Der »Codex Dresden« *enthält* überdies eine Hundehieroglyphe mit
der Bezeichnung »Oc«, die nach Ansicht von Robert Sharer den

*Abb. 128: Hiero-
glyphe für den
Hundsstern
(Sirius).*

Sirius darstellt. Die geografischen Koordinaten für
die Hundehieroglyphe lauten danach 40 Grad, 50
Minuten Westlänge sowie 20 Grad Südbreite.
Ähnlich wie bei den Ägyptern führte auch bei den
Maya die Reise des Verstorbenen nach Westen,
wo er unzähligen Gefahren begegnen mußte, wie
beispielsweise im ersten Abschnitt den zusam-
menschlagenden Felsen. Wie im Falle des »ba« bei
den Ägyptern, wurde auch im Zusammenhang mit
dem Totenglauben und den -ritualen der Mesoamerikaner darauf geachtet, das der sogenannte »Reisekörper« stets
unversehrt blieb. Würde der Reisekörper also zwischen die schla-
genden Felsen geraten, so wäre dieser zerquetscht worden und die
Totenreise damit beendet gewesen. Doch selbst wenn diese Gefahr
gemeistert wurde, bedeutete das noch nicht, daß damit nicht noch
weitere Möglichkeiten des Scheiterns bestanden. Nach den schla-

genden Felsen mußte der Reisekörper über einen schmalen Berggrat balancieren, immer in der Hoffnung, nicht nach der einen oder anderen Seite abzustürzen. Während der Reise hatte der »Körper« auch den Wind der Messer zu durchschreiten, der mittels scharfer Feuersteinklingen ihm alles Fleisch von den Knochen schnitt.

Ein Teil der Unterwelt war von lebenden Skeletten bevölkert, die im Hof des großen Herrn der Toten, Mictlantecuhtli, und seiner Gemahlin, der Göttin Mictlanteikuatl, Zeremonien und Feste abhielten. Besonders wichtig unter den Abteilungen der Unterwelt war der Aufenthaltsort für die Mehrzahl der gestorbenen Menschen, der unter anderem »Mictlán« genannt wird. Nach dem natürlichen oder aufgrund einer kriegerischen Auseinandersetzung eingetretenen Tod einer Person wurden der Leichnam in schöne Kleider gehüllt, ein kleines Paket mit Speise vorbereitet und ein roter Hund als Reisebegleiter geschlachtet. Meiner Ansicht nach war die zeremonielle Opferung des roten Hundes ebenfalls eine Versinnbildlichung des Sirius, der bis 600 v. Chr. bei den Griechen, Babyloniern und Ägyptern als »Roter Stern« bezeichnet wurde (der Sirius strahlt heute ein weißes Licht ab, was auf eine im Laufe der Zeit eingetretene Veränderung im Spektrum hinweist). István Guman bestätigt die Berichte von einem roten Sirius und betont:

»Die philologischen Untersuchungen scheinen eine Fehldeutung auszuschließen. Auch die Annahme, daß im Altertum die Beobachtungen nicht so zuverlässig waren, ist zu verwerfen.«

Bei den zeremonischen Handlungen der Maya verbrannte man am dritten Tag die Leiche, und die Seele brach in Gesellschaft des Hundes zur Reise in die Unterwelt auf, die, im Gegensatz zu den Ägyptern und den Dogon, drei Jahre andauerte. Nach dieser Zeit der Wanderung gelangte der Verstorbene zum Mittelpunkt ins Heim der Totengötter, wo ständig ein zentrales Feuer brannte. Durchschritt man das Feuer, kam man in eine »Wasserwelt«, in der sich die Verstorbenen und die Totengötter mit Spiel und Lobgesang vergnügten, die voll von grüner Vegetation, feinem Regen und unzähligen Regenbogen war.

Auch in dieser Passage existieren Parallelen zu den ägyptischen Vorstellungen: Diese Beschreibung läßt sich nicht nur mit dem ägyptischen Wasserort »Wernes« vergleichen, sondern auch mit unserer

Vorstellung vom Paradies. Das Erstaunliche in bezug auf die mesoamerikanischen Vorstellungen ist jedoch, daß die Toten gelegentlich auf die Erde zurückkehren konnten, um ihren Verwandten zu erklären, daß alles in Ordnung sei.

Möglicherweise beschreiben die Maya dieselbe Erfahrung und durchlebte Reise, die wir etwas ausführlicher von den Ägyptern und den Dogon gehört haben: eine kosmische Reise zu den Göttern des Universums, die einst mit den Menschen gemeinsam auf der Erde lebten.

Abb. 129: Ankunft der Götter.

In diesem Zusammenhang ist nochmals eine den Wissenschaftlern wohlbekannte Tatsache zu erwähnen: Das Sternbild des Orion war in die Mythologie der Maya sehr stark eingebunden und bezeichnete nichts Geringeres als den »Ort der Schöpfung«. Ebenso erinnert der vorangegangene mesoamerikanische Bericht an die ägyptische Gottheit Osiris als Orion. Letzterer wurde nicht nur mit den Hieroglyphen »Thron« und »Auge« dargestellt, sondern gemeinsam mit seiner schwangeren Gemahlin Isis, deren Zeichen ebenfalls ein »Thron« war. Gleichzeitig galt das Paar als »Domestizierer des Menschen«: Erst Isis und Osiris brachten den Menschen die kulturelle Weisheit, um eine Hochzivilisation zu entwickeln. Außerdem wurde Isis immer mit dem Zirkumpolarstern Sirius und dem Planeten Venus in Zusammenhang gebracht, jenen Himmelskörpern also, die bei den Maya mindestens genauso vordergründig behandelt wurden wie bei den Ägyptern. Der Sirius wurde nicht zufällig als »schwanger« oder »Doppelwesen« bezeichnet, sondern wegen seiner physikalischen Eigenart als Doppelstern!

Die Astrophysik entwickelte eigens für den Sirius B die heute bestätigte Theorie der »Weißen Zwerge«. Das sind Sterne in einem besonderen Entwicklungsabschnitt, von denen heute hundert weitere bekannt sind und vermutlich Tausende existieren. Sie entstehen aus »zusammengebrochener« oder »entarteter« Sternenmaterie, bei der die Elektronenhüllen der Atome nicht mehr vorhanden sind. Die Atomkerne liegen so dicht beieinander, daß die Elektronen allenfalls nur noch ein »entartetes« Elektronengas bilden können.

Selbstverständlich sind für das menschliche Auge derartige astrophysikalische Besonderheiten bzw. Prozesse nicht zu erkennen. Selbst der Einsatz kleiner Teleskope bringt uns der Lösung der folgenden Frage nicht näher:
*Woher kannten die Maya die natürliche Beschaffenheit eines Doppelsterns?*
Nach den Vorstellungen der Mesoamerikaner hatte es auch bei ihnen einst die »Ahroxalac« (»Herren der grünen, flachen Schale«) gegeben, die ihnen »die Weisheit der Welt« brachten und im »Kreuz des ›Drei-Steinplatzes‹« (Orion) zu suchen waren.

*Abb. 130: Der »Drei-Steinplatz«, hier als Zeichen dargestellt, symbolisierte in jedem Maya-Haushalt den Orion.*

Ein astronomisches Bild im »Codex Fejervary-Mayr«, der sich in Liverpool befindet, zeigt den Osten als Heim des Morgensterns, den Süden als Heimstatt der Mutter Erde, den Westen als Heim des Herrn der Juwelen und den Norden als Heimat der Toten. Der Gott Ometecuhtli (oder Tezcatlipoca) hält in seinen Händen einen Wassertropfen, in dem ein einziger »grüner Samen« schwimmt. Dieser »winzigste« grüne Samen oder »Urkeim« versinnbildlichte nach mesoamerikani-scher Auffassung die Gesamtheit unserer Welt und wurde von dem Gott in den »Ozean« getaucht.
Im Gegensatz zu Osiris bei den Ägyptern, wurde Ometecuhtli in Amerika kein Tempel auf Erden errichtet, weil sein heiliger Platz in der Mitte eines jeden Haushalts im Herd war, der das Leben des göttlichen Wesens im Mittelpunkt aller Dinge symbolisierte.

*Abb. 131: Orion-Hieroglyphe bei den Maya.*

Betrachtet man diese Überlieferungen unter dem Aspekt eines Sonnenkultes, so entsteht der Eindruck, daß bei einer gedachten scheibenförmigen Erde der nächtliche Weg der Sonne unterhalb dieser Scheiben-Erde beschrieben wurde und bei der die Sonne als Ra verschiedenen Feinden begegnete. So würde auch die fortwährende Wiedergeburt der Sonne erklärt werden können.

*Abb. 132: Eingang in Teotihuacán mit der Schlangengottheit.*

Unter der Annahme eines Sternenkultes erfahren wir aus den Texten jedoch etwas ganz anderes. Verschiedene mesoamerikanische Götter konnten nämlich nur in den Sternen gefunden werden, wo sie ihre Wohnhäuser in den Tierkreiszeichen hatten. Es ist besonders interessant, daß viele dieser Sterngruppen ähnliche Namen erhielten wie in Europa, Asien und Afrika. Daß es einen dafür verantwortlichen alten kulturellen Kontakt gegeben hat, ist nach Ansicht der Gelehrten immer noch unsicher:
»Möglicherweise ließ die Verknüpfung von Sterngruppen mit Symbolen ähnliche Namen entstehen, nicht nur wegen der Form der Gruppen, sondern auch wegen der Assoziation mit Fruchtbarkeit in Gestalt von jahreszeitlichem Wachstum und Vergehen.«

Eine andere bemerkenswerte Übereinstimmung besteht darin, daß die Mesoamerikaner ihre Zeitrechnung mit dem Erscheinen der Plejaden am östlichen Horizont bei Sonnenuntergang begannen. Das geschah im frühen November. Hier besteht eine Verbindung mit dem Grundkalender des alten Europa, besonders dem der keltischen Völker. Denn auch die Kelten kannten ein altes »Feuerfest«, das nach einer Vermutung unserer Historiker den Sonnenuntergang und den Sonnenaufgang im November feierte.
Daß es einen Kulturaustausch zwischen den Kontinenten bereits vor Tausenden von Jahren gegeben hat, steht, wenn man sich die Fakten ansieht, lange fest. Dennis Stanford vom *National Museum of Natural History (Smithsonian Institution W. D. C.)* gab bei einer Pressekonferenz am 14. April 1997 Ausgrabungsbefunde von über 9.300 Jahre alten Knochen und Skeletten europider Menschentypen bekannt, die in und um Minnesota entdeckt wurden:
»Die Schädel weisen Eigenschaften auf, die denen der Europäer ähnlich sind und die Annahme nahelegen, unter den ersten Menschen, die vor mehr als 9.000 Jahren in die Neue Welt kamen, seien auch europide Menschen gewesen. Anthropologen wissen von sol-

chen Gebeinen seit Jahren, haben ihre Bedeutung aber nicht voll erkannt und sie erst in den letzten Monaten einer Neubewertung unterzogen. Die neuen Analysen wurden durch aktuelle Funde im letzten Sommer veranlaßt. Ein ungewöhnlich gut erhaltenes Skelett eines anscheinend europiden Mannes wurde entdeckt, der vor etwa 9.300 Jahren in der Nähe des heutigen Kennewick im Staat Washington gestorben war.«

***War das eine jener mysteriösen Gestalten, die bereits vor 7.000 Jahren Pyramiden bauen konnten?***
In Chichén Itzá steht die 30 Meter hohe Kuculcán-Pyramide, die ebenso wie ägyptische Pyramiden nach den Kardinalpunkten des Kompasses zu den vier Himmelsrichtungen ausgerichtet liegt und angeblich aus dem sechsten nachchristlichen Jahrhundert stammen soll. Jedes Jahr, am 21. März, kurz vor Sonnenuntergang gegen 17.14 Uhr, beginnt ein merkwürdiges, etwa 17 Minuten andauerndes Schattenspiel an der Westseite der nördlichen Treppe, das jeden Besucher in Erstaunen versetzt. Die alten Baumeister haben die Pyramide so geschickt angelegt, daß bei tiefstehender Sonne und demzufolge flach einfallenden Sonnenstrahlen ein von der obersten Platt-

*Abb. 133: Pyramide des Kuculcán in Chichén Itzá.*

form bis zum Fuß des Bauwerks laufendes astronomisches Schattenspiel in Form einer herabsteigenden gigantischen »Schlange« sichtbar wird. Für die Berechnung eines solchen Schauspiels sind Kenntnisse der Geodäsie und der höheren astronomische Mathematik erforderlich. Und genau dieses Wissen müssen die Erbauer der Anlage besessen haben! Übrigens wiederholt sich das Schattenspiel nochmals am 21. September jeden Jahres, nur verläuft es diesmal in entgegengesetzter Richtung und zeichnet den Weg himmelwärts zu den Göttern.
Wie die große Pyramide von Teotihuacán wurde auch die Pyramide des Quetzalcôatl/Kuculcán über eine bereits ältere und schon zuvor astronomisch ausgerichtete Anlage gebaut. Nur unter der Treppe auf der Nordseite der Pyramide existiert ein Eingang, über

den man einen Zugang in die ältere Pyramide erhält. Es ist ein dunkler Treppengang, der zum Zentrum des 55,30 x 55,30 Meter messenden Bauwerks führt. Von dieser älteren Pyramide ist dank des Schutzmantels, der durch das neue Bauwerk gebildet wird, sehr viel erhalten geblieben. So konnte an dieser Stelle seit den 1930er Jahren eingehend geforscht werden. Feuchtigkeit und Salzablagerungen, die sich im Laufe der Zeit in das alte Bauwerk gefressen hatten, ließen schließlich in seinem Inneren Stalagmiten und Stalaktiten entstehen. Diese Tropfsteine, die auch innerhalb anderer Maya-Bauwerke festgestellt wurden, bescheinigen der Pyramide eine mehrere tausend Jahre alte Entstehungsgeschichte!

*Warum will die Wissenschaft nichts davon wissen?*

Vielleicht deshalb, weil auch die Pyramidenanlage von Teotihuacán in Wahrheit über 12.000 Jahre alt ist? Alten Maya-Überlieferungen zufolge galt Teotihuacán als der »Ort, an dem die Verwandlung« stattfand. Hier entstanden aus Menschen Götter:

»So sprachen die Alten, daß der, der gestorben ist, ein Gott geworden ist, sie sagten: ›Er ist dort zum Gott gemacht worden‹.«

*Abb. 134: Fotografie der Krypta der Pacal-Pyramide im mexikanischen Palenque, die bei ihrer Entdeckung ebenfalls Tropfsteine aufwies.*

Tatsächlich spiegelt die Pyramidenanlage von Teotihuacán, genauso wie die Giseh-Pyramiden Ägyptens, vermutlich den Oriongürtel wider!

Der spanische Chronist Pedro Cieza de León, der während der frühen Epoche der Conquista das heutige Peru und Bolivien bereiste und das Erlebte uns Heutigen in Form seiner Reiseberichte zukommen ließ, erzählt auch von einer vorzeitlichen Stadt, die bisher keine Erwähnung fand: Tiahuanáco. León berichtet, daß ihn dieser Ort von allen besichtigten Ruinen am meisten erstaunt habe. Zu den Bauwerken, die ihn faszinierten, gehörte ein künstlicher Hügel (»Akapana«) mit einem Grundriß von 300 x 125 Meter, der vom glatt bearbeiteten Fundament bis auf 40 Meter Höhe aufgetürmt worden war. Neben diesem künstlich errichteten Hügel befanden sich auf den Boden gestürzte, riesige Steinblöcke, von denen manche zehn Meter breit, fünf Meter lang und zwei Meter dick waren. Der Chronist staunte aber nicht nur über die Größe dieser Blöcke, sondern insbesondere über ihre Präzision und Schönheit:

»Ich für meine Person kann nicht begreifen, mit was für Geräten oder Werkzeugen es getan worden sein könnte, denn es ist sicher, daß Werkzeuge, um diese großen Steine so perfekt zu bearbeiten, wie wir sie nunmehr sehen, viel besser gewesen sein müssen als diejenigen, die heute von den Indios benutzt werden.«

Im Verlauf der Jahrhunderte haben die Spanier die meisten der kleineren Steinblöcke abtransportiert, um sie nach und nach für die Errichtung der bolivianischen Hauptstadt La Paz zu verbauen. Die großen Brocken blieben jedoch liegen, so daß auch spätere Reisende immer wieder von diesen monumentalen Überresten berichteten, bis dann Ende des 19. Jahrhunderts auch Archäologen sich für Tiahuanáco zu interessieren begannen.

***Was weiß man über die Ruinen und Anlagen?***
Der Direktor des *Instituts für Archäologie* in Bolivien, Oswaldo Rivera, bescheinigte 1997 zumindest den *zerstörten* Bauwerken von Tiahuanáco, daß sie mehr als 12.000 Jahre alt seien. In einem Interview mit dem japanischen Wissenschaftjournalisten Shun Daichi erklärte Rivera:

»Ein ausführlicher Bericht über diese Untersuchungen ist soeben, am 21. Dezember 1996, fertiggestellt worden. Wir glauben, daß Tiahuanáco viel früher entstanden ist, als bisher angenommen wurde, und die Zahl 12.000 liegt sehr nahe an unseren Untersuchungen. Nach 21 Jahren Ausgrabungen und Forschungen kann ich ihnen sagen, daß wir täglich neu staunen, weil Tiahuanáco unglaublich ist, auch für die Archäologen, die hier arbeiten.«

Sieben Jahre verbrachte Rivera allein mit Arbeiten in Tiahuanáco und genoß wegen seiner gesamten Arbeit international einen hervorragenden Ruf. Doch nachdem Oswaldo Rivera im Januar 1997 seine Erklärung gegenüber dem Japaner Daichi abgegeben hatte, trat er im März 1997 von seinem Posten als Direktor völlig unerwartet zurück. In einem weiteren Gespräch, das der britische Wissenschaftsjournalist Graham Hancock im Mai 1997 mit Rivera führte, bestätigte der Archäologe noch einmal seine bislang gemachte hohe Zeitangabe für Tiahuanáco und setzte noch einen drauf: »Ich habe ein ganzes Jahr lang die Akapana-Pyramide untersucht und Ausgrabungen in ihrer Umgebung durchgeführt. Ich vermute, in zwölf oder 21 Meter Tiefe liegt noch ein Tiahuanáco, und das ist das ursprünglich heilige Tiahuanáco. Wir haben das Innerste noch nicht betreten, aber wir werden uns das bald ansehen. Deshalb kann ich ihnen noch nicht sagen, wie alt diese heilige Schicht ist, aber es ist ein ganz neues Kapitel in der Forschung über Tiahuanáco. Wir werden wohl ein ganz neues Buch für die Forschung aufschlagen müssen.«

***Was machte Rivera in Hinblick auf die Entdeckung einer neuen unterirdischen Anlage so sicher?***
Nordwestlich der Akapana-Pyramide befindet sich ein steinernes »Tor«, das aus einem einzigen, riesigen Block herausgeschnitten bzw. -gemeißelt worden ist. Der einzelne Steinblock maß einstmals 3 x 6 Meter und wog mehr als 100 Tonnen. In seiner Größe erinnert er an das Bogenfeld in der »Osiris-Kammer« (unter der Sphinx). Der untere Teil des Tores, insbesondere die Seite, die als seine Rückseite angesehen wird, weist Nischen und geometrisch genaue Abschnitte auf. Die kunstvoll bearbeiteten Skulpturen befinden sich jedoch auf der Vorderseite, die genau nach Osten weist. Der Torbogen enthält eine zentrale Figur, die auf jeder Seite von 15 geflügelten Gehilfen eingerahmt wird.
Der deutsche Astronom Rolf Müller von der Universität Potsdam kam in den 1930er Jahren nach ausführlichen Untersuchungen des Tores ebenfalls zu dem Ergebnis, daß der zum »Kalasasaya« genannten Gesamtbauwerk zugehöriger Abschnitt um 4050 v. Chr.

*Abb. 135: Gravuren am Sonnentor.*

266

*Abb. 136: Götter-
gestalt auf dem
Sonnentor.*

oder sogar um 10.050 v. Chr. errichtet worden
sein muß.

Anhand der astronomischen Ausrichtung des
Tores und aufgrund der Interpretation der Gravuren von Symbolen, Abbildungen und geometrischen Figuren an seiner Ostfront konnte
Rivera einige der Geheimnisse dieser Bauanlage
aufklären: Genau in der Mitte des Tores befindet sich ein anthropomorphes Wesen, das zwei
eigentümliche Zepter hält und auf einem Sockel
oder einer Stufenpyramide steht. Die Archäologen haben diese Gestalt bislang für eine unterschiedliche Erscheinungsform des Sonnen-
gottes »Vira-cocha« gehalten, doch ist man sich diesbezüglich mittt-
lerweile sehr unsicher geworden. Rivera vertritt die Ansicht, daß
die als Sockel dargestellte Stufenpyramide, auf dem der Sonnengott steht, eine stilisierte Abbildung der Akapana-Pyramide ist und
deren Kammer- und Gangsysteme darstellt. Der Archäologe kommentiert diese Darstellung wie folgt:
»Ich bin sicher, daß dies eine Plankarte der Akapana ist«!

Demnach befindet sich tief im Inneren des Bauwerks eine quadratische Kammer, in die acht Gänge führen. Sechs dieser Gänge haben die Form einer Schlange mit Vogelkopf, und zwei tragen einen
Löwenkopf. In der Hauptkammer soll sich schließlich der Leichnam einer schlangenförmigen »Wesenheit« befinden, die durchaus
ein »Gott« oder ein »Gegenstand« der Götter sein könnte. Bislang
konnte Rivera allerdings nur einen dieser Gänge entdecken, an dem
sieben Monate intensiv gearbeitet wurde:
»Wir arbeiten an einem dieser Gänge, wissen aber bislang nicht, ob
oder welcher der Gänge in den Raum führt. Ich bin sicher, daß wir
unsere Ausgrabungen bald fortsetzen werden.«

***Welches Geheimnis werden die Arbeiten der Archäologen wohl
lüften?***
Wissenschaftler des kanadischen Unternehmens für Unterwasser-
forschung *Advanced Digital Communications* haben im Jahre 2001
vor Kuba Strukturen auf dem Meeresgrund entdeckt, die auf den

ersten Blick wie eine Stadt aussehen und den Bauten in Tiahunáco in gewisser Weise ähneln. In der Unterwasserlandschaft stehen Objekte aus zwei bis fünf Meter großen Steinblöcken, die Pyramiden, Straßen und Gebäuden gleichen. Bei dem 20 Quadratkilometer großen Gebiet, das 650 Meter unter dem Meeresspiegel liegt, könnte es sich nach Ansicht der Kanadier um das Zentrum einer 6.000 Jahre alten Stadt handeln. Der britische Geologe Alistair Crame wendet aber ein:

»Es ist sehr unwahrscheinlich, daß sich der Meeresboden in nur 6.000 Jahren um 650 Meter abgesenkt hat. Solch ein Absinken braucht Millionen von Jahren.«

*Tatsächlich?*

KAPITEL **10**

# TERRA EDEN

Der britische Gelehrte Charles Lyell vertrat im 19. Jahrhundert in bezug auf die mögliche Existenz einer untergegangenen irdischen Hochzivilisation folgenden Standpunkt:

»Müßten wir nicht statt plumper Tongefäße und Steinwerkzeuge, die so unregelmäßig geformt sind, daß ein ungeübtes Auge an ihnen kaum ein Muster entdecken kann, Skulpturen finden, die in ihrer Schönheit die Meisterwerke von Phidias oder Praxiteles übertreffen? Müßten wir nicht Schienenwege und Telegrafenstangen ausgraben, von denen die besten Ingenieure unserer Tage noch etwas lernen könnten, oder astronomische Instrumente und Mikroskope, deren Konstruktion alles bisher in Europa Bekannte überragt? Und müßten wir nicht noch andere Anzeichen für die Vollkommenheit einer Kunst und Wissenschaft entdecken, wie sie das 19. Jahrhundert noch nicht gesehen hat? Dann würde sich herausstellen, daß die Triumphe genialen Erfindergeistes noch viel weiter reichten, als die späteren Gegenstände geschaffen wurden, die wir nun der Eisen- und Bronzezeit zuordnen. Vergeblich würden wir unsere Vorstellungskraft anstrengen, um die Bedeutung und mögliche Verwendung solcher Relikte zu erraten – Maschinen, um vielleicht in der Luft zu navigieren oder die Tiefe des Ozeans zu untersuchen oder um mathematische Probleme zu lösen, die weit über die Bedürfnisse und Begriffe unserer zeitgenössischen Mathematiker hinausgehen.«

Die Anmerkungen des Lyells gingen, wie sich unschwer erkennen läßt, von der traditionellen und recht logisch klingenden Argumentation aus:

*Wenn es eine entwickelte Zivilisation vor der unsrigen gegeben hat, weshalb haben wir dann nichts Konkretes gefunden?*

Im Rahmen des *Linear-Satelliten-Projekts* zu Beginn des Jahres 1999, bei dem automatisch nach Asteroiden gesucht wurde, entdeckten die Meßsensoren einen nur etwa 50 Meter Durchmesser umfassenden Himmelskörper, der sich fast kreisförmig um unsere

Sonne bewegt. Er wurde von den Astronomen »CG9« genannt und bewegt sich in einem ungewöhnlichen, weil kreisförmigen Orbit um unser Zentralgestirn. Alle anderen Himmelskörper indes umrunden die Sonne in einer elliptischen Bahn. Interessanterweise gibt es noch einen ähnlichen Himmelskörper, der bereits 1991 entdeckt wurde und sich in mancherlei Hinsicht wie CG9 verhält. Die amerikanische Astronomiezeitschrift *Sky + Teleskope* bezeichnete diesen Körper im November 1991 als »ein echtes UFO«!

*Aber warum?*

Erstens, weil die außergewöhnliche Bahn von »1991 VG« nahezu der unserer Erde entsprach. Zweitens wurden an 1991 VG technisch interpretierbare Reflexionen festgestellt, die des öfteren an der Oberfläche des Himmelskörpers auftraten. Drittens: Untersuchungen mit Radarstrahlen, die gewöhnlich von natürlichen Himmelsobjekten wie Asteroiden reflektiert werden, erbrachten in diesem Fall absolute Nullwerte.

Nach Ansicht des Forschungsteams schieden bekannte natürliche kosmische Körper als Erklärung für dieses Phänomen nahezu aus. Auch die Hypothese, wonach es sich bei 1991 VG um ein mögliches Bruchstücke von älteren Sonden oder Raketen handeln könnte, war mit den ermittelten Bahndaten nicht in Übereinstimmung zu bringen. Dennoch versuchen die offiziellen Stellen der amerikanischen NASA und der europäischen ESA das Problem zu verniedlichen, indem sie diesen Himmelskörper als sogenanntem »Weltraummüll« bezeichnen, weil sie der festen Überzeugung sind, daß alle Fakten für einen von Menschenhand geschaffenen Gegenstand sprechen.

*Haben die Astronomen möglicherweise einen antiken Satelliten entdeckt?*

Möglicherweise ja! Denn zumindest der NASA-Astronom David Green meint:

»Die Situation ist alles andere als geklärt.«

Wie wir bislang sehen konnten, sind innerhalb der archäologischen Forschung merkwürdige Kunstgegenstände und Abschriften von alten Dokumenten aufgetaucht, die in Museen gebracht und katalogisiert wurden, und die Lyell hätten eine direkte und schlüssige Antwort auf seine Fragen geben können, wenn es einen inter-

270

diszplinären Informationsaustausch im 19. Jahrhundert gegeben hätte. Zahlreiche Funde und Überlieferungen wurden erst nachvollziehbar, als unser eigener technischer Fortschritt Entwicklungen hervorbrachte, die dem, was es bereits vor Tausenden von Jahren gegeben hatte, ebenbürtig waren. Allerdings dürfte ein großer Teil von Relikten bis heute weder richtig interpretiert noch auch nur ansatzweise verstanden worden sein.

Vermutlich verhält es sich ähnlich bei den ägyptischen Berichten im »Papyrus Tebtunis«, der die Geschichten über den »Hör-« und »Seh-Vogel« enthält:

»Ich kann bis ans Ende der Finsternis sehen, und ich kann durch das Meer hindurchblicken bis zum Urwasser Nun.«

Diese Beschreibung erinnert sehr an die Funktion des heutigen Hubble-Teleskops! Mit diesen altägyptischen Apparaten konnte man aber nicht nur weit sehen und in Richtung des Himmels fliegen, sondern mit ihnen konnte man auch jederzeit auf der Erde landen. Auch schienen sie mit Systemen ausgerüstet zu sein, die uns an Sonnenkollektoren erinnert. Nur so wäre nämlich die poetische Erklärung über die nun folgende, technisch anmutende Eigenschaft des »Hör-« und »Seh-Vogel« zu verstehen:

»Es ist mir zuteil geworden, weil ich vom Licht der Sonne lebe und

(regelmäßig) meine Nahrung zu mir nehme und viel schlafe ..., so daß ich mich recreire im Hellen – und ich esse nichts mehr nach Sonnenuntergang.«

*Abb. 137: Der Seh-Vogel.*

Unsere heutigen Satelliten besitzen auf langen, ausgefalteten Verstrebungen montierte Solarzellen, die wir als »Sonnenflügel« bezeichnen. Sie fangen das Sonnenlicht ein und verwenden es zur Erzeugung von Energie für die an Bord des Satelliten befindlichen Systeme. Das Wort »einspeisen«, das wir heute im Zusamenhang mit der Verwendung von Elektroenergie relativ oft benutzen, paßt haargenau zur mythologisch verbrämten Beschreibung des Hör- und Seh-

Vogels, der Lichtnahrung zu sich nimmt. Wenn in den Überlieferungen tatsächlich über eine ehemals vorhandene Technologie berichtet wird, haben wir es hier ganz offensichtlich mit solarbetriebenen Satelliten zu tun!
Auch der apokryphe Prophet Baruch berichtet im Kapitel 6, 1–2 seiner »Apokalypse« Ungewöhnliches:
»Und siehe, ein Vogel lief mit herum vor der Sonne her wie neun Berge groß.«

Nachdem Baruch dann einem ihn begleitenden Wächterengel staunend zugehört hat und die unverstandene Technik zu begreifen versucht, schildert er seine weiteren Eindrücke und entdeckt dabei für uns Vertrautes:
»Und der Vogel breitete seine Flügel aus, und ich sah auf seinem rechten Flügel gewaltige Buchstaben.«

Vielleicht berichtet Baruch an dieser Stelle seiner Erzählung über ähnliche Buchstaben, wie sie die NASA oder ESA auf ihren Satelliten und Raumschiffen verwenden?
Zumindest der »Hörvogel« gehörte vermutlich einer Art von Apparaten an, mit denen die Götter kommunizieren konnten.
Britische Archäologen unter der Leitung von William M. Flinders Petrie hatten bereits 1912 in Sakkara einen runden Altaraufbau aus Alabaster entdeckt, aus dessen Form die Gelehrten eine sakrale Lampe herleiten, die einst sieben Tage brennen konnte. Meiner Ansicht nach ist es allerdings viel wahrscheinlicher, daß wir es hier mit einem sogenannten »Nabelstein« oder »Ophalos« zutun haben, der in der Antike für Orakelzwecke verwendet wurde. Mit seiner Hilfe wurden die Götter von den Priestern zu menschlichen Handlungen befragt. Die Götter antworteten und gaben wegweisende Orientierungshilfen. Doch nachdem durch katastrophale Umwälzungen, die ich ausführlich in meinem Buch »Verbotene Ägyptologie« beschrieben habe, selbst die »Stätte der Götter« vernichtet wurde, hörte die Kommunika-

*Abb. 138: Die Darstellung eines vorzeitlichen Kommunikationsapparates?*

*Abb. 139: Die kegelförmigen, sich auf allen Relikten in der Mitte befindlichen Gegenstände, waren vermutlich Batterien.*

tion plötzlich auf. Die Götter sprachen nicht mehr, weil wahrscheinlich die Technik der Kommunikationsapparate ausgefallen war.

Generationen später, nach dem die Götter verschwunden waren und auch ihre »Stimmen verlorengingen«, ließen die Priester zwar immer noch steinerne Kopien dieser Gegenstände herstellen, doch die ursprüngliche Funktion war nicht mehr gegeben. Obwohl die Gelehrten von heute die Texte über die ursprüngliche Funktion dieser Gegenstände längst entziffern konnten und daher über ihre technischen Eigenschaften Bescheid wissen, wollen sie es immer noch nicht wahrhaben, daß es dereinst eine hochentwickelte Zivilisation gab, die vernichtet wurde. Dabei weiß jeder längst, daß kein Kultgegenstand ohne Vorlage entsteht!

*Will man den Untergang einer vorangegangenen Zivilisation vielleicht deshalb nicht zugeben, weil wir selbst vor der Vernichtung stehen?*

Nach tagelangem Tauziehen während der im Juli 2001 in Marrakesch (Marokko) stattfindendenden UN-Klimakonferenz konnten sich die 180 Mitgliedsstaaten auf ein gemeinsames Regelwerk zum Abbau der Treibhausgase einigen. Dieses Regelwerk soll gewährleisten, daß die 38 größten Industrieländer bis 2012 ihren Treibhausgasausstoß um 5,2 Prozent gegenüber dem Wert von 1990 senken. Seltsamerweise hat bisher allerdings noch keine einzige der großen Industrienationen ihre Unterschrift unter dieses Verhandlungsprotokoll gesetzt!

*Warum nicht?*

Von allen Planeten unseres Sonnensystems ist die Erde der einzige, auf dem Leben in höherer Form existiert. Erstaunlich ist insbesondere die Vielfalt des Lebens, das auf ihr existiert: Mikroorganismen, Insekten, Pflanzen, Fische, Vögel, Säugetiere und der Mensch! Überdies gleicht die Erde einer riesigen »Versorgungskammer«, gefüllt mit allem, was zur Erhaltung des Lebens nötig ist. Zu den vielen, genau aufeinander abgestimmten Voraussetzungen für irdisches Leben gehört die Menge an Licht und Wärme, die uns von der Sonne erreicht. Die Zeitschrift *Scientific American* schreibt dazu: »Wenn wir ins Universum blicken und die vielen Zufälle in der Physik und der Astronomie erkennen, die sich zu unserem Nutzen ausgewirkt haben, dann sieht es fast so aus, als ob das Universum irgendwie gewußt haben muß, daß wir kommen würden.«

Nur ein winziger Bruchteil der von der Sonne ausgehenden Energie gelangt auf die Erde. Doch genau diese Menge ist für die Erhaltung des Lebens erforderlich. Die ideale Energiezufuhr wird dadurch erzielt, daß die Erde mit dem Mittelwert von 149,6 Millionen Kilometer innerhalb der sogenannten »Ökosphäre« genau den richtigen Abstand zur Sonne hat. Wäre der Abstand zur Sonne geringer, so wäre es auf der Erde zu heiß, als daß Leben existieren könnte; wäre er größer, so wäre es zu kalt.

*Abb. 140: Der blaue Planet.*

Bei ihrem jährlichen Umlauf um die Sonne bewegt sich die Erde mit einer Geschwindigkeit von etwa 107.000 Kilometer pro Stunde. Durch diese Geschwindigkeit hebt sich die Anziehungskraft der Sonne auf die Erde in einem passenden Abstand genau auf. Würde sich die Geschwindigkeit verringern, so würde die Erde näher an die Sonne herangezogen werden. Mit der Zeit würde aus der Erde dann eine ausgedörrte Wüste, ähnlich dem Planeten Merkur werden, welcher der Sonne am nächsten ist. Die amerikanische Zeitschrift *Science News* schreibt diesbezüglich:
»Es scheint, daß Bedingungen, die so genau aufeinander abgestimmt sind, kaum durch Zufall zu Stande gekommen sind.«

Die Hindus geben in ihren Schriften über das Alter der Erde die genaueste Zahl aller Hochkulturen wieder und behaupten, die Erde existiere seit 4,3 Milliarden Jahren. Diese Zeitangabe ist auch für die moderne Wissenschaft Grundlage der Erd-Altersdatierung, womit eine ungewollte Übereinstimmung mit den alten Überlieferungen erzielt worden ist. Nach Ansicht der Hindus hätte die Menschheit in diesen 4,3 Milliarden Jahren verschiedene »Weltalter« (»Jugas«) erlebt, von denen drei vergangen sind. Das vierte Zeitalter, in dem wir uns jetzt befinden, begann nach ihren Berichten um 3000 v. Chr. und wird insgesamt 432.000 Jahre andauern. Dabei vertreten die Hindus die Ansicht, daß alle Welten und Götter nach dem Ablauf der verbleibenden 427.000 Jahre in ihr Urwesen zurückkehren werden. Gleichzeitig erzählen sie, daß das letzte Zeitalter auch das schlechteste in bezug auf die Moral des Menschen und der Fruchtbarkeit der Erde sei. Mit anderen Worten bedeutet das, daß wir unseren Lebensraum Erde wegen der Uneinsichtigkeit des Menschen noch vor Ablauf dieser Zeitangabe werden verlassen müssen!

***Wie ernst sollte man solche Prophezeiungen nehmen?***

Die Erde, auf der wir leben, ist zwar ein großer »Ball«, aber dennoch nicht ganz rund. Im März 1996 wertete die europäische Weltraum-Organisation ESA Bilder des ERS-2-Satelliten aus, die der Erde sogar eine »Kartoffel-Form« bestätigten. Weil unser Planet eine Oberfläche von über einer halben Milliarde Quadratkilometer

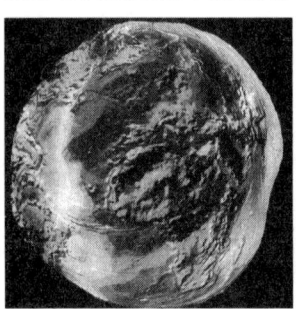

hat, wovon etwa 70 Prozent aus Wasser bestehen, konnten wir bislang ihre wahre geologische Struktur nicht erkennen. Daß unser Planet Bedrohungen aus dem Weltall ausgesetzt ist, kann nicht bestritten werden. Doch ist gerade aufgrund der Tatsache, daß mehr als zwei Drittel der Erdoberfläche durch Ozeane gebildet werden, die Wahrscheinlichkeit am

*Abb. 141: Die Kartoffel-form der Erde.*

größten, daß ein abstürzender Himmelskörper in den Weltmeeren einschlagen würde. Dennoch hätte dies, wenn das einstürzende Objekt aus dem Kosmos groß genug ist, verheerende Folgen für das irdische Leben. Von kosmischen Bedrohungen abgesehen, ist es vor allem der Mensch, der dem lebensspendenden Planeten Schaden zufügt. Die Hindus verweisen in ihren Schriften auf eine Welt, die sie »brennende Kohle« nennen und die einst ein ähnliches Schicksal wie die Erde erleiden mußte.

*Und welches Schicksal erwartet die Erde?*
Schaut man sich heute unseren Heimatplaneten an, so können wir seine geologische Geschichte wie ein Buch lesen. Deshalb wissen wir mit ziemlicher Sicherheit, daß der Nordpol noch vor etwa 750.000 Jahren an der Stelle lag, die wir heute als Südpol bezeichnen. Geht man weitere 250.000 Jahre zurück, so muß man feststellen, daß der Nordpol an derselben Stelle wie heute zu finden wäre. Seitdem die Dinosaurier vor etwa 65 Millionen Jahren ausstarben, fanden auf der Erde etwa 170 Umpolungen des Erdmagnetfeldes statt, was jedesmal mit erheblichen Einschnitten in die Lebenswelt der Erde verbunden war. Derartigen Naturereignissen sind wir Menschen hilflos ausgeliefert. Aber wir treiben unser Schicksal auch selbst voran!
Lange vor Beginn des Industriezeitalters war der Mensch schon der schlimmste Feind der Tiere. So rottete er zum Beispiel auf den pazifischen Inseln mehr als 2.000 Vogelarten aus, wobei die flugunfähigen Vögel seine leichteste Beute wurden. Das sind immerhin 20 Prozent aller auf der Erde lebenden Vogelarten gewesen! Bei der Besiedlung neuer Lebensräume durch den Menschen wurden in den vergangenen 300 Jahren ganze Dschungel und Palmenwälder gerodet, wodurch zahlreiche Tierarten ihren Lebensraum verloren. Den Menschen kümmerte das wenig. Im Gegenteil: Er brachte Hunde, Schweine und Ratten in die neuen Siedlungsgebiete mit, so daß die noch vorhandene heimische Tierwelt mit neuen Feinden konfrontiert wurden, wodurch viele Arten zusätzlich verschwanden bzw. dezimiert wurden. Und als ob das nicht schon schlimm genug wäre, zerstörte der Mensch die Gelege ganzer Vogelkolonien, indem er einfach die Nester ausräumte und damit die natürlichen Entwicklungsprozesse durcheinanderbrachte.
Das Schlimmste sollte allerdings erst noch bevorstehen: die Industrialisierung mit ihrer katastrophalen Umweltverschmutzung. Die Entwicklung der zurückliegenden 200, 250 Jahre hat den blauen Planeten massiv verändert und ihn teilweise zu einem grauen Planeten werden lassen. Die Klimakonferenzen, die alle zwei Jahre durchgeführt werden, sind ein deutliches Zeichen, daß wir uns Sorgen um die Erde machen müssen! Mehr denn je ist die Zukunft in Frage gestellt, wenn wir den alten Kurs fortsetzen. Wir können allerdings nur Vermutungen über die Genauigkeit verschiedener Vor-

*Abb. 142: Noah und die Arche. Wird sich die Geschichte wiederholen?*

hersagen anstellen. In den Szenarien unserer Filmindustrie greift die Menschheit längst nach den Sternen und sucht sich gemäß den Prophezeiungen der Hindus neue Lebensräume. Nur deshalb begann 1991 in der Wüste von Arizona, 50 Kilometer von der amerikanischen Stadt Tucson entfernt, ein sogenanntes »Terra-forming-Experiment« mit dem Namen *Biosphäre II*. Der Versuchsraum wurde aus zwei riesigen Glashäusern mit Stahlskelett gebildet, die durch mit Silikon abgedichtete Glasscheiben völlig von der Außenwelt abgeschlossen waren. In diesem eigenständig funktionierenden Lebensraum gab es Luft zum Atmen und Humus, um Pflanzen für Nahrungszwecke anzubauen. Zusammen mit einer Anlage, die künstliches Wetter erzeugen konnte, sollte ein funktionierender Kreislauf von Nahrung, Wasser und Luft geschaffen werden. Die »Adams« und »Evas« der »Mini-Welt« bildeten vier Männern sowie vier Frauen, die sich freiwillig bereit erklärt hatten, gemeinsam zwei Jahre in diesem »umzäunten Raum« zu verbringen.

Das Ganze erinnert in der Tat an »Eden« (1. Mose 2:15), »den Garten Gottes« (Hesekiel 28:13), über den die Bibel ausführlich berichtet. Das Erstaunliche dabei ist, daß die »Septuaginta« das hebräische Wort »gan« für »Garten« mit »parádeisos« wiedergibt, was ebenfalls wörtlich »Umzäunung« bedeutet. Sind derartige Zusammenhänge nur Zufall?

*Oder haben wir die Geschehnisse der Bibel längst eingeholt?*
Es sieht so aus! Zu dem wissenschaftlichen Experiment gehörte die
genaue Aufzeichnung aller wesentlichen Einflüsse und Tagesabläufe
der Biosphäre-II-Besatzung durch außerhalb des Versuchsgebietes
angebrachte Sensoren. Natürlich hatte man auch für den Notfall
vorgesorgt: Bei Eintreten einer unvorhergesehenen Situation, die
Gefahr für die Insassen mit sich bringen würde, hätte man sie un-
verzüglich aus ihrem freiwilligen Gefängnis befreien können.
Zu den schwierigen Aufgaben des Forschungsteams gehörte es
selbstverständlich auch, sich in der abgeschlossenen Welt selbst zu
versorgen. Zu diesem Zweck wurden 140 verschiedene Sorten Obst,
Gemüse und Getreide angebaut. Nahrhafte Wassertiere wie Fische,

die in ein
künstliches
Gewässer ein-
gesetzt wur-
den, dienten
ebenfalls der
Ernährung.

*Abb. 143: »Biosphäre-II«*

Abfälle wurden wiederverwertet, wie zum Beispiel als Dünger für
den Obst- und Gemüseanbau.
Bemerkenswert ist hierbei, daß diese hochdekorierten Wissenschaftler, wie die Götterschar der Bibel, Landwirtschaft betreiben mußten. Sie waren im Grunde genommen innerhalb dieser »Mini-Welt«
nichts anderes als »studierte Bauern«.
Während des Experiments kam es mehrfach zu Komplikationen.
So sank eines Tages der Sauerstoffanteil in der Atemluft, der in der
Atmosphäre der Erde 21 Prozent ausmacht. Ohne das Gas Sauerstoff würden Menschen und Tiere innerhalb weniger Minuten sterben. Eigenartigerweise wirkt sich eine reine Sauerstoffatmosphäre
wiederum giftig für die Lebewesen aus, wenn er zu lange eingeat-
met wird. Hinzu kommt, daß sich alles um so leichter entzündet, je
mehr Sauerstoff vorhanden ist. Wohlweislich ist der Sauerstoff mit
anderen Gasen verdünnt, insbesondere mit Stickstoff, der zu 78
Prozent in der irdischen Atmosphäre vorhanden ist. Er dient allerdings nicht nur der Verdünnung, sondern sorgt in Verbindung mit
elektrischen Entladungen bei Gewittern für eine teilweise Verbindung seiner selbst mit Sauerstoff. Die dabei entstehenden chemi-

schen Verbindungen gehen mit dem Regen auf die Erde nieder und
dienen dann den Pflanzen als Dünger.

Doch zurück zum Sinken des Sauerstoffanteils in der Atemluft von
*Biosphäre II.* Da man nicht sofort die Ursache hierfür erkannte,
mußte Sauerstoff zunächst von außen her in die »Umzäunung« ein-
geblasen werden. Erst später stellte sich heraus, daß der Sauerstoff-
verlust durch eine rasche Zunahme von Bodenbakterien verursacht
wurde, die den Sauerstoff konsumierten und Kohlendioxid produzierten. Der Anteil des Kohlendioxids in der Erdatmosphäre liegt
gewöhnlich unter einem Prozent. Dieses Gas verhindert in erster
Linie, daß die Pflanzen absterben. Jene geringe Menge benötigen
die Pflanzen nämlich für ihren Atmungsstoffwechsel. Als Gegen-
leistung geben sie Sauerstoff ab. Menschen und Tiere atmen wiederum den Sauerstoff ein und geben Kohlendioxid ab. Erhöhte
Kohlendioxidkonzentrationen in der Erdatmosphäre würden sich
für die Menschen und Tiere natürlich als schädlich erweisen. Aber
auch das Absinken der Konzentration würde für das pflanzliche
Leben nicht förderlich sein, zumal dann auch die ungestörte Existenz der zuvor genannten Lebewesen eine Beeinträchtigung erfahren würde.

Ein zweiter, später aufgetretener Zwischenfall in *Biosphäre II* betraf ebenfalls die Atemluft. Das Computersystem meldete eines
Tages das Vorhandensein giftiger Gase, welche die Gesundheit der
Insassen bedrohten. Die Ursache wurde schließlich schnell gefunden: Es handelte sich um Ausdünstungen einiger Klebstoffbehälter,
die von Bauarbeitern in den Räumen vergessen worden waren.

*Muß der Mensch in Zukunft in künstlichen Räumen leben?*

Auf unserem Planeten herrscht Krieg – Mensch gegen Schöpfung,
wer will dieses leugnen? Noch gibt es zwar kleine Paradiese auf
unserer blauen Weltkugel, doch wir schlagen erbarmungslos tödliche Wunden in unseren Lebensspender.

Als vor 400 Millionen Jahren zweiatomige Moleküle in der irdischen Stratosphäre in das dreiatomige Ozon umgebildet wurden
und im Laufe der Zeit eine schützende Hülle entstand, konnte sich
überhaupt erst Leben auf dem Festland entwickeln. Die Schicht
dieses sich in einer Höhe von 25 Kilometern befindenden Ozons,
das bisher die schädlichen ultravioletten Strahlen und in jüngerer
Zeit die Hälfte des jährlich von Menschen zuviel produzierten Koh-

lendioxids schluckte, hat Löcher und dünne Stellen bekommen. Je mehr ungefiltertes UV-Licht die Erdoberfläche erreicht, um so mehr Fälle von Sonnenbrand, Hautkrebs und Augenkrankheiten treten auf, von den erbbiologischen Folgen ganz zu schweigen. Wir kommen der Klimakatastrophe jeden Tag einen Schritt näher! Das ist aber nicht alles: Selbst Regionen, in die der Mensch bisher kaum seinen Fuß setzte, wie beispielsweise die Nord- und Südpol-Regionen, werden mit den Produkten unserer Zivilisation versehen, sprich »zugemüllt«! In Sibirien tauen aufgrund der Klimaveränderungen vereiste Landstriche auf und verwandeln sich in Sümpfe. Andernorts werden große Sumpfgebiete trockengelegt, wie z. B. das im Sudan befindliche Sudd-Areal, das eine Fläche von 30.500 Quadratkilometer umfaßt, mit katastrophalen Folgen für die dortige Tier- und Pflanzenwelt. Die Lavahänge des Vulkans Kilaoea auf Hawaii, das Schiraho-Riff vor Japan, der einst so fischreiche sibirische Baikalsee, die pazifische Inselrepublik Palau mit über 1.500 seltenen Fischarten – all das sind Regionen, die aufgrund der übermäßigen Habgier und Gefräßigkeit des Menschen in ihrer Existenz massiv bedroht sind. Genaugenommen sitzt die Menschheit längst auf einem Todeskarussell, das sich immer schneller dreht. Die stärks-ten Folgen dessen, was wir heute tun, werden nachfolgende Generationen verspüren müssen. Ein schönes Erbe!
Besonders dramatisch sind die Entwicklungen, die das Klima betreffen. In den kommenden 50 Jahren wird sich die Temperatur der Atmosphäre um durchschnittlich fünf bis zehn Grad Celsius erhöhen. Der im ersten Augenblick harmlos erscheinende Temperaturanstieg ist aber in Wirklichkeit, wenn man die Entwicklung der vergangenen 100 Jahre heranzieht (Zunahme der Durchschnittstemperatur um 0,7 Grad Celsius), massiv, denn er stellt eine Steigerung um 700 Prozent dar. Die Entwicklung des Wettergeschehens wird zwangsläufig in nicht allzu ferner Zukunft zu einem »Donnerwetter der Extreme« führen, wobei wir bereits heute die Zunahme heftiger Winde, verregneter Sommer und milder Winter registrieren können. Die Menschheit ist dabei, den Planeten Erde in ein riesiges Treibhaus zu verwandeln! Kohlendioxid, Methan und die Fluorkohlenwasserstoffe (FCKW), alles Abfallprodukte der industriellen Produktion, werden über den Wolken einen unsichtbaren Sperrgürtel ausbilden, der zu einem Effekt führt, den man in

Gewächshäusern beobachten kann: Das Sonnenlicht, das aus dem
Weltall zu uns gelangt, wird zwar die Atmosphäre durchdringen
und auf die Erdoberfläche gelangen, aber die von der Erde abge-
strahlte Wärme wird nicht mehr hinausgelassen. Das hat verheerende Folgen: Die Atmosphäre heizt sich auf, die Gletscher der Erde
werden schmelzen, und das freigewordene Wasser wird zu einem
Anstieg der Ozeane führen. Ganze Inselgruppen, aber auch heute
in Meeresspiegelhöhe liegende kontinentale Gebiete wird man, wie
einst das sagenumwobene Atlantis, aus den Atlanten streichen
müssen. Darüber hinaus werden Trockenperioden im Wechsel mit
ungewöhnlich starken Regenfällen, die zu Überschwemmungen
führen, sowie Schneestürme gerade die dicht besiedelten und intensiv genutzten Gebiete der Erde treffen. In gewisser Weise werden sich die Ereignisse der Sintflut wiederholen, nur mit dem Unterschied, daß keiner eine Arche für Hunderte von Millionen Menschen bauen kann.

Der nasse Tod hält schon heute das Tiefland von Bangladesch und
die Inseln der Nordsee in seinem Zangengriff. In Bangladesch er-
gießt sich das Wasser zum einen sturzflutartig über die Flüsse des
Himalaja, wo die Wälder längst abgeholzt und verfeuert sind, in
die tiefer gelegenen Gebiete des Landes. Zum anderen produzieren
die Monsunregen eine wahre Wasserflut. Und schließlich türmen
tropische Stürme das Meer auf und drücken gewaltige Wassermassen in die Flußmündungen. All das führt zu weitläufigen Überschwemmungen, die bereits Zehntausende von Menschenleben ge-
kostet haben.

Auch bestimmte Nordseeinseln werden verschwinden, weil der
Meeresspiegel in Zukunft um etwa 50 bis 100 Zentimeter steigen
wird. Dies geschieht nicht, weil das Eis an den Polen schmilzt. Ganz
im Gegenteil: Zunächst wird es dort sogar zunehmen. Aufgrund
der Erwärmung der Erdatmosphäre verdampft eine größere Menge an Meerwasser, und es bilden sich zunächst Wolken, deren Regen an den Polen gefriert. Der Meeresspiegel steigt in erster Linie,
weil die Gletscher der gemäßigten Regionen (Gebiet der Alpen und
Argentiniens) schmelzen werden und damit die Wassermenge in
den Meeren zunimmt. Es kommt jedoch noch ein physikalischer
Aspekt hinzu: Wasser dehnt sich bei Erwärmung aus. In der Gesamtheit wird die Erwärmung des Wassers um ein Grad Celsius,

ausgehend von 25 Grad Celsius warmem Wasser, den Meeresspiegel um drei Zentimeter ansteigen lassen. Die Folgen dieser Entwicklung wird der Mensch deutlich zu spüren bekommen. Gebiete, die heute als fruchtbar gelten, werden von Dürreperioden betroffen werden, da die Niederschläge umverteilt werden und der Regen vor allem in die nördlichen Gebiete der Erde abwandern wird.

Vor 13.000 Jahren endete das Pleistozän, das vor etwa zwei Millionen Jahren begonnen hatte und vier Eiszeiten umfaßte. Oft wirkt eine Eiszeit nach Art eines Rückkopplungsprozesses. Zunehmende Mengen Schnee und Eis vergrößern die sogenannte Albedo der Erde, das Verhältnis der eingestrahlten zur zurückgeworfenen Lichtmenge der Sonne. Das Klima kühlt sich weiter ab, und die Eisberge wachsen weiter. Wir können derartige Effekte aber auch selbst verursachen, indem wir zu viele Straßen und Städte bauen, die viel Sonnenlicht reflektieren oder Waldrodungen in großem Maßstab vornehmen und so eine Ausbreitung der Wüstenregionen fördern. All das bringt uns einer Eiszeit immer näher.

Zugegeben: Mitunter ist auch den Klimaforschern gar nicht klar, ob die aktuellen Klimaverschiebungen allein auf das menschliche Wirken zurückzuführen sind. Schon in vergangenen Zeiten hat es deutliche Schwankungen gegeben, zum Beispiel in Form der sogenannten »kleinen Eiszeit« zwischen 1645 und 1715, als es zumindest in Europa entschieden kälter war als heute. Während der gesamten Erdgeschichte hat es verschiedene Kälteperioden und Eiszeiten gegeben. Doch die letzte Eiszeit war eigentlich keine Periode ununterbrochener Vergletscherungen. Es gab mehrere Kältephasen, unterbrochen von wärmeren Perioden oder »Interglazialen«, und es ist in diesem Zusammenhang überhaupt nicht sicher, ob wir uns im Moment vielleicht einfach in einer solchen Zwischenphase befinden. Trotzdem sollte sich die Menschheit nicht darauf verlassen, daß alles normal verläuft.

Auf dem Höhepunkt einer Eiszeit würden die Meere dann wieder Hunderte von Metern tiefer liegen als heute, und das Wasser würde als Eisschild auf dem Festland gebunden werden. Die nächste Eiszeit wird übrigens von englischen Klimaforschern in 60.000 Jahren erwartet, zumal sich die Erdachse in 22.000 Jahren erneut verschieben wird und somit Klimawanderungen vonstatten gehen. Ob die

282

nächste Eiszeit aber wirklich so eisig wird, wie es der Name sagt, ist zu bezweifeln, denn die Menschheit ist ja fleißig bemüht, aus der Erde ein großes Treibhaus zu machen. Und wenn wir Menschen an einem solchen Projekt arbeiten, dann tun wir das schon gründlich!

*Sprachen die Hindus in ihren Prophezeiungen tatsächlich von durchlebten Erfahrungen?*

Vermutlich erinnerten sich die Hindus an eine frühe Phase des Planeten Mars, wenn sie von der »brennenden Kohle« sprachen. Der

*Abb. 144: Mars*

Mars hat möglicherweise in ferner Vergangenheit bereits jenes Schicksal durchlebt, das der Erde laut den Hindu-Prophezeiungen noch bevorsteht. Der Mars, der die Sonne in einer zwischen 208 und 249 Millionen Kilometer weiten Bahn umläuft und hierzu 667 Erdentage benötigt, ist schon lange im Visier der Wissenschaft. Während ihm Kameras und Meßsonden inzwischen weitgehend alle Geheimnisse entrissen haben, war er zuvor unseren Ahnen nur durch seine stark wechselnde Helligkeit und seine feurige Farbe aufgefallen, die ihm den Beinamen »Roter Planet« eintrug.

Die Babylonier fürchteten ihn als »wütenden, heißen Feuergott«, und die Römer brachten ihn aus demselben Grund mit dem Kriegsgott Mars in Verbindung, dessen Namen er heute noch trägt. Seltsamerweise galt dieser Planet in der ganzen antiken Welt als »Aufrührer« und »Unheilbringer«. Wenn er mit seinen Lichtspielen am Himmel auftauchte, brachte er nach Ansicht unserer Ahnen Pest, Krieg oder gar den Tod mit sich.

*Wie konnte sich eine solch finstere Vorstellung überhaupt entwickeln?*

Vermutlich geschah das deshalb, weil dieser Planet schon in der Antike als bewohnt galt. Zwischenzeitlich hat zwar die Marsforschung aufgezeigt, daß es hochentwickeltes Leben auf unserem Nachbarn nicht gibt, doch trotzdem gehen manche Menschen noch heute davon aus, daß der Rote Planet dereinst eine Zivilisation trug und daß die Wissenschaft seit mehr als hundert Jahren über das zivilisierte Leben auf dem Mars Bescheid weiß, dieses Wissen aber zurückgehalten wird.

Ausschlaggebend für solche Auffassungen sind einerseits bestimmte Artefakte, auf die ich noch eingehen werde, andererseits frühe Meldungen aus dem Kreis renommierter Wissenschaftler, wie beispielsweise die sensationelle Beobachtung des italienischen Astronomen Giovanni Schiaparelli, des damaligen Direktors der Mailänder Sternwarte.

Als im Jahre 1877 der Rote Planet der Erde besonders nahe kam, glaubte Schiaparelli im Fernrohr eigentümliche linienartige Gebilde auf ihm zu erkennen. Ohne etwas über ihre wahre Natur aussagen zu wollen, nannte er die Gebilde »canali« und meinte damit »künstlich aussehende Linien, die durch die Wüstenregion des Mars verlaufen«. Diese Auffassung übernahm auch der Amerikaner Percival Lowell, der eine private Sternwarte bei Flagstaff in Arizona erbauen ließ. Lowell glaubte sogar, ein planetenweites Bewässerungssystem in den »Kanälen« zu erkennen, das von den »Mars-Bewohnern« gebaut wurde, um das Wasser von den Polen des Planeten zum Äquator zu pumpen.

In der Folgezeit stifteten diese irreführenden Interpretationen viel Verwirrung und öffneten ausschweifenden Phantasien Tür und Tor. Man hielt es für selbstverständlich, daß es sich bei diesen »Kanälen« um von marsianischer Intelligenz errichtete Bauwerke handelte. Zeichnungen aus dem 19. Jahrhundert zeigten die Marsmenschen mal als Mischung aus Mensch und Insekt, mal als kleine grüne Männchen. In Frankreich wurde im Jahre 1901 sogar der mit 100.000 France dotierte Pariser Guzman-Preis für denjenigen ausgeschrieben, der den ersten Kontakt mit Wesen anderer Welten herstellen würde. Man achtete jedoch ausdrücklich darauf, daß der Planet Mars mit seinen Bewohnern nicht in die Wertung gelangte, da sonst der Preis zu einfach zu erringen gewesen wäre.

Wie weit und wie tief die volkstümliche Vorstellung von der Existenz von Marsmenschen verbreitet war, mag ein bekanntes Beispiel aus dem Jahre 1938 verdeutlichen: Der amerikanische Schauspieler Orson Welles zog in einem Radio-Hörspiel die Landung schreckenerregender Marsbewohner auf der Erde so dramatisch und realistisch auf, daß es in New York und im Umfeld der Stadt fast zu einer Panik unter der Bevölkerung kam. Die Menschen waren tat-

284

sächlich überzeugt, Marsmenschen seien gelandet und griffen sie mit Todesstrahlen an.

*Gibt es Marsianer?*

Eigentlich ist der Mars ein eisiger, von Staubstürmen gepeitschter Wüstenplanet, auf dem kein hochentwickeltes Leben existieren kann. Allein seine Atmosphärenbeschaffenheit spricht dagegen. In Höhe des Marsbodens ist sie so dünn wie die Erdatmosphäre in vergleichsweise 35 Kilometer Höhe. Deshalb kann sie die Sonnenwärme nur bedingt speichern, und das meiste dieser Energie verliert sich ungenutzt wieder im Weltraum. Diese Erkenntnisse beruhen auf den Ergebnissen von Messungen und Beobachtungen, die bereits in den 1960er und 1970er Jahren erzielt wurden.

Was die Oberfläche des Mars anbetrifft, so wird diese schon sehr lange untersucht. Seit rund 300 Jahren existieren Zeichnungen, die Einzelheiten des Planeten darstellen. Die beobachteten Gebilde haben ihre Form über Jahrhunderte im großen und ganzen beibehalten. Erst die verbesserten Beobachtungsmethoden, die mit dem Einsatz von Planetensonden ermöglicht wurden, zeigten bestimmte Veränderungen auf. Restlose Klarheit über die wahre Natur der Oberflächenbeschaffenheit erhielt man allerdings bis zum heutigen Tag immer noch nicht.

Was die in der Tat erstaunlichen Linien der »Kanäle« angeht, deren Breite zwischen 20 und 200 Kilometern liegt, nahm man zwar mittels des Sondeneinsatzes eine Fülle von Einzelheiten wahr, die vorher nicht sichtbar waren, aber auch hier konnte aufgrund des begrenzten optischen Instrumentenauflösungsvermögens nicht alles untersucht werden.

Im 19. und in der ersten Hälfte des 20. Jahrhunderts vermutete man Streifen von Vegetation links und rechts der als Wasserstraßen bezeichneten »Kanäle«. Bestimmte Bereiche der Planetenoberfläche, die dunkel wirkten, wurden als Asche- oder Lavaablagerungen interpretiert, was allerdings das Vorhandensein von Vulkanen vorausgesetzt hätte.

Im Jahre 1877 entdeckte der amerikanische Astronom Asaph Hall die beiden Marsmonde Phobos und Deimos. Ihr Durchmesser beläuft sich auf 60 beziehungsweise zwölf Kilometer. Die Monde umkreisen den Planeten in sieben beziehungsweise 30 Stunden. Der innere Mond Phobos hält dabei einen Abstand von 9.300 Kilometern und der äußere Deimos einen solchen von 23.400 Kilometern zum Planeten.

Mehr Licht in die Geheimnisse des Roten Planeten brachten erst die sowjetischen und amerikanischen Mars-Sonden. Nach mehreren Fehlstarts und Flugabbrüchen der Sowjets in den Jahren 1960 bis 1962 gelang den Amerikanern mit »Mariner 4« am 14. Juli 1964 der erste Vorbeiflug am Mars. Aus einer Entfernung von knapp 10.000 Kilometern wurden Daten und 21 Bilder zur Erde gefunkt. »Mariner 6« und »Mariner 7« näherten sich vier Jahre später bereits bis auf 3.500 Kilometer dem Planeten, und »Mariner 9« konnte sogar schon zwei Jahre später in eine Umlaufbahn um den Mars gelenkt werden, wobei 7.000 Aufnahmen zur Erde übertragen wurden. Als »Mariner 9« mit der Bildübertragung begann, bereitete der Rote Planet der Sonde einen geradezu martialischen Empfang. Von einem gewaltigen Sandsturm umhüllt, fielen der Sonde nur vier geheimnisvolle dunkle Flecken ins »Auge«. Als sich der Sandsturm drei Monate später wieder gelegt hatte, wurde deren Geheimnis aber rasch gelüftet: Sie entpuppten sich als vier gigantische Vulkane, deren größter, Olympus Mons, 26.400 Meter hoch ist. Doch »Mariner 9« hatte der staunenden Menschheit noch weit mehr zu bieten: Meteoritenkrater, mit rotem Staub gefüllte Becken, die an ausgetrocknete Ozeane erinnern, und von tiefen Canyons zerschnittene Hochländer. Das gewaltigste dieser Schluchtsysteme, das bis zu 9.000 Meter tiefe und 500 Kilometer lange Valles Marineris, durchzieht die Oberfläche des Planeten wie eine riesige, klaffende Wunde. Es ist schon mehr als seltsam, daß die Astronomen ein Jahrhundert lang glaubten, »Kanäle« auf dem Mars beobachtet zu haben und dabei aber diesen gigantischen Graben übersahen.

Was die »Kanäle« anbelangt, so erwiesen sie sich, zumindest nach Meinung der Wissenschaft, als optische Täuschung: Da unser Gehirn bekanntlich dazu neigt, Punkte, die unser Auge gerade noch erkennen kann, zu Linien zu verbinden, wirkten bei der riesigen Entfernung zum Planeten die großen Krater wie Punkte auf die sie beobachtenden Astronomen – und viele Punkte miteinander verbunden täuschten kanalartige Gebilde vor. Diese »Kanäle« dürfen jedoch nicht verwechselt werden mit den die Oberfläche des Mars durchziehenden ausgetrockneten Flußläufen.

Nach den amerikanischen Erfolgen kamen 1974 auch die Sowjets

zum Zug. Nachdem mit »Mars 4« der Einschuß in eine Umlaufbahn mißlungen war, waren die beiden nachfolgenden Unterneh-
mungen von Erfolg gekrönt. Die sowjetischen Sonden funkten aufschlußreiche Daten und gute Bilder zur Erde.
1976 folgten dann wieder amerikanischen Sonden: »Viking 1« und
»Viking 2«, die mit insgesamt 54.000 Fotos den Planeten regelrecht
fotografisch dokumentierten. Nach einmonatiger Umkreisung
trennten sich die »Viking«-Lander vom Orbiter der Sonde und begannen den Abstieg zur Marsoberfläche. Nach der Landung wurden beeindruckende Panorama-Aufnahmen der Marsoberfläche zur
Erde übertragen. Ein automatischer Greifarm entnahm Bodenpro-
ben und untersuchte sie in einem mitgeführten Laboratorium auf
Lebensspuren. Die Ergebnisse der beiden Experimente waren jedoch widersprüchlich.
Auf der Suche nach Mikroben wurde bei dem so bezeichneten »Py-
rolyse-Experiment« Marsgestein erhitzt, um Kohlenstoffatome frei-
zusetzen. Das Experiment war ein Erfolg und konnte tatsächlich
»Kohlenstoff C14« nachweisen. Doch weil dieser Versuch nicht wiederholt werden konnte, blieb man vorsichtig. Auch bei dem zweiten Stoffwechselexperiment wurde der radioaktive Kohlenstoff C14
in den Mittelpunkt gerückt. Eine chemische Nährlösung wurde auf
das zu untersuchende Gestein getröpfelt, um von möglichen Mars-
mikroben aufgebraucht zu werden. Dieses Experiment produzier-
te ebenfalls Kohlenstoff C14, ohne jedoch die Nährlösung aufzu-
brauchen. Die NASA-Experten gelangten aufgrund der Versuchs-
ergebnisse zu der Ansicht, daß ein chemischer Prozeß stattfand,
aber ein biologischer Vorgang nicht festgestellt werden konnte.
Schließlich sollte ein drittes Experiment Gewißheit bringen: Mit
einem »Gas-Chromatograph-Massen-Spektrometer« konnten die
Bestandteile des Marsbodens und der Marsatmosphäre bis zu einer
Konzentration eines Millionstel Gramms analysiert werden. Diese
Untersuchung ergab jedoch keinerlei Anzeichen für organische Stoffe und somit für Leben. Obwohl auch dieses Experiment nicht wiederholt wurde, was für eine abschließende Aussage notwendig ge-
wesen wäre, wurde der Planet Mars als leblos eingestuft.
*War das womöglich ein Irrtum?*
Im Dezember 1984 entdeckte man in der Antarktis schließlich ei-
nen »ALH 84001« benannten Marsmeteoriten, der vor 13.000 Jah-

*Abb. 145: Mars-Meteorit*

ren auf die Erde gestürzt war. Der NASA-Wissenschaftler David McKay untersuchte diesen Gesteinsbrocken und gab im August 1996 bekannt, daß dieser Meteorit Rückstände von Marsorganismen enthalte, woraufhin heftige wissenschaftliche Debatten entbrannten. Seit dieser Zeit kommen bei der NASA in Houston (Texas) jährlich vom 11. bis 15. März Wissenschaftler zu einer vom Mond- und planetarischen Institut gesponserten Veranstaltung zusammen, um über ihre fortgeführten Untersuchungen in Referaten und Diskussionen zu berichten.

Die Wissenschaftlerin Kathie Thomas-Keprta von *Lockhead Martin* gab anläßlich einer solchen Veranstaltung ihre Untersuchungsergebnisse bekannt:

»Auch nach knapp sechs Jahren haben alle Versuche am ALH 84001 gezeigt, daß kein Prozeß, weder anorganisch noch biologisch, die volle Verteilung der Magnetite erklären kann, die in den Karbonaten beobachtet wurde. Wir schlagen deshalb vor, daß der Ursprung von ALH 84001 nur mit mehrfachen Prozessen erklärt werden kann.«

Was Thomas-Keprta damit auszudrücken versuchte, war die Feststellung, daß das Marsgestein die ihm eigene geologische Struktur nur nach einem evolutionären Prozeß in verschiedenen Stufen entwickeln konnte, an dem auch Marsorganismen beteiligt waren.

Es gab aber auch Skeptiker, wie beispielsweise Harry McSween von der Abteilung geologischer Wissenschaften an der Universität von Tennessee, die ihren Sitz in Knoxville hat. Dieser Wissenschaftler, der von der Existenz einstigen Marslebens nichts wissen will, erwiderte:

»Es gibt viel zu viele anorganische Möglichkeiten, durch die sich die Strukturen auf ALH ausgebildet

*Abb. 146: Mars-Mikroben?*

haben könnten, ohne die Mithilfe von Mars-Bakterien mit einzubeziehen.«

Nichtsdestotrotz sah McSween die Debatte über die »Marsgestein-Saga« als vorteilhaft an. Nach seiner Ansicht haben die jahrelangen Diskussionen zumindest dazu beigetragen, die Frage zu klären, wie Astronauten in späteren bemannten Planeten-Missionen mit den vor Ort gesammelten Proben umgehen sollten. McSween dankte McKay für die geleistete Forschungsarbeit, doch mit der Ansicht über die Marsmikroben wollte er keine Überstimmung erzielen. Natürlich wollte Dr. David McKay die Ansichten von Dr. Harry

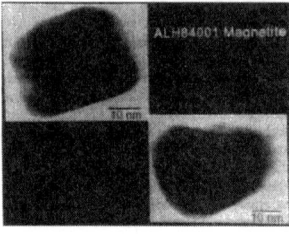

*Abb. 147: Magnetite in ALH 84001.*

McSween ebenfalls nicht bestätigen und meinte: »Ich habe mit meinem Team und der Erforschung des ALH 84001 mehrere Jahre hinter mich gebracht. Es läßt sich kein plausibles Drehbuch dafür finden, das erlaubt, daß irgendwelche dieser Eigenschaften in der Antarktis gebildet wurden. Wir stellen fest, daß wir die Hypothese nicht rechtfertigen können, daß die untersuchten Strukturen des Magnetits irgendwelche biologischen Verschmutzungen darstellen könnten, die von der Erde stammen sollen!«

### Gab oder gibt es also doch Leben auf dem Mars?

Ob auf dem Mars Mikroorganismen oder niedere Algen und damit primitive Lebensformen existierten oder immer noch existieren, konnten die wissenschaftlichen Experten bisher nicht abschließend beurteilen. Die amerikanischen und sowjetischen Meßgeräte haben aber wenigstens festgestellt, daß die dünne Atmosphäre auf dem Mars aus Kohlendioxid besteht. Auch Wasserstoff und Sauerstoff konnten in höheren Schichten nachgewiesen werden. Selbst konvektive Wolken kommen in der Marsatmosphäre vor, die sich bevorzugt in den Äquatorregionen des Planeten ausbilden. Dabei wird, wie auf der Erde, die bodennahe Luft erwärmt, so daß sie emporsteigt, um sich in den höheren atmosphärischen Schichten wieder abzukühlen. Bei diesem Vorgang kondensiert der Wasserdampf in

Form feinster Tröpfchen, die sich dann in einem zehn Kilometer hohen Gebiet gleichmäßig in der Atmosphäre verteilen. Der Regen auf dem Mars ist jedoch mit den Regenfällen auf der Erde nicht zu vergleichen, da wir auf unserem Planeten eine Niederschlagsmenge von durchschnittlich 3,00 Zentimeter pro Quadratmeter haben. Auf dem Mars hingegen beträgt die höchste bisher gemessene Niederschlagsmenge gerade mal 0,01 Zentimeter!

Das Element Stickstoff wurde in der marsianischen Atmosphäre nicht gefunden, es gilt als wichtiger Bestandteil des Lebens. Statt dessen wurden aber Ammoniak und Methangas festgestellt. Auf der Erde entstehen diese Gase nur dann, wenn organische Verbindungen zerfallen. Das bedeutet im Klartext, daß diese Gase die Rückstände von Leben in seiner spätesten Phase sind.

Auch die Temperatur- und Luftdruckverhältnisse auf dem Mars sind weitaus lebensfreundlicher als vergleichsweise auf allen anderen Planeten unseres Sonnensystems. Ein Tag auf dem Mars ist 37 Minuten länger als auf der Erde. Durch die Neigung der Äquatorebene bedingt, schwankt der Sonneneinfallswinkel, was wiederum wechselnde Jahreszeiten zur Folge hat. Die Tagestemperaturen betragen bis +25 Grad Celsius, während sie nachts bis auf -70 Grad Celsius abfallen können. Auch diese Meßergebnisse lassen unterschiedliche Deutungen in bezug auf das Vorhandensein von marsianischem Leben offen.

Die NASA-Wissenschaftler haben inzwischen nachgewiesen, daß unter Bedingungen, wie sie auf dem Mars herrschen, Lebensprozesse durchaus ablaufen können. Da Leben auf der Erde sowohl in kochenden Geysiren wie im Polareis, in der totalen Finsternis der Tiefsee wie auch im sauerstoffarmen Hochgebirge nachgewiesen werden konnte, gibt es eigentlich keinen Grund, daß es nicht auch auf dem Mars existieren könnte.

**Warum besiedelt der Mensch dann nicht den Mars?**
Früher oder später wird er genau das tun müssen! Nur deshalb wurden 1996 der »Mars Global Surveyor« und 1997 die Sonde »Pathfinder« mit dem Roboterfahrzeug »Sojourner« zu unserem Nachbarn geschickt. Bis zum Jahr 2003 waren bzw. sind insgesamt 16 Mars-Missionen geplant, um auf dem Roten Planeten eine Art »Marsnetwork« zu errichten. Die letzte Mission war die der Marssonde »Odyssee«, die am 7. April 2001 von Cape Canaveral starte-

te und am 24. Oktober 2001 ins Mars-Orbit einschwenkte. Die »Odyssee« verfügt über 5,7 Meter lange Sonnenkollektoren und wurde für die einfache Kommunikation mit der Erde eigens mit einer Parabolantenne ausgestattet. Überdies trägt sie eine thermische Kamera und ein Gammastrahlen-Spektrometer an Bord. Mit dem »Martian Radiation Environment Experiment« wird die kosmische Strahlung sowohl auf dem Flug zum Mars als auch in der Umlaufbahn gemessen. Mit Hilfe dieser Untersuchung möchte man Informationen über die Strahlendosen erhalten, denen Menschen während eines bemannten Fluges zum Mars ausgesetzt sein könnten. Darüber hinaus wird mit diesem Experiment die chemische Zusammensetzung der Marsoberfläche untersucht. Dazu passend liefert das »Thermal Emission Imaging System« hochauflösende Wärmebilder, die über die Zusammensetzung des Planetengesteins Aufklärung bringen sollen. Seit Januar 2002 befindet sich die »Odyssee« in einer Bahn von 400 Kilometer Höhe um den Mars und sendet sensationelle Daten, die jedoch von der Öffentlichkeit kaum zur Kenntnis genommen werden.

Am 29. Mai 2002 gab die NASA beispielsweise offiziell bekannt, daß sich unter einer dünnen Schicht aus Stein und Gesteinsbrocken Eisfelder erstrecken, die im geschmolzenem Zustand so viel Wasser enthalten, um den Mars, würden sie freigesetzt werden, mit einem 500 Meter tiefen Ozean zu bedecken!

*Wie ist so etwas möglich?*

In meinem Buch »Das Sternentor der Pyramiden« habe ich bereits darauf hingewiesen, daß sich der Mars zur Zeit, wie bei den Eiszeiten auf der Erde, in einer möglicherweise 50.000 Jahre andauernden Kälteperiode befindet, so daß die Marswasser deshalb an den Polen in Form von Eis gebunden sind. Ich wies auch darauf hin, daß sich diese Wassermengen bei der nächsten Warmzeit lösen werden, um den Planeten so zu überfluten. Aber nicht einmal im Traum habe ich daran gedacht, daß das »bißchen« gefrorene Wasser in der Lage sein würde, den Roten Planeten mit einem 500 Meter tiefen Ozean zu bedecken!

Der Planetenforscher Ralf Jaumann vom *Deutschen Zentrum für Luft- und Raumfahrt (DLR)* in Adlershof sagt:

»Man wußte schon seit einiger Zeit, daß es Wasser auf dem Mars geben muß.«

*Aber so viel?*
Auch Jim Bell von der Cornell Universität in New York kommentiert die Entdeckung relativ unbeeindruckt:
»Die Verteilung des Wasserstoffs im Boden legt den Schluß nahe, daß das Wasser nur in einer Schicht von etwa 30 bis 60 Zentimeter gefroren sein muß. Wir sehen quasi die Spitze des Eisbergs im Untergrund.«

Das wird ja immer besser!
Unter den 60 Zentimetern müßte demnach auch Wasser in flüssiger Form vorhanden sein. Auf der Oberfläche des Mars sind in den vergangenen Jahren Gebiete gefunden worden, die in gewisser Weise auffällig erscheinen, weil hier der Boden eingesackt ist, was nicht nur auf unterirdische Hohlräume schließen läßt, sondern auch auf unterirdische Flußsysteme. Genau dorthin könnte sich auch das Marsleben zurückgezogen haben, um vor allem den Temperaturschwankungen an der Oberfläche zu entgehen. Auch auf der Erde existieren 1300 Meter unter der Erdoberfläche liegende Höhlungen, in denen das Leben nach wie vor existiert.
Johannes Brückner vom Max-Planck-Institut für Chemie in Mainz bemerkte vortrefflich zum Thema »Eis auf dem Mars«:
»Es ist viel mehr Eis, als man erwarten konnte.«

*Müssen wir in bezug auf den Mars also nunmehr vollkommen umdenken?*
Mit Beginn der Marsforschung häuften sich auch die Indizien, daß es auf dem Roten Planeten tatsächlich einmal eine Mars-Zivilisation gegeben haben könnte. Bei Bildauswertungsarbeiten der »Mariner 9«- und »Viking«-Sonden, die im Jahre 1976 durchgeführt wurden, entdeckte der NASA-Mitarbeiter Toby Owen in der Cydonia-Region ein Steingebilde mit menschlichen Gesichtszügen, über das in der Folge heftig diskutiert wurde. Dabei zeigte sich, daß auch weitere seltsame Marsstrukturen während der genannten Raumfahrtunternehmen aufgezeichnet worden waren. Nachdem allerdings der unbemannte Raumflugkörper »Global Surveyor« im Frühjahr 1998 mit einer moderneren Kamera die betreffende Marsregion nochmals überflog und die NASA danach ein neues Bild des sogenannten Marsgesichts freigab, zeigte sich, daß die geologi-

292

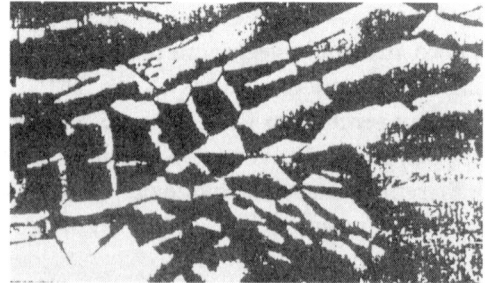

*Abb. 148:*
*Zyklopenmauern*
*auf dem Mars?*

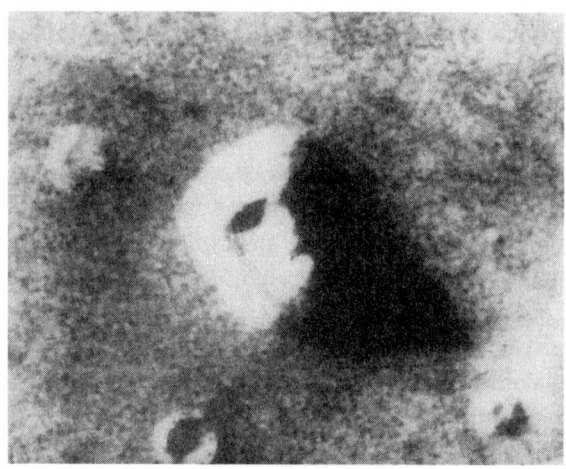

*Abb. 149: Das*
*Marsgesicht, auf-*
*genommen 1976.*

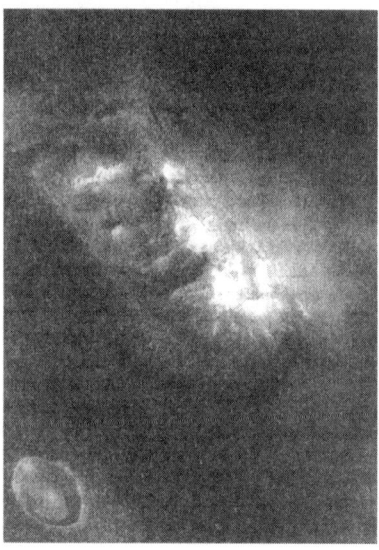

*Abb. 150: Das*
*korrigierte*
*Marsgesicht.*

sche Struktur keinerlei Ähnlichkeit mit einem menschlichen Antlitz hatte! Auf dem Foto erkennt man nur ein paar Felsrücken, die in einer kartuschenähnlichen Struktur angeordnet liegen.

*Was war mit dem Gesicht geschehen?*
Die NASA lehnte es ursprünglich kategorisch ab, dieses Gesicht nochmals zu fotografieren. Erst auf Druck der Öffentlichkeit sah sich die amerikanische Weltraumbehörde gezwungen, das Marsgesicht noch einmal zu überfliegen und im Foto festzuhalten. Heraus kam dann ein Bild, das von vielen als Alibifoto bezeichnet wird.
Bei allem, was in bezug auf die Kartographierung der Marsoberfläche im allgemeinen und die Fotos von der Cydonia-Region im besonderen geschehen ist, muß das folgende berücksichtigt werden: Die im Jahre 1976 aufgenommenen Fotos der »Viking«-Orbiter waren keine zufälligen Aufnahmen. Die Cydonia-Region gehörte vielmehr zu einem festgelegten Untersuchungsprogramm, in dessen Verlauf vier Bilder der Oberfläche in einer kurzen zeitlichen Abfolge gescant wurden. Genau unter diesem Aspekt müssen wir auch die neu entstandene Aufnahme betrachten!
Fakt ist, daß die Sonde »Global Surveyor« beim Mars nur einen Zwischenaufenthalt hatte und ursprünglich gar nicht vorgesehen war, die Cydonia-Region zu fotografieren. Daher war dieser Raumflugkörper auch nicht darauf programmiert worden, eine entsprechende Umlaufposition um den Mars einzunehmen. Eine Umprogrammierung während des Fluges wäre viel zu riskant gewesen, denn das hätte die gesamte Expedition gefährden können, was sich die NASA angesichts des Verlustes mehrerer anderer Sonden, die ausschließlich der Erforschung des Mars dienen sollten, nicht leisten konnte.
Wie kompliziert die Programmierung von Weltraumsonden ist, zeigt deutlich das Beispiel der russischen Sonde »Mars 96«, die kurz nach dem Start am 17. November 1996 im kasachischen Baikonur nur deshalb havarierte, weil die Wissenschaftler die auf der Erde zu berücksichtigende Zeitzonenverschiebung außer acht gelassen hatten. Eine Sonde, die einen ursprünglich ganz anderen Bahnverlauf verfolgt, »einfach mal so nebenbei« umzulenken, ist ein schwieriges Unterfangen.
Der NASA gelang es jedenfalls mittels dieses aktuellen Fotos, die Öffentlichkeit zu beruhigen, so daß inzwischen nach dem Mars-

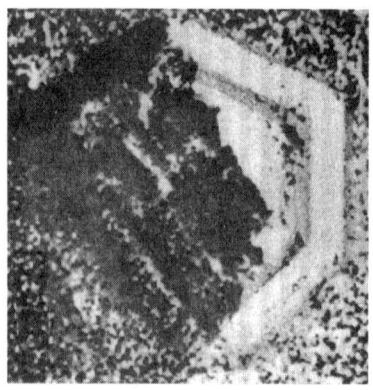

Abb. 151: Mars-Pyramide.

gesicht kein Hahn mehr kräht! Vergleicht man allerdings die Aufnahmen miteinander, so muß man feststellen, daß das 1998er Bild mit dem ursprünglichen »Mariner-9«-Foto nicht das geringste zutun hat! Das Erstgenannte muß ganz offensichtlich eine Fälschung sein. Der Krater am Bildrand und der Kopfbogen wurden offenbar spiegelverkehrt abgebildet. So gehen übrigens auch Kunst- oder Geldfälscher vor: Sie bauen immer einen vorsätzlichen Fehler ein, um zu prüfen, ob ihre Fälschung Verdacht erregt!

Außer der Gesichtsformation in der Region von Cydonia sind zudem im Gebiet von Trivium Charoutis, wo sich das Elysium-Plateau befindet, Pyramidenformationen fotografiert worden, die eindeutig über glatt gearbeitete Seitenflächen verfügen. Eine dieser Pyramidenstrukturen erinnert an ein Pentagon mit fünf Seiten, wobei sich innerhalb dieses Gebildes gebäudeähnliche Formationen befinden. Eine andere Abbildung, die in der Nähe des marsianischen Südpols entstand, zeigt zahnradähnliche Strukturen, die in

Abb. 152: Straßen auf dem Mars.

ihrer Gesamtheit offensichtlich ein Gebäude darstellen, von dem an Straßen erinnernde »Linien« abgehen. Früher hatte man diese Formation auch schon als Flughafen interpretiert, weil ihre Türme und Gebäudeanordnungen durchaus an irdische Flughäfen erinnerten. Hinzu gesellten sich mauerartige Gebilde, die in ihrer Struktur an die alten südamerikanischen Inkamauern erinnerten und seltsamerweise auch von der NASA spontan als »Inka-Stadt« bezeichnet wurden. Die Mars-

*Abb. 153: Die »Straßen« unseres Raumfahrtzeitalters.*

mauer besteht aus zusammenhängenden rechteckigen Steinblöcken, die bis zu sieben Kilometer lang sind. Allein ihre Größe spricht in diesem Fall gegen künstliche Gebilde.

Man fand noch andere Marsformationen, die sich einer Erklärung entzogen. So existieren auf der Marsoberfläche kilometerlange weiße Streifenmarkierungen, die sich als gerade Linien durch die Landschaft erstrecken, wobei sie zum Teil parallel zueinander verlaufen oder sich überkreuzen. Von unserem Planeten Erde her kennen wir solche Strukturen nur aus der südamerikanischen Nazca-Region, die von einer Unmenge von Linien, geometrischen Figuren und Bildern bedeckt wird und die nur aus der Luft zu erkennen sind.

*Sind das alles die letzten Spuren der ersten Schöpfung?*

Wenn sich allein schon in unserem Sonnensystem primitive Lebensformen auf dem Mars und der Erde unabhängig voneinander parallel entwickeln konnten, dann müßte es im Universum von Lebensformen geradezu wimmeln. Leben scheint kein Zufall zu sein, sondern vielmehr eine weitverbreitete kosmische Erscheinung. Eine derartige Schlußfolgerung hat freilich immense Konsequenzen in bezug auf unsere Vorstellungen von der menschlichen Vergangenheit, denn sie impliziert auch, daß die Schöpfungsberichte aller alten Kulturen den Tatsachen entsprechen könnte und die Götter demzufolge Realität waren!

Zwischenzeitlich ist der Mensch aufgrund seines von ihm initiierten technischen Fortschritts selbst zum Schöpfer geworden. Im Jahre 2009 soll die erste bemannte Marsmission starten, weil das Leben auf der Erde möglicherweise in einer nicht allzu fernen Zukunft unerträglich werden wird. Der Mensch benötigt ein neues »Terra Eden«, damit er seine Schöpfungsgeschichte wiederholen kann!

# NACHWORT

Der in der Evolutionstheorie eine große Rolle spielende »Urfunke«, der das Leben auf der Erde entstehen ließ, war mit Sicherheit kein Zufall. Daher kann auch die Entstehung des vernunftbegabten Menschen nichts Zufälliges gewesen sein, sondern sie unterlag vermutlich den Gesetzen des Universums.

Der amerikanische Biologe Edwin Coklin schreibt über den Ursprung des Lebens und die Entstehung seiner intelligenten Form, des Menschen:

»Die Wahrscheinlichkeit, daß (vernuftbegabtes) Leben durch Zufall entstanden ist, ist vergleichbar mit der Wahrscheinlichkeit, daß ein vollständiges Wörterbuch das Ergebnis einer Explosion in einer Druckerei ist!«

Der amerikanische Biochemiker Gerald Joyce meint indes:

»Als es mit dem Lebensprozeß auf der Erde zum erstenmal losging, hat kein Schöpfer von außen unserem Planeten seinen Lebensodem eingehaucht, damit die Lebenskraft strömen kann. Das Leben ist nichts als ein chemischer Prozeß!«

*Was spricht tatsächlich für eine Evolution und was für die Schöpfung?*

Innerhalb des Forschungszweiges der Evolution wird vermutet, daß sich das Leben vor Äonen aus unbelebter Materie rein zufällig ausbildete, um anschließend die Erde zu erobern und eine gleichmäßige Entwicklung vom Niederen zum Höheren zu absolvieren, die nur gelegentlich von meist großen kosmischen Katastrophen beeinträchtigt, aber nicht gestoppt wurde. Einen Schöpfer, so heißt es, habe es niemals gegeben, alles beruhe auf rein chemisch-biologischen Prozessen.

Doch spricht einiges, insbesondere bei der Herausbildung des intelligenten Menschen, gegen die von der Evolution vertretenen Auffassungen, wie ich aufzeigen konnte.

Wenn unsere heutigen Biologen auf Grund ihrer wissenschaftlichen Errungenschaften innerhalb der Genetik heute selbst zu »Schöpfern« werden können, so gelingt ihnen das in erster Linie nur des-

halb, weil sie sich des bereits vorhandenen Lebens in seinem For-
men- und Artenreichtum bedienen können. Bisher ist es aber keinem einzigen Biochemiker gelungen, aus anorganischer Materie
mittels chemischer Prozeßabläufe organisches Leben zu schaffen.
Genau das jedoch konnten die »Schöpfer«, die wir heute behelfs-
weise »Götter« nennen und deren Taten in den Mythologien der
alten Kulturen festgehalten worden sind.

Bei unserer Reise durch die Geschichte haben wir herausfinden
können, daß die Erde und der Mensch »seit Anbeginn der Zeit«
existieren. Fügen wir alle aufgeführten und vorhandenen Indizien
zu einem Gesamtbild der Entstehung der Menschheit zusammen,
so gelangen wir zu dem Schluß, daß der zivilisierte Mensch, der
schon zu Zeiten der alten Hochkulturen über unvorstellbare Kenntnisse verfügte, wesentlich früher in der irdischen Entwicklungsgeschichte aufgetreten sein muß, als das bisher angenommen wurde.
Und auch das Leben selbst erscheint als ein vielfältig vorkommen-
der, integraler Bestandteil des Kosmos. Es ist die Regel, nicht die
Ausnahme!

# ZEITTAFEL

**4 bis 5 Milliarden Jahre** sind vergangen, seitdem die Erde als einer von neun Planeten etwa gleichzeitig mit unserem gesamten Sonnensystem entstand, und ihr Eigenleben in einem ziemlich entlegenen Winkel der Milchstraße begann. Sie umwanderte seitdem einmal im Jahr die 1,3 millionenfach größere Sonne in einer fast kreisförmigen Ellipsenbahn und vollbringt dabei täglich eine volle Drehung um ihre eigene Achse.

**3 bis 4 Milliarden Jahre** sind verflossen, seit die Kruste unseres Planeten so weit erstarrte, daß sich eine dünne Oberfläche ausbilden konnte und feste Gesteinsmassen entstanden. Die Erde wurde noch ständig durch vulkanische Eruptionen erschüttert, wodurch die Oberflächentemperaturen schnell sanken und das bei den vulkanischen Prozessen freiwerdende Wasser verdampfte und zur Wolkenbildung führte. Es regnete, und der Kreislauf des Wassers begann.

**2 bis 3 Milliarden Jahre** ist es her, seit sich die ersten Lebensspuren auf der Erde ausbildeten. Sobald es die klimatischen Bedingungen unseres Planeten erlaubten, entstand im Schutze des Wassers der Ozeane belebte, sich vermehrende Materie in einfachster Form: Organismen.

**1 bis 2 Milliarden Jahre** sind vergangen, seitdem das Leben der späteren Erdgeschichte Gestalt annahm. Es schied sich in eine Pflanzen- und in eine Tierwelt. Das pflanzliche Leben schlug Wurzeln, baute aus der umgebenden Materie körpereigene Stoffe selbst auf und bildete feste Zellwände. Das tierische Leben überwand den Zustand willenlosen Getriebenwerdens, indem es eigene, zielgerichtete Bewegungen entfaltete. Die Evolution im Überlebenskampf lief auf Hochtouren.

**0,5 bis 1 Milliarde Jahre** mußten vergehen, seit die ersten Wirbeltiere entstanden. Es waren kleine Fische, die in den Meeren millionenfach vorkamen, aber sie unterschieden sich von allen anderen Tieren dadurch, daß die Längsachse ihres Knochengestells aus einzelnen kleinen Wirbel bestand. Durch Ausbildung des dreiteiligen

Organismus entwickelten sich Rumpf und Gliedmaßen und während der weiter andauernden Evolution der freistehende Kopf, welcher der Grundstein für die Entwicklung des Gehirns wurde.

**400 Millionen Jahre** gingen vorüber, seitdem das Ozon die schützende Funktion des Wassers übernahm und den Wassertieren auch eine Entwicklung und ein Überleben auf dem Festland ermöglichte. Pflanze und Tier drangen etwa gleichzeitig in den Süßwasserflüssen stromaufwärts vor und gelangten somit ins Innere der Festlandmassen. Mittelpunkt für die Entwicklung allen Lebens blieb aber noch lange Zeit das Meer, wo sich inzwischen alle Formen des Lebens herausgebildet hatten.

**300 Millionen Jahre** sind vergangen, seit die Eroberung des Luftraums über der Erde gelang. Winzige Insekten waren die ersten Lebewesen, die sich fliegend in den Luftraum erhoben. Ihnen folgten größere Lebewesen, die Vögel, denen sie dann später als Nahrung dienten. Der Blutkreislauf war entstanden und sorgte für die ersten Lungenfunktionen.

**250 Millionen Jahre** ist es her, seitdem die ersten Wirbeltiere sich so weit entwickelt hatten, daß sie durch zusätzliche Lungenatmung außerhalb des Wassers ebenso gut zurechtkamen wie die im Meer lebenden Amphibien. Bald entstanden Wirbeltiere, die sich ganz den Lebensbedingungen des Festlandes angepaßt hatten, die Reptilien. Zum Blutkreislauf des Körpers war ein eigener Lungen-Blutkreislauf getreten.

**200 Millionen Jahre** ist es her, seit die ersten Säugetiere entstanden. Wirbeltiere, nicht größer als Ratten, waren es, die als erste ihre Jungen im Inneren des Körpers reifen ließen, um sie dann lebendig zu gebären und bis zur Erreichung der Selbständigkeit mit Milch zu ernähren. Diese neue Fortpflanzungsweise führte zu jenem vorgeburtlichen Entwicklungssprung, der diesen Tierstamm sehr bald gegenüber der anderen Tierwelt überlegen werden ließ. Selbst gegenüber den größeren Reptilien, die bereits eine Höhe von zwölf Meter bei einer Länge von 20 Meter und mehr erreicht hatten, setzte sich das Säugetier durch.

**100 Millionen Jahre** sind verstrichen, seit die ersten affenähnlichen Wesen auf der Erde erschienen. Obwohl sie nicht größer als Katzen waren, stellten sie die höchste Form des Lebens dar. Es waren fünfzehige Säugetiere, die ihre Vorderfüße zum Greifen und Halten der Nahrung sowie zum Säubern ihres Pelzes benutzten. Sie trugen den Kopf schon ziemlich aufrecht, hatten nur noch eine kurze Schnauze und gingen auf den Fußsohlen. Des weiteren besaßen sie eine Vielzahl stimmlicher Ausdrucksformen und brachten bei jeder Geburt nur noch ein Junges zur Welt. Sie waren gesellige und friedfertige Wesen.

70 **Millionen Jahre** sind verflossen, als Nachfahren von Landsäugetieren wieder den Weg in die Meere fanden. Das mag daran gelegen haben, daß auf der Erde große Umwälzungen im Gange waren, vollzog sich doch in dieser Phase das große Aussterben der Dinosaurier. Das weitere Entwicklung des Lebens auf dem Festland war möglicherweise auf Grund von großen Katastrophen gestört. 35 Millionen Jahre später sollten sich erneut Landtiere auf de Weg ins Wasser begeben.

30 **Millionen Jahre** sind vorübergegangen, seit sich eine Affenart über die ganze Tierwelt erhob, indem sie begann, aufrecht zu gehen und die frei gewordenen vorderen Glieder zum Klettern, Werfen und Graben zu benutzten. Das Gehirn nahm in dieser Phase sprunghaft in seiner Wachstumsgeschwindigkeit zu. Um diese Zeit hatte die Landschaft und die Natur wieder Gestalt angenommen und war mit der heutigen vergleichbar. Sie war tropisch.

7 **Millionen Jahre** sind verstrichen, seit die ersten zweibeinigen Lebewesen eine so hohe Entwicklungsstufe erreichten, daß man sie innerhalb der heutigen Wissenschaft als Mensch bezeichnet kann. Skelett und Muskulatur hatten spezifisch menschliche Formen angenommen, doch waren der Kopf und das Gehirn eher denen heutiger Menschenaffen ähnlich. Diese Gattung setzte ihre vorderen Gliedmaßen bereits zielgerichtet im Existenzkampf ein. Das Gehirn bildete die Fähigkeit des Denkens aus, was zu mehr Geschicklichkeit im Überlebenskampf in den Savannen Afrikas führte.

3 **Millionen Jahre** gingen vorüber, seitdem die Intelligenz der Affenmenschen zur Regel wurde und sie anfingen, Werkzeuge zu formen. Die Schaffung von künstlichen Gegenständen stellte die erste schöpferische Leistung des Affenmenschen dar, mit der er sich vom übrigen Tierreich erhob.

750.000 **Jahre** ist es her, als der »Homo« lernte, das Feuer zu beherrschen. Er bändigte seinen alten Feind, der ihn als Blitz sowie in Form von Wald- und Flächenbränden stets in Furcht und Schrekken gehalten hatte. Nun brachte ihm das Feuer Wärme und Helligkeit. Diese Gattung verfügte bereits gegenüber den Vorläufern des Affenmenschen über differenzierte Ausprägungen, so daß man ihn als Mensch im eigentlichen Sinne bezeichnen kann.

560.000 Jahre mußten vergehen, bis der Mensch sich mit Lauten verständigen konnte, die sich schließlich zu einem wohlgegliederten Ausdrucksmittel verbanden, das wir artikulierte Sprache nennen. Dieser Prozeß, der in der Natur ohne Vorbild war, führte beim Menschen nicht nur zur Ausbildung intensiver sozialer Kontakte, sondern auch zur Schaffung einer geistigen Vorstellungswelt. In dieser Epoche gab es vermutlich auch den ersten Kontakt zu Göttern.

250.000 Jahre sind verflossen, seit das Gehirn des Menschen seine heutige Größe entwickelte. Wenn ihm auch noch einige Funktionen fehlten, an Kreativität mangelte es ihm keinesfalls. Der Mensch fing an, seinen Körper durch selbstgefertigte Kleidung zu schützen und ein gewisses Schamgefühl zu entwickeln.

100.000 Jahre gingen vorüber, als der Mensch damit begann, sich Behausungen zu bauen und in Eisenbergminen zu arbeiten. Überall da, wo die natürlichen Lebensbedingungen günstig waren, wurde der Mensch seßhaft. Er konstruierte in jener Zeit auch schon Boote und überquerte mit ihnen die Meere. Zu diesem Zeitpunkt war der Hund, der das erste domestizierte Haustier darstellte, bereits seit 20.000 Jahren sein Wegbegleiter.

60.000 Jahre sind verstrichen, seit der Mensch seine ersten Kunstwerke vollbrachte und eine Schrift erfand. In der Werkzeuggestaltung läßt sich ein gewisser Schönheitssinn nachweisen. In Plastiken und Gemälden bildete der Mensch die ihn umgebende Wirklichkeit und sich selbst naturgetreu und künstlerisch überhöht ab. Er benutzte Hammer und Meißel, leuchtende Farben, Pinsel und Stift. Er beherrschte die Perspektive und schuf bald in allen Erdteilen Meisterwerke. Eine 63.000 Jahre alte Sandale sowie Funde von Eisenberg- und Kupferminen stellen dabei Zeugnisse einer unbekannten Kultur dar.

35.000 Jahre sind etwa vergangen, seit der Mensch lernte, in sozialen Zivilisationen Städte und Wohnungen zu errichten. Gleichzeitig beherrschten auserwählte Menschen die ersten Wissenschaften in Form von Mathematik und Astronomie. So lernten sie, Naturabläufe besser zu verstehen und bei ihren Planungen zu berücksichtigen. Mit großer Wahrscheinlichkeit kannten die Menschen dieser Zeit bereits Fluggeräte, die schwerer als Luft waren, so daß zumindest einige Auserwählte zu Beherrschern der Lüfte avancierten.

25.000 Jahre ist es her, seitdem die Gestalter der ägyptischen Kultur, wie beispielsweise Ptah, eine zivilisierte Gesellschaft begründeten und die Menschen erneut davon abbrachten, sich gegenseitig aufzufressen. Diese Kulturbringer hinterließen weltweit ihre Spuren, aber auch einen Hinweis auf ihren kosmischen Ursprung, der mit hoher Wahrscheinlichkeit im Sirius-System zu suchen ist.

12.000 Jahre sind seit dem Zeitpunkt vergangen, als der Mensch anfing, sich auf Grund der überbordenden Dominanz der von ihm geschaffenen Religionssysteme vom evolutionären Standpunkt her zurückzubilden. Die letzten großen Bauwerke entstanden in Ägypten und sind bis heute sichtbare Beweise früherer Meisterschaft, die nie wieder erreicht wurde. Der Mensch begann, bestehende Monumente vorangegangener Kulturen zu kopieren, ohne allerdings ihren Sinn und ihre tiefere Bedeutung zu verstehen. Die Rückentwicklung der menschlichen Kultur erreichte im Mittelalter während der sogenannten »dunklen Phase« einen absoluten Tiefstand, als große Teile des alten Wissens vernichtet oder zensiert wurden. Die Pest und andere epidemische Krankheiten prägten das Bild der damaligen Zeit in Europa und entvölkerten ganze Landschaften. Erst in den zurückliegenden 200 bis 300 Jahren erholte sich die Menschheit von ihrem zivilisatorischen Niedergang. Sie befindet sich nunmehr zwar in der Blütezeit ihrer technisch-wissenschaftlichen Entwicklung, steht aber den daraus resultierenden Problemen der Umweltverschmutzung sowie einem einsetzenden moralischen Verfall ziemlich hilflos gegenüber. Der heutige Mensch bedroht damit nicht nur sich selbst und die Erde, sondern auch den Weltraum. Es wird daher höchste Zeit umzudenken und sich von althergebrachten Auffassungen zu trennen. Die Menschheit wird nur dann eine Zukunft haben, wenn sie ihre wahren Wurzeln und damit ihre wahre Vergangenheit kennt.

# DANKSAGUNG

Der Autor möchte folgenden Personen, die zu diesem Buch Anregungen, Informationen oder Bildmaterial beigesteuert haben, seine Dankbarkeit ausdrücken: Dr. h. c. Erich von Däniken, Professor Erik Hornung von der Universität Genf, Professor Jan Assmann von der Universität Heidelberg, Dr. Georges Bonani von der Eidgenössischen Technischen Universität Zürich, Michael Anzenhofer von der Deutschen Luft- und Raumfahrtgesellschaft (DLR), Gerald Mackenthun (dpa-Büro Berlin), der Staatsbibliothek zu Berlin Preußischer Kulturbesitz (PK), der Freien Universität Berlin (FU), dem Natural History Museum Chicago und Dipl. Ing. Rudolf Gantenbrink.

Bedanken möchte ich mich auch bei Thomas Mehner, der das Lekotrat des Buches übernommen hat, sowie Thomas H. Fuss für die technische Unterstützung.

Die Erwähnung der Personen besagt nicht, daß sie von den in diesem Buch aufgestellten Theorien wissen oder sie akzeptieren, es sei denn, es wird ausdrücklich darauf hingewiesen.

Einen ganz besonderen Dank möchte ich an dieser Stelle meiner Frau Heike ausdrücken für ihre Geduld und ihr Verständnis bei diesem Buchprojekt.

# BILDNACHWEIS

# LITERATURVERZEICHNIS

Andrae, T.: Islamische Mystiker, Stuttgart 1960
Asmussen, J. P. u. a.: Handbuch der Religionsgeschichte, Bd. I–III, München 1971
Assmann, J.: Moses der Ägypter, München 1997
Assmann, J.: Tod und Jenseits im alten Ägypten, München 2001
Balin, P.: Der Flug der Gefiederten Schlange, Basel 1981
Bauval, R. + Gilbert, A.: Das Geheimnis des Orion, München 1994
Beltz, W.: Gott und die Götter, Berlin 1982
Beltz, W.: Die Schiffe der Götter, Berlin 1987
Belzoni, G.+ Nowel, I.: Entdeckungsreise in Ägypten 1815–1819.
    In den Pyramiden, Tempeln und Gräbern am Nil, Köln 1990
Berlitz, C.: Mysteries from forgotten Worlds, New York 1972
Berndt, C. H.: Land of the Rainbow Snake, Sydney 1979
Bindel, E.: Ägyptische Pyramiden, Stuttgart 1957
Blumentahl, E.: Altägyptische Reiseerzählungen, Leipzig 1982
Bölsche, W.: Das Leben der Urwelt, Leipzig 1931
Bonnet, H.: Reallexikon der ägyptischen Religionsgeschichte, Berlin 2000
Braem, H.: Der Löwe von Uruk, München 1988
Brunner-Traut, E.: Altägyptische Märchen, Düsseldorf-Köln 1963
Brunner-Traut, E.: Altägyptische Literatur, Tübingen 1978
Brunner-Traut, E.: Ägypten, Stuttgart 1988
Buber, M.: Die fünf Bücher der Weissagung, Selters 1954
Buber, M.: Die Schriftwerke, Heidelberg 1976
Cayce, E.: Edgar Cayce on Atlantis, New York 1968
Coe, M. D.: Die Maya, Bergisch-Gladbach 1977
Däniken, E. v.: Die Augen der Sphinx, München 1989
Däniken, E. v.: Der Götterschock, München 1992
Darwin, C.: Die Abstammung des Menschen, Wiesbaden 1966
Darwin, C. Die Entstehung der Arten, Reclam 1967
Dubos, R.: Die Wiedergeburt der Welt, Düsseldorf 1983
Duden, Band 7, Das Herkunftswörterbuch, Berlin 2001
Edwards, I. E. S.: Die ägyptischen Pyramiden, Wiesbaden 1967
Ercivan, E.: Das Sternentor der Pyramiden, München 1997
Ercivan, E.: Verbotene Ägyptologie, Rottenburg 2001
Erman, A.: Die ägyptische Religion, Berlin 1905
Erman, A.: Hymnen an das Diadem, Berlin 1911
Erman, A.: Die Hieroglyphen, Berlin 1912

Erman, A.: Die Literatur der Ägypter, Leipzig 1923
Erman, A.: Die Religion der Ägypter, Berlin-Leipzig 1934
Evangelische Bibelgesellschaft: Altes Testament, Berlin 1981
Evans-Wentz, W. Y.: Cuchama – Heilige Berge der Welt, Basel 1984
Gahlin, L.: Ägypten – Götter, Mythen, Religionen, London 2001
Gapow, H.: Ägyptisches Handwörterbuch, Berlin 1991
Gapow, H.: Untersuchungen über die ägyptischen Papyri, Leipzig 1935
GEOEPOCHE, Das Reich der Pharaonen, Nr. 2/2001, Hamburg
Georg, C. + Nesse, R. M.: Warum wir krank werden – die Antworten
     der Evolutionsmedizin, München 2001
Goldstein, D.: Jewisch Folklore and Legend, London 1980
Groth, K.-U.: Ägyptische Geheimnisse, in: »Sagenhafte Zeiten«,
     Nr. 6/2001, Beatenberg
Gsell, A.: Eisen, Kupfer und Bronze bei den alten Ägyptern,
     Karlsruhe 1910
Hauer, J. W.: Glaubenslehre der Indogermanen, Stuttgart 1937
Hawking, S. W.: Eine kurze Geschichte der Zeit, Berlin-Wien 1988
Hawking, S. W.: Das Universum in der Nußschale, München 2001
Hein, H.: Das Geheimnis der Großen Pyramide, Zeitz 1921
Hesemann, M.: Geheimsache UFO, Augsburg 1998
Hildebrandt, A.: Vedische Mythologie, Breslau 1927
Hoagland, R. C.: The Monuments of Mars, Berkeley 1992
Hurry, J. B.: Imhotep, Oxford 1928
Joachim, H.: Papyrus Ebers – das älteste Buch über Heilkunde, Berlin
     1890
Jung, C. G.: Das wilde Denken, Frankfurt am Main 1990
Junker, H.: Die Götterlehre von Memphis, Berlin 1980
Katholische Bibelanstalt: Die Bibel, Stuttgart 1994
Klein, A.: Die fasziniernde Welt der Astronomie, Wiesbaden 1990
Krauss, R.: Das Moses-Rätsel, Berlin 2001
Langbein, W.-J.: Bevor die Sintflut kam, München 1998
Leakey, R.: Die ersten Spuren, München 1997
Lindner, K.: Das Weltall und unsere Erde, Leipzig 1987
Linsbauer, H. M.: Die Apokryphen – Verborgene Bücher der Bibel,
     Augsburg 1994
McMann, J.: Die Rätsel der Steinzeit, Augsburg 1989
Mendelssohn, K.: Das Rätsel der Pyramiden, Bergisch-Gladbach 1974
Meyer, E.: Geschichte des Altertums, Bd. I–VII, 1952–1958, München
     2000
Miles, F.: Aufbruch zum Mars, Stuttgart 1988
Moore, P.: Der Große Atlas des Universums, München 1990

Morenz, S.: Ägyptische Religion, Stuttgart 1960
Morenz, S.: Die Begegnung Europas mit Ägypten, Zürich 1969
Mudray, A.: Galileo Galilei, Bd. I–II, Berlin 1987
Nestler, J.: Die Kabbala, Wiesbaden 1994
Neumann, C. W.: Das Werden des Menschen, Leipzig 1934
Paret, R.: Der Koran, Stuttgart 1966
Parker, K. L.: Australian Legendary Tales, Sydney 1974
Riessler, P.: Altjüdisches Schriftentum außerhalb der Bibel, Rottenburg
     1927
Sagan, C.: Unser Kosmos, München 1982
Sagan, C.: Der Drache in meiner Garage, München 1996
Schindler, A.: Apokryphen – zum Alten und Neuen Testament, Zürich
     1988
Schwenk, E.: Mein Name ist Becquerel, Frankfurt am Main 1993
Sitchin, Z.: Stairway to Heaven, New York 1980
Sogrue, T.: There is a River, Virginia 1963
Spiegelberg, W.: Der ägyptische Mythos vom Sonnenauge, Straßbourg
     1917
Stadelmann, R.: Die ägyptischen Pyramiden, Darmstadt 1985
Sudhoff, K.: Geschichte der Medizin, Berlin 1922
Temple, R.: The Sirius Mystery, New York 1978
Vorderasiatisches Museum: Kleine Schriften, Bd. I–IX, Berlin 1981
Vyse, H.: Operations Carried on at the Pyramids of Gizeh, Bd. I,
     New York 1971
Vyse, H.: Operations Carried on at the Pyramids of Gizeh, Bd. II,
     New York 1991
Waisbard, S.: Machu Picchu – die heilige Stadt der Inka, Bergisch-
     Gladbach 1989
Warner, W. L.: A Black Civilisation, New York 1937
Westendorf, W.: Das Alte Ägypten, Baden-Baden 1968
Woolley, L.: Ur in Chaldäa – Zwölf Jahre Ausgrabungen in Abrahams
     Heimat, Wiesbaden 1957
Wurm, G.: Geschichte des Universums, Zürich 1985
Zeidler, J.: Die Länge der Unterwelt nach ägyptischer Vorstellung,
     Göttinger Miszellen 156 (1997)
Zimmer, H.: Philosophie und Religion Indiens, Zürich 1961
Zunz, L.: Die Bücher der Heiligen Schrift, Basel 1980

# REGISTER

1917, im Schicksalsjahr des 20. Jahrhunderts, erschien drei Hirtenkindern im Hochland von Portugal die Madonna mit einer Botschaft der Warnung und einer eindrücklichen Mahnung zur Umkehr.

Detailliert sagte sie Aufstieg und Fall des Kommunismus, den Ausbruch des Zweiten Weltkriegs und das Attentat auf den Papst voraus. In einem »dritten Geheimnis«, das erst im Jahre 2000 vom Vatikan veröffentlicht wurde, sahen die Seherkinder eine Welt in Trümmern, einen vernichtenden Anschlag auf die Spitzen der Kirche durch die Feinde des christlichen Glaubens. Eine symbolische Vision von einem gottlosen Jahrhundert oder eine konkrete Warnung vor einem Ereignis der Zukunft?

Minutiös rekonstruiert der Historiker und Vatikan-Journalist Michael Hesemann die Ereignisse von Fatima. Detailliert zeigt er auf, wie sie die päpstliche Geheimpolitik im 20. Jahrhundert beeinflußten – und letztendlich zur Öffnung des Eisernen Vorhangs, zur Wiedervereinigung des gespaltenen Europas, beitrugen. Der Papst selbst ist überzeugt, von Fatima inspiriert, zum Instrument göttlicher Vorsehung geworden zu sein.

Jetzt versucht Johannes Paul II. alles, um auch den letzten Wunsch Mariens zu erfüllen – nach Moskau zu reisen und die Christenheit des Westens und des Ostens miteinander zu versöhnen. Nur durch eine Erneuerung des Glaubens, so hatte sie erklärt, könne die Welt vor einer drohenden Katastrophe, einem neuen großen Krieg, bewahrt werden. Doch die Zeit, die ihm dazu bleibt, wird knapp ...

*gebunden*
*320 Seiten*
*zahlreiche Abbildungen*
*ISBN 3-930219-44-1*
*19,90 EUR*

**KOPP VERLAG**
Graf-Wolfegg-Straße 71
D - 72108 Rottenburg
Telefon (0 74 72) 9806-0
Telefax (0 74 72) 9806-11
Info@kopp-verlag.de
http://www.kopp-verlag.de

**War es eine deutsche Atombombe, die die Amerikaner auf Japan abwarfen?**

Es schien lange Zeit alles gesagt zur deutschen Atomforschung im Dritten Reich. Doch die Wiedervereinigung Deutschlands, der Zusammenbruch der UdSSR und eine große Zahl von beinahe unglaublichen Rechercheergebnissen brachten neue Erkenntnisse ans Licht und werfen brisante Fragen auf.

Warum berichtete die *Washington Post* im August 1945 auf Grundlage des Berichts des amerikanischen Kriegsministeriums, daß das Dritte Reich über ein weitentwickeltes Atombombenprojekt und eine Interkontinentalrakete verfügt habe? Weshalb behauptet ein italienischer Journalist steif und fest, er sei im Oktober 1944 Zeuge eines deutschen Atombombentests auf einer Ostseeinsel geworden? Welche Rolle spielte die geheime SS-Forschung bei Skoda (Prag) bei der Schaffung von »V-Waffen der 2. Generation«? Erfährt das sogenannte »Jonastal-Rätsel« eine Aufklärung durch die Annahme, daß hier im thüringischen Raum zwischen Ohrdruf und Arnstadt an den »Siegeswaffen« gearbeitet wurde? Welche neuen Informationen und Zeitzeugenberichte sind aufgetaucht? Explodierte am 4. März 1945 auf dem Truppenübungsplatz Ohrdruf tatsächlich eine kleine atomare Testbombe? Warum wurde Ende der sechziger Jahre das sogenannte »Forschungsprojekt S III« von den damaligen DDR-Verantwortlichen abgewürgt? Und was hat das Ganze mit dem Einsatz des U-Bootes U-234 zu tun?

Das Buch offeriert erstaunliche Fakten und Indizien, die – in Puzzleform aneinandergereiht – ein Bild ergeben, das die Grundfesten der bisherigen Geschichtsschreibung schwer erschüttern wird.

*gebunden*
*288 Seiten*
*zahlreiche Abbildungen*
*ISBN 3-930219-30-6*
*19,90 EUR*

**KOPP VERLAG**
Graf-Wolfegg-Straße 71
D - 72108 Rottenburg
Telefon (0 74 72) 9806-0
Telefax (0 74 72) 9806-11
Info@kopp-verlag.de
http://www.kopp-verlag.de